HET PSYCHOLOGISCH RAPPORT

PSYCHOLOGIE EN PRAKTIJK

Onder redactie van
Dhr. P. van Engelen, mw. M. Jongbloed, dhr. H. Kuiper, mw. S. Theunisse

Pearson publiceert in samenwerking met de verschillende sectoren van het Nederlands Instituut van Psychologen een boekenreeks met informatie die relevant is voor psychologen die in de praktijk werkzaam zijn. De reeks Psychologie en Praktijk is bedoeld om nieuw verworven inzichten toegankelijk te maken. Iedereen die denkt een bijdrage te kunnen leveren aan deze reeks, wordt uitgenodigd contact op te nemen met Pearson, Postbus 78, 1000 AB Amsterdam, tel. 020-5815500.

Eerder verschenen:

M. Akkerman-Zaalberg van Zelst, H. van Leeuwen, N. Pameijer (red.)
Ouderbegeleiding nader bekeken. Schouders onder de ouders, 2ᵉ druk 2002

A. Collot d'Escury-Koenings, T. Snaterse, E. Mackaay-Cramer (red.)
Sociale vaardigheidstrainingen voor kinderen. Indicaties, effecten en knelpunten, 3ᵉ druk 2001

H. Eilander, K. Beers en L. de Vos (red.)
Verder kijken. Ontwikkelingen in de revalidatiepsychologie, 1ᵉ druk 2005

S. Haafkes en I. Venema-Bos
Volwassenen & ADHD. Signalering en coaching binnen de eerstelijnshulp-verlening, 1ᵉ druk 2003

M. Molenaar-Klumper
NLD. Signaleren, diagnosticeren en behandelen in de onderwijssetting, 3ᵉ druk 2003

P. Prins en N. Pameijer (red.)
Protocollen in de jeugdzorg. Richtlijnen voor diagnostiek, indicatiestelling en interventie, 3ᵉ druk 2006

M. Taal (red.)
Interventie bij adolescenten. Therapieën bij veelvoorkomende problemen, 1ᵉ druk 2004

HET PSYCHOLOGISCH RAPPORT

VAN SLUITPOST TOT VISITEKAARTJE

AART KOOREMAN

PEARSON

Eerste druk 1997
Tweede druk 2002
Derde druk 2003
Vierde gewijzigde druk 2006, derde oplage 2009

Copyright © 2006 Aart Kooreman en Pearson Assessment and Information B.V.,
Postbus 78, 1000 AB Amsterdam
www.pearson-nl.com

Omslagontwerp: Annelies Bast, Amsterdam
Lay-out: Tekst in BEELD, Zorgvlied
Redactie en coördinatie: Studio Imago, Amersfoort
Druk: Drukkerij Wilco, Amersfoort

ISBN 978 90 265 1779 2
NUR 776, 875

INHOUD

WOORD VOORAF |

BIJ DE VIERDE DRUK

Na bijna tien jaar en drie herdrukken werd het tijd *Het psychologisch rapport* aan een grondige revisie te onderwerpen. In die tijd zijn er nieuwe tests op de markt gekomen, stelde de Algemene Standaard Testgebruik van het NIP nieuwe normen voor de testpraktijk en werd het gebruik van elektronische testafname en rapportage algemeen.

Voor de vierde druk had dit tot gevolg dat hoofdstuk 1 tot en met 5 aangevuld werden met nieuwe ontwikkelingen en dat verbeteringen werden aangebracht in de tekst.

Hoofdstuk 6 tot en met 9 werden geheel herschreven en drastisch uitgebreid. Er worden nu ruim vijftig gangbare tests beschreven. De tekstfragmenten (hoofdstuk 6 t/m 8) zijn naar ik hoop door een fijnere nuancering nog meer dan voorheen een inspiratiebron voor rapportage. Er is nu ook een aantal klinische tests (o.a. NPST, VKP en MMPI) opgenomen, omdat mij gebleken is dat het boek ook in de klinische praktijk zijn lezers vindt. Hoofdstuk 9 (voorbeelden van rapportage) werd zo herschreven dat er nu uitgebreide casusbeschrijvingen in staan waar de rapportage ingebed is. Dit geeft een beter beeld van de betekenis van de te onderscheiden stadia van vraagstelling in een psychologisch rapport.

Hoofdstuk 10 is uitgebreid met recente gerechtelijke uitspraken over psychologische rapportages en met een paragraaf over auteursrecht.

De nieuwe druk kwam tot stand mede dankzij collega's en cursisten die mij wezen op tekortkomingen in de vorige drukken, waarvoor veel dank. Een speciaal woord van dank voor Elzeloes Compaan die met grote precisie het manuscript nog eens doornam en mij zo vele waardevolle tips gaf.

Aart Kooreman
Voorjaar 2006

PLAATSBEPALING VAN HET PSYCHOLOGISCH RAPPORT

1

1.1   GESCHIEDENIS VAN HET PSYCHOLOGISCH RAPPORT

'Het schrijven van rapporten is niet de meest favoriete bezigheid van de psycholoog', schreef Van Strien ruim veertig jaar geleden (Van Strien, 1966). Te oordelen naar het vrijwel ontbreken van publicaties over het rapporteren bij individueel psychologisch onderzoek, heeft hij zich voorzichtig uitgedrukt. De psycholoog lijkt zich liever toe te leggen op theorievorming en research dan te slijpen aan de kwaliteit van zoiets triviaals als een (advies)rapportage. De geschiedenis van het psychologisch rapport laat zien dat de psycholoog al heel lang worstelt met zijn meest tastbare product. Dit eerste hoofdstuk gaat in op de geschiedenis van het psychologisch rapport en de plaats die de rapportage momenteel inneemt (of behoort in te nemen) in het individueel psychologisch onderzoek.

In 1992 vierde het NIP (Nederlands Instituut van Psychologen, de beroepsvereniging van psychologen in Nederland) het feit dat honderd jaar geleden de wetenschappelijke psychologie in Nederland een aanvang nam. De praktische toepassing van de psychologie liet honderd jaar geleden nog even op zich wachten. Pas vanaf de jaren twintig in de vorige eeuw is er sprake van toegepaste psychologie, vooral op het gebied van personeelsselectie, reclame en beroepskeuzeadvisering (Eisinga, 1978, p. 132). In 1927 werd het NIP als vereniging van praktiserend psychologen opgericht (toen nog NIPP). Blijkbaar waren er toen genoeg praktiserend psychologen werkzaam om een vereniging op te richten.

Tegen de tijd dat de psychologie in de praktijk werd gebracht moet ook het eerste psychologische rapport geschreven zijn. Een precieze geboortedatum van het fenomeen 'psychologisch rapport' is echter niet bekend. Dit wekt op zich geen verbazing, rapporteren heeft iets vanzelfsprekends dat geen verdere speciale aandacht in de (wetenschappelijke) literatuur lijkt te verdienen.

Van Lennep (1949, p. 4) noemt het jaar 1927 als geboortejaar van het Nederlandse psychologische (bedrijfs)rapport. Dat zal ongetwijfeld verband houden met de oprichting van het NIPP in dat jaar. Aangezien de eerste praktische toepassingen van de psychologie betrekking hadden op het bedrijfsleven, kunnen we aannemen dat het psychologisch rapport in Nederland niet veel ouder is dan tachtig jaar.

De publicatie van Van Lennep (1949) is een van de weinige Nederlandstalige verhandelingen over de psychologische rapportage. Van Strien (1964, p. 91) merkt in dit verband op dat de psychologie blijkbaar meer geïnteresseerd is in het verwerven van psychologische inzichten dan in de communicatie daarvan. In de recente psychologische literatuur, zowel in handboeken als in artikelen, wordt vrijwel geen aandacht besteed aan het communiceren van psychologische bevindingen over personen.

De verhandeling van Van Lennep geeft een blik in de keuken van de rapporterend (selectie)psycholoog in de jaren veertig. Het is interessant kennis te nemen van de problemen waarmee de psychologisch rapporteur zich in die tijd geconfronteerd zag. Temeer omdat de problematiek die hij behandelt in grote lijnen zo algemeen is dat ze ook nu nog de aandacht verdient.

Van Lennep stelt zich eerst de vraag waarom er gerapporteerd moet worden. Welk motief is er om te rapporteren? Hij vergelijkt de psycholoog met een keurings-arts (die indertijd actief was bij sollicitaties). Deze arts geeft een oordeel aan de werkgever: geschikt of ongeschikt, maar wordt niet ter verantwoording geroepen zijn conclusie voor een leek te onderbouwen. Er bestond in de medische wereld geen keuringsrapportage voor de opdrachtgever. Een psycholoog rapporteerde wél en volgens Van Lennep terecht. Hij ziet daar in verband met personeelsselectie drie redenen voor:

a De psycholoog heeft behoefte de conclusie plausibel te maken.
   De conclusies uit een onderzoek moesten zeker in de begintijd van de psychologie nader gemotiveerd worden. Waarom zou een opdrachtgever een psycholoog geloven die volstaat met de mededeling dat de kandidaat geschikt is voor een functie? De opdrachtgever wil deze conclusie onderbouwd zien. Hij wil een verantwoording voor de advisering in de rapportage.

b De verantwoordelijkheid voor de keuze van een kandidaat wordt gedeeld met de opdrachtgever.
   Het plausibel maken van de conclusie heeft ook voor de psycholoog voordelen. Door inzicht te geven in de persoonlijkheidsstructuur van de sollicitant kan de opdrachtgever zich een helder beeld vormen van de kandidaat voor de functie. Opdrachtgever en psycholoog komen op hetzelfde informatieniveau. De beslissing met betrekking tot aanname (of niet) is daardoor een gezamenlijke verantwoordelijkheid geworden: 'De opdrachtgever werd op deze wijze eigenlijk ongemerkt medeplichtig gemaakt' (Van Lennep, p. 4). Er is sprake van een gezamenlijke verantwoordelijkheid, omdat het psychologisch rapport in de personeelsbeoordeling altijd aanvullend is. De opdrachtgever heeft immers al een beeld van de sollicitant en de psycholoog wordt gevraagd hier een aanvulling op te geven. Tenslotte maakt de rapportage duidelijk in hoeverre de kandidaat al of niet geschikt geacht wordt voor de functie.

c De rapportage geeft de mogelijkheid de functieanalyse te betrekken in het beeld van de kandidaat.
   Dit is ten opzichte van de toenmalige medische keuringen een belangrijk punt. De rapportage schetst geen algemeen beeld over de psychische toestand van de cliënt, maar er wordt gekeken of de cliënt geschikt is voor een bepaalde functie, waarin verschillende taken voorkomen. De psychologische rapportage geeft een genuanceerd oordeel over de cliënt. Een algehele (on)geschiktheid is uiteraard

mogelijk maar doorgaans zal een kandidaat sterke en zwakke punten hebben die in het rapport aan de orde komen.

Van Lennep noemt in de problematiek met betrekking tot de psychologische rapportage enige andere punten die ook nu nog alle aandacht verdienen. Bijvoorbeeld de formuleringen die gekozen worden. Hij is voorstander van een helder taalgebruik en zou het liefst geen blad voor de mond nemen. Dit brengt volgens Van Lennep met zich mee dat een rapportage gesloten moet blijven voor de cliënt. Het is volgens hem ondoenlijk een rapport in een zodanige vorm te gieten dat het voor zowel werkgever als werknemer (sollicitant) acceptabel is. Van Lennep gaat er blijkbaar van uit dat hetgeen een opdrachtgever wil weten niet altijd in het belang is van de cliënt.

De tijdgeest is in de daaropvolgende jaren drastisch veranderd. Door de toenemende mondigheid van de psychologisch onderzochten gaat de psycholoog er nu van uit dat de cliënt wel tegen een stootje kan en de confrontatie met zichzelf aan moet durven. Het achterhouden van uit psychologisch onderzoek verkregen informatie is nu uit den boze. In 1949 dacht men daar blijkbaar anders over, de cliënt moest beschermd worden tegen al te confronterende uitspraken.

Het door Van Lennep aangehaalde dilemma heeft natuurlijk ook te maken met de onzekerheid van de praktiserend psycholoog in die beginjaren. Hij moest zich al veel verdedigen en hij moest zich waarmaken tegenover zijn opdrachtgever, de confrontatie met zijn cliënt vermeed hij liever.

Toch komt Van Lennep tot de conclusie dat het schrijven van meerdere rapporten over één cliënt onwenselijk is (gedoeld wordt op een rapport voor de opdrachtgever en een rapport voor de sollicitant). Het schrijven van twee rapporten is wellicht een oplossing voor de confrontatie met de cliënt, maar is ethisch verwerpelijk. Gezien de aandacht die hij aan dit onderwerp besteedt, zal dubbele rapportage in die tijd niet ongebruikelijk geweest zijn.

Het psychologisch rapport moet volgens Van Lennep ook voor de cliënt leesbaar zijn maar het doornemen van het rapport kan toch het beste met de samensteller (de psycholoog) geschieden. Het vrijgeven van een rapport betekent in zijn ogen niet dat met het rapport kan worden gedaan wat de eigenaar (de opdrachtgever) wil. Een psychologisch rapport hoort achter slot en grendel, en mag slechts in het bijzijn van een psycholoog gebruikt worden.

Het psychologisch rapport burgerde in de jaren vijftig en zestig verder in, maar regelmatig werd nog getwijfeld aan het nut van het schriftelijk psychologisch rapporteren. Kouwer (1957, p. 146) ziet zoveel problemen in de communicatie bij de schriftelijke psychologische rapportage dat hij concludeert: 'Indien mogelijk brengt men daarom tegenwoordig bij voorkeur het verslag mondeling uit... Er ontwikkelt zich zodoende een gesprek, waarin de rapporteur zijn verslag beter kan aanpassen aan de moeilijkheden en het niveau van de cliënt.'

Van Strien (1966, p. 284) ziet wel een perspectief voor een rapportloze toekomst, maar neemt aan dat het fenomeen voorlopig nog zal blijven bestaan. Na de jaren die verstreken zijn mag gesteld worden dat zijn 'voorlopig' nog even aanhoudt.

Na de jaren zestig zien we geen verwachtingen meer in de richting van een rapport-loze toekomst. Het rapport is een resultante van de psychodiagnostiek, niet alleen voor de opdrachtgever maar ook voor de cliënt. De Zeeuw (1996, p.169) geeft aan hoe er in het algemeen gedacht wordt over de psychologische rapportage in de jaren negentig.

> 'Het uiteindelijk doel van het psychodiagnostisch onderzoek is het advies, dat meestal gepaard gaat met een mondeling of schriftelijk rapport. Dit advies – ook al is het door anderen aangevraagd – is principieel bestemd voor de onderzochte persoon en moet voor zover het een volwassene betreft, of een jeugdige, met haar of hem in eerste instantie worden besproken.'

Het schriftelijk rapport lijkt hierbij een vanzelfsprekendheid. Hoewel het nog steeds voorkomt dat psychologische rapportages niet toegankelijk zijn voor de cliënt is het in het algemeen zo dat de cliënt inzicht en soms ook inspraak heeft in de psychologische rapportage.

De geringe aandacht in de psychologische vakliteratuur voor het psychologisch rapport als onderwerp van onderzoek en reflexie beperkt zich niet tot de Nederlandse situatie. De Amerikaan Tallent (1993, p. 2) laat de geschiedenis van de psychologische rapportage pas in 1946 beginnen. Het psychologisch rapporteren krijgt ook in de Verenigde Staten weinig aandacht. Hij citeert Taylor en Teicher (1946) die stellen dat 'clinical psychology... appears to have given little systematic study to the manner in which test findings are organized and formulated to provide necessary records and to render the data easily and fully understood by professional associates'.

Tallent wijst erop dat de (klinisch-)psychologische rapportage in de loop van de jaren veranderd is. Er zijn daarbij trends aan te wijzen. In de Verenigde Staten werden in de jaren vijftig veelal diagnoselabels gevraagd van psychologen. In de jaren zestig was er meer vraag naar defensiemechanismen en de laatste jaren zijn het vooral problemen die opgelost dienen te worden.

Ook in Nederland zijn waarschijnlijk dergelijke bewegingen geweest, maar publicaties daarover ontbreken. We kunnen aannemen dat de psychologische rapportage gevoelig is voor allerlei trends in de psychologie.

Uit de voorbeelden van rapportage die Van Lennep (1949) geeft, is op te maken dat de rapportage in de begintijd vooral beschouwend was. Psychologische rapportages gaven vooral een brede schets van de persoonlijkheid. De relevantie van uitspraken met betrekking tot de geschiktheid voor een functie werd zeer ruim gezien. Uit de voorbeelden die Van Lennep geeft, blijkt dat literair talent zeker in het voordeel van de rapporterend psycholoog is. De literator Simon Carmiggelt was bijvoorbeeld enige tijd verbonden aan de Stichting voor de Psychotechniek in Utrecht als 'redacteur' (Van Strien & Dane, 2001, p. 113).

Dat hier in de loop van de tijd ook anders over gedacht werd, blijkt uit Bokslag e.a. (1958, p. 166) die stellen dat een psycholoog zich in de rapportage dient te houden aan test- en observatiegegevens 'anders zou hij zich niet onderscheiden van de leek op psychologisch terrein'. Bokslag toont zich meer voorstander van technische rapportages waar (in verband met personeelsselectie) geen ruimte is voor brede beschouwingen over de persoonlijkheid.

Uit de hiervoor aangehaalde literatuur is op te maken dat de psychologische rapportage zich ontwikkelde van een opzichzelfstaand oordeel naar een rapportage die een rol speelt in een proces. Aan een psychologisch onderzoek gaat een aanleiding vooraf, er wordt een vraagstelling geleverd en met de rapportage wordt iets gedaan. Dit alles hangt samen met de veranderende rol van de psycholoog. De psycholoog is niet meer de deskundige die een opzichzelfstaand advies kan geven, als ware het vanuit een ivoren toren. De psycholoog is steeds meer een deskundige in een veelal multidisciplinair samenwerkingsverband waarin een psychologische bijdrage gevraagd wordt. Het is niet voldoende een rapportage in de vorm van een persoonlijkheidsbeschrijving te geven. Het gaat erom een bijdrage te leveren aan een proces van probleemoplossing waarbij de psycholoog op een gegeven moment betrokken wordt.

Van een ivoren toren is geen sprake meer. De psycholoog presenteert zijn bevindingen beargumenteerd, maar vatbaar voor discussie, waarbij hij zich niet zal verschuilen achter een opmerking als 'ik vind op grond van mijn deskundigheid, mijn ervaringen, mijn kennis van de psychologie dat...'. De psychologische rapportage is net als in de tijd van Van Lennep een verantwoording van het onderzoek dat gedaan is. Niet zozeer om aan te tonen dat je met psychologie meer kunt dan wellicht gedacht wordt, maar om een gefundeerde bijdrage te leveren aan beslissingsprocessen en de opdrachtgever te laten meedenken over de conclusies die de psycholoog trekt.

Daarmee heeft de rapportage een zwaardere taak gekregen. Alvorens een opdracht tot onderzoek te aanvaarden dient de psycholoog zich te realiseren in hoeverre hij een bijdrage kan leveren aan dat lopende proces. Voordat hij met rapporteren begint, zal hij zich moeten realiseren wat de gevolgen kunnen zijn van de uitspraken die hij doet in dat proces. Hij dient er tevens op te letten dat de rapportages niet op een verkeerde wijze gebruikt kunnen worden.

1.2 RAPPORTEREN, DIAGNOSTICEREN, TESTEN

Het psychologisch rapport is het resultaat van een psychologisch onderzoek (diagnostiek) dat vaak zwaar leunt op de uitslag van tests. Hierbij zijn in de loop der tijd vraagtekens gezet: waarom zou je rapporteren, en als je rapporteert waarom zou dit de resultante van psychologisch onderzoek moeten zijn en als je diagnosticeert waarom zou je dan tests gebruiken?

Daaraan zou de vraag vooraf moeten gaan: Wat is een psychologisch rapport? Met de opkomst van elektronische tekstverwerking, het gebruik van testsystemen waaraan rapportages gekoppeld zijn en de mogelijkheid gegevens van psychologen te verwerken in multidisciplinaire elektronische rapportages lijkt het psychologisch rapport als zelfstandig medium achterhaald. Deze discussie moet binnen de psychologie nog gevoerd worden. Vooralsnog gaat het NIP, blijkens de Algemene Standaard Testgebruik (NIP, 2004), uit van een 'traditioneel rapporteren' waarbij de psycholoog auteur en redacteur is van een opzichzelfstaande individuele rapportage. Dat dit voor een deel ingehaald is door het gebruik van standaardtestinterpretaties (door middel van macro's), standaardrapporten gebaseerd op testuitslagen en geïntegreerde rapportages (als onderdeel van bijvoorbeeld een assessment of medisch dossier) doet hier niets aan af.

1.2.1 WAAROM PSYCHOLOGISCH RAPPORTEREN?

In het voorgaande werden al enkele redenen aangevoerd om een (schriftelijk) psychologisch rapport uit te brengen.

Een fundamentele reden om psychologisch te rapporteren is dat met de psychologie geen eenduidige uitspraken gedaan kunnen worden die in alle situaties geldig zijn. Een 'ja' of 'nee' is vaak niet mogelijk, een vraag aan een psycholoog leidt vaak tot een 'geclausuleerd antwoord' (Snijders, 1965) waarin allerlei voorwaarden staan waaronder de gedane uitspraken geldig zijn.

Er zijn ten minste vier redenen voor een psycholoog om te rapporteren: ter verantwoording aan de opdrachtgever (en de wetenschap), vanwege de verkoopbaarheid van het product, vanwege een effectieve communicatie en om de opdrachtgever te betrekken bij de conclusie.

VERANTWOORDING

Met een rapportage legt een psycholoog verantwoording af aan de opdrachtgever. Een psychologische rapportage kan niet volstaan met een conclusie en een verzameling onderzoeksresultaten (testresultaten, ruwe observatiegegevens en informatie uit gesprekken). De opdrachtgever wil begrijpen hoe de psycholoog tot de conclusie is gekomen, hij wil meedenken en overtuigd worden. Een psychologisch rapport moet een conclusie aannemelijk maken op grond van gegevens die in het onderzoek aangetroffen zijn.

In een rapport worden verschillende gegevens uit verschillende bronnen gecombineerd tot een sluitend verhaal waaruit een conclusie volgt. Behalve een verantwoording naar de opdrachtgever toe (hoe komt de rapporteur tot zijn conclusie) is hier sprake van een wetenschappelijke verantwoording. De regels van het psychologisch rapporteren volgen die van de wetenschappelijke rapportage, zodat een collega-psycholoog de conclusie eventueel kan verifiëren.

EEN VERKOOPBAAR PRODUCT

Indien de psycholoog niet in staat is een goed leesbaar rapport te schrijven, is alle moeite van een goed onderzoek tevergeefs. Het rapport is vaak het enig tastbare product dat de psycholoog kan laten zien aan de opdrachtgever. Faalt hij in dit product dan faalt het psychologisch onderzoek op zichzelf, hoe nuttig het bijvoorbeeld ook voor de (onderzochte) cliënt zelf geweest kan zijn en welke vorderingen in het onderzoek of de therapie ook gemaakt zijn.

Voor de klantbewust werkende psycholoog is een goede rapportage daarom van groot belang. Een opdrachtgever wil 'waar voor zijn geld'. Met een conclusie van enkele alinea's, op zichzelf soms voldoende om een beslissing te nemen, neemt de opdrachtgever doorgaans geen genoegen. Daarom wordt bij een rapportage veel aandacht besteed aan de presentatie van dit psychologisch product.

Hierbij ontstaat tegelijkertijd een spanningsveld; hoever kan de psycholoog tegemoetkomen aan de wens van de opdrachtgever tot een aantrekkelijk product en tegelijkertijd voldoen aan wetenschappelijke en ethische standaarden.

EFFECTIEVE COMMUNICATIE

Mondeling rapporteren, een rapportage door middel van een simpel ja dan wel nee of een tabel mag snel lijken, maar zal nooit een effectief middel tot communicatie met de klant zijn. Het is gemakkelijk voor te stellen dat er problemen ontstaan. Heeft de opdrachtgever bijvoorbeeld goed begrepen wat de bevindingen van het onderzoek zijn? Door rapportage ontstaat er een document dat als naslagwerk gebruikt kan worden bij het nemen van de beslissing waarvoor de psycholoog werd ingeroepen.

BETREKKEN VAN DE OPDRACHTGEVER BIJ DE CONCLUSIE

Doordat er verantwoording afgelegd wordt over de conclusie, er een tastbaar product op tafel ligt en er de mogelijkheid is nog eens na te lezen hoe het advies tot stand kwam, zal de opdrachtgever zich betrokken voelen bij de uitslag van het onderzoek. Het advies komt hem niet meer 'koud op z'n dak vallen', maar hij heeft zich een gedachtegang eigen gemaakt die tot het advies leidt.

1.2.2 WAAROM EEN PSYCHOLOGISCH ONDERZOEK?

Het psychologisch rapport betreft de bevindingen van een psychologisch onderzoek. Een rapport over een persoon dat gebaseerd is op indrukken, autobiografische gegevens, meningen van derden enzovoort, kan een goed beeld geven van iemand (bijvoorbeeld een biografie), maar is geen psychologisch rapport.

De toepassing van psychodiagnostiek is bezig aan een comeback na een diepe val in de jaren zeventig en tachtig van de vorige eeuw. In 1978 gaf Verhage de stand van zaken in de psychomedische diagnostiek weer. In die tijd was er sprake van een explosieve groei van het aantal psychologen: de nieuwe garde. 'Voor deze garde was de diagnostiek onacceptabel. Zij strookte niet met hun idealen van gelijkheid. In het studiepakket van de psychologen werd het aandeel diagnostiek sterk teruggedraaid, zo het niet geheel verdween' (Verhage, 1978).

Van deze houding van psychologen uit de jaren zeventig en tachtig heeft de praktijkpsycholoog lange tijd last gehad. Tot in de jaren tachtig was er een verwoede antidiagnostiek lobby die onder meer als argument aanvoerde dat de voorspellende waarde van diagnostiek in het niet zonk bij de voorspellende waarde van natuur- en scheikundige proeven.

De strijd in de psychodiagnostiek, alsmede de kwestie om wel of niet te testen, was vooral zo schadelijk omdat deze zich in de publieke pers afspeelde (waar het personeelsselectie betrof, zie bijvoorbeeld Jansen, 1979, p. 12). De psycholoog werd aangevallen, maar kon zich moeilijk verdedigen. Veel niet-psychologen moeten verbaasd hebben toegezien hoe psychologen onderling een strijd voerden over het boegbeeld van de praktische psychologie: de diagnostiek (met tests).

Toch was deze houding indertijd beslist niet algemeen onder (de nieuwe garde) psychologen. Psychologische uitspraken over personen die meer waard zijn dan een lekenoordeel zijn mogelijk. De diagnostiek kan een belangrijke bijdrage leveren aan een beslissingsproces en een vergelijking met de natuurwetenschappen gaat niet op.

Er dient wel rekening te worden gehouden met het onderwerp van onderzoek dat, anders dan bij de natuurwetenschappen, de neiging heeft om over het resultaat van het onderzoek mee te denken en daarmee weigert zich als willoos object van onderzoek te laten benaderen.

Hofstee (1974) toonde zich in dit verband voorstander van een 'dialectische benadering'. Werd het onderwerp van onderzoek in de klassieke psychologie (net als in de natuurwetenschappen) wellicht nog gezien als de derde persoon, in de dialectische benadering geldt dat de psycholoog met zijn resultaten niet alleen over maar ook met mensen praat. De cliënt is daarmee tweede persoon geworden.

Ten slotte is aan te voeren dat psychodiagnostiek tot doel heeft beslissingen te verbeteren en niet om beslissingen voor honderd procent juist te maken. Mensen onttrekken zich in hun gedrag nu eenmaal aan natuurwetten en geen psycholoog heeft de pretentie gedrag tot in details te voorspellen. In die zin is het psychologisch onderzoek en de daaropvolgende rapportage vooral te zien als een verbetering van een beoordeling.

1.2.3 WAAROM PSYCHODIAGNOSTIEK MET TESTS?

Het psychologisch onderzoek wordt vaak vereenzelvigd met de psychologische test. Een psychologisch onderzoek is echter meer dan een test (ook observatie, gesprekken en de verwerking van anamnesegegevens zijn bronnen voor een psychologische rapportage). Tests zijn echter wel het belangrijkste gereedschap van de psycholoog.

Het psychologisch onderzoek met gestructureerde schriftelijke tests is een van de eerste praktische toepassingen van de psychologie. De eerste tests werden in de Eerste Wereldoorlog in de Verenigde Staten ontworpen, om grote groepen rekruten efficiënt te kunnen plaatsen in het militaire apparaat.

Deze tests waren een succes, ze bleken grote voordelen te hebben boven individuele beoordelingen door middel van gesprekken en observaties. Het gebruik van tests nam in de decennia na de Eerste Wereldoorlog dan ook snel toe. In de jaren dertig van de vorige eeuw werden de schriftelijke tests in Nederland gangbaar. Na de Tweede Wereldoorlog waren tests niet meer weg te denken uit de psychologische praktijk (ondanks voornoemd dieptepunt in de jaren zeventig en tachtig). De voordelen van tests zijn als volgt samen te vatten.

EFFICIËNT EN GOEDKOOP

Door een testprocedure kan met betrekkelijk weinig inspanning veel informatie ingewonnen worden. Met het afnemen van een serie vragenlijsten bespaart een psycholoog zich vele uren werk (vergeleken met bijvoorbeeld interviews).

BETROUWBAAR

Van de verzamelde gegevens kan uitgerekend worden of ze over een langere periode geldig blijven. De zekerheid over de verkregen uitkomsten kan eveneens in een getal vastgelegd worden.

REPRODUCEERBAAR

Herhalingen van metingen zijn met tests gemakkelijk uit te voeren. Indien om wat voor reden dan ook (vooruitgang in een therapie bijvoorbeeld) een hermeting noodzakelijk is, kan dit probleemloos gebeuren.

CLIËNT AAN HET WOORD

Vooral bij persoonlijkheidsvragenlijsten is de cliënt aan het woord. Met een persoonlijkheidsvragenlijst geeft de cliënt zonder tussenkomst van personen een beeld van zijn persoonlijkheid.

OBJECTIEF

De subjectieve indrukken van de psycholoog zijn ondergeschikt aan het verzamelde materiaal.

NORMEN

De score wordt uitgedrukt in een getal. Dit getal kan vergeleken worden met de getallen die in een bepaalde groep met de test gescoord zijn. Met een test is met grote zekerheid aan te geven of een cliënt, op welk kenmerk dan ook, hoog of laag scoort in een groep.

Deze voordelen vallen voor een groot deel samen met de kenmerken van een test (zie Drenth en Sijtsma, 1990, p. 20).

De eerste tests die gebruikt werden in de psychologie waren capaciteitentests, pas later werd de vragenlijstmethode voor persoonlijkheidsmeting populair. Behalve de objectieve tests werden (in Nederland) rond 1960 de projectieve technieken populair. Vooral door deze laatste tests, indien gebruikt in geval van personeelsselectie, werd de psychologische testpraktijk ter discussie gesteld.

Het kan niet onvermeld blijven dat tests in de tachtig jaar van hun bestaan terecht ter discussie stonden. Belangrijkste probleem was de lage voorspellende waarde. Dit probleem bestaat vooral bij individueel gebruik van tests in specifieke situaties; met het testen van groepen in standaardsituaties is nu eenmaal beter research te doen.

Het is overigens de vraag in hoeverre hier van een zwaarwegend probleem sprake is. De meeste uitspraken van psychologen over individuen zijn beschrijvend en niet voorspellend. Bovendien worden uitspraken over de toekomst doorgaans in globale termen gedaan, waarbij niet zozeer van onderzoek over de specifieke test gebruikgemaakt wordt als wel van onderzoek over de eigenschap die de test meet.

Bij beschrijvend (in tegenstelling tot voorspellend) gebruik van tests mag een lage voorspellende waarde niet als een onoverkomelijk bezwaar worden gezien. De tests zijn in zo'n situatie te vergelijken met een weegschaal. De (psychologische) weegschaal is tamelijk nauwkeurig, maar we kunnen met het gevonden gewicht moeilijk voorspellen hoe hard iemand zal lopen of welke gewichtgerelateerde ziekten hij zal ontwikkelen. Wanneer we alleen maar willen weten hoe zwaar iemand is (beschrijvende psychologie), is dit geen probleem. Uit de literatuur blijkt dan dat overgewicht tot allerlei problemen leidt en dit kan als voorspelling gebruikt worden voor zowel hardlopen als de ontwikkeling van ziekten.

Zeker is dat tests beslissingen kunnen verbeteren, vooral met betrekking tot personeelsselectie en diagnostiek. Voor psychotherapie is dat reeds geruime tijd geleden overtuigend aangetoond (zie voor een overzicht Wiggens, 1973).

De baten van tests zijn ook in de praktijk gemakkelijk uit te rekenen. Ingrediënten voor zo'n berekening zijn een voormeting, testonderzoeksresultaten en een nameting.

Een (fictief) voorbeeld

Cliënten die hulp vroegen bij rouwverwerking worden na een intakegesprek verdeeld over een (dure) individuele en een (goedkopere) groepstherapie. Geconstateerd wordt dat op deze wijze in de individuele therapie 62 procent, en in de groepstherapie 59 procent met succes wordt behandeld. In verband met de kosten wordt niet meer dan twintig procent van de cliënten een individuele therapie aangeboden.

Het intakegesprek wordt nu aangevuld met een test, bijvoorbeeld een vragenlijst voor de mate van extraversie. De veronderstelling is dat extraverte mensen gemakkelijker contacten leggen en in groepen beter functioneren. De twintig procent laagst scorenden worden geplaatst in de individuele therapie, de overigen in de groepstherapie.

De succespercentages zijn daarna respectievelijk 75 en 61. De verbetering van de selectieprocedure is evident, er vindt een efficiencyverbetering plaats door een beter gebruik van de dure individuele therapie. De invoering van de test voor extraversie verbetert aantoonbaar de effectiviteit van de verschillende therapieën.

Vooral dergelijke simpele berekeningen maken dat psychologische tests zo populair zijn, er treedt een na te meten verandering op. Op grond van de verandering is uit te rekenen hoeveel winst er wordt geboekt.

1.3 RAPPORTAGE IN EEN PROCES

Een psychologische rapportage is zelden een opzichzelfstaande gebeurtenis. Doorgaans zijn het psychologisch onderzoek en de daarbijbehorende rapportage een onderdeel van een proces. Bijvoorbeeld voor de diagnosestelling in het kader van een te volgen therapie, of een beroepskeuzeadvisering met betrekking tot een te volgen opleiding.

Er vindt in dit proces informatieaccumulatie plaats. Een psychologisch onderzoek voegt informatie toe aan reeds bestaande informatie. Dit is het geval bij een therapeutisch proces maar ook bij relatief eenvoudige korte, cyclische processen als personeelsselectie.

Het feit dat een psychologische rapportage onderdeel van een proces is, beperkt de vrijheid van rapporteren. De informatie die de psycholoog geeft moet iets toevoegen aan het reeds bekende en de psycholoog dient te anticiperen op de (mogelijke) vervolgstappen in het proces. Met de formulering van een duidelijke vraagstelling (zie hoofdstuk 3) wordt het psychologisch onderzoek in het proces gepositioneerd.

Een proces in geval van psychologisch onderzoek in het kader van personeelsselectie ziet er in grote lijnen als volgt uit. De eerste stap in de personeelsselectie is het verwerken van de sollicitatiebrief, de volgende stap is het sollicitatiegesprek, daarna (de formulering van de vraagstelling voor) een psychologisch onderzoek, een afrondend gesprek en een entree- en functioneringsgesprek. In elke stap wordt informatie verzameld en voor de rapporteur is het van belang te weten welke plaats zijn rapportage in het proces inneemt. Zijn er wel gesprekken geweest, en wat was het resultaat hiervan, welke informatie is al bekend, welke rol speelt het psychologisch selectieonderzoek in de latere functioneringsgesprekken?

In het proces moet de psycholoog zich ervan bewust zijn dat er al informatie is verzameld, dat hij informatie aan het proces zal toevoegen en dat er wat met zijn informatie gedaan gaat worden. Daarbij moet hij vooruitkijken: waar gaat het proces naartoe en welke informatie in de rapportage is daarbij relevant, irrelevant en mogelijkerwijs zelfs schadelijk voor de cliënt.

Bij de rapportage dient tevens rekening gehouden te worden met de plaats die de rapportage inneemt in het beslissingsproces. Zo is bijvoorbeeld een bekend fenomeen dat de 'eerste indruk bepalend is'. De rapportage van de psycholoog komt bijvoorbeeld na de eerste indruk van de opdrachtgever. Welke positie neemt de psychologische rapportage nu in? Wat was de eerste indruk? Is deze eerste indruk opgenomen als 'hypothese' in de vraagstelling? Is het onderzoek bedoeld om de eerste indruk te bevestigen? Deze vragen dienen zeker gesteld te worden, om te voorkomen dat de rapportage een onbedoelde rol in een beslissingsproces gaat spelen. Door de eerste indruk in het rapport te negeren kan het rapport de plank misslaan.

Kennis van het proces in z'n geheel is van belang. Indien er meer kandidaten voor een functie zijn, zullen de rapportages op elkaar afgestemd moeten worden. De rapportages worden immers met elkaar vergeleken. Als de te vergelijken informatie niet op dezelfde plaats staat, betekent dit extra zoekwerk voor de opdrachtgever.

Er zijn ook situaties dat het belang van het proces voor het psychologisch onderzoek betrekkelijk klein lijkt. Bijvoorbeeld als opdrachtgever en cliënt op het moment van rapporteren in een eenmalige relatie tot elkaar staan en de rapportage een betrekkelijk opzichzelfstaande gebeurtenis is. Dit kan bij bepaalde vormen van personeelsselectie het geval zijn (een globale eerste screening van kandidaten).

Indien er sprake is van een meer langdurig proces moet de psycholoog nagaan welke mogelijke rol de rapportage in zijn verdere relatie met de cliënt kan spelen. De consequenties van zijn uitspraken kunnen verstrekkend zijn.

In een volledige afhankelijkheidsrelatie, zoals die kan bestaan in de sociale verzekeringen, intramurale zorg of bij een werkgever, dient de rapportage zich zeer scherp te richten op het beantwoorden van alleen de vraagstelling. Elk zijpad dat ingeslagen wordt kan onbedoelde effecten hebben op het vervolg van het proces waarin de onderzochte cliënt zich bevindt. De opdrachtgever slaat de gegevens op in een dossier en kan deze ook gebruiken voor andere doelen dan de psycholoog voor ogen had.

Voorkomen moet worden dat de cliënt, hoe hij ook in het onderzoek staat, schade ondervindt door de rapportage. Schade wordt gemakkelijk veroorzaakt door de rol van de cliënt in het totale proces (bijvoorbeeld een loopbaanbegeleiding, reïntegratie, therapie, enzovoort) te veronachtzamen.

De functie van de rapportage in een proces maakt dat sommige opmerkingen beter niet in een rapportage gemaakt kunnen worden.

Over een werknemer (junior functie) die onderzocht werd voor een begeleiding in verband met werkhervatting na uitval door psychische klachten werd aan de werkgever als volgt gerapporteerd.

'Dhr. Z. lijkt op het moment weer de goede kant op te gaan. De therapie is aangeslagen en we verwachten dan ook dat hij binnenkort weer aan het werk kan. Te beginnen met halve dagen. Intellectueel dient hij voorlopig niet al te veel belast te worden. Hij kan nog niet al te veel verantwoordelijkheid op zich nemen. Het is dan ook zaak zijn carrièreperspectief in de organisatie bij te stellen. Een senior zit er voor hem nu niet in.'

Het laatste is een opmerking die z'n doel voorbijschiet. De werkgever is er slechts in geïnteresseerd dat de werknemer z'n werk als junior weer oppakt. De loopbaanperspectieven voor Z. in dit bedrijf zijn door de opmerking van de psycholoog over een niet aan de orde zijnde senior functie, drastisch gereduceerd. Het rapport komt immers in een personeelsdossier en zal daar voorlopig in blijven.

Een rapporterend psycholoog zou in zijn rapportage ook vooruit moeten denken en zich moeten onthouden van het opnemen van dergelijke passages.

1.4 ACTOREN BIJ PSYCHOLOGISCHE RAPPORTAGE

1.4.1 VIER ACTOREN

Bij het psychologisch onderzoek zijn er, op het eerste gezicht, drie actoren: de psycholoog, de opdrachtgever en de cliënt. Op de achtergrond speelt nog een vierde actor mee: 'Het Wetenschappelijk Forum' (De Groot, 1961, p. 27). Dit laatste verwijst naar de deelnemers aan de wetenschappelijke discussie in de psychologie. Snijders (1965) onderscheidt daarnaast actoren als 'de maatschappij', 'het team' en 'collega's'. Omdat deze een sterke overlap vertonen met de genoemde vier worden ze hierna niet apart behandeld.

De term 'actor' wordt hier gebruikt in de betekenis van 'individu, instelling of organisatie die van doorslaggevende invloed kan zijn in een bepaald proces'.

Bij aanvaarding van een opdracht voor psychologisch onderzoek moet duidelijk zijn welke actoren precies betrokken zijn bij het psychologisch onderzoek, welke houding ze tegenover het onderzoek innemen en hoe ze in het proces staan.

De verwachtingen en daarmee de eisen van de actoren ten aanzien van het onderzoek verschillen. Psycholoog, opdrachtgever en cliënt hebben veelal verschillende belangen bij de aanvang van het onderzoek.

Het is niet vanzelfsprekend dat de verschillende actoren dezelfde doelen hebben met betrekking tot het onderzoek en de daaruit volgende rapportage. Daarom stelt de psycholoog vooraf duidelijke doelen op bij het aanvaarden van een opdracht voor psychologisch onderzoek. Dit gebeurt via de vraagstelling van het onderzoek (zie hoofdstuk 3).

Het is noodzakelijk dat de rapporteur een visie heeft op de rol die het rapport in een bepaald proces kan spelen, hetzelfde geldt voor de visie op de rol van de actoren in dit proces. Bij ieder van de actoren vraagt de psycholoog zich af welke rol deze speelt in het proces waarvan het onderzoek deel uitmaakt.

a   Wie is de rapporterend psycholoog?
    De psycholoog vraagt zich in eerste instantie af welke rol hij bij de rapportage
    inneemt: die van adviseur (en van wie), van beslisser of initiator. Wat wordt
    van hem verwacht? Welke positie neemt het onderzoek in een proces in? Welke
    positie neemt de psycholoog in?
    De rapporterend psycholoog zou ook de psycholoog moeten zijn die de op-
    dracht aanneemt en daarmee de vraagstelling voor het onderzoek helpt formu-
    leren. Indien dit niet het geval is, zou de psycholoog zich meer dan gebruikelijk
    moeten afvragen wat het doel en achtergrond van het onderzoek zijn en wat zijn
    rol is in het lopende proces.

b   Wie is de opdrachtgever?
    De opdrachtgever heeft een motief om iemand op zijn kosten psychologisch te
    laten onderzoeken. Dit motief wordt uitgebreid doorgesproken bij het formule-
    ren van de vraagstelling voor het onderzoek. Daarnaast zijn er impliciete doel-
    stellingen die niet in de vraagstelling meegenomen kunnen worden. Deze liggen
    veelal in de sfeer van de bedrijfscultuur van de opdrachtgever of de (wettelijke)
    regels waaraan een opdrachtgever zich te houden heeft. Ze staan niet expliciet
    in de vraagstelling, de psycholoog wordt geacht deze te kennen.

De opdrachtgever kan bijvoorbeeld een bedrijf zijn dat een aantal sollicitanten laat
onderzoeken. Een bedrijf wil niet alleen een geschikte kandidaat maar ook een werknemer die zich verder kan ontwikkelen in het bedrijf. De psycholoog kan hierop ingaan door de ontwikkelingsmogelijkheden in de rapportage te schetsen.
    Indien de opdrachtgever een instelling voor sociale verzekeringen is, kan in de
advisering rekening worden gehouden met de mogelijkheden die regelgeving en wet
voor de uitvoering van de sociale verzekering bieden. Het adviseren van een lang-
durige scholing heeft bijvoorbeeld geen zin als de regels een scholing tot maximaal
een jaar voorschrijven.
    Het anticiperen op de situatie waarin de cliënt zich bevindt, betekent ook dat
de rapporteur zich op de hoogte stelt van bijvoorbeeld de bedrijfscultuur. Sommige
formuleringen zijn voor bepaalde bedrijven, getuige het volgende voorbeeld, minder gelukkig gekozen. Voor een bouwbedrijf viel de volgende passage verkeerd. Er
werd een projectmanager voor woningbouw gezocht. De eisen lagen vooral op het
gebied van sociale vaardigheden: onder grote werkdruk moest de manager ervoor
zorgen dat het bedrijf bleef draaien. De psycholoog richtte zich in de volgende passage op de sociale vaardigheden.

'Dhr. W. beschikt over uitstekende sociale vaardigheden. Hij zal naar
ondergeschikten goed kunnen luisteren en in staat zijn hen het gevoel te
geven zich thuis te voelen bij het bedrijf. Doordat hij uitstekend in staat
is zijn gedachten en gevoelens op een adequate wijze te uiten, is hij een
prettige partner in overlegsituaties en zal hij in uiteenlopende situaties
kunnen overtuigen.'

De psycholoog vond dat de betrokken persoon over goede sociale vaardigheden beschikt voor de functie, maar al lezend ontstond bij het bouwbedrijf de indruk dat hier een al te invoelend persoon zou worden aangenomen. Een betere formulering is wellicht de volgende.

> 'Dhr. W. beschikt over uitstekende sociale vaardigheden. Hij pikt snel op wat zijn ondergeschikten te melden hebben. Hij maakt hier in het werk adequaat gebruik van, werknemers zullen op deze wijze gestimuleerd worden zich betrokken te voelen bij de uitvoering van de werkzaamheden. In het overleg is hij duidelijk en kan op deze manier snel resultaten boeken.'

Het gaat om dezelfde persoon, maar voor het bouwbedrijf zou de laatste formulering waarschijnlijk meer aangesloten hebben bij de bedrijfssfeer.

Voor de psycholoog geldt dat hij pas in staat is om te adviseren als hij zijn opdrachtgever goed kent. Als het ook maar even mogelijk is, zou een psycholoog een korte kennismakingsstage in een bedrijf moeten lopen. Een dag rondlopen en praten met werknemers bij een nieuwe werkgever geeft een grote voorsprong op de adviseur die de opdrachtgever slechts van achter zijn bureau kent.

c   Wie is de cliënt?
De positie van de cliënt in een psychologisch onderzoek kan van geval tot geval verschillen. Cliënten kunnen vrijwillig aan een onderzoek deelnemen en zich enthousiast inzetten, maar ook kunnen cliënten met tegenzin een onderzoek 'ondergaan'. Dit alles is van invloed op de wijze waarop het onderzoek ingericht wordt en de manier waarop de rapportage tot stand komt.

De rol van bijvoorbeeld een sollicitant is duidelijk: hij wil de functie waarnaar hij solliciteert. Ook voor de beroepskeuzecliënt geldt dat hij in de regel vrijwillig aan het onderzoek deelneemt en hij zal zich ook volledig inzetten voor een zo goed mogelijk resultaat.

De rol van de onderzochte cliënt is minder duidelijk wanneer deze min of meer gedwongen aan het onderzoek onderworpen wordt. Dit kan het geval zijn bij strafinrichtingen maar ook in het kader van een onderzoek naar arbeidsgeschiktheid. Het onderzoek kan in dit soort gevallen zelfs tegen de wens van de cliënt uitgevoerd worden.

Het komt wel eens voor dat een sollicitant of beroepskeuzecliënt tegen zijn wil wordt onderzocht, maar hij kan niet gedwongen worden zich te laten onderzoeken. Een cliënt mag volgens de NIP-beroepsethiek een onderzoek in alle gevallen weigeren, hetgeen vaak een schijnvrijheid is.

Bij arbeidsongeschiktheid of werkloosheid kan hij zijn uitkering verspelen, een sollicitant verspeelt zijn sollicitatie en een patiënt blokkeert zijn behandeling. De enige actor die kan ingrijpen is de psycholoog. Zodra hij merkt dat de onderzochte cliënt weinig voelt voor het onderzoek, zou hij dit als onderwerp van gesprek kunnen nemen. Voordat het onderzoek aanvangt, zal de positie van de cliënt op één of andere wijze ter sprake gebracht moeten worden. Als de cliënt het niet eens is met de vraagstelling van het onderzoek, heeft verdergaan en een rapport uitbrengen vaak weinig zin (bovendien mag dat niet volgens de beroepscode). Veel psychologisch onderzoek is dermate kwetsbaar dat onwillige cliënten onmogelijk goed onderzocht kunnen worden. Dit geldt vooral voor testonderzoek.

Als verondersteld kan worden dat de cliënt niet geheel vrijwillig aan het onderzoek deelneemt, zou dit een reden kunnen zijn, in overleg met de opdrachtgever, de wijze van onderzoek aan te passen. Bijvoorbeeld door de vraagstelling aan te passen, van schriftelijke rapportage af te zien, bepaalde tests niet te gebruiken.

d   Het Wetenschappelijk Forum

Psychologische rapporten zijn geen openbare publicaties. Dit brengt mee dat eigenaardigheden van de psychologisch rapporteur in stijl, vorm en inhoud zich onafhankelijk kunnen ontwikkelen. De feedback die de psycholoog op zijn rapporten krijgt is beperkt tot de cliënt, de opdrachtgever en eventueel zijn werkgever. Als hij geluk heeft zijn collega's bereid de rapporten van commentaar te voorzien.

Een psychologisch rapport hoort echter ook aan wetenschappelijke standaarden te voldoen. Rapporten zouden van tijd tot tijd ter intercollegiale toetsing aangeboden moeten worden. In ieder geval zou de psycholoog een dermate sterk ontwikkeld wetenschappelijk geweten moeten hebben dat hij het gevoel heeft dat ter zake kundige, kritische collega's (het 'Wetenschappelijk Forum') altijd over zijn schouder meelezen.

1.4.2   ACTOREN EN RAPPORTEN

Voornoemde actoren kunnen in zekere zin uit hun rol vallen en zelf opdrachtgever worden van het psychologisch onderzoek. Dit heeft consequenties voor de aard van de rapportage. Snijders (1965) onderscheidt in dit verband de volgende rapportages: het dossierrapport, het beoordelingsrapport, het adviesrapport en het researchrapport.

Indien de onderzoeker aan zichzelf rapporteert is er sprake van een dossierrapport: een rapportage die alleen door de samensteller begrepen hoeft te worden en waaraan dus geen andere eisen gesteld worden dan de rapporteur zichzelf oplegt.

In een beoordelingsrapport zal de rapporteur rekening moeten houden met zaken als positiebepaling in het proces, een goede vraagstelling, het kennen van de cliënt, enzovoort. Aan een dergelijke rapportage worden zware eisen gesteld.

Een adviesrapport is een psychologische rapportage opgesteld voor een cliënt. Praktisch nut en duidelijkheid voor de cliënt staan hierbij voorop.

Aan de hand van psychologische rapportages nemen opdrachtgevers beslissingen over mensen. Het achterliggende beslissingsproces is vaak impliciet. Zelden worden de regels, waarvan de beslisser zich vaak ook maar half bewust is, helder geformuleerd. Het psychologisch rapport is bij uitstek een plaats waar dit beslissingsproces inzichtelijk gemaakt kan worden.

Roe (1983, p. 400) laat zien dat het mogelijk is dergelijke processen op eenvoudige wijze zichtbaar te maken door een schema op te stellen waarin waarden worden gegeven aan de verschillende bevindingen uit een onderzoek.

Kern van zijn betoog is dat aan de verschillende bevindingen uit een onderzoek utiliteiten kunnen worden verbonden. Onder utiliteit verstaat hij de waarde die een bepaalde uitkomst vertegenwoordigt gezien de gestelde doelen (Roe, 1983, p. 22 en p. 253). Deze waarde kan op een (onbeperkt) aantal dimensies uitgedrukt worden. Bijvoorbeeld een 'harde' financiële schaal (wat kost het, wat levert het op) maar ook op een 'zachte' schaal als 'toename van de groepscohesie op een afdeling'.

De utiliteitsbepaling kan via geformaliseerde objectieve methoden verlopen. Zo is in een selectieprocedure vast te stellen wat het kost om iemand aan te nemen die niet zal voldoen in de functie. Bijvoorbeeld: na een maand moeten we erachter zijn of iemand voldoet in een functie, dit kost een bedrag x aan salaris en de minst kostbare fout die gemaakt kan worden, kost ten minste y. Een misser in de selectieprocedure kost dus ten minste x plus y. Bij een laag bedrag hoort dan een lage utiliteit, bij een hoog bedrag een hoge utiliteit (want dure fouten wil je niet maken).

Het zal in de adviespraktijk van de doorsnee psycholoog zelden voorkomen dat hij in de gelegenheid is een dergelijke geformaliseerde procedure te hanteren. Meestal zal de utiliteitsbepaling subjectief, gevoelsmatig en vooral impliciet zijn. Utiliteiten van uitkomsten staan zelden in een bespreking van een rapportage op de agenda.

Dat is jammer. Met het aangeven van utiliteiten wordt een waarde gegeven aan een mogelijke uitkomst van het onderzoek. Dit kan ook op grond van ervaring. Het is niet strikt noodzakelijk om hier berekeningen aan te verbinden (hoewel dat de kwaliteit van de beslissingen wel doet toenemen). Het kan de inzichtelijkheid van beslissingsprocessen aanmerkelijk verbeteren wanneer schema's zoals in het volgende voorbeeld gehanteerd worden.

Selectie verkoopmedewerker winkel

Functie-eis	Bevinding in onderzoek	Utiliteit
a Klantvriendelijk gedragen	a Voldoende sociale vaardigheden	a 9
b Klanten in correct Nederlands te woord staan	b Uitstekend taalgebruik	b 4
c Administratie doen	c Ordelijkheid: slecht	c 3

De utiliteiten in voorgaand voorbeeld zijn aangegeven op een schaal van 1 tot en met 10, 1 is laag, 10 is hoog. Utiliteiten kunnen ook in een willekeurig andere schaal gezet worden, de gebruiker is hier vrij in.

In het voorbeeld is te zien dat de waarde die aan klantvriendelijkheid wordt gehecht zeer groot is. Een 'verkoopmedewerker winkel' moet volgens de opdrachtgever in eerste instantie klantvriendelijk (vertaald in 'sociaal vaardig') zijn. De sollicitant voldoet aan deze eis. De waarde die aan de uitdrukkingsvaardigheid wordt gehecht is beduidend minder en de administratieve vaardigheden nemen als functie-eis een lage positie in.

We kunnen aannemen dat de opdrachtgever de kandidaat aanneemt. Dit zou in de rapportage tot uitdrukking moeten komen door er de utiliteiten in te betrekken. Een rapportagefragment zoals hierna volgt, zet de lezer op het verkeerde been.

> 'De administratieve vaardigheden van onderzochte zijn ronduit slecht te noemen. Ze is slordig en niet in staat ook bij eenvoudige opdrachten orde op zaken te stellen. Daarentegen beschikt ze wel over een, gezien haar opleidingsachtergrond (enkele jaren mavo), bijzonder goed ontwikkeld taalgebruik. Haar sociale vaardigheden, hoewel voldoende om in de functie te kunnen werken, blijven hier echter bij achter.'

Met een dergelijke passage is het in tegenstelling tot de 'utiliteitsanalyse' beslist niet voor de hand liggend dat de betrokken persoon voor de functie wordt aangenomen. Dit wordt anders als de bij elkaar horende eigenschappen gecombineerd worden en de presentatie in volgorde van de utiliteiten gezet worden.

> 'Onderzochte beschikt over voldoende sociale vaardigheden om in de functie naar behoren te kunnen werken. In haar contacten zal ze geen problemen hebben met het te woord staan van de klanten. Ze beschikt over een, gezien haar opleidingsachtergrond (enkele jaren mavo), bijzonder goed ontwikkeld taalgebruik.
>
> De administratieve vaardigheden van onderzochte zijn evenwel ronduit slecht te noemen. Ze is slordig en niet in staat ook bij eenvoudige opdrachten orde op zaken te stellen. Het zelfstandig verrichten van administratief werk in de functie kan een probleem zijn.'

De volgorde is anders, verwante eigenschappen zijn bij elkaar gevoegd (het sterke punt taalvaardigheid is als het ware opgeteld bij de voldoende sociale vaardigheden) en de zwakke administratieve kwaliteiten krijgen een minder prominente positie in de rapportage.

1.6 FORMELE ASPECTEN AAN RAPPORTAGE

1.6.1 OVERDRACHT VAN HET PSYCHOLOGISCH RAPPORT

Bij de oplevering van een psychologisch rapport worden gegevens overgedragen. Is dit eenmaal gebeurd dan is formeel gezien het eigendomsrecht overgegaan in handen van de opdrachtgever, (maar zie ook 10.8). Dit kan voor een psychologische rapportage nadelen hebben. Het is immers vertrouwelijke informatie, waarvan de cliënt (en ook de psycholoog) niet graag wil dat deze verder verspreid wordt dan de bedoeling is.

Het eigendomsrecht van de rapportage kan ingeperkt worden door gebruikmaking van het auteursrecht. Dit voorkomt verdere verspreiding van inhoud en vorm van het rapport. Onder de rapportage kan dan de volgende passage opgenomen worden.

Copyright 2006, drs. Q. Item, Psycholoog NIP, Hoofdweg 12, 1541 MK Koog aan de Zaan. Alle rechten voorbehouden. Niets uit deze uitgave mag worden vermenigvuldigd door middel van druk, fotokopie enzovoort zonder schriftelijke toestemming van voornoemde psycholoog.

Het auteursrecht maakt het mogelijk via de rechter een schadevergoeding te eisen bij inbreuk op dit auteursrecht. De kans dat een dergelijke rechtszaak voor een individueel psychologisch rapport ooit gevoerd zal worden is gering, maar een dergelijke passage kan wel preventief werken. De eigenaar van het rapport wordt erop gewezen dat bijvoorbeeld fotokopiëren niet is toegestaan en dat hij daarvoor aansprakelijk kan worden gesteld (zie verder hoofdstuk 10.8).

Behalve een vermelding van de auteursrechten zou een uitgeschreven richtlijn voor de hantering van rapportages gegeven kunnen worden. Deze kan standaard bij de rapportage gevoegd worden, bijvoorbeeld afgedrukt op de omslag van de rapportage. De tekst voor een dergelijke richtlijn kan als volgt luiden.

Het psychologisch rapport is een persoonlijk document waarin veel privacygevoelige informatie wordt gegeven. Het is dan ook vanzelfsprekend dat deze rapportage met de grootst mogelijke zorgvuldigheid behandeld wordt. We vragen u daarom de volgende regels met betrekking tot de rapportage in acht te nemen.

Van de psychologische rapportage wordt slechts één origineel door de psycholoog vervaardigd. U als opdrachtgever wordt na overdracht eigenaar van deze rapportage, de psycholoog behoudt een fotokopie hiervan. Tevens krijgt de cliënt een kopie. De psycholoog draagt er zorg voor dat (de fotokopie van) de rapportage niet binnen bereik van derden komt en vernietigt deze rapportage na twee jaar. We adviseren onze opdrachtgevers hetzelfde te doen met de originele rapportage. De kopie van de rapportage die de psycholoog in zijn bezit heeft, kan alleen ter inzage aan derden worden gebruikt na schriftelijke toestemming van opdrachtgever en cliënt.

De opdrachtgever draagt er zorg voor dat de rapportage niet binnen het bereik van derden komt. Onbevoegd tot inzage van de rapportage zijn al degenen die zonder uitdrukkelijke toestemming van de opdrachtgever en cliënt inzicht krijgen in de rapportage.

Het eigendomsrecht met betrekking tot de rapportage is beperkt. De opdrachtgever is niet gerechtigd tot het overdragen van de rapportage aan derden zonder schriftelijke toestemming van de psycholoog en de cliënt. De opdrachtgever noch cliënt zijn gerechtigd tot het kopiëren van de rapportage, niet voor eigen gebruik, noch voor derden.

We vragen u met nadruk zich aan deze regels te houden. Het voorkomt mogelijke juridische procedures.

Een stap verder is met een opdrachtgever een overeenkomst te sluiten over de verspreiding van de rapportage. Een dergelijke overeenkomst kan bij een eerste contact met een nieuwe opdrachtgever voorgelegd worden en zou als volgt kunnen luiden.

Overeenkomst met betrekking tot het gebruik van psychologische rapporten

Drs. A.B., verder te noemen 'psycholoog' en dhr. B.V., verder te noemen 'opdrachtgever' zijn met betrekking tot het gebruik van psychologische rapporten van drs. A.B. het volgende overeengekomen.

1 Een psychologische rapportage is een als zodanig aangeduide rapportage geschreven door de psycholoog in opdracht van de opdrachtgever.

2 Van de psychologische rapportage wordt slechts één schriftelijk origineel door de psycholoog vervaardigd.

3 Opdrachtgever wordt na overdracht eigenaar van de originele rapportage, de psycholoog bewaart een elektronische kopie hiervan. De cliënt krijgt een papieren kopie.

4 De psycholoog draagt er zorg voor dat (de kopie van) de rapportage niet in handen van derden komt en vernietigt deze rapportage na twee jaar. De rapportage kan alleen ter inzage aan derden gebruikt worden na schriftelijke toestemming van de psycholoog, opdrachtgever en cliënt.

5 De opdrachtgever draagt er zorg voor dat de rapportage niet in handen van derden komt. Onbevoegd tot inzage van de rapportage zijn al diegenen die zonder uitdrukkelijke toestemming van de opdrachtgever en cliënt inzicht krijgen in de rapportage. Voor gebruik binnen de organisatie waar zowel de opdrachtgever als de onderzochte cliënt werknemer zijn, geldt dat toestemming van de onderzochte cliënt voldoende is.

6 Het eigendomsrecht met betrekking tot de rapportage is beperkt:

De opdrachtgever is niet gerechtigd tot het overdragen van de rapportage aan derden zonder schriftelijke toestemming van de psycholoog en de cliënt.

De opdrachtgever is niet gerechtigd tot het kopiëren van de rapportage, niet voor eigen gebruik, noch voor derden.

Aldus overeengekomen en in tweevoud getekend,

Psycholoog   Opdrachtgever

Hoe dan ook, het is bij de overdracht van de rapportage onvermijdelijk dat rapporten in (elektronische) dossiers terechtkomen. Eenmaal in een dossier, is het moeilijk te realiseren dat een rapport na bepaalde tijd niet meer gebruikt, of vernietigd wordt. Ook contracten geven zonder tussenkomst van de rechter weinig houvast voor het dwingend opleggen van een bepaalde handelwijze. Contracten en afspraken zoals hiervoor hebben vooral een preventieve werking ten aanzien van onjuist gebruik van rapportages. De beste garantie voor een goed gebruik van psychologische rapporten is het onderhouden van een goede relatie met de opdrachtgever.

De psycholoog dient daarbij de rapportage te beperken tot beantwoording van de vraagstelling en niet-relevante informatie te vermijden.

Een ander punt is de dossiervorming van de psycholoog zelf. Hieraan kunnen uiteraard hogere eisen gesteld worden, temeer daar dergelijke dossiers meer informatie bevatten dan in het rapport zelf is opgenomen. De NIP-beroepsethiek stelt hiervoor nadere regels (NIP, 1998).

Steeds vaker maakt het psychologisch rapport deel uit van een reeks beoordelingen (medische, personeelsbeoordeling, arbeidsdeskundige beoordeling, etc.). Uit efficiencyoverwegingen worden deze rapporten binnen organisaties dan elektronisch aan elkaar gekoppeld. In dat geval geldt des te meer dat de autorisatie voor gebruik van rapporten goed geregeld moet zijn om misbruik te voorkomen.

Aan het schrijven van een psychologische rapportage is een aantal voorwaarden te stellen. Bij elk van deze voorwaarden moet de rapporteur zich afvragen: 'Accepteer ik de onderzoeksopdracht?' en 'Moet ik schriftelijk rapporteren?'

Hierna worden deze stappen chronologisch (naar het proces van onderzoek) behandeld: de acceptatie van de opdracht, de intake en het formuleren van de onderzoeksopdracht in de onderzoeksbevindingen.

A   ACCEPTATIE VAN DE OPDRACHT

Een psycholoog is natuurlijk blij met het verwerven van een opdracht, dus kan het wat geforceerd overkomen de aandacht te vestigen op het kritisch beoordelen van die opdracht. Toch dient iedere psycholoog elke opdracht op een aantal criteria te toetsen voordat hij een onderzoek aanvangt. Het is zonder meer schadelijk voor een psycholoog een opdracht aan te nemen waarvan hij van tevoren weet dat deze niet tot een goed einde te brengen is. Gevolg van acceptatie van een dergelijke opdracht kan een beschadigde reputatie van deze psycholoog zijn.

De acceptatie van de opdracht hangt af van de onderzoekbaarheid van de vraagstelling die aan het onderzoek voorafgaat. Deze hangt samen met de competentie van de psycholoog, die in een volgende paragraaf wordt behandeld. Verder hangt de acceptatie af van de ethische standaarden en in samenhang daarmee de vragen: 'Wie is de opdrachtgever?' en 'Wat is de aard van de opdracht?'.

Onderzoekbaarheid

De aangeboden vraagstelling dient in eerste instantie onderzoekbaar te zijn. Dit is, ook bij voor de hand liggende vragen, niet altijd duidelijk. Zo zal een opdrachtgever bijvoorbeeld willen weten of de sollicitant die dagelijks grote geldbedragen in handen krijgt wel te vertrouwen is. In een klinisch-psychologische omgeving kan de vraag gesteld worden of er bij een psychiatrische patiënt tien jaar geleden ook sprake was van een bepaalde diagnose. Bij een beroepskeuzeadvies kan de cliënt zich afvragen in welke functie hij het meest gaat verdienen.

Een psycholoog kan hier in de meeste gevallen geen psychologisch gefundeerd antwoord op geven. De onderzoekbaarheid van een vraag kent echter een glijdende schaal, absoluut niet-onderzoekbare vragen zijn even zeldzaam als vragen die met een aan zekerheid grenzende waarschijnlijkheid beantwoord kunnen worden.

Ethiek

Een vraagstelling moet ethisch door de beugel kunnen. De NIP-beroepsethiek (NIP, 1998, 1995) geeft hier enkele handvatten voor. Er zijn echter in het grensgebied van wat wél, en wat niet kan, moeilijk voor alle situaties passende voorschriften te geven. Het is duidelijk dat een vraagstelling in een selectiesituatie als 'Is deze sollicitant homoseksueel?' niet kan leiden tot een ethisch verantwoorde rapportage. Dezelfde vraagstelling, wat anders geformuleerd in een klinische situatie, bijvoorbeeld: 'Kan het zijn dat de cliënt door zijn mogelijk homoseksuele geaardheid in de huidige problemen is gekomen?' kan echter weer wel relevant zijn.

De ethische grenzen zijn bereikt als redelijkerwijs aangenomen kan worden dat ingaan op de vraagstelling schade aan de cliënt kan berokkenen.

Opdrachtgever

Samenhangend met de ethiek kunnen er beperkingen zijn ten aanzien van de acceptatie van de opdrachtgever. Uiteraard zijn hier geen algemeen geldende uitspraken over te doen. Een psycholoog maakt voor zichzelf uit welke opdrachtgever hij accepteert. Indien de psycholoog overtuigd pacifist is zal hij er bezwaar tegen hebben voor een wapenfabriek te adviseren. Indien de opdrachtgever bekendstaat vanwege een zeer slecht personeelsbeleid zou menig psycholoog zich ook kunnen beraden over de opdracht.

De aard van de opdracht

Er zijn talloze situaties denkbaar waarin een psycholoog zich wat ongemakkelijk voelt met de opdracht. Een voorbeeld is een slechtlopend bedrijf waarbij redelijkerwijs kan worden aangenomen dat bepaalde divisies binnenkort afgestoten worden. Indien de psycholoog hier wel weet van heeft, mag (of moet) de psycholoog dan de sollicitant hiervan op de hoogte stellen? De opdrachtgever kan een verzekeringsmaatschappij zijn die in eerste instantie een reïntegratieadvies wil, maar de rapportage ook zal gebruiken als indicator voor de vaststelling van de mate van arbeidsongeschiktheid (voor vaststelling van de hoogte van de uitkering). Neemt de psycholoog een opdracht met zo'n open eind aan?

B   INTAKE

Een volgend moment waarop wordt stilgestaan bij de acceptatie van de opdracht is in het intakegesprek met de cliënt. Gulden regel is dat de cliënt op basis van vrijwilligheid aan het onderzoek deelneemt. Een vijftienjarige scholier die door de ouders gestuurd is voor een onderzoek maar daar zelf weinig voor voelt, kan beter met de ouders nog eens terugkomen voor een gesprek.

Aan de regel van vrijwilligheid wordt overigens zelden geheel voldaan. De meeste psychologische onderzoeken vinden plaats in opdracht van derden. De sollicitant 'ondergaat' zijn onderzoek. Hij heeft niet geweigerd, maar het was zijn keuze niet. Hetzelfde geldt voor klinisch onderzoek ten behoeve van reïntegratie van arbeidsongeschikten of een psychologisch onderzoek ten behoeve van psychotherapie (het 'hoort erbij').

In de intake kan worden nagegaan in hoeverre de cliënt een juist beeld heeft van het komende onderzoek. De hoofdmoot van de informatie wordt verstrekt via een folder. Het is evenwel nuttig ook mondeling nog even de inhoud van de folder door te nemen. De informatie van de psycholoog dient volledig te zijn en daarbij hanteert hij een standaardprocedure.

Onderdelen hiervan zijn:
- het doel van het onderzoek;
- de indeling van de dag (begintijd, eindtijd, pauzes);
- de vereiste instelling van de cliënt bij het maken van de tests (vragen naar beste weten beantwoorden, altijd keuze maken bij ja/nee-antwoorden, in testzaal letten op instructies van testassistent);
- de soorten tests (vragenlijsten, capaciteitentests, individuele tests, gesprekken);
- de rapportage;
- de rechten van cliënt.

Mocht de cliënt een geheel verkeerd beeld hebben van het onderzoek en is dat beeld via een gesprek niet bij te stellen, dan zit er soms niets anders op dan het onderzoek af te breken.
Voorbeelden van een verkeerde uitgangspositie voor een onderzoek zijn:
- De cliënt dacht een algemeen loopbaanadvies te krijgen, maar de opdrachtgever (de werkgever) gaf als vraagstelling 'de geschiktheid voor programmeur', met een functieomschrijving van de beschikbare vacature.
- De cliënt verkeert in de veronderstelling dat de psycholoog begint met een therapie, terwijl dit juist de vraagstelling voor het onderzoek is.
- De psycholoog constateert in de intake dat onderzoek geen zin heeft. De cliënt voor een diagnostisch (test)onderzoek spreekt bijvoorbeeld alleen Arabisch of de cliënt geeft te kennen morgen te beginnen bij een andere werkgever dan de opdrachtgever ('het lijkt me wel leuk om eens te horen wat er uit zo'n onderzoek komt').

In al deze gevallen maakt de psycholoog pas op de plaats om te bezien of een onderzoek wel zin heeft.

C   ONDERZOEKSBEVINDINGEN

Uiteraard kunnen zich tijdens het onderzoek allerlei situaties voordoen die verder onderzoek en dus rapportage overbodig maken. Bijvoorbeeld een cliënt die zich tijdens het onderzoek terugtrekt uit een sollicitatie, een cliënt die toch niet onderzoekbaar is of het afzien van een therapie.
Problematischer zijn situaties waarin achteraf, bij de analyse van de gegevens pas blijkt dat een psychologische rapportage niet mogelijk is. Bijvoorbeeld doordat vragenlijsten lukraak zijn ingevuld, testinstructies verkeerd zijn begrepen of doordat het beeld dat de cliënt van het onderzoek had toch niet overeenstemt met het feitelijke doel van het onderzoek.

1.7   PSYCHOLOGIE ALS TOEGEPASTE WETENSCHAP

Psychologen wordt in hun opleiding geleerd bescheiden te zijn in hetgeen ze aanbieden op de markt. De bruikbaarheid van wetenschappelijke kennis is immers in de praktijk van de diagnostiek niet altijd duidelijk. Psychologische theorieën zijn zelden direct van toepassing op allerlei vragen die de psycholoog krijgt.

De wetenschappelijke kennis in de psychologie, in de vorm van consequente eenvormige theorieën, is beperkt. Nog steeds is de psychologie opgedeeld in een groot aantal scholen die elkaar tegenspreken of zelfs bestrijden. Er bestaan geen 'natuurwetten' in de psychologie. De praktische psychologie maakt gebruik van allerlei theorieën en is daardoor wellicht aan te duiden als een pragmatische vorm van psychologie.

Tegelijkertijd zijn psychologen zich ervan bewust dat ze wel degelijk meer te bieden hebben dan alledaagse praktische mensenkennis. Deze praktische mensenkennis heeft immers twee grote nadelen die de wetenschappelijk psycholoog bewust tracht te vermijden (Duijker, 1978):

1   Zij is ongestructureerd, onsystematisch en daardoor behept met talrijke tegenstrijdigheden.
2   Ze berust op vele stilzwijgende, impliciet blijvende vooronderstellingen.

De praktiserend psycholoog ondervindt echter weinig problemen met het ontbreken van een eenduidige wetenschappelijke psychologie. Wanneer hij zich houdt aan de wetenschappelijke regels omtrent inzichtelijkheid en falsifieerbaarheid is er ook geen bezwaar tegen het 'ontheoretische' in de uitvoerende psychologie. De psycholoog in de praktijk moet zijn kracht vooral zoeken in heldere procedures.

De praktiserende psychologie is een toegepaste wetenschap waarbij wetenschappelijke spelregels (met betrekking tot gegevensverzameling, bewerking en replicatie) van groot belang zijn en theorievorming een ondergeschikte plaats in het handelen inneemt.

De praktiserend psycholoog moet er echter voortdurend alert op zijn dat wetenschappelijke regels en methoden bij de beantwoording van vraagstellingen niet verdrongen worden door intuïtie en fantasie.

Dit stelt hoge eisen aan de psychologische rapportage. De opdrachtgever dient op grond van argumenten overtuigd te worden, zonder lastig gevallen te worden met wetenschappelijke of onderzoekstechnische beschouwingen.

De stappen in de rapportage kunnen te snel gaan, getuige de volgende passage uit een personeelsselectierapport.

> 'Onderzochte heeft een goede sociale presentatie maar blijkt zichzelf niet zo sociaal vaardig te vinden als gevraagd wordt voor de functie. Voor de functie van verkoper achten we hem daarom niet geschikt.'

Een dergelijke passage is te kort en zou voor de helderheid wat inzicht moeten geven in de onderzoekstechniek die de psycholoog gehanteerd heeft. De psycholoog heeft in het gesprek dat hij met de sollicitant had geconstateerd dat er sprake was van een kandidaat met een goede presentatie. Uit de tests en vragenlijsten blijkt evenwel dat de kandidaat zichzelf niet zo sociaal vaardig acht. De lezer zit na lezing van voorgaande passage met de vraag: waarom denkt de psycholoog dat, hoe komt hij tot die conclusie.

De psycholoog is wat meer verantwoording schuldig. Blijkbaar kwam hij door de vragenlijsten tot andere conclusies. De psycholoog kan dat bijvoorbeeld als volgt aangeven.

'Onderzochte heeft een goede sociale presentatie, maar blijkt zichzelf niet zo sociaal vaardig te vinden als nodig geacht wordt voor de functie. In de vragenlijsten geeft hij aan geen echt plezier te hebben in het leggen en onderhouden van sociale contacten en zich vaak gespannen te voelen in het bijzijn van superieuren. In de functie van verkoper zal hij zeer regelmatig met allerlei mensen in contact komen en zal er ook onder minder gemakkelijke omstandigheden sprake moeten zijn van een positieve uitstraling. Gezien de aangegeven attitude in de vragenlijsten achten we hem niet altijd hiertoe in staat.

Voor de functie van verkoper vinden we hem daarom niet geschikt.'

Dit alles laat buiten discussie dat een psycholoog zich wel degelijk (wetenschappelijk) moet verantwoorden voor zijn werkwijze. Deze verantwoording wordt niet alleen aan het Wetenschappelijk Forum (beroepsveld) afgelegd maar ook aan cliënt en opdrachtgever. De toets op de kwaliteit of bruikbaarheid van het onderzoek verschilt echter bij deze partijen. Een tevreden opdrachtgever betekent nog niet een wetenschappelijk verantwoorde rapportage, een tevreden Forum betekent nog niet een bruikbaar psychologisch rapport. Dit maakt dat aan een psychologische rapportage hoge eisen worden gesteld. De verschillende actoren in het psychologisch onderzoek moeten allemaal tevredengesteld worden.

1.8 DE COMPETENTIE VAN DE PSYCHOLOOG

De psychologie is geen eenheid, er zijn zeer verschillende vakgebieden en derhalve zeer verschillende competenties in de psychologie.

Het lijkt erop dat deze competenties vager worden nu de titel 'psycholoog' niet wettelijk is beschermd. Iedereen mag zich psycholoog noemen. Dit is ook de reden voor het NIP geweest het dienstmerk Psycholoog NIP voor de aangesloten psychologen te reserveren. Dit dienstmerk geeft de buitenstaander in ieder geval de garantie dat het een academisch afgestudeerd psycholoog betreft. Deze psychologen dienen zich te houden aan de beroepsethiek van het NIP. Daarnaast is er een sterke tendens tot het certificeren van de verschillende psychologen.

Psychologen zijn er in vele verschijningsvormen. Sommige afstudeerrichtingen zijn voornamelijk wetenschappelijk-methodologisch en kunnen vergeleken worden met toegepaste statistiek of wetenschapsleer. Andere afgestudeerden hebben zich vooral praktisch georiënteerd en zijn wat de aard van de studie betreft meer te vergelijken met medici. De afbakening van terreinen als (ortho)pedagogiek en psychiatrie is voor veel psychologische studierichtingen niet altijd gemakkelijk te maken. Psychologische consultatie waarbij een rapport over de cliënt uitgebracht kan worden is in de volgende drie categorieën te verdelen (zie ook Kooreman, 1994b).

a   Het (klinisch-)psychodiagnostisch onderzoek
    Het (klinisch-)psychodiagnostisch onderzoek omvat de diagnostiek van psychische ziekten, de beschrijving hiervan en de advisering met betrekking tot de behandeling. Geregistreerde klinisch psychologen, eerstelijnspsychologen dan wel psychotherapeuten zullen hier de meest gefundeerde adviezen kunnen geven. Het NIP registreert deze psychologen (geregistreerde klinisch psychologen). Daarnaast worden de diagnostisch werkende en GZ- en BIG-psychologen apart geregistreerd.

b   Het personeelsselectieonderzoek
    Het personeelsselectieonderzoek wordt gedaan door veelal op commerciële basis opererende bureaus. Er wordt daarbij samengewerkt met personeelsfunctionarissen maar ook met (ex-)managers en specialisten op bepaalde vakgebieden. Het onderzoek wordt doorgaans uitgevoerd door arbeids- en organisatie(A&O-)psychologen, maar ook psychologen uit andere afstudeerrichtingen, vooral klinisch psychologen, vinden hier hun werk. Binnen de A&O-psychologie is een specialisatie: de 'Arbeid en Gezondheid' (A&G-)psycholoog. Deze heeft zijn werkterrein op het snijvlak van de klinische en de A&O-psychologie, waarbij onderzoek wordt gedaan naar de ziekmakende factoren in werk.

c   Het beroepskeuze- en loopbaanonderzoek
    Het psychologisch beroepskeuzeonderzoek is een van de oudste toepassingen van de psychologie. De werkzaamheden worden doorgaans verricht in samenwerking met beroepskeuzeadviseurs. Er is een registratie waarbij gegarandeerd kan worden dat de betreffende psycholoog, hetzij langdurige praktijkervaring heeft dan wel een postdoctorale opleiding heeft gevolgd. Omdat 'beroepskeuze' als anachronisme wordt gezien, van een – eenmalige – keuze is immers geen sprake, wordt deze tak van psychologie wel aangeduid met 'beroepskeuze- en loopbaanpsychologie'. Het werkveld van beroepskeuze- en loopbaanpsychologen is overigens zeer ruim en betreft ook outplacement en sollicitatietraining (zie voor een overzicht Breed & Kooreman, 1996).

Naast de genoemde richtingen zijn er vele kleinere specialisaties. Bijvoorbeeld: gerontologische psychologie, forensische psychologie en sociale psychologie.
    Bij specialisatie kan het een probleem zijn dat een algemene vraagstelling meer terreinen beslaat. Bijvoorbeeld de combinatie van een klinisch-diagnostische vraagstelling en een loopbaanvraag. De verleiding is dan groot om de vraagstelling in z'n geheel bij één specialisme neer te leggen. Dit voorkomt dubbel onderzoek en

daarmee dubbele kosten voor de opdrachtgever. De klinisch psycholoog krijgt in dit geval ook de loopbaanvraag voorgeschoteld. Of de loopbaanpsycholoog de klinische vraag. De psycholoog zal zich in zo'n geval altijd moeten afvragen of hij wel voldoende competent is om de vraag naar behoren te beantwoorden.

De competentie van de psycholoog komt aan de orde bij het opstellen van de vraagstelling. Is de vraagstelling eenmaal geformuleerd, dan zou de psycholoog zich de gewetensvraag moeten stellen: kan ik deze vraag goed beantwoorden? Een praktiserend psycholoog dient indien nodig gebruik te maken van zijn 'netwerk' waarin (deel)vragen van klanten beantwoord kunnen worden, hij zou zelfs kunnen overwegen samen met een psycholoog uit een andere discipline een rapportage te schrijven.

1.9 WEL OF NIET SCHRIFTELIJK RAPPORTEREN?

De psycholoog zou zich altijd de vraag moeten stellen: 'Is een rapportage in deze situatie op z'n plaats?' Schriftelijk rapporteren is niet vanzelfsprekend. Hiervoor werd aangegeven dat er situaties zijn waarin de psycholoog niet kan ingaan op de vraagstelling en dat er situaties zijn waarin hij na onderzoek niet kan rapporteren.

In sommige situaties is schriftelijk rapporteren niet praktisch. Een schriftelijke rapportage heeft geen toegevoegde waarde boven een mondeling verslag als er geen noodzaak is de psychologische gegevens in bewerkte vorm lang vast te houden. Dit kan het geval zijn wanneer de onderzoeker in een zeer nauwe relatie staat tot de opdrachtgever, bijvoorbeeld bij een interne opdracht. Maar ook in situaties dat het psychologisch onderzoek er alleen maar is voor een 'wel-of-niet-doen' beslissing. Of de situatie dat het psychologisch onderzoek bedoeld is als deel van een intake voor een verdere behandeling door dezelfde psycholoog. In dergelijke gevallen heeft de psycholoog voor zijn beslissing genoeg aan de testuitslagen en is het niet nodig een verantwoording in de vorm van een rapportage te geven.

Maar er zijn ook situaties denkbaar dat de uitkomsten van het onderzoek alleen maar negatief kunnen uitpakken voor de onderzochte cliënt; hierin voorziet de NIP-ethiek: de cliënt heeft het recht af te zien van een rapportage. De psycholoog zou in dergelijke gevallen kunnen besluiten tot slechts een mondelinge rapportage.

De kracht van een psychologisch rapport zit vooral in het feit dat er na het onderzoek een document ontstaat waarop in voorkomende situaties teruggevallen kan worden. Het rapport dient dan echter wel aan een aantal voorwaarden te voldoen. De volgende hoofdstukken gaan daar nader op in.

RAPPORTEREN ALGEMEEN $\Big|\,2$

2.1 STOORZENDERS IN DE RAPPORTAGE

Psychologisch rapporteren is een vorm van communiceren. In communicatie is er sprake van een 'zender', degene die informatie overdraagt, en een 'ontvanger'. Voor een geslaagde communicatie is het essentieel dat de ontvanger de informatie van de zender op de juiste wijze interpreteert. Goed taalgebruik is daarbij een voorwaarde, maar niet genoeg.

De zender moet de boodschap begrijpelijk overbrengen, zodat de ontvanger de informatie verwerkt zoals de zender deze heeft bedoeld. Dat lijkt vanzelfsprekend, maar dikwijls is dit het punt waarop communicatie misloopt. Zenders denken al snel begrepen te worden. Ontvangers zijn onberekenbaar, ze sluiten informatie uit, vervormen informatie en interpreteren informatie op een onbedoelde manier.

De ontvanger krijgt ook meer informatie dan wellicht de bedoeling is. Informatie kan immers op allerlei wijzen tegelijkertijd overgedragen worden: mondeling, non-verbaal, met tekens, met afbeeldingen enzovoort. De ene vorm van communicatie gaat vaak samen met een andere en zij beïnvloeden elkaar.

Een tekst van een spreker kan op papier heel anders overkomen dan wanneer deze uitgesproken wordt. Een tekst kan zelfs onbegrijpelijk zijn, indien deze niet gepaard gaat met een andere dan verbale vorm van informatieoverdracht.

Voor het psychologisch rapport geldt eveneens dat helder taalgebruik bij het overbrengen van informatie wel essentieel, maar niet genoeg is om te communiceren. Bovendien communiceert het psychologisch rapport meer dan tekst alleen.

Deze extra informatie rond de schriftelijke rapportage is onbedoeld vaak meer bepalend voor de overdracht van de rapportage dan de psycholoog lief is. Het zijn stoorzenders waarop een rapporteur bedacht moet zijn.

Er zijn flink wat stoorzenders in de communicatie van het psychologisch rapport. Het gevolg kan zijn dat de boodschap in de schriftelijke rapportage niet intact bij de ontvanger aankomt en zelfs dat er een geheel andere boodschap aankomt dan bedoeld. Deze stoorzenders verdienen alle aandacht; veronachtzamen kan leiden tot schade aan de strekking van het rapport.

Er zijn ten minste vier momenten waarop stoorzenders zich kunnen manifesteren:
1 bij de opdrachtbevestiging;
2 de overdracht van het rapport;
3 de presentatie van het rapport;
4 de administratieve afwikkeling.

Een psychologisch rapport wordt doorgaans voorafgegaan door een opdrachtbevestiging voor het onderzoek. Hiermee worden verwachtingen gewekt. Afgezien van de vraagstelling van het onderzoek (die nauwkeurig vastgesteld dient te worden, zie hoofdstuk 3), zet de opdrachtbevestiging de toon voor de interpretatie van de onderzoeksbevindingen.

Een correcte opdrachtbevestiging schept juiste verwachtingen over de reikwijdte en het doel van het onderzoek en bereidt de opdrachtgever voor op de rapportage die hij zal krijgen. Een opdrachtbevestiging dient (voor nieuwe klanten) vergezeld te gaan van enig foldermateriaal. In deze folders wordt duidelijk gemaakt wat wel en wat niet van het psychologisch onderzoek en de daaropvolgende rapportage verwacht mag worden. Beter is, als het even kan, de nieuwe klant persoonlijk te bezoeken, folders zijn er slechts ter ondersteuning.

Veel opdrachtbevestigingen zijn kort en vaak mondeling. Om vergissingen te voorkomen is het evenwel aan te raden de afspraken rond het onderzoek schriftelijk vast te leggen. Een opdrachtbevestiging kan er als volgt uitzien.

Opdrachtbevestiging

Geachte Opdrachtgever,

Wij danken u voor het in ons gestelde vertrouwen om een psychologisch geschiktheidsonderzoek te doen bij dhr. Kandidaat, Basisweg 428, Wormerveer voor de functie van controller. Het onderzoek wordt gebaseerd op de door u verstrekte functiebeschrijving.

Zoals afgesproken zal uitgebreid gerapporteerd worden over de aspecten: Stressbestendigheid, Ambitie, Initiatief en Intelligentie.

Het onderzoek vindt plaats op 12 december 2006 en neemt de gehele dag in beslag. Wij zullen ervoor zorg dragen dat dhr. Kandidaat uitgenodigd wordt.

De kosten van het onderzoek zijn € X.

Voornoemd bedrag is exclusief de eventuele nabespreking met de cliënt van € Y.

Bij niet-verschijnen van dhr. Kandidaat wordt € Z in rekening gebracht.

Indien dhr. Kandidaat akkoord gaat met rapportage kunt u de mondelinge rapportage op 19 december en de schriftelijke rapportage 22 december verwachten. U kunt ons daarna voor een nadere toelichting telefonisch benaderen. Dit consult is in de prijs inbegrepen. Indien de kandidaat afziet van rapportage, zullen wij u daar zo spoedig mogelijk over berichten.

Hoogachtend,

Uw psycholoog

De opdrachtbevestiging geeft de verwachtingen weer van waaruit de rapportage gelezen wordt. Een bevestiging die geen informatie bevat over de te verwachten rapportage of te veel verwachtingen wekt, beïnvloedt de interpretatie van de rapportage negatief.

AD 2 OVERDRACHT VAN HET RAPPORT

Op een gegeven moment worden de resultaten van het psychologisch onderzoek overgedragen. Het eerste moment van overdracht vindt in veel gevallen niet schriftelijk plaats maar mondeling. Veel psychologen, vooral bij personeelsselectiebureaus, hebben er een gewoonte van gemaakt de kandidaat en daarna de opdrachtgever eerst telefonisch te benaderen over de uitslag. Deze communicatie is van invloed op de verdere interpretatie van de rapportage. Is de toon in dit gesprek optimistisch, dan wordt het te ontvangen rapport anders gelezen dan bij een zorgelijke toon.

Minder gelukkig woordgebruik kan in deze situatie vervelende gevolgen hebben. Na een dergelijk telefoontje wordt het rapport in ieder geval niet meer onbevangen gelezen, de rapportage wordt vanuit de verkregen informatie geïnterpreteerd. Voor de psycholoog een reden temeer om zich bij deze wijze van informatieoverdracht zeer zorgvuldig uit te drukken.

Hierna volgen twee situatieschetsen. Eén waarin de informatie aan de onderzochte en één waarin de informatie aan de opdrachtgever overgedragen wordt. In beide gevallen heeft ongeveer hetzelfde telefoongesprek plaatsgevonden, waarin door ongelukkig woordgebruik een misverstand ontstond.

In het telefoongesprek met de onderzochte (direct na het onderzoek) kwam de volgende passage voor:

'U wordt geschikt geacht voor de functie, we geven daarom een positief advies. U hebt helaas de neiging geringschattend te doen over wat u kunt. Volgens ons moet u wel op eigen kracht over deze insufficiëntiegevoelens kunnen heenstappen.'

Er wordt (met betrekking tot deze passage) dienovereenkomstig gerapporteerd:

'Cliënt heeft last van insufficiëntiegevoelens welke hem momenteel in zijn functioneren hinderen. Er zijn echter voldoende aanwijzingen dat hij hier doorheen zal groeien. Hij heeft het potentieel om in de functie waarvoor hij onderzocht werd te excelleren. We achten hem derhalve geschikt.'

In de daaropvolgende bespreking van de rapportage op het kantoor van de psycholoog gebeurde ongeveer het volgende.

Psycholoog: 'Hier hebt u de bevindingen van het onderzoek, we hebben er al even telefonisch over gesproken. Het rapport is opgebouwd uit...'

Cliënt: 'Ja, en ik wilde het rapport toch wel eens in z'n geheel doorlezen. U zei dat ik last heb van insufficiëntiegevoelens. Ik zou wel eens willen weten wat u daar nu precies mee bedoelt. Want ik voel me eigenlijk nooit minderwaardig of zoiets.'

Psycholoog: 'Dat is ook maar een gedeelte van het verhaal. De essentie is...'

Cliënt: 'Het is overigens zo dat er voor mij geen enkele reden is om dergelijke gevoelens te hebben. Ik...'

Psycholoog: 'Voordat u verdergaat, lijkt het me goed eerst even in te gaan op het hele rapport. Leest u het eerst door dan kunnen we straks een en ander doorspreken.'

(Cliënt leest het rapport door)

Cliënt: 'Ik zie toch niet waar u nu op gebaseerd hebt dat ik me insufficiënt zou voelen. Bovendien besteedt u er in het rapport maar weinig aandacht aan.'

Psycholoog: 'Dat wilde ik u nu gaan uitleggen.'

Bij de opdrachtgever zou in hetzelfde geval het volgende telefoongesprek gevoerd kunnen worden:

'Het lijkt ons wel een geschikte kandidaat, de beste van de drie. We vonden wel dat hij wat last heeft van gevoelens van onvolkomenheid. Hij denkt dat-ie tekortschiet, maar gezien z'n presentatie en capaciteiten moet hij hier wel overheen groeien. Eigenlijk denken we dat die gevoelens veroorzaakt worden doordat hij niet lekker zit in z'n huidige baan. Ons advies is positief.'

Het rapport wordt nog eens telefonisch doorgesproken.

Opdrachtgever: 'Ik heb het rapport gelezen. Het is me niet duidelijk. U zei over de telefoon toch dat hij die baan aankon. Toch lees ik in het rapport flinke twijfels.'

Psycholoog: 'Nee, hij heeft naar onze mening tijdelijk wat minder zelfvertrouwen maar er zit meer in dan hij zelf aangeeft. Hij is te bescheiden.'

Opdrachtgever: 'Maar insufficiënt is toch dat-ie denkt waardeloos te zijn?'

Psycholoog: 'Nee zo moet u dat niet zien, hij denkt dat-ie minder presteert dan in werkelijkheid het geval is en dat hij tekortschiet in veel wat hij doet. Daar is echter geen enkele reden voor, hij presteert goed en presenteert zich overeenkomstig.'

Opdrachtgever: 'Maar wat betekent het dan dat er sprake is van insufficiëntiegevoelens?'

Psycholoog: 'Dat hij denkt dat hij tekortschiet. Dat heeft niets te maken met hoe hij in werkelijkheid presteert.'

Opdrachtgever: 'Oh op die manier, hij onderschat zichzelf.'

Psycholoog: 'Zo kun je het ook zeggen.'

Behalve de woordkeus is bij de presentatie de houding van de psycholoog vaak bepalend voor de wijze waarop de rapportage overkomt.

In de persoonlijke face-to-face rapportage door de psycholoog kunnen allerlei ongewenste stoorzenders aan het werk zijn. Vaak is face-to-face communicatie zeer subtiel. Een rapportage die met een glimlach wordt overhandigd zal anders gelezen worden dan een die met een zorgelijke blik ter inzage gegeven wordt. De psycholoog weet niet of zijn gelaatsuitdrukking op een bepaalde manier geïnterpreteerd wordt.

Ook na lezing van het rapport door de cliënt is de communicatie over de rapportage nog niet voltooid. Na lezing van het rapport kan extra informatie van de psycholoog storend zijn voor de boodschap die de psycholoog in zijn rapportage probeert over te brengen.

Passage in de rapportage:

'In de vragenlijsten geeft dhr. Q. aan zich voldoende dominant maar toch flexibel op te stellen in situaties die leiding vragen. Hij wordt daarom door ons gezien als een potentiële manager. Zijn instelling, attitude en persoonlijkheidsstructuur wijzen zeker in die richting. Hij is qua presentatie weliswaar nog niet zo ver, maar naar ons inzicht zal hij snel kunnen doorgroeien naar het managementniveau dat vereist wordt.'

Passage uit nabespreking:

Cliënt:	'Ik ben blij dat u dat zo geformuleerd hebt. Zo'n zware managementfunctie trekt me bijzonder aan en ik denk zeker wel daarnaar te kunnen doorgroeien. Met deze rapportage maak ik toch wel grote kans op deze trainee-functie.'
Psycholoog:	'U maakt zeker kans, maar u moet wel bedenken dat u nog wel de tijd nodig heeft om door te groeien naar het vereiste managementniveau. In het persoonlijk contact maakte u op mij aanvankelijk niet zo'n sterke indruk.'
Cliënt:	'U bedoelt dat ik zwak overkwam.'
Psycholoog:	'Nee dat nu ook weer niet, maar het is een veeleisende functie en dan worden op dit punt extra hoge eisen gesteld.'
Cliënt:	'Maar dat staat niet in de rapportage.'
Psycholoog:	'Nee, maar er zijn verschillende elementen. Behalve onze inschatting over uw persoonlijkheid hebben we ons laten leiden door de vragenlijsten en die geven in uw geval de doorslag.'
Cliënt:	'Dat begrijp ik niet, vindt ú me dan eigenlijk toch niet geschikt?'

De psycholoog voegde in de nabespreking een element toe aan de rapportage: hoe de betrokkene aanvankelijk overkwam in het persoonlijk contact. Wellicht was dit bedoeld als achtergrondinformatie, maar de sollicitant is nog onzeker en staat op scherp om allerlei informatie over zijn geschiktheid op te vangen, zeker extra informatie die hij nog niet had.

AD 3   PRESENTATIE VAN HET RAPPORT

Psychologen zouden zich moeten realiseren hoe belangrijk de verpakking van hun product is. De meeste opdrachtgevers kunnen dan wel een oordeel hebben over de psychologische rapportage, erg zeker zullen ze daar niet in zijn. Des te zekerder zijn de opdrachtgever en onderzochte over de beoordeling van de verpakking. Een streng wetenschappelijk verantwoord rapport dat bestaat uit één kopietje heeft minder allure en daardoor minder zeggingskracht dan een willekeurig rapport uitgevoerd op papier voorzien van een logo en een goed ogende omslag. Dit is ook de reden dat de meeste rapporten, zowel in commerciële als in non-profitorganisaties, voorzien zijn van een omslag en een logo op het rapportagepapier. Terecht wordt gelet op zaken als papiersoort, lay-out en kleuren.

De verpakking heeft ook gevaren. De kans bestaat dat naast de inhoud van het rapport, de verpakking een 'metacommunicatie' veroorzaakt. Deze communicatie door het logo, de opmaak van het rapport, de bladspiegel en het lettertype kan zorgen voor misverstanden en de inhoud van het rapport op de achtergrond plaatsen.

De zender kan nauwelijks uitsluiten dat de ontvanger deze onbedoelde signalen opvangt.

Het psychologisch rapport wordt bijvoorbeeld door een personeelsfunctionaris en een hoofd van een afdeling doorgenomen.

Hoofd:	'Zo, we zullen de psychologische rapporten van onze sollicitanten eens doornemen. Zijn ze weer terecht?'
PZ:	'Tja, ik heb ze weer, ze waren door het secretariaat per abuis bij het reclamedrukwerk gelegd.'
Hoofd:	'Het is ook wel erg vrolijk briefpapier, met die rode envelop kan ik me voorstellen dat je je vergist. Heb je die psycholoog al lang?'
PZ:	'Nee, deze rapporteert sneller dan de vorige, maar daar hebben we op deze manier niet veel aan.'
Hoofd:	'Wat zou dat logo voorstellen.'
PZ:	'Het lijkt wel op een haai. En als je het omkeert zie je weer wat anders. Kijk!'
Hoofd:	'Ha, ha, ik zou dat niet omkeren als ik jou was.'

Na wat flauwe grappen wordt de rapportage gelezen. Er zal naar alle waarschijnlijkheid op meer slakken zout gelegd worden dan in een vergelijkbaar geval zonder uitbundig briefpapier.

Het betreft een probleem in de communicatie dat door een zorgvuldige keuze van het logo, het briefpapier en dergelijke voor een groot deel op te lossen is. Met de individuele opvattingen over bijvoorbeeld een logo is echter nauwelijks rekening te houden. Wat de een hinderlijk vindt, valt de ander nauwelijks op.

Veel van deze onbedoelde communicatie kan vermeden worden door bij de presentatie te streven naar eenvoud. Evenals bij vele andere zaken in de presentatie geldt: 'Hou het simpel en beperk je tot de essentie.'

AD 4 DE ADMINISTRATIEVE AFWIKKELING

De administratieve afwikkeling van de rapportage dient snel en vlekkeloos te verlopen. Slordigheden in de verzending van rekeningen, spelfouten in de correspondentie, vlekken op het papier, een tekort aan porto enzovoort, hebben hun weerslag op de relatie met de klant en de wijze waarop naar een rapportage gekeken wordt. Een slordige administratieve afwikkeling doet afbreuk aan de geloofwaardigheid van de rapportage.

Zaken als adressering (zeker als van e-mail gebruik wordt gemaakt), tijdigheid (te late rapportages verstoren procedures) en bereikbaarheid (van de psychologisch adviseur) verdienen dan ook alle aandacht.

Diagnostisch werkende psychologen hebben de neiging zich uit te drukken in vaktermen. Dat maakt de communicatie voor psychologen onderling gemakkelijk. Voor de opdrachtgever zijn vaktermen echter een bron van irritatie.

De grootste foutenbron in communicatie is taalgebruik van de zender dat niet is afgestemd op dat van de ontvanger. In het bijzonder de psychologische rapportage gaat nogal eens gebukt onder dit probleem.

Psychologen vermijden weliswaar al te specialistische termen als cognitieve dissonantie, dissociatie of omnibustest, maar gaan er te veel van uit dat 'alledaagse psychologische termen' op dezelfde manier geïnterpreteerd worden als zijzelf doen. Het gevaar schuilt meer in het gebruik van een jargon dat wel begrijpelijk lijkt, maar vaak slechts binnen een bepaald instituut of een bepaalde school op een eenduidige manier wordt opgevat.

Termen als 'intelligentie', 'zelfbeeld', 'competentie', 'waarde', 'niveau', 'motivatie', 'persoonlijkheidsaspect' kunnen op verschillende manieren worden opgevat, juist omdat veel lezers al een bepaald beeld hebben van wat een dergelijke term voor hen betekent.

De volgende conclusie van een psychologische rapportage aan een arts illustreert dat onzorgvuldig taalgebruik en duistere informatie problemen kunnen oproepen.

> '... Mijn conclusie is als volgt. Mevrouw heeft een wekelijks steunend contact met mij gehad. Hoewel zij in de behandeling veel beleefde en met de aangeboden structurering wel iets kon doen, vond ik het gezien de persoonlijkheid van mevrouw belangrijk om haar naar de dagbehandeling te verwijzen. Voorlopig houd ik het op DSM 309.0, met dysthymie en andere specifieke familieomstandigheden en As II: afhankelijke persoonlijkheid.'

In de eerste twee zinnen wordt aangegeven dat de psycholoog reeds enige tijd contact had. Er wordt daarbij gesproken van 'steunend' contact, 'beleven' en 'structurering'. Blijkbaar was dit niet voldoende, want de cliënt is naar de dagbehandeling verwezen. De lezer kan zich bij deze formulering van alles voorstellen: waren er wekelijkse contacten in het kader van een behandeling? Raakte ze bij de behandeling erg van streek ('beleefde')? Stak ze rationeel dan wel emotioneel iets van de behandeling op ('iets kon doen')? En wat stak ze er dan van op?

De laatste passage in de rapportage betreft een DSM-IV-classificatie (een internationale classificatie van ziektebeelden). Deze classificatie geeft echter geen inzicht in de problematiek waarmee de betrokkene kampt. De psycholoog gaat er blijkbaar van uit dat door het classificeren van de psychische kwaal de diagnose gesteld en overgebracht is. De arts weet nu echter weinig meer dan hij daarvoor wist. Indien hij voldoende parate kennis heeft van de DSM-IV-classificatie zou hij de diagnose zelf al gesteld (kunnen) hebben, bij onvoldoende parate kennis zoekt hij de code op in het betreffende handboek en heeft dan waarschijnlijk nog geen houvast voor de verdere aanpak. De arts kon echter geen inzicht verkrijgen in de persoonlijkheid. Daarover had de arts naar alle waarschijnlijkheid een vraag en de psycholoog zwijgt. Een toelichting in termen van gedrag (wat maakt onderzochte afhankelijk) en persoonlijkheid was op z'n plaats geweest. De codes hebben geen functie in dit geheel.

Een volgende passage zou waarschijnlijk beter begrepen worden.

> '... Mijn conclusie is als volgt. Mevrouw kwam de laatste maand wekelijks op bezoek voor een kort gesprek. Hoewel zij in deze gesprekken veel over zichzelf vertelde en er ook regelmatig emoties loskwamen, zag ik toch niet veel vorderingen, haar klachten bleven hetzelfde. Ze is enigszins depressief naar aanleiding van haar scheiding. Het lijkt me gezien haar persoonlijkheidsstructuur (benadrukken van klachten) beter haar voor te dragen voor dagbehandeling. De diagnose blijft onveranderd: een enigszins depressieve, extreem afhankelijke persoonlijkheid die niet los kan komen van pathologisch getinte familiebanden.'

Vakjargon verhult veel en verklaart weinig. Omdat psychologische rapportages doorgaans bestemd zijn voor niet-psychologen, is het noodzakelijk dat in de rapportage geen psychologische voorkennis wordt verondersteld. Passages als de volgende dienen daarom vermeden te worden.

> 'In zijn gedrag speelt een sterke, waarschijnlijk neurotisch bepaalde, behoefte aan vrijheid een rol. Vermoedelijk legt de onbewust geïnternaliseerde dwang van een tirannieke vader hem nog steeds lam en doet dit angst in hem leven zodra hij iets moet.'

Bedoeld wordt waarschijnlijk:

> 'Cliënt geeft aan een grote behoefte te hebben aan vrijheid. Het zoeken naar "vrijheid" heeft een dwangmatig karakter. Hij heeft grote problemen zich te binden en verplichtingen na te komen. Mogelijkerwijs is dit te zien als een verlaat verzet tegen z'n vader die op onplezierige wijze verplichtingen bij de cliënt probeerde af te dwingen.'

Psychologisch vakjargon is te vermijden. Voor de meeste begrippen is een korte algemeen begrijpelijke omschrijving te vinden.

Een goed algemeen woordenboek helpt de psycholoog al een eind op weg. Verder is een psychologisch woordenboek aan te bevelen (Reber, 1985 en 1994; Sutherland, 1995). Voor een algemeen beeld van persoonlijkheidsbenoemingen is het *Idioticon van de persoonlijkheid* een aanrader (Doddema-Winsemius, 1997). Hierin wordt een ordening gegeven van persoonlijkheidseigenschappen zoals die in het alledaagse taalgebruik voorkomen.

Onderstaande (beperkte) opsomming laat zien dat het mogelijk is vaktermen te vermijden.

Term	Suggestie
Affect	Stemming
Agorafobie	Pleinvrees
Anakastisch	Dwangmatig
Affiliatiebehoefte	Neiging tot het zoeken van gezelschap
Attitude	Houding, instelling
Compulsief	Dwangmatig
Correlatie	Statistisch verband
Decorum	Normbesef
Depersonalisatie	Verlies van de realiteit
Deterioratie	Aftakeling van intellectuele capaciteiten
Discrimineren	Verschil maken
Dysthyme stoornis	Aanhoudende somberheid
Ego sterkte	Karaktervastheid
GAF-score	Mate van zelfredzaamheid
Hostiliteit	Agressie
Hypomaan	Overdreven
Inhibitie	Remming
Neurasthenie	Karakterzwakte
Need	Behoefte
Obsessief	Dwangmatig
Organiciteit	Slecht functioneren als gevolg van hersenbeschadiging
Parameter	Meeteenheid (dit wordt gemeten met …)
Projectie	Toeschrijving
Psychastheen	Bangelijk
Retardatie	Achterstand
Term	Suggestie
Rolambiguïteit	Onduidelijkheid over verwacht gedrag
Significant	Belangrijk
Sociale inadequatie	Slecht functioneren in gezelschap
Surmenage	Overspannenheid

2.3 PSYCHOLOGISCHE RAPPORTEN NAAR STIJL

Psychologische rapporten kennen verschillende stijlen. Er zijn er ten minste drie te onderscheiden:
1 het essay;
2 de vermaning;
3 het recept.

AD 1 HET ESSAY

Het essay onderscheidt zich door een persoonlijke verhalende trant en het schrijven ervan vereist van de samensteller enige schrijfkunst. De lezer wordt bij een dergelijke rapportage meegesleept in een betoog. Door een aansprekend verhaal op te bouwen wordt de argumentatie sneller geaccepteerd, de gevolgtrekkingen worden 'vanzelfsprekend' gevonden. Een goed essay weerhoudt de lezer ervan kritisch te zijn ten aanzien van de gevolgtrekkingen in de rapportage.

Essay (uit de samenvatting over 17-jarige jongen met leerproblemen)

'... Cliënt is assertief, maar nogal gevoelig voor kritiek van leeftijdgenoten. Hij probeert zich aan kritiek te onttrekken door deze voor zichzelf te ontkennen, te bagatelliseren of voor zichzelf voorbeelden van succes aan te halen die de kritiek kunnen marginaliseren. Dit alles heeft echter een averechts effect, het leidt tot piekeren en daardoor wellicht tot leerproblemen. Cliënt zou er goed aan doen de gegeven kritiek direct aan te pakken door de criticus steeds de vraag te stellen waarom hij vindt dat... Dit zal cliënt voldoende feedback geven om zich te wapenen tegen verdere kritiek en zal de kritiekgever ook aan het denken zetten om voorzichtiger te zijn met zijn opmerkingen. De cliënt zal uit elke confrontatie weer sterker naar voren komen en uiteindelijk het respect van z'n omgeving afdwingen dat hij nodig heeft om goed te kunnen functioneren...'

Het psychologisch rapport als essay en het psychologisch rapport als wetenschappelijke rapportage hoeven elkaar niet uit te sluiten. Indien de psycholoog beschikt over de gave zijn bevindingen in deze vorm op te schrijven, zou niets hem mogen beletten dit te doen. Het gevaar van het essay is dat de vorm belangrijker wordt dan de inhoud. De psycholoog selecteert de feiten ter wille van het betoog. Dit staat echter haaks op de wetenschappelijke uitgangspunten van de rapportage.

AD 2   DE VERMANING

De vermaning is zo opgebouwd dat de bevindingen in een moraliserend kader gezet worden. De lezer wordt een bepaalde, veelal dwingende visie voorgehouden die sterk het karakter heeft van vooringenomenheid. De feiten spelen een ondergeschikte rol, ze dienen slechts ter onderstreping van het betoog van de rapporteur. Verschil met het essay is, dat de rapporteur niet geïnteresseerd lijkt in 'een mooi betoog', maar dat hij zijn (vooringenomen) mening in het rapport kwijt wil.

De vermaning heeft één voordeel. De (kritische) lezer wordt uitgenodigd stelling te nemen. De conclusies en meningen van de rapporteur zijn zo overheersend in de rapportage aanwezig dat dit de lezer niet onberoerd kan laten.

Vermaning (uit een beroepkeuzeadviesrapport over een 16-jarig meisje)

'... Haar intelligentie is over de hele linie goed te noemen, het gymnasium dat ze nu volgt is in dat opzicht ook een terechte keus. Zij zal haar diploma zonder al te veel problemen kunnen behalen en we adviseren haar vooral wiskunde en beide klassieke talen in haar pakket op te nemen. Dit alles zal geen verbazing wekken gezien de prima resultaten tot nu toe. Teleurstellend is evenwel dat ze het beroep van kapster ambieert, dit lijkt ons een verspilling van talent. Met haar intelligentie en stabiele persoonlijkheidsstructuur kan ze veel meer, de wereld ligt wat dat betreft voor haar open. Ze zou de ambitie moeten hebben een studie te kiezen, gezien haar belangstelling denken we dan aan economie of sociologie. We adviseren haar, en haar ouders, alles op alles te zetten om een passende keuze te maken en de keuze van het beroep van kapster te zien als een leeftijdsgerelateerde grilligheid.'

AD 3 HET RECEPT

Het recept sluit het essay uit, maar niet de vermaning. Een recept kan een korte vermaning zijn. De lezer wordt nauwelijks uitgenodigd tot meedenken, het recept is stellig, zonder voorbehoud. In een recept wordt de oplossing van een probleem gegeven zonder dat de lezer inzicht krijgt in het waarom van die oplossing. Het recept is doorgaans kort en krachtig. Het heeft soms wat weg van een horoscoop.

Recept (uit een loopbaanadvies)

'Mevr. C. beschikt over goede sociale vaardigheden. Haar interesses zijn gericht op zorg- en dienstverlening. Intellectueel functioneert ze ongeveer op hbo-niveau. We adviseren haar zich in te schrijven als leerling-verpleegkundige bij het ziekenhuis in haar woonplaats.'

Een recept is vaak een onderdeel in een psychologisch rapport. Het gevaar van een recept is dat de psycholoog vervalt tot luiheid in z'n denken. Elke beslissing en elk advies, hoezeer het ook voor de hand mag liggen, dient onderbouwd te worden en keuzen open te laten.

2.4 PSYCHOLOGISCHE RAPPORTEN NAAR INHOUD

In de Angelsaksische literatuur wordt een aantal rapportagevormen onderscheiden naar inhoud. De naamgeving van de rapportagevormen verwijst naar personen of situaties. Onderscheiden worden: Barnum Report, Madison Avenue Report en Aunt Fanny Report. Zij hebben gemeen dat stereotypen gebruikt worden en dat de inhoud van de rapportages veelal nietszeggend is.

Hierna worden voorbeelden gegeven van de verschillende rapportagevormen, waarbij de Angelsaksische termen (Barnum etc.) zijn aangehouden. Zie voor een meer uitgeschreven karakteristiek van deze soorten rapportages Klopfer (1960) en Tallent (1993).

HET BARNUM REPORT

In het Barnum Report wordt gebruikgemaakt van beweringen die voor veel mensen zullen opgaan en die mensen graag over zichzelf horen. P.T. Barnum was in de 19e eeuw een Amerikaans entertainer wiens gelijknamige circus een act 'persoonsbeschrijving' ontwikkelde. Het was de bedoeling dat een artiest de beschreven persoon zo geloofwaardig mogelijk beschreef door gebruik te maken van persoonskenmerken die op iedereen van toepassing zijn. Een dergelijke rapportage is in experimenten wel uitgereikt aan deelnemers met de mededeling dat het een psychologische analyse betrof van hun eigen gedrag (Tallent, p. 70). De betrokkenen herkenden zichzelf inderdaad in de rapportage en waren daarover tevreden.

De techniek van het Barnum Report is de hoofdlijn van het betoog zo algemeen mogelijk houden en het daarmee in de meeste gevallen 'geldig voor de lezer' maken. De rapportage wordt vervolgens gelardeerd met positieve meer individu-gerichte opmerkingen die op zichzelf informatie lijken te bevatten, maar die ontkracht worden door 'mitsen, maren en voorwaarden'.

Een Barnum Report wisselt positieve met gematigd negatieve 'bevindingen' af om het geheel niet al te onwaarschijnlijk te doen lijken. Een passage uit een dergelijke rapportage zou er als volgt kunnen uitzien.

> '... U bent over het geheel genomen een ambitieuze persoonlijkheid. Hoewel u onder moeilijke omstandigheden toch wel eens twijfelt, bent u voldoende zelfverzekerd om uw ambities waar te maken. U zet zich in voor die zaken die u van belang acht.
>
> In uw sociale contacten toont u voldoende initiatief, u weet in voorkomende gevallen adequaat te reageren op allerlei sociale situaties en waar nodig afstand te bewaren. Naar uw meerdere toe kunt u wel eens wat onzeker overkomen, maar na verloop van tijd weet u deze houding in uw voordeel om te buigen zodat u voldoende zelfverzekerd overkomt...'

HET MADISON AVENUE REPORT

In het Madison Avenue (een prestigieuze straat in New York City) Report wordt de onderzochte 'de hemel in geprezen'. De rapportage beschrijft alleen goede eigenschappen van de onderzochte persoon.

Een dergelijke rapportage is te verwachten wanneer de cliënt bevestiging zoekt en krijgt van de rapporteur, of wanneer de psycholoog de moed ontbreekt de cliënt met welke slechte eigenschap dan ook te confronteren. Deze vorm van rapporteren wordt ook gebruikt in situaties dat de psycholoog niet zelf de behandeling op zich neemt. Dit is bijvoorbeeld het geval in loopbaanbegeleiding waarbij de loopbaanbegeleider weinig voelt voor het blootleggen van de zwakke kanten van een onderzochte. Hij wil een succesverhaal waarmee hij met zijn cliënt een prettig gesprek kan aangaan. De negatieve aspecten van een persoon houden het begeleidingsproces slechts op.

> 'Dhr. M. heeft uitstekende sociale vaardigheden die hij op een adequate manier weet in te zetten. Hij is voorkomend en beleefd, weet mensen in het contact een prettig gevoel te geven en hen te overreden de zaken

uit te voeren die in zijn ogen moeten gebeuren. Hij is zonder meer populair, zowel bij mannen als bij vrouwen. Zijn wijze van optreden wekt sympathie, ook als hij zijn autoriteit moet laten gelden weet hij de goede sfeer te handhaven. Zijn ondergeschikten dragen hem daarom op handen, hij komt in zijn omgeving weinig oppositie tegen.'

HET AUNT FANNY REPORT

Ten slotte is er het Aunt Fanny Report, waarin allerlei herkenbare ('Just like Aunt Fanny!') psychologische opmerkingen geplaatst worden, maar waarvan bij nadere analyse niets overblijft (Tallent, 1993, p. 67). De kunst is hier 'te schrijven maar niets te zeggen'.

'Momenteel bent u de opties ten aanzien van het vervolg van uw loopbaan aan het overwegen. U hebt voor uzelf nog niet duidelijk voor ogen of u zich wilt gaan richten op functies die zich voordoen, eventueel in combinatie met specifiek daarop gerichte scholing of juist meer op een opleiding waarbij dit niet zo duidelijk is.

Het feit dat u al wat langer uit het leerproces bent, de duur van de opleiding, arbeidsmarktperspectieven enzovoort zijn allemaal zaken die u in uw overweging wilt meenemen. Maar pas na een verdere oriëntatie op de besproken mogelijkheden hoopt u hierover meer zicht te verkrijgen, zodat u met uw bemiddelaar de zaken concreter kunt gaan invullen.'

Na lezing van een goed Aunt Fanny rapport weet de lezer niet meer dan dat de cliënt een aantal eigenschappen en problemen heeft die we gemakkelijk in anderen (en onszelf) herkennen.

Het voorkómen van nietszeggende rapportages is overigens moeilijk. Veel menselijke gedragingen zijn immers op iedereen van toepassing.
Neem de volgende passage.

'Dhr. N. kan een toegankelijke, sociabele man zijn als hij zich op z'n gemak voelt. Is er sprake van flinke stress dan gaat hij minder goed functioneren in het sociale contact.'

Dit zal voor vrijwel iedereen opgaan, zelfs de minst sociabele mensen hebben hun toegankelijke momenten en onder flinke stress zullen de meeste mensen minder goed functioneren.

Om dit soort rapporteren te vermijden, kunnen allerlei algemene, voor iedereen min of meer geldige uitspraken afgewisseld worden met uitspraken die het individu kenmerken. Algemene passages kunnen immers in veel gevallen omgebogen worden naar meer op het individu betrekking hebbende uitspraken door concrete voorbeelden te noemen.

'Cliënt heeft voldoende belangstelling voor het leggen en onderhouden van sociale contacten. Als collega zal hij wel enige afstand bewaren, maar dat is niet problematisch voor het sociaal functioneren in het werk. Hij zal in de meeste sociale situaties adequaat functioneren.'

Deze passage kan een persoonlijke noot krijgen door wat extra informatie toe te voegen.

'Cliënt geeft in de vragenlijsten aan voldoende belangstelling te hebben voor het leggen en onderhouden van sociale contacten. Ook in het gesprek wordt hij ervaren als iemand die voldoende belangstelling voor een ander toont. Tegelijkertijd geeft hij aan toch enige distantie te willen bewaren: "Ik hoef mijn collega's niet thuis over de vloer." Zijn sociale belangstelling blijkt onder meer uit zijn deelname in diverse vrijwillige verbanden in het bedrijf (brandwacht en sollicitatiecommissies).'

2.5   WETENSCHAPPELIJKE OPBOUW VAN EEN ADVIESRAPPORT

Het schrijven van een rapport verloopt via een aantal stappen: het verzamelen van de benodigde gegevens, het ordenen van deze gegevens en vervolgens het uitschrijven hiervan.

Veel (beginnende) rapporteurs hebben de illusie dat een rapport (bij collega's) in één keer vloeiend op papier gezet wordt. Dit is vrijwel nooit het geval. Ook ervaren rapporteurs worstelen nog met de wijze van formuleren, de opbouw van de rapportage en triviale zaken als spelling.

Het goed ordenen van het psychologisch onderzoeksmateriaal blijkt in de meeste gevallen zeer renderend te zijn. Als de psycholoog eenmaal in het hoofd heeft welke informatie gebruikt kan worden en in welke volgorde, is dit doorslaggevend voor de snelheid waarmee een rapport geschreven kan worden. Voor een goede ordening zijn standaardpresentaties van de anamnese en het test- en observatiemateriaal een goed hulpmiddel. De rapporteur heeft dan in één oogopslag een overzicht van het verzamelde materiaal.

Voor het analyseren en interpreteren van het onderzoeksmateriaal, zoals tests en observaties, heeft een wetenschappelijke benadering de voorkeur. Een psychologisch rapport is immers (ook) een wetenschappelijk rapport. Een wetenschappelijk rapport maakt een onderscheid tussen de feiten die aangetroffen worden, de interpretatie van de feiten en de conclusies die de onderzoeker uit de feiten trekt.

Aan een psychologisch rapport uit de praktijk moeten dezelfde eisen worden gesteld als aan elke andere wetenschappelijke rapportage. Dat wil zeggen dat de rapportage transparant en toetsbaar moet zijn.

Transparantie en toetsbaarheid zijn niet hetzelfde. Een redenering kan glashelder zijn, maar onmogelijk te toetsen en een toetsbare conclusie kan onbegrijpelijk zijn, zoals uit de volgende voorbeelden blijkt.

Niet transparant en niet toetsbaar

'In het gedrag geeft dhr. S. af en toe blijk van dwangneurotische neigingen. Hoewel deze vooralsnog niet op gedragsniveau tot uiting zullen komen, zal het hem moeilijk vallen zich in de groepstherapie te handhaven. We raden een groepstherapie daarom af.'

Niet transparant: Waarom geen groeptherapie? Niet toetsbaar: Wat gebeurt er als dat wel wordt gedaan?

Transparant, maar niet toetsbaar

'In het gedrag geeft dhr. S. af en toe blijk van dwangneurotische neigingen.

Hij geeft aan bepaalde gedachten niet van zich af te kunnen zetten en deze frequent met anderen te willen bespreken. Hij ziet zelf in dat dit voor anderen hinderlijk kan zijn en weet zich dan ook wel in te houden. Dit gedrag zal des te sterker de neiging te hebben zich te manifesteren in situaties die niet sterk gestructureerd zijn, zoals de bij ons gegeven groepstherapie.

Het zal daarom moeilijk voor hem zijn zich in een groepstherapie te handhaven. We raden groepstherapie af.'

De redenering is nu wel transparant (er staat immers waarom gedacht wordt dat groepstherapie niet mogelijk is), maar de conclusie is niet toetsbaar: Welk risico wordt gelopen in groepstherapie?

Niet transparant, maar wel toetsbaar

'In het gedrag geeft dhr. S. af en toe blijk van dwangneurotische neigingen. Hoewel deze vooralsnog niet op gedragsniveau tot uiting zullen komen, zal het hem moeilijk vallen zich in de groepstherapie te handhaven. We verwachten dat hij binnen enkele (2 à 4) therapeutische sessies hinderlijk zal worden voor de overige cliënten in de groep, doordat hij te vasthoudend zal zijn in het uiten van z'n steeds terugkomende opinies. We raden groepstherapie daarom af.'

Niet transparant: Waarom zou dhr. S met z'n neiging de groepstherapie niet kunnen volgen? Wel toetsbaar (aantal sessies met een criterium).

Transparant en toetsbaar

'In het gedrag geeft dhr. S. af en toe blijk van dwangneurotische neigingen.

Hij geeft aan bepaalde gedachten niet van zich af te kunnen zetten en deze frequent met anderen te willen bespreken. Hij ziet zelf in dat dit voor anderen hinderlijk kan zijn en weet zich dan ook wel in te houden.

Dit gedrag zal echter des te sterker de neiging hebben zich te manifesteren in situaties die niet sterk gestructureerd zijn, zoals de bij ons gegeven groepstherapie. We verwachten dat hij binnen enkele (2 à 4) therapeutische sessies hinderlijk zal worden voor de overige cliënten in de groep, doordat hij te vasthoudend zal zijn in het uiten van z'n steeds terugkomende opinies. We raden groepstherapie daarom af.'

2.6 PSYCHOLOGISCH RAPPORT EN DE EMPIRISCHE CYCLUS

Een rapportage hoort wetenschappelijke spelregels te volgen. Met het oog hierop kan de praktiserend psycholoog in zijn rapportage een variant op de 'empirische cyclus' volgen.

De Groot (1961, p.29) schetst in zijn klassieker (*Methodologie*) een empirische cyclus als grondschema voor een logisch-methodologische wijze van redeneren die bij uitstek in de psychologie bruikbaar is. De empirische cyclus moet doorlopen worden om tot een wetenschappelijke vorm van redeneren te komen. Er zijn vijf fasen in de cyclus te onderscheiden:
- observatie;
- hypothese formuleren;
- consequentie van de hypothese;
- toetsing; en
- evaluatie.

Deze empirische cyclus ziet er als volgt uit (De Groot, p. 18, cursief AK):

'Bepaalde waarnemingen (*observatie*) aldus de rapporteur, hebben hem aanleiding gegeven tot vermoedens, tot bepaalde veronderstellingen over samenhangen (*hypothese*); als die juist waren, dan was dus te verwachten.... (*consequentie hypothese*); en die verwachtingen konden nu getoetst worden aan nieuwe gegevens (c.q. resultaten van actief proberen); deze toetsing leverde op (*toetsing*)..., zodat het ernaar uitziet dat men kan concluderen... (*evaluatie*).'

De empirische cyclus heeft eigenlijk betrekking op het inrichten van wetenschappelijk onderzoek en is niet in eerste instantie bedoeld voor de praktijkpsycholoog. De vijf fasen van de empirische cyclus zijn slechts in rudimentaire vorm terug te vinden in het praktische psychologisch onderzoek en de rapportage.

De fase van observatie is dan te zien als het verzamelen van gegevens voor de vraagstelling, de hypothese (en zijn consequenties) als het formuleren van de vraagstelling, de toetsing als het toetsen van de gevormde hypothese in het onderzoek en ten slotte de evaluatie van de bevindingen als de conclusie en samenvatting in het rapport. De verschillende fasen kunnen, als een variant op de cyclus van De Groot als volgt in de rapportage ondergebracht worden.

OBSERVATIE

Een observatie kan aanleiding zijn voor het inschakelen van een psycholoog en kan de eerste stap zijn in het onderzoek. Een observatie leidt wellicht tot een vraagstelling van een opdrachtgever. In de observatiefase worden de eerste gegevens verzameld en gegroepeerd.

Een observatie kan in het eerste deel van de rapportage terugkomen. In de aanleiding tot het onderzoek bijvoorbeeld of in de beschrijving van de vraagstelling. Een observatie in een rapportage is bijvoorbeeld:

'Mevr. H. heeft een havo-diploma behaald en wat administratieve cursussen gedaan. Ze functioneert echter beduidend beneden dit niveau. Ze zegt last te hebben van examenvrees en is in haar werk vaak bang fouten te maken. Toch behaalt ze bij tijd en wijle zeer goede resultaten in studie en werk.'

FORMULEREN VAN HYPOTHESEN

In de observatie worden allerlei ideeën opgedaan over mogelijke verklaringen van gedrag die aanleiding kunnen zijn voor hypothesen. De psycholoog leidt de hypothese af uit de observatie.

'De wijze waarop cliënte vertelde dat ze zich onder druk gezet voelde bij eenvoudig ogende maar toch voor haar moeilijk uitvoerbare opdrachten, doet vermoeden dat ze nogal faalangstig is. Uit de anamnesegegevens kon dit bevestigd worden, zij faalde regelmatig in examens.

Aannemelijk is dat door persoonlijkheidsfactoren de intellectuele prestaties worden verminderd. Bijvoorbeeld door faalangst of een verhoogde stressgevoeligheid. Met een intelligentietest, enkele persoonlijkheidstests en een gesprek zal dit worden geverifieerd.'

De psycholoog formuleerde de consequentie van de hypothese als volgt (ten behoeve van het onderzoek, niet ten behoeve van de rapportage) in een toetsbare voorspelling:

> 'Als cliënte een stanine score van 8 of hoger heeft op de schaal Planmatigheid van de MOTOR en een score van stanine 7 op de Inadequatieschaal van de NPV, kunnen we aannemen dat er sprake is van een verhoogde mate van negatieve faalangst. Door haar verschillende capaciteitentests (moeilijke en makkelijke, individuele en groepsgewijze, onder tijdsdruk en zonder tijdsdruk) te laten maken wordt bezien of deze negatieve faalangst van invloed is op haar testprestaties.'

TOETSING

De toetsing van een hypothese, zoals in het voorbeeld hiervoor, betreft afnemen van een test, doen van observaties en interpreteren van anamnesegegevens.

EVALUATIE

In de conclusie van de rapportage worden de verzamelde gegevens met elkaar in verband gebracht. In het voorbeeld van cliënte komen de gegevens over de faalangst in het totaalbeeld van de persoonlijkheid te staan.

> 'Mevr H heeft een kwetsbare persoonlijkheid. Zij is tamelijk gevoelig in situaties waar een prestatie van haar wordt verlangd. Ze heeft dan de neiging beneden haar kunnen te presteren. Dit doet zich vooral voor bij opdrachten die op het eerste gezicht weinig uitdaging bieden, de kans op gezichtsverlies is hier voor haar het grootst. Ze heeft er daarom, paradoxaal genoeg, baat bij opdrachten te krijgen die moeilijk ogen. De uitdaging is hier groter en de kans op gezichtsverlies klein. Over het algemeen maakt deze houding dat zij beneden haar kunnen presteert.'

2.7 GEBRUIK VAN PROFIELEN EN GRAFIEKEN

Het is gebruikelijk een rapport te illustreren met (persoonlijkheids)profielen en -grafieken. Het praktisch nut lijkt voor de hand liggend: het geeft de tekst visuele ondersteuning. In één oogopslag is te zien wat de belangrijkste kenmerken van een persoon zijn.

Het gebruik van grafieken en tabellen die op personen betrekking hebben kent echter enkele haken en ogen. Er zijn drie zaken die aandacht verdienen:

1 het soort scoring dat is gebruikt voor de test;
2 of de verschillende persoonlijkheidskenmerken met één test of met meer tests zijn vastgesteld;
3 of gebruikgemaakt is van dezelfde normgroep.

AD 1   HET SOORT SCORING

Testscores ontstaan op verschillende manieren. De meeste testscores worden verkregen door zogenoemde 'Likert items'. Elk item van een test wordt in dit geval onafhankelijk van de overige items gescoord. Dit is het geval bij vrijwel alle capaciteitentests.

Bij persoonlijkheidsvragenlijsten worden bij dit soort items de antwoorden met 'Ja, ?, of Nee' gegeven of met een 2-, 3-, 4-, 5-, of meer puntenschaal. Het resultaat is dat de ruwe score in alle gevallen op alle schalen kan variëren van een minimum (meestal 0) tot het maximum.

Sommige persoonlijkheidstests en veel interessetests worden op een 'ipsatieve' wijze gescoord. Bij een ipsatieve scoring worden per item twee of meer zaken met elkaar vergeleken. Bijvoorbeeld: 'Welke activiteit vindt u het meest aantrekkelijk A: Fietsen of B: Lopen.' Het resultaat is dat de scores op de verschillende schalen in de test een relatieve score ten opzichte van elkaar opleveren. Een hoge score op een schaal betekent slechts: hoger dan de andere scores. Het is niet mogelijk op alle schalen hoog of op alle schalen laag te scoren. In een ipsatief gescoorde test wordt een vast aantal punten over de onderscheiden schalen verdeeld. Het is vergelijkbaar met het verdelen van een zak knikkers over een aantal bakjes (schalen). Als je veel knikkers in slechts een paar bakjes doet, blijven er voor de overige bakjes maar weinig knikkers over. En andersom geldt natuurlijk hetzelfde.

Gevolg is dat iemand in een ipsatief gescoorde test kan stellen dat hij fruit lekkerder vindt dan snoep, maar dat wil nog niet zeggen dat hij fruit écht lekker vindt.

Voor een grafische weergave van scores maakt het veel uit of de scores ipsatief dan wel met Likert items verzameld zijn. In het eerste geval hebben we te maken met een gedwongen verdeling waarbij de onderlinge schalen met elkaar samenhangen, in het tweede geval hoeven de scores niet noodzakelijkerwijs onderling aan elkaar te relateren. In het eerste geval kunnen we stellen dat voor cliënt Y eigenschap a hoger scoort dan eigenschap b. In het tweede geval kunnen we stellen dat cliënt Y in de normgroep op eigenschap a hoger scoort dan op eigenschap b.

In een grafiek betekent dit dat in het eerste (ipsatieve) geval slechts aangegeven wordt hoe de onderlinge verhouding tussen de persoonlijkheidseigenschappen is, in het tweede geval wordt een maat gegeven voor de scores in een vergelijkingsgroep.

Samenhangend met het voorgaande is het belangrijk om te weten of de scores in een grafische weergave uit één test of uit meer tests afkomstig zijn. Het persoonlijkheidsbeeld kan vertroebeld worden bij het gebruik van verschillende ipsatieve, of één Likert item en een ipsatief gescoorde test in een overzicht. De scores zijn dan niet meer onderling met elkaar te vergelijken, zie het voorbeeld hierna.

Eigenschap	Score
Test 1	a ████████████████████
	b ██████████
	c ███████████████
Test 2	d ████████
	e ████████████
	f ██████████████████

Als test 1 en 2 ipsatief gescoorde tests (of een ipsatief gescoorde en een test met Likert items) zijn, kunnen we stellen dat 'eigenschap a' hoger scoort dan 'eigenschap b', maar niet dat 'eigenschap a' hoger scoort dan 'eigenschap d'. Eigenschap d werd immers met een andere test gemeten.

Bij capaciteitentests wordt vaak een grafische weergave gebruikt, waarbij de veronderstelling is dat onderlinge vergelijking van de scores mogelijk is. Dit is alleen het geval indien de scores met dezelfde normgroep vergeleken zijn. Wanneer capaciteitentest A (bijvoorbeeld rekenen) in een havo-3 groep sollicitanten vergeleken is en capaciteitentest B (bijvoorbeeld een woordenschattest) in een vmbo-3 groep beroepskeuzecliënten, dan zijn de scores onderling niet meer met elkaar te vergelijken. In dit geval zullen uitspraken als: 'De rekenvaardigheid is beter ontwikkeld dan de woordenschat', in een rapportage altijd aangevuld moeten worden met de vergelijking met de groep waarop deze uitspraak betrekking heeft.

Grafische weergave
Het aantal mogelijkheden om testscores grafisch weer te geven is vrijwel onbeperkt. Voor testscores is een grove tweedeling te maken. Een soort weergave waarbij een onderlinge verhouding in een gesloten verzameling tussen de scores gesuggereerd wordt en een soort weergave waarbij sprake is van een open verzameling en waarbij minder de suggestie wordt gedaan dat de scores onderling met elkaar samenhangen. Onder de eerste soort vallen sterren en taarten. Bij de tweede soort horen tabellen met een staafdiagram.

De suggestie die van onderstaande verdeling uitgaat is dat de ster persoonlijkheids-trekken bevat, met een weergave van hun onderlinge verhouding in de vorm van sterpunten. Dus extraversie staat tegenover introversie en een grote sterpunt be-tekent meer kenmerkend voor een persoon dan een kleine sterpunt. Voorwaarde voor het gebruik van sterren is dat op een of andere wijze aannemelijk is gemaakt (bijvoorbeeld door factor-analytisch onderzoek) dat de onderlinge verhouding van de sterpunten klopt. Dat, in het gegeven voorbeeld, extraversie bijvoorbeeld dichter bij vriendelijkheid staat dan bij dominantie.

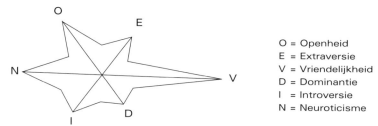

O = Openheid
E = Extraversie
V = Vriendelijkheid
D = Dominantie
I = Introversie
N = Neuroticisme

De taartverdeling is toe te passen voor ipsatief gescoorde interessetests. Hierbij wordt een vast puntenaantal over een aantal categorieën verdeeld. De interpretatie van de taartpunten is zoals ze getoond worden, twee keer zo groot betekent twee keer zoveel belangstelling, er zijn immers tweemaal zo veel punten op ingezet.

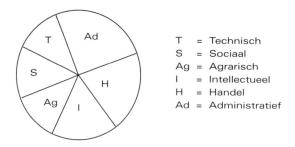

T = Technisch
S = Sociaal
Ag = Agrarisch
I = Intellectueel
H = Handel
Ad = Administratief

Bij een staafdiagram worden de scores visueel gemaakt in de vorm van een kubus, kolom, blokjes, staven enzovoort. Een staafdiagram geeft aan dat de ene eigenschap in een bepaalde normgroep hoger scoort dan de ander.

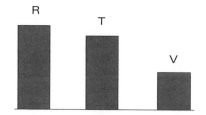

R = Ruimtelijk Voorstellingsvermogen
T = Technisch Inzicht
V = Verhaal Analytisch Vermogen

Van een staafdiagram gaat echter wel de suggestie uit, die overigens geldt voor veel vormen van presenteren met grafieken, dat de gemeten eigenschappen onafhankelijk van elkaar zijn. De lezer verwacht dat bij elke staaf opnieuw elke mogelijke score kan voorkomen. Het komt echter meer voor dat een hoge score op de ene eigenschap een hoge score op de ander meebrengt, sommige tests correleren nu eenmaal hoog met elkaar.

2.8 HET GEBRUIK VAN DE NORMERING VAN TESTS

Een voorwaarde voor het gebruik van tests is dat deze genormeerd zijn. Een ruwe testscore heeft op zichzelf niet zo veel betekenis. Pas als er flink wat waarnemingen gedaan zijn, kan een idee gevormd worden van wat een hoge of lage score is. De score wordt dan vergeleken met anderen die de test gemaakt hebben. Dit is wel een probleem: Met wie willen we de onderzochte persoon vergelijken? Het meest voor de hand liggende is: met de groep die het meest representatief lijkt voor de onderzochte persoon. Bijvoorbeeld wat betreft leeftijd, sekse, soort vraagstelling en opleidingsniveau.

De functie van die normgroepen is dus soortgelijken (vaak ook in een vergelijkbare situatie) met elkaar te vergelijken. Op die manier is een uitspraak mogelijk over de hoogte van de score van een onderzochte in zijn groep.

Nu wordt deze redenering ook wel omgedraaid. Een goed scorende havo-scholier wordt dan bijvoorbeeld vergeleken met academici en scoort vervolgens bijvoorbeeld gemiddeld. In de rapportage staat dan dat de havo-scholier op academisch niveau presteert. Of een problematische cliënt wordt vergeleken met een populatie van psychiatrische patiënten. En dan valt het allemaal wel mee.

Het is de vraag of dit kan. De bedoeling van de normering is immers soortgelijken te vergelijken. Dan pas heeft de genormeerde score betekenis.

Nog een voorbeeld. Stel dat we de lengte meten van basisschoolleerlingen. We constateren dat in groep 3 de leerlingen gemiddeld langer zijn dan in groep 2. We nemen een leerling uit groep 2 en zeggen dat deze boven het gemiddelde scoort (wat lengte betreft) in groep 3. Het zal wel een lange leerling zijn, maar de uitspraak is betekenisloos. Je wilt immers weten hoe de leerling zich wat betreft zijn lengte verhoudt binnen zijn eigen groep, niet in vergelijking met een willekeurig andere groep. De juiste uitspraak is dat de leerling hoog scoort op lengte voor groep 2.

Van capaciteitentests is bijvoorbeeld bekend dat de scores sterk samenhangen met het opleidingsniveau. Het is dan niet meer interessant te weten dat een academicus hoog scoort op verbaal redeneren vergeleken met de populatie in z'n geheel. Want dat doen academici (bijna) allemaal. Het is interessanter te weten hoe hoog de academicus scoort in zijn groep. Is hij sterk in een bepaald aspect of juist niet, vergeleken met andere academici.

Een uitspraak als 'deze academicus scoort op lbo-niveau' of 'deze beroepskeuzecliënt is zeer gevoelig als we hem vergelijken met een sollicitant' is dan ook zonder betekenis.

Het vergelijken van een individuele score met de score van een groep krijgt pas betekenis als het individu uit die groep komt. Het is dan ook zaak om voor de rapportage een goede normgroep te vinden voor een individu.

Vaak zoeken we bij gebrek aan een geheel passende normgroep de normgroep die het dichtst staat bij de individuele persoon. Maar dat doet aan het principe niets af.

Bij de weergave van de eigenschappen van een cliënt gaat het erom

1 eerst de meest dichtbij zijnde normgroep voor deze cliënt vast te stellen;
2 dan de positie van de cliënt binnen de normgroep vast te stellen (stanine, deciel, etc.);
3 vanuit deze positie een uitspraak te doen over deze kwaliteit.

De hoogte van scores is vaak bepalend voor de soort uitspraak in de rapportage. Daarbij dient de rapporteur zich goed te realiseren wat voor een soort uitspraken hij wil doen. Bij capaciteitentests gaat het er bijvoorbeeld om of een kandidaat een bepaalde opleiding aankan. De waarschijnlijkheid dat hij deze aankan, neemt met de hoogte van de score (op de relevante capaciteiten) toe, en hoe lager de score hoe geringer de kans. Veelal weten we niet waar we de grens moeten leggen. Een uitspraak dat iemand met een staninescore van 1 op een rekentest beter geen opleiding voor calculator kan volgen, is goed te verdedigen. Als de staninescore 5 is (60% van de normgroep scoort gelijk of lager) is de kans op slagen behoorlijk (als we aannemen dat een opleiding en de persoon ook risico willen lopen). Wil je geen risico lopen dan is deze score laag.

Bij personeelsselectie zal het risico doorgaans geminimaliseerd worden. Bij een voldoende aanbod van kandidaten wordt in zo'n geval op een relevant kenmerk een aftestgrens van stanine 9 gebruikt. Er vallen dan veel kandidaten (wellicht onterecht) af, maar onder de hoogscoorders bevinden zich wel veel sollicitanten die zullen slagen in de functie.

Een normering is gebaseerd op een verdeling van de testscores in een populatie. Per definitie scoort 50 procent van de populatie onder het midden. Het is dan ook onjuist de scores onder het gemiddelde te beschrijven als 'lage scores'. Of erger als 'te lage scores'. Een leerling met een staninescore van 4 op een capaciteitentest scoort weliswaar onder het gemiddelde in zijn normgroep, maar dat kan op zichzelf geen reden zijn om hem bijvoorbeeld de toegang tot een aansluitende opleiding te weigeren. Of de score (te) laag is moet blijken uit de selectiesystematiek. Als we tenminste 50 procent van de kandidaten willen afwijzen is dit een juiste strategie, maar dat zal zelden het geval zijn bij de selectie voor een opleiding.

Tevens is het van belang bij de normeringen te letten op de scheefheid van de verdelingen. Vooral als de scores gebaseerd zijn op meerpuntsschalen. Zo zijn er bij de NEO-PI-R (Hoekstra et al., 1996) verschillende schalen zo scheef verdeeld dat genormeerde uitspraken alleen maar betrekking kunnen hebben op een vergelijking met de normgroep. Bijvoorbeeld: een schaal in deze test bestaat uit acht items op een vijfpuntsschaal. De maximale score is 40, de minimale 8. Iemand die steeds een neutrale score aangeeft scoort 24 (8 × 3, het midden van de schaal). In de normering kan dit zeer laag zijn, omdat vrijwel iedereen in de referentiegroep veel hoger scoort. Maar de betrokken persoon heeft op het kenmerk een 'neutrale score' aangegeven. De uitspraak: 'Dhr. B scoort in vergelijking met anderen in zijn groep op dit kenmerk laag' is dan juist. De uitspraak 'Dhr. B vindt dat hij in geringe mate over dit kenmerk beschikt' is dubieus. Hij gaf immers aan zichzelf neutraal te beoordelen op dit kenmerk.

2.9 AUTOMATISCH RAPPORTEREN

De essentie van automatisch rapporteren is dat bij een bepaalde score een bepaald rapportagefragment wordt geplaatst. Voordeel hiervan zijn dat allerlei (test)gegevens op dezelfde wijze in een rapportage terechtkomen. Nadeel kan zijn dat de uniformering tot beperkte rapportages leidt die weinig recht doen aan het individu. Bij regelmatige automatische rapportering aan één opdrachtgever kan bovendien de indruk ontstaan dat de psycholoog onvoldoende individuele zorg besteedt aan de rapportages.

De voordelen van het automatisch rapporteren zijn echter groot. Het rapporteren gaat sneller. De rapporteur wordt gedwongen de afzonderlijke scores te voorzien van een heldere uitleg die in zijn algemeenheid geldig is. De automatische rapportage kan dienen als romprapportage, waaraan de psycholoog een individuele invulling kan geven.

De macro's (tekstfragmenten die met een tekstverwerker gemakkelijk zijn op te roepen) zijn met enige inspanning zelf te maken. Daarbij zijn in principe twee strategieën mogelijk: van een psychologisch begrip wordt nagegaan wat daarmee in het algemeen bedoeld wordt, of de psycholoog schrijft een macro die is toegespitst op de betekenis van de test. Dit laatste heeft de voorkeur en geeft ook resultaten die het best herkenbaar zijn voor de cliënt.

De methodiek is als volgt. Van een begrip in de schaal van een test worden alle items op een rijtje gezet. Als het kan in volgorde van de lading op de schaal (of hoogte van de correlatie op de eindscore). Bijvoorbeeld extraversie:
– Ik ben vaak in de weer
– Ik houd er wel van iets te beleven
– Ik leg gemakkelijk contacten
– Ik spreek dagelijks veel mensen
– Ik ben meestal vrolijk
– Ik heb veel contact met mijn vrienden
– Ik ben graag alleen (andersom scoren)

De macro van het begrip extraversie zal dus vooral moeten gaan over 'druk bezig zijn'. De hoogst ladende items gaan daar immers over. Het accent van het begrip extraversie wordt in andere tests wel eens gelegd op het leggen en onderhouden van sociale contacten in het algemeen. Dan dient de macro veel meer te gaan over die sociale contacten. Het zijn accentverschillen die de uitslag van de test herkenbaar maken. Verder kan de psycholoog algemene onderzoeksbevindingen toevoegen, maar ook dan is het verstandig te kijken of het onderzoek deze specifieke test betreft en geen onderzoek dat het accent van het begrip net even anders legde.

Het voordeel van macro's in een tekstverwerkingssysteem is verder dat de tekst kan worden aangepast. Op die manier kan een psycholoog macro's tot een goed lopende tekst aan elkaar koppelen.

2.10 VALKUILEN BIJ HET RAPPORTEREN

Vaak schrijft de psycholoog zijn rapport in een isolement. Het komt te weinig voor dat een psycholoog in de gelegenheid is zijn (concept)rapportage voor te leggen aan derden. Na de gebruikelijke inwerkperiode wordt hij geacht zelfstandig te werken. Grotere organisaties kunnen dit probleem van het isolement oplossen door intervisiegroepen op te richten waarin psychologen een collegiale toets op hun rapportages toelaten. Hieraan blijkt behoefte. Daarom zijn er binnen het Nederlands Instituut van Psychologen (NIP) verschillende intervisiegroepen actief.

Het voorleggen van individuele psychologische rapportages aan psychologen buiten de eigen organisatie komt vrijwel niet voor. In veel gevallen leent het psychologisch rapport zich daar ook niet voor. De informatie is te vertrouwelijk, men wil liever niet dat de concurrent op de hoogte is van de methode van onderzoek, het kost tijd en het rendement is niet altijd op korte termijn zichtbaar.

Dit alles heeft tot gevolg dat er, zowel op individueel als op organisatieniveau, gemakkelijk systematische eigenaardigheden, fouten en onvolkomenheden in de rapportages kunnen sluipen. De feedback van de opdrachtgever is lang niet voldoende, omdat deze het rapport slechts beoordeelt op het nut: de beantwoording van zijn vraagstelling. Redeneerfouten, interpretatiefouten en wetenschappelijke onvolkomenheden, meldt hij doorgaans niet. Dit kunnen psychologen ook nauwelijks van hun opdrachtgever verwachten.

In de psychologische rapportage komt een aantal veelgemaakte fouten voor die te vermijden zijn. Tallent (1993, p. 38) geeft een opsomming van mogelijke fouten (pitfalls en downfalls) in psychologische rapportages. Hij stelde de opsomming samen door gebruikers van psychologische rapporten expliciet te vragen naar de tekortkomingen in de rapporten. Er zijn geen redenen om aan te nemen dat deze tekortkomingen niet voor de Nederlandse situatie zouden opgaan. Hij onderscheidt vijf categorieën van foutenbronnen: inhoudsproblemen, interpretatieproblemen, de attitude van de psycholoog, communicatieproblemen en professionele problemen.

CATEGORIE I: INHOUDSPROBLEMEN

Een veelgemaakte fout is dat de psycholoog ruwe data in zijn rapport opneemt. De cijfers zeggen een opdrachtgever echter niets, of erger nog, ze krijgen een speciale betekenis die de psycholoog niet bedoeld heeft. Het volgende voorbeeld komt veel voor in psychologische rapportages.

'Cliënt heeft een performaal IQ van 113 en een verbaal IQ van 103. Zijn totaal IQ komt hiermee op 107. In de DAT scoort hij op Figuren Reeksen in stanine 8, op de Rekentest op stanine 7.'

Voor het voorgaande is nodig te weten dat het gemiddelde IQ in de populatie in z'n geheel 100 is, dit gemiddelde gerelateerd dient te worden aan het opleidingsniveau (voor een academicus is deze uitslag pover, voor een vmbo-leerling zijn het boven-gemiddelde scores), dat de standaardafwijking van de test 15 is, dat een stanine een bepaalde verdeling van de scores geeft, enzovoort. Nog afgezien van het feit dat rekening moet worden gehouden met foutenmarges. Op voorhand kan worden aangenomen dat de niet-psychometrisch geschoolde lezer hiervan geen weet heeft en dus de gegevens niet goed zal kunnen interpreteren. Een verbale weergave van de uitslag is verre te prefereren boven een reeks van uitslagen.

Een andere veelgemaakte fout is dat de nadruk op verkeerde zaken wordt ge-legd. Bijvoorbeeld in een rapport voor een psychiater over de diagnostiek van een dwangneurose. In de rapportage wordt in de passage over het arbeidsverleden slechts terloops gerefereerd aan mogelijke dwangneurotische elementen.

'Cliënt werkte van 1987 tot 1993 als kelner bij de firma X. Zijn taak bestond uit het bedienen op de terrassen in de zomer en bediening aan de bar in de winter. Hij deed dit werk naar zijn zeggen met veel plezier, vooral omdat hij door fooien zijn inkomen kon verveelvoudigen. Het kwam voor dat hij € 1000 in één week verdiende. Het werk werd gedaan met drie collega's. De terrassen werden in territoria verdeeld, zodat er geen problemen konden ontstaan over de bediening. Betrokkene was zeer strikt in de volgorde van de bediening van de klanten en kon zelfs in paniek raken als hij op een of andere wijze de volgorde uit het oog verloor. Hij is naar zijn zeggen met het werk gestopt omdat hij de laatste jaren alleen 's zomers een baan als kelner in het café kon krijgen. In de winter was hij wel werkzaam als hulpkok bij cateringbedrijven, maar dat interesseerde hem maar weinig.'

Het ontbreken van essentiële informatie in een rapport blijkt vaak pas achteraf. Bij het doorlezen stelt de lezer zich vragen die de samensteller van het rapport zich ook had kunnen stellen. Meer op basaal niveau is de fout dat leeftijd, sekse, op-leidingsgegevens, arbeidsverleden enzovoort niet worden behandeld. Ook het ont-breken van diagnose, prognose en aanbeveling behoort tot de inhoudsproblemen. Dergelijke inhoudsproblemen zijn gemakkelijk te vermijden door gebruik te maken van een bepaald stramien voor rapporteren. Een checklist met alle gegevens die de psycholoog in ieder geval in zijn rapportage wil behandelen. Deze checklist wordt opgesteld aan de hand van de vraagstelling van het onderzoek.

Het fenomeen van foutieve interpretaties van testuitslagen doordat deze door een bepaalde bril van opvattingen worden bezien, is wijdverspreid. Door Tallent aangeduid met de term 'eisegesis' (Grieks voor foute tekstuitleg). Dit fenomeen zal zich des te sterker voordoen wanneer de psycholoog geneigd is de vakliteratuur in de boekenkast te laten staan. Hij ziet daardoor zijn eigen stokpaardjes, halo-effecten en beperkingen niet meer. Dergelijke problemen met betrekking tot de interpretatie van psychologisch materiaal zijn alleen te ondervangen door rapportages aan verschillende collega's voor te leggen.

De lezer van het psychologisch rapport is zich vaak niet bewust van stokpaardjes van de psycholoog, zie het volgende voorbeeld.

> 'Mevr. V. is subassertief en meegaand van karakter. Ze probeert aan alle eisen van haar omgeving te voldoen en is daar niet kritisch in. Daardoor zal ze in contacten altijd een ondergeschikte positie innemen en zich veelal de mindere voelen, met name bij mannen. Ze is een duidelijk voorbeeld van de maatschappelijke marginalisering van de vrouw. Een assertiviteitstraining gericht op vrouwen met haar problematiek lijkt ons aangewezen, ze kan daar de vaardigheden opdoen die nodig zijn om zich maatschappelijk te ontplooien en te handhaven.'

Op zichzelf is de interpretatie goed te volgen en ook plausibel te noemen. De interpretatie verliest echter aan kracht als de lezer bij elke vrouwelijke cliënt dergelijke problematiek te lezen krijgt.

Wanneer de psycholoog zijn stokpaardjes blijft berijden, kan de volgende situatie ontstaan. Deze passage werd bij drie verschillende cliënten van dezelfde psycholoog gevonden.

> 'Cliënt had altijd conflicten met z'n superieuren, er is sprake van een forse autoriteitsproblematiek. Er is bij cliënt veel agressie vast blijven zitten.

Dergelijke praktijken hebben er in de sociale-verzekeringswereld toe geleid dat voor een expertise eerst gekeken wordt welke reputatie de psycholoog heeft. Een verzekeringsgeneeskundige die het psychologisch onderzoek ziet als een middel om vermeende psychische zieken te 'ontmaskeren' zal frequent een psycholoog raadplegen met een reputatie dat hij zelden psychopathologieën vindt.

Het fenomeen 'gestuurde interpretatie' kan eveneens tot de regelmatig terugkerende fouten van de psycholoog gerekend worden. Er wordt in dat geval uitgegaan van een bepaalde theorie, bepaalde opvattingen over hoe mensen of de maatschappij in elkaar zitten. Dit laatste kan bijzonder hinderlijk zijn, temeer daar het hier voor leken nog moeilijker is de individuele opvattingen van de psycholoog te scheiden van de 'wetenschappelijke psychologie'.

Daarnaast is er een breed scala aan systematische fouten in de interpretatie van psychologische basisgegevens. Bijvoorbeeld de neiging te ver te gaan bij het interpreteren van testuitslagen. In dat geval interpreteert de psycholoog alle scores onder het gemiddelde als 'zeer laag' en daarboven als 'zeer hoog'.

Veel fouten onstaan overigens door de beperkte kwaliteit van de testhandleidingen. Deze zijn vaak sterk op research met de betreffende test gericht en niet op praktische toepassing of uitdieping van het begrip dat gemeten wordt. Een testhandleiding van meer dan enkele tientallen pagina's is een uitzondering. De meeste handleidingen verwijzen slechts naar de theoretische basis van de test, ze behandelen deze niet. Om een test goed te gebruiken moet de psycholoog in de literatuur, maar ook in de gebruikte testitems duiken.

CATEGORIE III: DE ATTITUDE VAN DE PSYCHOLOOG

Al eerder werd melding gemaakt van de psycholoog die zijn stokpaardjes berijdt. Problematischer is de psycholoog die bekendstaat als arrogant, eigenwijs en niet op de buitenwereld gericht. Hij wordt aangeduid met het eufemisme 'niet praktisch'. De psycholoog beperkt zich in dit soort gevallen niet tot de vraagstelling en geeft zijn mening over de situatie. Dat kan gaan van de gezondheid van de kandidaat tot wenselijke bedrijfsstrategieën. De adviezen hebben gemeen dat ze de plank misslaan.
De psycholoog heeft zich dan blijkbaar onvoldoende op de hoogte gesteld van het proces waarin het psychologisch rapport gebruikt zal worden. Hij gaat te ver in zijn advisering of behandelt niet het onderwerp dat van belang is voor de opdrachtgever. De attitude van de psycholoog is dat hij in zo'n geval te veel vanuit de ivoren toren opereert: hij stapt daar niet uit om zich in de belevingswereld van de opdrachtgever te verplaatsen.

Voor beroepskeuzeadviezen kunnen dit ver in de tijd liggende adviezen zijn over een mogelijke toekomst (een scholier van 13 het advies geven werktuigbouw in Delft te gaan studeren), voor een klinisch-psychologisch rapport kunnen nietbereikbare situaties worden aangegeven waarin de cliënt goed kan functioneren (cliënt kan goed functioneren in een werksituatie indien er geen tijdsdruk is), of voor een selectieadvies de betrokkene geschikt te achten voor de functie 'tenzij er in de toekomst veranderingen in de functie komen'.

Voor het praktisch maken van rapportages is een remedie: luisteren naar de opdrachtgever. Welk probleem wil hij opgelost zien en in welk proces wordt het rapport gebruikt. Een scholier wil een advies over de eerstvolgende stap, werk brengt altijd enige stress mee, functies veranderen snel. Het rapport dient bij de beantwoording van de vraag zo weinig mogelijk zijwegen te bewandelen. Het probleem van de onpraktische oplossing zit vooral in de verkeerde attitude van de psycholoog. Luistert hij goed, dan weet hij ook wat het rechte pad is voor de rapportage.

Eerder werd al gesteld dat communicatie pas mogelijk is als 'zender' en 'ontvanger' dezelfde taal spreken. Geen enkele psycholoog zal de illusie hebben dat een rapport altijd op dezelfde wijze wordt opgevat. Evidente fouten dienen echter te worden voorkomen.

Communicatieproblemen kunnen ontstaan door slecht taalgebruik, duistere terminologie en (onnodige) vaktermen. Veel communicatieproblemen ontstaan echter door de slechte toegankelijkheid van het rapport. De rapporteur gaat er te veel van uit dat het rapport bij elk gebruik in z'n geheel gelezen wordt. Dit is niet zo. Een psychologisch rapport wordt hopelijk één keer zorgvuldig doorgenomen, daarna vertrouwt de opdrachtgever op zijn aantekeningen, de highliner, zijn geheugen en vooral de conclusie in de rapportage.

De rapporteur dient hiermee rekening te houden door de opbouw van zijn rapportage zo toegankelijk mogelijk te maken. Dit wil zeggen duidelijke kopjes, rubrieken, overzichtelijke bladspiegel, en vooral een goede conclusie en eventueel een samenvatting.

De conclusie van het rapport kan ook gescheiden worden van de overige rapportage, bijvoorbeeld door deze op een apart, eventueel gekleurd, blad te zetten. De mogelijke tegenwerping van de psycholoog dat het rapport bij gebruik altijd in z'n geheel gelezen moet worden, is niet relevant. Als een stapeltje rapporten in tweede instantie gelezen wordt, bijvoorbeeld in een vervolgronde van een personeelsselectie, zullen in de eerste bespreking tussen de personeelsfunctionaris en het afdelingshoofd alle rapporten nooit opnieuw nauwgezet worden doorgenomen.

CATEGORIE V: PROFESSIONELE PROBLEMEN

Het is pijnlijk voor psychologen en de psychologie wanneer rapporten aangevallen worden op hun professioneel gehalte.

Eén juiste wijze van rapporteren bestaat niet. In twee rapporten van twee psychologen over één persoon is de kans op verschillen in beschrijving aanwezig. De juistheid van de rapportage op zichzelf hoeft echter niet betwijfeld te worden. In zo'n geval is er lang niet altijd sprake van een professioneel probleem. Psychologen onderling zijn het niet zelden oneens over psychologische typeringen van mensen. Soms zit dit in de gebruikte onderzoeksmethode. Een onderzoeker die projectieve tests gebruikt zal in zijn uitspraken over personen een heel ander begrippenkader toepassen dan een 'vragenlijstdiagnosticus', een psychoanalyticus redeneert anders dan een leertheoreticus.

Veel verschillen zijn echter helaas gebaseerd op fouten, getuige het volgende voorbeeld.

Bij een zeer lage score op een intelligentietest van een succesvol academicus moet eerst gedacht worden aan mogelijke fouten in de testopzet. Is het de juiste test geweest om de intelligentie van een academicus te meten? Werden de juiste normtabellen gebruikt? Indien gebruikgemaakt werd van een verkorte schatting van de intelligentie (zoals bij de Groninger Intelligentietest (GIT) mogelijk is), is de lage intelligentiescore te wijten aan een extreem lage score op een van de subtests? Was er sprake van tests met hoge risico's op toevalsfouten voor deze persoon (een snelheidstest bijvoorbeeld)? Is de betrokken academicus soms zeer faalangstig? Was de test te gemakkelijk en was de academicus niet gemotiveerd om de eenvoudig ogende items serieus te bekijken? Spreekt de academicus wel de Nederlandse taal?

De professionele problemen die ontstaan door onwetendheid, optelfouten en nonchalance laten we hier verder buiten beschouwing. Alleen 'check and double-check' van psychologen en hun assistenten onderling kan dit voorkomen.

2.11 RAPPORTEREN: HET SCHRIJFWERK

In het psychologisch rapport staat het antwoord op een bepaalde vraagstelling. Alle passages in het rapport waarmee de vraagstelling wordt beantwoord zijn interessant, al het overige heeft geen functie en leidt slechts af.

De rapporteur moet daarom steeds de vraagstelling en zijn lezer in gedachten houden bij het schrijven: welke vraagstelling heeft de lezer en hoe wordt deze beantwoord. Hiervoor werd al een checklist als hulpmiddel genoemd.

Stilistische hoogstandjes worden van een psychologisch rapporteur niet verwacht, wel zakelijkheid, feitelijkheid, eenvoud en toegankelijkheid. En vooral goed en begrijpelijk Nederlands. Het gaat te ver in het kader van dit boek een algemene handleiding rapporteren te geven, hierna volgen enkele tips die relevant zijn voor de psychologische rapportage.

Voor de zinsbouw zijn enkele tips te geven.

LENGTE VAN DE ZINNEN

Een overdaad aan korte zinnen maakt een rapportage kortademig. Een staccato schrijfstijl kan wel in een korte passage gebruikt worden maar werkt in z'n geheel de onleesbaarheid van een rapport in de hand. Bijvoorbeeld:

'De rekenvaardigheid is goed, redactiesommen en hoofdrekenen zijn op vmbo-niveau. De taalvaardigheid is eveneens op vmbo-niveau: woordenschat, spelling, zinsbouw en rapportage zijn goed. Het ruimtelijk voorstellingsvermogen...'

Beter is de afzonderlijke passages in volzinnen toe te lichten. Dit leest gemakkelijker en vermindert de kans dat passages over het hoofd gezien worden. Bijvoorbeeld:

'De rekenvaardigheid is op een vmbo-niveau. Van dhr. X kan verwacht worden dat hij geen problemen heeft met het oplossen van rekenkundige vraagstukken op dit niveau. Dit geldt voor zowel zijn vaardigheid allerlei calculaties uit te voeren als zijn vaardigheid 'uit het hoofd' globale calculaties te geven.

De taalvaardigheid is eveneens op een vmbo-niveau. Met teksten op dit niveau zal hij weinig problemen ondervinden. Zijn vaardigheid om rapporten op dit niveau te concipiëren is zeker aanwezig. Het inzicht in zinsconstructies is daartoe voldoende, de tekst die hij in het kader van het psychologisch onderzoek schreef was duidelijk en vrijwel foutloos.'

Veel lange zinnen maken een tekst onleesbaar. Wissel lange en korte zinnen af.

GEBRUIK ZO VEEL MOGELIJK ACTIEVE ZINNEN

Bij passief taalgebruik wordt de lijdende vorm gekozen: de verrichting in een zin wordt gegeven door het hulpwerkwoord 'worden' of 'zijn' in combinatie met een voltooid deelwoord te gebruiken. Dit maakt een zin passief, de nadruk ligt niet op de verrichting.
Psychologische rapportages gaan nogal eens gebukt onder dit euvel. Er is een diepgewortelde neiging bij psychologen op een weinig directe manier over een persoon te rapporteren. Veelal terecht, omdat al te grote stelligheid schadelijk kan zijn, maar in veel gevallen niet terecht, omdat het onduidelijkheid in de hand werkt.
Actief taalgebruik in een rapportage maakt dat deze meer overtuigt, leesbaarder is en de lezer prikkelt tot stellingname. Vermijd daarom passieve constructies als:

'Cliënt dient op korte termijn weer te worden opgenomen in de therapeutische groep.'

Beter is:

'Op korte termijn is plaatsing in de therapeutische groep aan de orde.'

Vervang een zin als:

'Door de cliënt wordt aangegeven nog veel last te hebben van angstgevoelens.'

Door:

'De cliënt heeft nog veel last van angstgevoelens.'

Actief taalgebruik maakt dat de rapportage een meer daadkrachtige vorm krijgt.

Alle algemene richtlijnen voor taalgebruik en rapportages gelden ook voor psychologische rapportages. Voor algemene richtlijnen over taalgebruik wordt verwezen naar de *Woordenlijst Nederlandse Taal* (2005), Renkema (2002), Nederhoed (1993), Steehouder (1992) en vele anderen.

2.12 SAMENVATTING VAN DE PSYCHOLOGISCHE RAPPORTAGE

Een psychologisch rapport wordt afgesloten met een samenvatting. De lezer van een psychologisch rapport begint met het lezen van de samenvatting. Daarom is het ook verstandig een psychologisch rapport met een samenvatting te laten beginnen. In de samenvatting wordt direct de vraagstelling beantwoord. In geval van personeelsselectie kan dit een uitspraak zijn over wel of niet geschikt zijn, in een psychodiagnostisch onderzoek een uitspraak over de kern van de problematiek in een diagnose. De samenvatting valt in veel gevallen samen met de conclusie en het advies.

Samenvattingen kunnen hun doel voorbijschieten door een rapportage op zichzelf te vormen.

Een samenvatting behoort echter geen nieuwe onderzoeksgegevens te bevatten. Alle informatie in de samenvatting is uit de rapportage af te leiden. Een samenvatting kan achterwege blijven. Veelal is het mogelijk in 'Conclusie en advies' een afgerond betoog te geven waarmee de vraagstelling wordt beantwoord.

2.13 ALLES SCHRIFTELIJK RAPPORTEREN?

Niet alle informatie is op schrift te zetten. Sommige indrukken die de psycholoog wel van belang acht, kan hij niet op een psychodiagnostische manier onder woorden brengen. Een diagnosticus krijgt bijvoorbeeld tijdens het onderzoek 'een bepaald gevoel' bij een persoon. Dit blijkt niet zozeer uit de testgegevens of waarneembaar gedrag van de betrokkene. Het zijn meer de ondefinieerbare gevoelens (intuïtie) die de persoon bij de diagnosticus oproept.

Omdat psychodiagnostiek niet over de gevoelens van de diagnosticus gaat, zit hij met de vraag óf hij het moet omschrijven, is het relevant voor de diagnostiek?

Kan een psycholoog in dergelijke gevallen gebruikmaken van een literaire omschrijving, bijvoorbeeld:

'Zij deed mij aan een passage uit Carmiggelt denken: "Haar grijs haar was samengebonden met een blauw lint en ze droeg een met kruissteekmotieven bezaaid zomergewaad, dat vroeger idealistische vrouwen onderscheidde van de massa, die zij wilde verheffen." (Simon Carmiggelt in de bundel *Slenteren*: "Carrière"). Ik kreeg het gevoel tegenover een karikatuur van goedwillendheid te zitten.'

Aan een dergelijke omschrijving kleven natuurlijk allerlei bezwaren. Het beeld wordt wellicht scherper maar is er nog sprake van psychodiagnostiek? Het risico van dergelijke bloemrijke omschrijvingen, het etaleren van vooroordelen en literaire spitsvondigheden ten koste van de cliënt is groot.

Dit dilemma in de moeilijk overdraagbare informatie is op te lossen door in de psychologische rapportage een voorstukje op te nemen over de indruk die de cliënt wekt in het gesprek. Dit kan heel zakelijk, in termen van wat er bij de onderzoeker opkwam toen hij de cliënt ontmoette. De zwakte van dergelijke passages is duidelijk. De diagnosticus geeft een psychologische uitspraak over zichzelf, of de opdrachtgever hier iets aan heeft, is de vraag.

Niet alle informatie is op schrift te zetten. De informatie waarvoor een psycholoog geen woorden kan vinden moet beschouwd worden als voorwetenschappelijk en dus niet vatbaar voor rapportage of een andere vorm van overdracht in het kader van een psychologisch onderzoek. Het is in ieder geval ongewenst om naast de schriftelijke rapportage een mondelinge-vage-indrukken-rapportage te geven.

HET BELANG VAN EEN VRAAGSTELLING | 3

3.1 WAAROM EEN VRAAGSTELLING?

Stel, een journalist reist voor zijn krant af naar een ver land. Zijn redactie geeft als opdracht mee: 'Maak een beschrijving van je reis, van de toestanden in het land en schrijf een vlot leesbaar stuk dat we direct kunnen plaatsen'. De journalist reist af en doet onderzoek. Hij schrijft een artikel over één of meer onderwerpen die hem in dat verre land opvielen. Uiteraard maakt hij een beschrijving van zaken die hem altijd al interesseerden. Het wordt een leuk, leesbaar stuk waarop de journalist terecht trots is.

De redactie die het vanzelfsprekend vond dat de journalist zou terugkomen met een verslag van de politieke intriges komt bedrogen uit. Eigen schuld van de redactie natuurlijk, de journalist had een gerichte opdracht met betrekking tot de politieke situatie moeten krijgen. Maar ook eigen schuld van de journalist, hij had bij de redactie moeten doorvragen wat voor soort verslag precies verwacht werd.

Voorgaande gaat ook op voor de psycholoog die een onderzoek start zonder zich af te vragen wat de opdrachtgever nu precies verwacht. In zo'n geval onderzoekt de psycholoog uiteraard de persoonlijkheid, rapporteert wat opvalt en zal zonder twijfel zijn specialisme in de diagnostiek op de onderzochte toepassen. De rapportage getuigt hier vervolgens van, een algemene omschrijving wordt gevolgd door een of meer details van de persoonlijkheid en de eventuele problematiek die de psycholoog aantrof. Bij de opdrachtgever zullen met de rapportage in de hand allerlei vragen opkomen die hij graag beantwoord had willen hebben.

Een vraagstelling die aan het onderzoek voorafgaat, kan dit soort situaties voorkomen. Met een vraagstelling vooraf wordt het onderzoek ingericht en de rapportage gestuurd.

Het ontbreken van een vraagstelling doet afbreuk aan het praktisch nut van een psychologisch onderzoek. Dit kan er namelijk toe leiden dat achteraf vragen rijzen over de rapportage, en dan is het feitelijke onderzoek al afgerond.

Stel dat een psychiater wat meer wil weten over de intelligentie van een te behandelen persoon. Maar hij specificeert dit niet verder en vraagt de psycholoog slechts om een intelligentieonderzoek. De psychiater kan dan bijvoorbeeld de volgende rapportage met betrekking tot intelligentie verwachten.

'Het intelligentieniveau van de cliënt is, zoals gemeten met de WAIS, in z'n totaliteit 110. Dat is ongeveer op het gemiddelde van personen met een havo-opleiding. Verbaal is hij sterker dan in non-verbale taken. In het persoonlijkheidsbeeld tijdens het maken van de intelligentietest zijn geen opvallende zaken gevonden die een psychiatrische behandeling in de weg zouden kunnen staan.'

De psycholoog verkeerde blijkbaar in de veronderstelling dat de psychiater iets over de intelligentie wilde weten in verband met een gebruikelijke psychiatrische behandeling. Geen onlogische gedachte. De psychiater wilde echter weten of de intellectuele capaciteiten voldoende zijn om de betrokken patiënt mee te laten draaien met een proef waarin een aantal academici een bepaalde groepstherapie gaat volgen. Een algemene uitspraak van de intellectuele capaciteiten zal dan weinig opheldering verschaffen.

De psychiater neemt in het gunstigste geval contact op met de psycholoog om deze vragen alsnog te stellen, in een ongunstig (maar wel waarschijnlijk) geval probeert hij uit de rapportage zelf de antwoorden op zijn vragen te vinden. Dit is voor de psycholoog onwenselijk, omdat dan zijn onderzoeksgegevens andere vragen beantwoorden dan hij in zijn onderzoek heeft meegenomen. De psycholoog verliest het zicht op het gebruik van zijn onderzoeksresultaten.

Indien er een gerichte vraag lag, waaruit het doel van de intelligentiemeting duidelijk bleek, dan zou de psycholoog zijn onderzoek en rapportage hierop kunnen richten.

Een vraagstelling is onontbeerlijk voor een goed gebruik van het psychologisch onderzoek. Het vergroot de bruikbaarheid van het onderzoek en de psycholoog krijgt zicht op het gebruik van de resultaten van zijn onderzoek. Voordat een onderzoek start, moet de psycholoog een goed beeld hebben van het proces waarin het onderzoek, en dus het rapport, een plaats heeft. De vraagstelling van het onderzoek is ingebed in het proces. Een vraagstelling is voor een psycholoog ook een hulpmiddel om zijn onderzoek en rapportage in te richten.

In dit hoofdstuk komt de wijze van formuleren van een vraagstelling en de inrichting van het psychologisch onderzoek aan de orde.

3.2 HERKENNEN EN ACCEPTEREN VAN EEN VRAAGSTELLING

Voordat een psychologisch onderzoek start:
1 zal er iemand moeten zijn die de noodzaak van en de mogelijkheid tot een psychologisch onderzoek inziet (herkennen van een vraagstelling voor onderzoek); en vervolgens
2 zal de psycholoog de vraagstelling moeten accepteren (bevestigen).

Beide factoren zijn niet vanzelfsprekend.

Een psychologisch onderzoek begint met de herkenning van een vraag voor een psycholoog, door een niet-psycholoog (of een psycholoog van een andere discipline). Deze potentiële opdrachtgever vraagt zich op zeker moment af of een psychologisch onderzoek kan bijdragen aan de oplossing van zijn probleem. Het is echter niet algemeen bekend wanneer en waarom een psycholoog kan worden ingeschakeld. De herkenning blijft dan ook wel eens uit in situaties waar de psycholoog beslist een bijdrage kan leveren. Het niet-herkennen is een drempel voor het binnenhalen van opdrachten.

Een goede profilering van de psycholoog is een voorwaarde om deze herkenning te laten plaatsvinden. Duidelijk moet zijn wat de psycholoog kan, en wat hij doet. Hoe meer potentiële opdrachtgevers kennis hebben van de mogelijkheden van de psychologie, hoe groter de kans dat de psycholoog van de partij is bij het oplossen van problemen. Daarmee is de herkenning van een vraagstelling door opdrachtgevers ook een zaak voor de belangenbehartigers van de toegepaste psychologie.

Maar wat moet de potentiële opdrachtgever dan herkennen? Het voert in dit kader te ver om hierop uitgebreid in te gaan, maar zeker is dat de psychologen bij de opdrachtgever niet te veel eisen vooraf stellen. Als een opdrachtgever denkt dat de psycholoog met behulp van een horoscoop zijn uitspraken doet, kan de psycholoog de opdrachtgever altijd nog goed informeren. Maar dan het liefst wanneer deze over de drempel is. Het herkennen van de vraag heeft vooral als functie dat de potentiële opdrachtgever contact opneemt met de psycholoog. In de stadia die volgen kan bepaald worden of de psycholoog ook werkelijk iets kan bijdragen aan de oplossing van een probleem. Die stadia behandelen we hierna.

De mate waarin de niet-psycholoog meent dat psychologische diagnostiek van waarde is, is bepalend voor het aantal vraagstellingen (opdrachten) dat wordt voorgelegd.

Een voorbeeld

Dhr. J. (38) loopt al enige tijd mee in het bedrijf. Hoewel hij geen echte progressie heeft gemaakt in z'n loopbaan, hoort hij toch tot de gewaardeerde medewerkers. Zijn taak bestaat onder meer uit het doen van allerlei klusjes en het verzorgen van de post. Plotseling gaat hij fouten maken. Post wordt intern verkeerd bezorgd en klussen worden in de verkeerde volgorde gedaan (het duurt meer dan een dag voordat iemand ingeschakeld wordt om een buitenraam te vervangen). J. snapt het zelf ook niet en blijft enkele dagen thuis. Overspannen, zegt hij. De arbodienst wordt ingeschakeld, medisch is er niets aan de hand. De arts vermoedt dat relatieproblematiek een rol speelt. J. geeft geen details over deze situatie, omdat dit niets te maken zou hebben met zijn overspannenheid. J. komt na drie weken weer terug, maar hij heeft er nog maar weinig zin in. Alles gebeurt wel, maar niet met de accuratesse en het plezier

van voorheen. J. wordt zwijgzaam en het bedrijf krijgt genoeg van zijn
nukkigheid. Er ontstaat wrijving en J. blijft thuis, nu voor langere tijd. Het
bedrijf zal proberen J. naar elders over te plaatsen, indien hij niet meer op
de oude manier aan de slag gaat. De arbodienst twijfelt of er sprake is van
ziekte. Er gaan drie maanden voorbij.

In het voorbeeld kan het zo aflopen dat J. ontslagen wordt (afhankelijk van het feit
of er sprake is van psychische ziekte). Voor J. is dit een ramp en voor het bedrijf
is dit onplezierig. Ergens in de loop van de gebeurtenissen zou de suggestie gedaan
moeten worden een psycholoog in te schakelen. De opdrachtgever moet de vraagstelling voor de psycholoog dan wel herkennen. Dit betekent niet dat in dit stadium
het onderwerp van onderzoek al duidelijk is. Het is voldoende als de verwachting
van het psychologisch onderzoek is dat het wat meer licht in de zaak brengt.

Dit eerste stadium van het formuleren van de vraagstelling noemen we de 'primaire vraagstelling' (zie ook paragraaf 3.3). Het betreft de aanleiding tot het inschakelen van een externe deskundige, de psycholoog.

3.2.2 ACCEPTATIE VAN EEN VRAAGSTELLING DOOR DE PSYCHOLOOG

Voordat de psycholoog aan een onderzoek begint, is het zijn taak een duidelijk beeld
te verkrijgen van de herkomst, de achtergrond en het doel van de vraagstelling. Vragen die in dit stadium aan de orde komen, zijn bijvoorbeeld: 'Hoort de vraag wel bij
een psycholoog thuis?' en 'Kan hij de vraagstelling die de opdrachtgever formuleert
wel accepteren en behandelen?'

En wanneer de eerste stappen gezet zijn, komt het tot verduidelijking van de
vraagstelling: 'Is het beantwoorden van de vraag nuttig?' en 'Kunnen we wat met
een antwoord op de vraag?'

De acceptatie van een vraagstelling door de psycholoog hangt van ten minste
de volgende vier zaken af: de kennis van de psycholoog (en de psychologie); de onderzoekbaarheid van de vraagstelling; het nut van de vraagstelling; het tijdstip dat
het onderzoek wordt aangevraagd.

– De vraagstelling doet een beroep op psychologische kennis.
  Een psycholoog kan een vraagstelling alleen beantwoorden als deze behoort tot
  de competentie van de psycholoog. Er zijn ook vraagstellingen die geen enkele
  psycholoog kan beantwoorden maar waar de psycholoog wel een mening over
  kan hebben. Dat kan, maar dit oordeel is vaak niet veel meer waard dan het
  oordeel van welke andere beoordelaar ook.
  Een psycholoog kan gevraagd worden: 'Waar zal deze kandidaat zich over
  vijf jaar in onze organisatie bevinden?' 'Wat is psychologisch de meest diepgra-
  vende roman?', 'Kunt u op grond van deze sollicitatiebrief een psychologische
  rapportage geven?', 'Nu u mijn verhaal hebt gehoord, wat is nu precies de psychopathologie van mijn partner?' 'Wilt u een groep samenstellen die binnen
  vier jaar de markt voor schroevendraaiers verovert?' De mening van de psycho-

loog over dit alles heeft weinig met psychologie als wetenschap te maken. Voor zover een dergelijk oordeel wordt gevraagd, zou de psycholoog er duidelijk bij moeten vermelden dat het zijn persoonlijke, 'niet-psychologische' mening is. De psycholoog is geen waarzegger, hij beperkt zijn psychologische uitspraken tot wat hij aannemelijk kan maken met ondersteunend onderzoeksmateriaal.

– De te formuleren vraag moet onderzoekbaar zijn.
Er zijn vragen waarop de psychologie geen antwoord heeft en er zijn vragen waarop een psycholoog geen antwoord heeft. Afhankelijk van de kwaliteitseisen die gesteld worden op het gebied van de diagnostische psychologie, zijn heel weinig dan wel heel veel vragen onderzoekbaar voor een individuele psycholoog.

Vragen die op gespannen voet staan met de (psychodiagnostische) onderzoekbaarheid zijn bijvoorbeeld vragen over de psychische constellatie van een cliënt in het verleden, vragen over potentiële criminaliteit, maar ook een vraag over 'toerekeningsvatbaarheid'. Deze vragen worden echter wel gesteld.

Over wat wel of niet onderzoekbaar is, verschillen psychologen van mening. Veel psychologen vinden de genoemde voorbeelden moeilijk onderzoekbaar. Toch accepteren ze deze regelmatig als onderzoeksvragen.

Over de te onderzoeken vragen zal gepubliceerde research moeten zijn om geldige uitspraken te doen. Maar ook de vraag zelf zou eenduidig en duidelijk moeten zijn. Dat is in genoemde gevallen discutabel. Aan 'toerekeningsvatbaarheid' kan een fundamentele discussie over de wilsvrijheid gekoppeld worden, en aan potentiële criminaliteit een discussie over de consequentie van valse positieven (ten onrechte een kenmerk of eigenschap toewijzen). In het laatste geval wordt iemand bijvoorbeeld als crimineel neergezet terwijl hij dat nooit zal worden.

De vraag of een bepaalde vraagstelling onderzoekbaar is, heeft buiten de algemene wetenschappelijke discussie in de praktijk overigens weinig zin. Een vraagstelling is onderzoekbaar wanneer deze tot de competentie van de individuele psycholoog behoort. Een onderzoek wordt immers door een individuele psycholoog verricht.

Een duidelijke vraagstelling als: 'Welke therapie is het meest geschikt in dit geval' is alleen onderzoekbaar voor psychologen die voldoende competent zijn om een dergelijke vraagstelling te beantwoorden. Voor de doorsnee selectiepsycholoog is deze vraag niet goed te beantwoorden. Een psycholoog moet steeds voor zichzelf de beslissing nemen of hij de vraag met de hem ter beschikking staande psychologische onderzoeksmethodieken kan accepteren. Zo handelt hij ook overeenkomstig de beroepscode van het NIP.

– Het nut van de beantwoording van de vraagstelling voor de opdrachtgever.
Kan de opdrachtgever wat met het antwoord van de psycholoog? Het formuleren van een vraagstelling waarvan het antwoord voor de opdrachtgever geen nut heeft of waarmee hij verder niets kan, heeft geen zin.

Een opdrachtgever stelt bijvoorbeeld de vraag in hoeverre bij een sollicitant met een handicap, de handicap van invloed is op het sociale gedrag van de cliënt. Dit is geen goede vraag. Doorslaggevend voor de geschiktheid is de vraag of het sociale gedrag adequaat is voor de gegeven functie. Of de oorzaak te zoeken is in een problematische jeugd dan wel een handicap doet niet ter zake bij een geschiktheidsvraag.

Er zijn opdrachtgevers die 'van alles en nog wat' bij cliënten willen laten onderzoeken. Een psycholoog moet een gestelde vraag altijd kritisch bekijken.

Een briesende werkgever die wil dat zijn hele personeelsbestand psychologisch wordt doorgelicht omdat samenwerking met de leiding, in casu hemzelf, onmogelijk is, moet wellicht te horen krijgen dat één psychologisch onderzoek voldoende is.

Er zijn vragen aan psychologen die op zichzelf niet zinnig zijn, omdat het proces doodloopt waarvan het onderzoek deel uitmaakt. Persoonlijkheidsonderzoek van niet goed functionerende werknemers bijvoorbeeld. De werkgever legt in dat geval het probleem bij de psycholoog. Wanneer niet is nagedacht over een mogelijk vervolg, is het de vraag of inschakeling van een psycholoog nut heeft. Als het gevolg is (bij slecht functioneren) dat op de oude voet wordt doorgewerkt of dat er ontslag volgt, heeft een persoonlijkheidsonderzoek weinig zin. Een beslissing over al dan niet ontslaan of op dezelfde voet doorwerken kan de werkgever immers zelf nemen. In een dergelijke situatie heeft onderzoek pas nut als er een alternatief is, bijvoorbeeld scholing, overplaatsing of outplacement. Als dit alternatief er niet is, zou de psycholoog zich moeten afvragen of het onderzoek wel moet plaatsvinden.

Zo heeft een beroepskeuzeadvies bij iemand die al vastbesloten is een bepaalde opleiding te gaan volgen alleen toegevoegde waarde als dit geen keuzevraag is. Die is immers al beantwoord. Een open vraag naar de mogelijkheden is een gepasseerd station, een geschiktheidsvraag heeft wellicht nog wel zin.

Vaak betreft het hier een kritische blik op het proces waarin het psychologisch onderzoek plaatsvindt. Wat is de aanleiding, wat wil de opdrachtgever met de resultaten. De psycholoog zou dan ook moeten nadenken over het nut, de toegevoegde waarde van het onderzoek.

Het ontbreekt de psycholoog in dergelijke gevallen wel eens aan de moed 'nee' te zeggen. Wellicht heeft dat ook te maken met het vermeende gevaar van betutteling van opdrachtgevers. Of met het gevaar een opdrachtgever te verliezen. Een opdrachtgever zal echter dankbaarder zijn voor een afwijzing van een onderzoeksopdracht die tot niets zal leiden dan dat hij een rapportage krijgt waarmee hij verder niets kan. Een goede psycholoog weigert soms een opdracht, omdat deze in zijn ogen niets aan het lopende proces bijdraagt.

– Vóór aanvang van het onderzoek staat de vraagstelling vast.
Het is gebruikelijk een standaard 'brede band'-onderzoek te doen om achteraf met een vraagstelling in de hand te proberen een rapportage samen te stellen.

Een variant hierop is met een bepaalde vraagstelling een onderzoek aan te vangen, maar bij de rapportage tot de conclusie te komen dat de beantwoording van een andere vraagstelling meer in de rede ligt. Probleem bij dergelijke werkwijzen is dat geen onderzoek is gedaan gericht op de later opgeworpen vraagstelling.

Het achteraf formuleren van de vraagstelling werkt twee fouten in de hand:
1 De conclusie is gebaseerd op materiaal dat voor een andere vraagstelling is verzameld.
2 De uitspraken in het rapport zijn ongevraagd (de nieuwe vraagstelling was immers geen opdracht).

Behalve deze inhoudelijke bezwaren is er het praktische bezwaar dat deze procedure te veel testafnames vergt. Dit is duur en kan tot vervelende situaties leiden.

Voorbeeld:

Dhr. B. werd een goede functie aangeboden, maar voordat er sprake kon zijn van een aanstelling werd een psychologisch onderzoek gedaan. De psycholoog deed een routine (brede band) geschiktheidsonderzoek waarin ook enkele psychodiagnostische persoonlijkheidsvragenlijsten zaten. Uit de vragenlijsten blijkt dat er sprake kan zijn van een psychopathologie. De pathologie is intrigerend en aan de hand van het materiaal dat de psycholoog heeft verzameld, beantwoordt de psycholoog de door hemzelf opgeworpen vraagstelling welk soort vervolgonderzoek en welke behandeling het meest aangewezen zijn. Deze gegevens verwerkt hij in de rapportage. De sollicitant wordt uitgenodigd voor de nabespreking, schrikt en vindt het niet goed (uiteraard) dat de rapportage naar de opdrachtgever gaat.

Het is overigens niet noodzakelijk, noch verstandig het opstellen en beantwoorden van vragen uit te sluiten, nadat het onderzoek is verricht. Een aanvullende vraag van de opdrachtgever kan in veel gevallen met het verzamelde materiaal worden beantwoord. De psycholoog moet dit zeker doen. Vele psychologische vragenlijsten hebben immers meer schalen waarin persoonlijkheidseigenschappen in kaart worden gebracht die niets te maken hebben met de oorspronkelijke doelstelling van het onderzoek.

Zodra er sprake is van meer ingrijpende vragen, bijvoorbeeld de geschiktheid voor een andere functie, zal in de regel een heronderzoek dienen plaats te vinden.

3.3 STADIA VAN VRAAGSTELLINGEN

In het voorgaande werd gesproken van 'de' vraagstelling. Er zijn echter verschillende stadia te doorlopen voordat het psychologisch onderzoek aanvangt. De vraagstelling verandert daarbij steeds weer van vorm. Er zijn drie stadia te onderscheiden.

In het eerste stadium heeft de opdrachtgever slechts een vaag omlijnd idee waarvoor hij een psycholoog inschakelt. Dit is de primaire vraagstelling naar aanleiding van de herkenning door de opdrachtgever zoals die in de vorige paragraaf werd beschreven.

In het volgende stadium bespreekt de opdrachtgever zijn probleem met de psycholoog, wat resulteert in de opdrachtvraagstelling.

Ten slotte zet de psycholoog een onderzoek op, waarbij hij de opdrachtvraagstelling vertaalt naar een onderzoeksvraagstelling.

De verschillende stadia van de vraagstellingen hebben alles te maken met de betrokkenheid van twee actoren: de psycholoog en de opdrachtgever. Ze hebben ook te maken met het inbouwen van het psychologisch onderzoek in een lopend proces.

In het begin ligt het initiatief bij de opdrachtgever (de plaats van de cliënt als derde actor wordt hierna in paragraaf 3.7 besproken), de opdrachtgever herkent een vraagstelling voor de psycholoog en schakelt deze in. In de volgende stap wordt gezamenlijk afgesproken wat 'het product' (de rapportspecificatie) zal zijn en vervolgens is de psycholoog verantwoordelijk voor de wijze waarop dit product tot stand komt.

Opdrachtgever	Opdrachtgever en psycholoog	Psycholoog
Herkenning:	Opdracht bevestiging:	Inrichting Onderzoek:
Primaire vraagstelling	Opdrachtvraagstelling	Onderzoeksvraagstelling

Een primaire vraagstelling laat allerlei mogelijke onderzoeksvraagstellingen open. Het overleg tussen opdrachtgever en psycholoog transformeert de primaire vraagstelling tot een opdrachtvraagstelling. De opdrachtbevestiging (waarin de opdrachtvraagstelling wordt geformuleerd) geeft duidelijk aan wat de opdrachtgever kan verwachten van het onderzoek. De psycholoog zet de opdrachtvraagstelling voor zijn onderzoek weer om in een onderzoeksvraagstelling.

3.3.1 PRIMAIRE VRAAGSTELLING

De herkenning dat er sprake is van een vraag voor de psycholoog betekent niet dat er een vraagstelling is waarbij beide partijen duidelijk van elkaar weten wat van het psychologisch onderzoek mag worden verwacht. De herkenning betekent slechts dat de potentiële opdrachtgever een primaire vraagstelling heeft. Een vraag die bij hem opkwam en waarvan hij denkt dat een psycholoog hem dichter bij de oplossing brengt.

De opdrachtgever formuleert de primaire vraagstelling. Aan deze formulering zijn geen eisen te stellen in termen van duidelijkheid, zakelijkheid of wetenschappelijkheid. De primaire vraagstelling kan zelfs onzin zijn, maar kan in overleg met de psycholoog wel leiden tot een zinnige opdrachtvraagstelling.

De volgende primaire vragen kunnen zonder verdere uitleg tot een misverstand lei-
den:
- 'Is deze kandidaat geschikt voor de functie?'
- 'Wanneer wordt het deze patiënt te veel?'
- 'Is deze leerling geschikt voor havo?'
- 'Kunnen deze twee patiënten met elkaar op één kamer?'
- 'Ik zit niet lekker in m'n vel en ik wil er wat aan doen.'
- 'Met deze cliënt kom ik geen stap verder, wat is er aan de hand?'
- 'Deze man werkt hier al zes jaar, maar is zonder aanleiding gaan disfunctione-
  ren.'

Accepteert de psycholoog de primaire vraag als uitgangspunt van het onderzoek
dan kan het antwoord iets anders zijn dan het antwoord waar de opdrachtgever wat
aan heeft. Om de primaire vraagstelling te vertalen in een vraagstelling waarin beide
partijen zich kunnen vinden zal overleg moeten plaatsvinden met de opdrachtgever;
een overleg dat leidt tot een opdrachtvraagstelling.

De primaire vraagstelling is in de praktijk niet voorbehouden aan de opdrachtgever. Ook een psycholoog kan in de beginfase van een onderzoek zelf een primaire
vraagstelling opwerpen. Hoewel het een in de psychologische adviespraktijk veel-
gebruikt model is, is dit zeker niet het meest wenselijke; het kan leiden tot allerlei
misverstanden.

Voorbeeld:

Gedetineerde, dhr. A. sluit zich volledig af voor z'n lotgenoten. Hij neemt
geen deel aan gesprekken en zoekt geen contact. Hij is niet coöperatief,
maar ook niet echt lastig. De begeleiding vindt het beter dat dhr. A., meer
dan tot dan toe het geval is, bij enkele gemeenschappelijke sessies wordt
betrokken en vraagt om een psychologisch onderzoek. De primaire vraag
aan de psycholoog luidt: 'Onderzoek deze gedetineerde, waarom trekt
deze man zich terug uit het sociale verkeer?'

De psycholoog neemt kennis van de primaire vraagstelling. Hij zou aan de hand
van een schets van de problematiek zelf allerlei vragen kunnen opwerpen zonder de
opdrachtgever daarin verder te betrekken.

Voorbeeld:

'Wat is de persoonlijkheidsstructuur?'

'Welke blokkades zijn er ten aanzien van groepssessies?'

'Hoe kunnen we de cliënt reactiveren?'

De behandeling van deze vragen (of het primaire, opdracht- dan wel onderzoeks-vragen zijn, laten we hier in het midden) geeft inzicht, maar sluit het onderzoek dat daarop volgt ook aan bij de problematiek waarmee de opdrachtgever zit?

De psycholoog zou zich moeten afvragen waarom deze persoon verwezen wordt en wat de opdrachtgever van het psychologisch onderzoek verwacht. 'Heeft de begeleiding er erg veel last van dat hij zich onttrekt aan het programma?' 'Is de begeleiding bang voor (de ontwikkeling van) een psychopathologie?' 'Heeft de begeleiding bepaalde plannen die nu niet uitgevoerd kunnen worden?'

Gezien het aantal mogelijkheden van vraagstelling doet de psycholoog er altijd goed aan gezamenlijk met de opdrachtgever vanuit de primaire vraagstelling een opdrachtvraagstelling te formuleren. Dit voorkomt misverstanden.

3.3.2 OPDRACHTVRAAGSTELLING

Tussen de primaire vraagstelling en de onderzoeksvraagstelling hebben opdrachtgever en psycholoog overleg over het uit te voeren onderzoek. Voordat er sprake is van een opdrachtvraagstelling vraagt de psycholoog zijn opdrachtgever waarom die een psychologisch onderzoek wil en wat deze van het onderzoek verwacht.

Vooral nieuwe opdrachtgevers die weinig contact hebben met psychologen voelen zich wel eens ongemakkelijk als de psycholoog vragen stelt over de achtergronden van de primaire onderzoeksaanvraag. Een adviseur schakel je immers in om een probleem op te lossen en niet om een probleem op te werpen. Ook is de kans aanwezig dat ze zich onderwerp van onderzoek voelen. Vragen over de reden van inschakeling van de psycholoog kunnen tot de reactie leiden: 'Waarom doet de psycholoog niet direct zijn onderzoek? We doen wel een bespreking na het onderzoek over het geval, dan weten we meer.'

Wanneer de psycholoog hieraan zou toegeven, mist hij zijn kans op een goede inrichting van het onderzoek. Daarna is er veelal geen mogelijkheid meer de onbeantwoorde vragen te behandelen.

Een bespreking met de opdrachtgever waarin de primaire vraagstelling vertaald wordt in een opdrachtvraagstelling is een goede investering. Een psychologisch onderzoek vereist ook van de opdrachtgever een inspanning. Een gerichte vraagstelling die het probleem van de opdrachtgever aanpakt, verhoogt de kwaliteit van de psychologische rapportage. De opdrachtgever is dus direct gebaat bij een goede opdrachtvraagstelling.

Dit alles betekent niet dat de opdrachtvraagstelling allesbepalend is voor de inhoud en het doel van de rapportage. Het is onverstandig een psychologisch onderzoek 'dicht te regelen'. In sommige gevallen is het nuttiger dat opdrachtgever en psycholoog afspreken dat de onderzoeksvraagstelling en daarmee de rapportage nog enigszins open zal zijn.

Ook is het mogelijk delen van de opdrachtvraagstelling buiten de rapportage te houden. In een selectieadvies kan op deze manier standaard een interessetest ingezet worden. Er wordt niet over gerapporteerd, het speelt geen rol in de beslissing, maar het is wel handig bij de nabespreking van klanten die afgewezen worden voor de functie.

Bij de vaststelling van de opdrachtvraagstelling is een tweedeling te maken. Een gerichte vraagstelling waarbij van tevoren wordt vastgesteld welke onderwerpen in de rapportage in ieder geval aan de orde zullen komen en een open vraagstelling waarbij dit niet het geval is, zoals een agendapunt in een vergadering: 'wat verder ter tafel komt'. Zo kan ook recht gedaan worden aan bijzondere omstandigheden van de onderzochte.

In de loop van het onderzoek, veelal naar inzicht van de psycholoog, kan een gedeelte van het onderzoek zich richten op een bepaald thema of aspect. Dit gebeurt eventueel met tussentijds overleg, indien mocht blijken dat het onderzoek een heel andere uitkomst kan opleveren of in een andere kostencategorie gaat vallen.

Voorbeeld:

Dhr. W. wordt door de rechtbank doorverwezen naar de psycholoog voor nader onderzoek. Hij heeft met een hamer 's ochtends om vijf uur zo'n dertig autoruiten ingeslagen. Dit is niet zijn eerste vergrijp van deze soort. Eerder vernielde hij bushokjes, fietsen, winkelruiten. Er was geen sprake van alcohol- of drugsgebruik.

In het voorbeeld is de primaire vraag: 'Wat is er met deze persoon aan de hand?' Vervolgens is de opdracht te bezien of de verdachte baat heeft bij een bepaalde therapie, en zo ja, welke. De rechter wil laten ingrijpen, zodat de kans op herhaling kleiner wordt. Deze open opdracht neemt de psycholoog impliciet mee.

Een volledig 'vrije onderzoeksopdracht', waarbij de fase van de opdrachtvraagstelling wordt overgeslagen, komt in een zuivere vorm overigens nauwelijks voor. Indien er geen expliciete vraagstelling is, is er altijd wel een impliciete. Een psycholoog houdt, als ieder ander, altijd rekening met de situatie waarin hij werkt en geeft bijvoorbeeld geen beroepskeuzeadvies in voornoemd geval.

3.3.3 ONDERZOEKSVRAAGSTELLING

De onderzoeksvraagstelling geeft een kader voor het psychologisch onderzoek. De onderzoeksvraagstelling geeft gedetailleerd weer wat onderzocht wordt en kan het karakter hebben van een onderzoekshypothese. De onderzoeksvraagstelling kan ook in de rapportage worden opgenomen. Hoewel dit gekunsteld kan overkomen, geeft het wel een blik in de keuken van de psycholoog en is dit voor intercollegiale rapportages wellicht aan te raden.

Voorbeeld:

Een calculator houdt zich bezig met het doorrekenen van de productie-kosten van magazijnstellages. Hij werkt in een klein team wat veel zelf-werkzaamheid vergt. Het rekenwerk vereist een goed gevoel voor organisatie en rekenvaardigheid. De sociale contacten in de functie vereisen een (beperkte) extraversie en een grote stressbestendigheid.

De kandidaat voor de functie van calculator dient op de diverse reken-vaardigheidstests en organisatieopgaven niet lager dan het 7e deciel van de normgroep te scoren. In de assessment dient behalve op de vakinhou-delijke kwaliteit gelet te worden op storende, werkonderbrekende, sociale contacten met collega's. Bij de stressopgaven moeten belangrijk minder fouten (< 8) dan gemiddeld voor de normgroep gemaakt worden.

De onderzoeksvraagstelling is geen onderwerp van rapportage voor de opdracht-gever, maar is wel onderdeel van het psychologisch dossier (NIP, 2004, p 11). De informatiewaarde in een rapport van een technische uiteenzetting van normscores, cut-off scores, meetfouten en verwachtingstabellen is gering. De informatie is ook niet nodig voor de opdrachtgever. Dit is anders wanneer de rapportage gericht is op collega-psychologen. Dan zijn de onderzoeksvraagstelling en de ruwe scores op tests van belang.

De onderzoeksvraagstelling is de kern van het psychologisch onderzoek. De psycholoog stelt hier vast wat onderwerp van onderzoek is en hoe hij het onder-zoek inricht. Dit vereist een vooronderzoek. De formulering van de onderzoeks-vraagstelling naar aanleiding van het vooronderzoek is onderwerp van de volgende paragraaf.

3.4 VOORONDERZOEK OM TOT EEN ONDERZOEKSVRAAGSTELLING TE KOMEN

Het kan wenselijk zijn om vóór het formuleren van de onderzoeksvraagstelling nog een vooronderzoek in het psychologisch onderzoek in te bouwen. Het uitvoeren van een dergelijk vooronderzoek is vooral van belang bij de keuze van te gebruiken psychologische tests en de te gebruiken diagnostische interviewmethoden.

Dit vooronderzoek kan op verschillende manieren geschieden: door de cliënt een intakeformulier te laten invullen, door een screeningtestserie af te nemen of door een persoonlijk interview.

Het vooronderzoek is een extra controle op de juistheid van de opdrachtvraag-stelling. Indien uit het vooronderzoek blijkt dat de opdrachtvraagstelling niet zin-nig is, kan dit teruggekoppeld worden naar de opdrachtgever. De resultaten van het vooronderzoek kunnen verwerkt worden in de paragraaf 'vraagstelling' van het psychologisch rapport.

Aan veel psychologisch onderzoek gaat het invullen van een (intake)formulier voor-af. De voordelen van dergelijke formulieren zijn groot. Alle informatie die de cliënt zelf kan geven, krijgt de psycholoog op een ordelijke wijze gepresenteerd. In de intake hoeft de psycholoog niet meer te vragen naar (de spelling van) naam, adres, opleiding enzovoort, maar kan zich direct richten op het doorvragen op de gegevens die relevant zijn voor een verder onderzoek en de keuze van de testbatterij. Op grond van een dergelijk ingevuld formulier kan een onderzoeksvraagstelling geformuleerd worden.

Voorbeeld:

Anamnesegegevens:

Cliënt, 28 jaar, door uitvoerder sociale verzekering aangemeld voor een geschiktheidsonderzoek voor een lichtere functie.

Opleiding

Basisschool: 1982-1989
Lts bouw: 1989-1993 diploma
Leerlingstelsel: twee jaar, geen diploma
Cursus bouwkundig tekenen, 1997, geen diploma

Arbeidsverleden

Leerling timmerman,1993-1996
Ziek en WW, 1996-1998
Onderhoudstimmerman, 1998-2005
Ziek dec. 2005-juni 2006 (uitval door rugklachten)

Medische behandeling

Onder behandeling van Riagg, relatieproblematiek

Hobby's

Zendamateur, knutselen aan radio's, tv's en zenders

Op basis van voorgaande informatie uit het formulier ligt het voor de hand te den-ken aan een lichtere functie in verband met de rugklachten, bijvoorbeeld in de sfeer van onderhoud en reparatie van bijvoorbeeld tv's. Gezien de opleiding die daarvoor noodzakelijk is, kunnen er allerlei twijfels bestaan. De lts werd doorlopen, maar daarna werden er geen diploma's meer behaald en is er sprake van een behandeling bij het Riagg. Hier zouden belemmerende factoren aanwezig kunnen zijn voor een verdere loopbaanbegeleiding, hetgeen nader onderzocht zou moeten worden. Het loopbaanadvies kan pas worden gegeven als hierop meer zicht verkregen is.

De opdrachtvraagstelling voor het onderzoek zou (na overleg) kunnen luiden:

'Voor welke lichte functies komt cliënt in aanmerking? Wat is het intellectueel niveau van de cliënt in verband met te volgen opleidingen en is de relatieproblematiek een belemmering om opleidingen te volgen dan wel functies te aanvaarden?'

Dergelijke formulieren zijn in de regel veel uitgebreider dan het voorgaande. De te onderzoeken cliënt wordt dan thuis al aan het werk gezet. Ook de opdrachtgever kan met een dergelijk uitgebreid formulier benaderd worden. De discipline van cliënten om dergelijke formulieren uitgebreid in te vullen wisselt echter met hun belang bij het onderzoek. Voor opdrachtgevers geldt dat de informatie vaak al op een andere manier aanwezig is en deze beter opgevraagd kan worden. Formulieren invullen is ook bij hen geen populaire activiteit. Er is dan ook veel voor te zeggen om eventuele intakeformulieren zo bondig mogelijk te houden.

SCREENINGTESTBATTERIJ

Een andere vorm van vooronderzoek is het gebruik van een screeningtestbatterij waarin enkele variabelen aan de orde komen die altijd van belang zullen zijn bij een bepaald soort vraagstelling. 'Screening' (doorlichting) wordt hier in de betekenis van Roe (1983, p. 304) gebruikt als 'voorselectie'. Screening gebeurt met een compacte testbatterij, waarmee informatie wordt verzameld die voor de gegeven soort vraagstelling altijd relevant zal zijn; bijvoorbeeld een beroepeninteressetest en een algemene intelligentietest bij een beroepskeuzeonderzoek. Bij psychodiagnostisch onderzoek kunnen dat een neuroticisme vragenlijst en een vragenlijst voor het herkennen van psychopathologie zijn.

Een voorbeeld is de MoRiNi-procedure (Kooreman, 1996b). Bij de MoRiNi wordt een score verkregen voor een aspect van de motivatie (Mo), verder een score voor de richting (Ri) van de beroepeninteresse en het geschatte intellectueel niveau (Ni). Met deze basisgegevens worden beslissingen genomen voor vervolghandelingen of een eventueel vervolg op het psychologisch onderzoek. Ook kunnen meer variabelen in een dergelijke screening betrokken worden.

Voorbeeld met een 'MoRiNi-achtige' testserie

Cliënt, vrouw, 29 jaar, mavo-4-diploma, kappersopleiding (3 jaar)

Vraagstelling: Beroepskeuze

Afgenomen tests:

Korte Interesse Test (KIT)

Dieren en planten:	hoog
Techniek:	gemiddeld
Processen:	gemiddeld
Creatief:	laag
Mensen:	zeer hoog
Handel:	gemiddeld
Administratie:	laag
Verkorte GIT IQ:	112
Delftse Vragenlijst:	deciel 4

De vraagstelling voor het vervolgonderzoek kan luiden:

'Mevrouw blijkt veel belangstelling te hebben voor verzorgende werk-zaamheden, zowel van mensen als van planten en dieren. Intellectueel moet ze in staat worden geacht een opleiding in een van deze richtingen op mbo-niveau te volgen. Deze richtingen met haar bespreken en vervolgens gerichter onderzoek doen naar geschiktheid voor een van deze mogelijkheden.'

Intakeformulier en screening kunnen uiteraard gecombineerd worden voor het opstellen van de onderzoeksvraagstelling.

INTAKE-INTERVIEW

De meest gebruikelijke wijze van vooronderzoek is een voorbespreking, het intake-interview, met de te onderzoeken cliënt. Dit gesprek kan gecombineerd worden met een formulier of een screening, maar staat dikwijls op zichzelf.

Het interview kan de vorm hebben van het doorspreken van het formulier, een open gesprek over de aanleiding tot het onderzoek (de primaire en opdrachtvraagstelling). Het doel van het onderzoek en de opbouw van de testdag worden in ieder geval doorgenomen. Maar het gesprek dient vooral ter controle op de vaststelling van de opdrachtvraagstelling, de reeds opgeworpen onderzoeksvraagstelling (en daarmee de testserie) en de verdere wijze van onderzoek.

Voorbeeld:

Dhr. K. wordt aangemeld door een chirurg. Hij is tweemaal geopereerd, de aantoonbare afwijkingen zijn verholpen, maar K. blijft klachten houden. Alvorens verder medisch onderzoek te doen wil de chirurg een oordeel van de psycholoog. Hij vermoedt dat psychische factoren een rol spelen. Voor de chirurg is de primaire vraagstelling: opereren of niet.

De opdrachtvraagstelling wordt: In hoeverre is te verwachten dat door de psychische constellatie van de cliënt de klachten na een operatie blijven voortbestaan?

De psycholoog spreekt met K. Hij begint met een uitgebreide anamnese. In de anamnese komen steeds weer verhalen terug over vaag lichamelijk ongemak (spierpijn, vermoeidheid, lusteloosheid enzovoort). Hij klaagt in het gesprek met enige verve, hij lijkt er plezier in te hebben gehoor te hebben gevonden voor zijn lichamelijke klachten. Uit de anamnese blijkt verder dat het leggen en onderhouden van sociale contacten een probleem is, de contacten met z'n vrouw zijn slecht, vrienden heeft hij nauwelijks. Hij geeft in z'n verhalen bovendien steeds weer blijk van een laag geloof in eigen kunnen.

De chirurg zou wel eens gelijk kunnen hebben met z'n twijfels. Het is de vraag of een operatie veel zal veranderen aan het klaaggedrag, wellicht moet eerst in de richting van een psychotherapie worden gezocht.

De onderzoeksvraagstelling, en daarmee de inhoud van het onderzoek wordt gericht op de vraag of de psychische constitutie het aannemelijk maakt dat de cliënt klaaggedrag vertoont en of dit gedrag met een therapie te verhelpen is. Als criterium wordt genomen de mate van verwacht succes in de therapie in termen van afnemen van geuite klachten.

Het intake-interview kan zo georganiseerd worden dat het testonderzoek een aanvulling is op de diagnostische gesprekken. Dit kan zowel het geval zijn bij beroepskeuze, selectie als diagnostisch onderzoek. Interviewgegevens bevatten soms zoveel informatie dat tests alleen nog gebruikt worden ter controle.

De hierna volgende systematiek voor het opstellen van een vraagstelling met behulp van een intake-interview is vooral geschikt voor selectie-, beroepskeuze- en loopbaanvragen. Eerder werd deze methode gepubliceerd als model voor loopbaanadvies bij cliënten met een arbeidsverleden (Kooreman, 1982). Voor algemene psychodiagnostiek is het model te gebruiken als een kapstok om het gevonden materiaal te rubriceren. Er zijn in de methode drie stappen te onderscheiden: de inventarisatie, de beoordeling en de vergelijking.

INVENTARISATIE

De cliënt die aangemeld wordt voor een psychologisch onderzoek is geen onbeschreven blad. Gaat het om een personeelsselectie dan heeft hij al enkele opleidingen en functies gehad, bij een beroepskeuzeadvies is er doorgaans een opleiding gevolgd, bij een klinisch-diagnostisch onderzoek is er een ziektegeschiedenis.

In deze anamnestische gegevens kan al een groot deel van de oplossing van de geschiktheids-, keuze- en/of gedragsproblematiek liggen. Deze bron van informatie kan eerst aangeboord worden voordat overgegaan wordt op andere methoden als tests en observaties.

Doel van de inventarisatie is alle informatie systematisch te verzamelen die relevant kan zijn voor het beantwoorden van de vraagstelling. Voor een personeelsselectie is dit minder omvangrijk dan in geval van een psychodiagnostisch onderzoek. Bij personeelsselectie kan de inventarisatie van anamnestische gegevens in veel gevallen beperkt blijven tot opleidings- en arbeidsverledengegevens. In het geval van een diagnostisch onderzoek wordt veel breder en dieper gegraven in de persoonlijke geschiedenis.

De inventarisatie dient zo te worden vastgelegd dat deze bruikbaar is voor de beantwoording van de opdrachtvraagstelling. Daartoe wordt de anamnese, die de bron is van de inventarisatie, in samenhangende informatiepakketjes vastgelegd. Het gaat om de elementen uit de anamnese die mogelijkerwijs van belang zijn bij de beantwoording van de vraag waarmee de cliënt is aangemeld. Daarna kan een selectie op bruikbaarheid van deze informatiepakketjes gemaakt worden.

De inventarisatie zal zich afhankelijk van de primaire onderzoeksvraag uitstrekken over (delen van) het opleidingsverleden, het arbeidsverleden en de persoonlijke geschiedenis. Voor een deel kunnen deze items al uit een andere bron beschikbaar zijn, bijvoorbeeld het intakeformulier of een verwijsbrief.

Het is aan te raden hierbij een vaste indeling in te bevragen onderwerpen aan te houden. Een indeling met doorvraagitems zou er bijvoorbeeld kunnen uitzien zoals in het volgende overzicht is weergegeven.

De inventarisatie leidt tot informatiepakketjes die mogelijkerwijs relevant zijn voor de beantwoording van de opdrachtvraagstelling. Gaat deze over de geschiktheid voor een beroep dan betreft het pakketjes met betrekking tot kennis, vaardigheden, en interesses die mogelijk relevant zijn voor de werkzaamheden. Gaat het om een diagnostische vraagstelling dan bevatten de pakketjes meer informatie over persoonlijkheidsaspecten die relevant zijn voor bijvoorbeeld een bepaalde therapie die de cliënt zal krijgen.

Heeft de inventarisatie plaatsgevonden, dan kan deze beoordeeld worden op bruikbaarheid voor het beantwoorden van de vraagstelling; bijvoorbeeld bij een nadere analyse van het opleidingsverleden in het kader van een sollicitatie voor psychologisch-pedagogisch assistent (opleidingsplaats).

De relevante informatiepakketjes uit de inventarisatie voor de functie zijn:

1 Er is een duidelijk mensgerichte belangstelling: psychologie-resultaten, keuze verpleging.
2 Goede contacten met de omgeving, maar moeite met hulpverlening in moeilijke situaties. De sociale contacten lijken goed, maar de confrontatie in de praktische hulpverlening schiet te kort.
3 De talenkennis lijkt beter ontwikkeld dan de wiskundekennis.

BEOORDELING

De wijze waarop de psycholoog de informatiepakketjes samenstelt is afhankelijk van het criterium waarop verzameld wordt. In het geval van personeelsselectie wordt alleen die informatie verzameld die van belang is voor de functie. Dit grenst een bepaald domein af, maar er blijft voldoende ter discussie over wat wel en wat niet relevant is. Bijvoorbeeld: is in het hiervoor genoemde voorbeeld het pakketje schoolse kennis van belang voor de functie?

Bij beroepskeuze- en loopbaanvragen is vooraf moeilijk vast te stellen wat relevant is en wat niet. Van de beroepen die onderwerp van keuze zijn, zijn immers slechts de contouren bekend. Welke informatie relevant is, is uiteindelijk arbitrair en ter beoordeling van de onderzoeker.

Bij diagnostisch onderzoek speelt het probleem van het afbakenen van wat relevant is voor een onderzoeksvraagstelling nog sterker. In dit soort onderzoek bestaat er immers sterk de neiging tot algemene, inzichtgevende beschrijvingen van de cliënt.

Toch is ook bij psychodiagnostisch onderzoek de vraag relevant welk criteriumgedrag voorspeld moet worden. De vraagstelling: 'Voor welke therapie komt cliënt in aanmerking?' verschilt procedureel niet wezenlijk van een loopbaanvraag als: 'Voor welke functie komt cliënt in aanmerking?'

Met de inventarisatie ontstaat een overzicht van de informatiepakketjes (elementen) die van belang kunnen zijn bij de behandeling van de opdrachtvraagstelling en eventueel voor het opzetten van de onderzoeksvraagstelling. Het is echter niet zeker of de elementen gezien de huidige situatie nog gelden: alle kennis, vaardigheden en kwalificaties zijn aan slijtage onderhevig. Dit geldt vooral voor informatiepakketjes van opleiding en beroep.

Een cliënt kan bijvoorbeeld tien jaar geleden een opleiding gevolgd hebben voor een computerprogramma. Het programma is niet meer op de markt en dit element is nog van weinig waarde om de geschiktheid voor een bepaalde functie te onderzoeken. Het kan geschrapt worden in de inventarisatie, maar het is wel relevant dat de cliënt ooit met succes een opleiding afgerond heeft.

Alle informatiepakketjes uit het interview zouden op een dergelijke manier moeten worden beoordeeld. Sommige kwalificaties zijn verouderd, andere hebben geen waarde meer omdat de arbeidsmarkt veranderd is, weer andere zijn niet meer van waarde omdat de cliënt niet meer geïnteresseerd is in de uitoefening van die kwalificatie of opleiding.

Ook elementen uit het persoonlijkheidsverleden zijn echter aan slijtage onderhevig: problemen kunnen opgelost zijn, een cliënt kan in heel andere omstandigheden zijn terechtgekomen, waarbij zijn oude gedrag slechts een mooie herinnering of een boze droom is.

De volgende stap in het onderzoek is daarom een beoordeling van de geïnventariseerde informatiepakketjes. Een beoordeling waarna alleen die elementen overblijven die van waarde zijn voor de beantwoording van de opdrachtvraagstelling. Als het bijvoorbeeld om een geschiktheidsvraag gaat, blijven alleen die elementen over die van belang zijn voor de huidige geschiktheid voor een functie.

Uit het voorgaande voorbeeld van de sollicitatie naar psychologisch assistent volgt dan:

1 Er is een duidelijk mensgerichte belangstelling.

Hoe zit deze belangstelling in elkaar? Er is belangstelling voor psychologie en aanvankelijk ook voor de verpleging, maar toch beviel dit blijkbaar niet.

2 De sociale contacten lijken goed maar bij confrontatie in de praktische hulpverlening schiet hij te kort.

Uit het hele anamneseverhaal komt een vriendelijk persoon naar voren, zo komt hij ook over in het gesprek. Maar wat vinden anderen daarvan: is een bestaan zonder conflicten ook niet een teken van een al te grote toegeeflijkheid, die opbreekt in situaties waarin wat steviger gedrag getoond moet worden?

3 De talenkennis lijkt in intellectueel opzicht beter ontwikkeld dan de wiskundekennis.

Dit is kortgeleden gemeten en is waarschijnlijk nog geldig. Het is echter wel een toets waard, want voor de functie en opleiding is enig rekenkundig inzicht nodig.

Er bestaat een aantal criteria waarmee de elementen geselecteerd kunnen worden voor de geschiktheidsvraag. De interesse die de cliënt nog in het pakketje heeft, de mate waarin het nog geldig is (verouderde kennis, een optredende handicap, achteruitgang van de vaardigheden maken dat een element van weinig waarde is), de relevantie voor de arbeidsmarkt (bij een beroepskeuze- of loopbaanvraagstelling), of de relevantie voor de functie waarop geselecteerd wordt.

In het geval van een psychodiagnostische vraagstelling verloopt de selectie volgens hetzelfde principe. Gegevens die niet relevant lijken, worden genegeerd, andere gegevens worden (vooralsnog) vastgehouden als mogelijke puzzelstukjes van een op te lossen puzzel.

DE VERGELIJKING

In de derde stap in het interviewvooronderzoek wordt de informatie die is verkregen uit het anamneseonderzoek vergeleken met die van een criterium. Voor personeelsselectie zal het criterium de functie zijn waarnaar de cliënt solliciteert. In klinische situaties kan het gaan om de therapievorm, voor beroepskeuze een beroep(sgroep) waarvoor de betrokken persoon in aanmerking komt.

In het geval van personeelsselectie vergelijkt de psycholoog de huidige competenties, werkervaring en kwalificaties met de inhoud van de functie. Het doel van de vergelijking is te bezien in hoeverre de sollicitant voldoet (kan voldoen) aan de onderscheiden taken in de functie.

Na de vergelijking wordt de onderzoeksvraagstelling geformuleerd. Bij een volledige 'overlap' tussen competenties etc. van de sollicitant en de taken in de functie kan het psychologisch onderzoek beperkt blijven. Bij een niet-volledige overlap is een onderzoeksvraagstelling ontstaan.

Daarbij kunnen de volgende situaties voorkomen.

Indien er *geen overeenkomst* bestaat tussen de anamnestische gegevens en hetgeen voorspeld moet worden (een tamelijk hypothetische situatie), dan vormt het criterium in z'n geheel een vraagstelling voor een onderzoek. Niets uit het verleden heeft dan betrekking op het criterium.

Geen overeenkomst

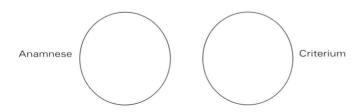

Indien het criterium en de anamnestische gegevens elkaar *gedeeltelijk overlappen* is de vraagstelling te formuleren uit het deel van het criterium dat niet door de anamnestische gegevens 'voorspeld' kan worden. Het grijze gedeelte wordt geacht voorspeld te worden door de anamnesegegevens.

Gedeeltelijke overeenkomst

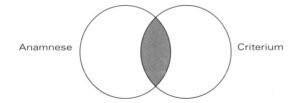

Voorbeeld:

Dhr. Buitendijk heeft na het lbo vijf jaar gewerkt als assistent-opticiën. In dit werk hield hij zich vooral bezig met winkelverkoop en deed hij vrijwel alle reparaties. Hij voldeed in het oude werk uitstekend op beide aspecten. Vraagstelling is of hij voldoet aan de instroomcriteria voor een opleiding tot contactlensspecialist. Benodigd hiervoor zijn (selectiecriteria): 1) een goede intelligentie op ongeveer mbo-niveau en 2) enig doorzettingsvermogen voor de studie en voor het uiteindelijke beroep vooral 3) goede sociale vaardigheden.

Gezien de arbeidservaring zal het nauwelijks nodig zijn het onderzoek te richten op (informatiepakketjes uit de anamnese): a) de sociale vaardigheden; de vraagstelling richt zich dus vooral op b) het leervermogen dat benodigd is om de mbo-opleiding te voltooien. Het doorzettingsvermogen kan vertaald worden als c) motivatie, er is geen reden om aan te nemen dat dit niet aanwezig zal zijn. Dit onderdeel vormt derhalve nauwelijks onderwerp van het psychologisch selectieonderzoek. Dit is het grijze deel dat 'voorspeld' wordt door de anamnesegegevens.

Er zijn twee situaties dat er een *volledige overeenkomst* is tussen criterium en anamnese: de anamnese wordt geheel overlapt door het criterium of het criterium wordt geheel overlapt door de anamnese. In het eerste geval is er sprake van een criteriumsituatie die weliswaar volledig aansluit op hetgeen in de anamnese 'geboden' wordt maar waarbij opleiding, arbeidservaring enzovoort te kort schieten op een aantal punten in het gewenste criterium. Dit kan bijvoorbeeld het geval zijn bij promoties binnen een organisatie: de nieuwe functie is een vermeerdering van de oude. In het andere geval heeft de betrokken persoon (bij personeelsselectie) meer te bieden dan de functie vraagt.

Volledige overeenkomst

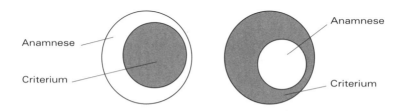

Opdrachtgever en psycholoog stellen in overleg de onderzoekbaarheid van de primaire vraagstelling vast, dit maakt deel uit van de acceptatie van de onderzoeksopdracht.

De opdrachtgever houdt er geen rekening mee of zijn primaire vraag onderzoekbaar is, zelfs niet of het de juiste vraag is gezien de problematiek die hij wil oplossen. De opdrachtgever zit met een vraag en denkt dat een psycholoog hem behulpzaam kan zijn bij de beantwoording.

Soms zijn het twijfels die de opdrachtgever nader onderzocht wil zien, soms wil de opdrachtgever uitsluitend bevestigd worden in zijn oordeel. Maar nooit houdt de opdrachtgever rekening met wat wel of niet onderzocht kan worden en zelden is hij zo duidelijk dat het onderzoek direct kan starten.

Het formuleren van de opdrachtvraagstelling vereist overleg, er worden problemen opgeroepen en het kan zelfs leiden tot het afgelasten van een psychologisch onderzoek. Een doorgaans fataal blijkend pragmatisme is: 'zonder doorgesproken vraagstelling van de opdrachtgever lukt het onderzoek ook wel' of nog erger: 'zolang ik niets (over de rapportage) hoor is het goed'. Vanuit een primitief vraaggericht marktdenken kan de psycholoog veronderstellen dat een gerichte vraagstelling pas aan de orde is als de klant erom vraagt. Maar dat is te laat, als een klant op termijn denkt weinig met psychologisch onderzoek aan te kunnen dan gaat hij niet overleggen over een andere werkwijze, dan ziet de psycholoog hem niet meer terug.

De opdrachtvraagstelling geeft aan wat het onderwerp van onderzoek is. Deze vraagstelling bevat de criteria waarop het onderzoek zich richt. Deze dienen relevant te zijn voor het proces waaraan het psychologisch onderzoek een bijdrage levert.

Het belang van een goede omschrijving van, en onderzoek naar het criterium wordt in de praktische psychologie onderschat. De beoordeling van de kwaliteit van onderzoek is vaak op het onderzoek zelf gericht, op de tests (betrouwbaarheid, inhoudsvaliditeit – de mate waarin een test een omschreven begrip meet), niet op hetgeen voorspeld wordt buiten de testsituatie. Praktijkpsychologen letten meer op de betrouwbaarheid en conceptvaliditeit van hun (test)procedure en minder op het feit of hetgeen waarover ze een uitspraak willen doen wel betrouwbaar en valide kan worden vastgesteld.

Het gevolg is dat met afgeleide criteria wordt gewerkt. Er wordt niet gekeken naar het feitelijk gewenste gedrag, maar naar de veronderstelde eisen waaraan de kandidaat moet voldoen om tot dat gedrag te komen. Zo komt een opdrachtgever tot de uitspraak dat hij een extraverte verkoper zoekt. Wat hij echter wil is iemand die goed verkoopt, of je daarvoor extravert moet zijn is nog de vraag. En dit is de vraag die de psycholoog zich moet stellen.

Zowel de opdrachtgever als de psycholoog kan de fout maken de criteria (functie-eisen, eisen te stellen aan een therapie) te formuleren in termen van de uitkomsten van psychologisch onderzoek. De (selectie-)eisen behorende bij een functie worden dan gesteld in termen als intelligentie, motivatie en persoonlijkheidseigenschappen en niet in gewenste uitkomsten als aantal verkochte producten of aantal/kwaliteit van geschreven nota's.

Voorbeeld:

'Voor deze functie zoeken we een stressbestendige, wat autoritaire persoon. Hij dient toezicht te houden op de productie van speelgoedbeesten en heeft daarvoor twee productielijnen onder z'n beheer.'

Dit is een gangbare (primaire) vraagstelling. Maar de vraag vooraf is: 'Is het juist om stressbestendigheid en autoritarisme als selectiecriteria te hanteren?' Is die vraag gesteld? Worden er meer en kwalitatief betere speelgoedbeesten geproduceerd als aan deze voorwaarden wordt voldaan?

De juistheid van de aangeboden criteria waarop het onderzoek zich richt kan discutabel zijn.

In het voorgaande kan de psycholoog zich afvragen waarom de opdrachtgever dacht aan stressbestendigheid en autoritarisme toen hij de selectie-eisen opstelde. Waarom richtte hij zich niet op het eindcriterium in de functie? Stof voor gesprek waarin de opdrachtvraagstelling geformuleerd wordt. Een ander voorbeeld (van een behandelaar):

Kan dhr. G. weer deelnemen aan het sociale verkeer zonder al te veel problemen te veroorzaken? Hij dient hierbij over voldoende sociale vaardigheden te beschikken. Hij dient vooral voldoende extravert te zijn.

De vraag aan de psycholoog luidt: 'Wilt u nagaan of de sociale vaardigheden, vooral extraversie voldoende zijn om aan het sociale verkeer deel te nemen?

Wat houdt het sociale verkeer voor dhr. G. in? Voor welke situaties willen we een uitspraak doen? De sociale redzaamheid op zichzelf is wel vast te stellen, maar is dat voldoende voor de situaties waarmee dhr. G. in zijn dagelijks bestaan wordt geconfronteerd? En hoe zit dat met extraversie? Is dat daarbij nodig?

Het gewenste criteriumgedrag is 'zo veel als mogelijk' uitgangspunt voor het formuleren van de opdrachtvraagstelling. 'Zo veel als mogelijk', omdat in veel situaties het uiteindelijk criteriumgedrag nog niet bekend is of kan zijn (denk aan een beroepskeuzeadvies waarbij een geschiktheidsuitspraak altijd zal gaan over de geschiktheid voor een 'gemiddelde functie').

Voor onderzoek bij personeelsselectie is een functieonderzoek altijd vereist en voor de toelating bij therapieën, de inhoud van de therapie, enzovoort. Voorafgaand aan het onderzoek zal altijd doorgevraagd moeten worden over het criterium van onderzoek.

Het is niet wenselijk te werken met door de opdrachtgever aangereikte, maar feitelijk zinloze criteria. Op die manier kan er een cafetariamodel ontstaan in de psychodiagnostiek. Het betreft het 'u-vraagt-wij-draaien-idee' waarvan veel psychologen last hebben. De vraag is dan: 'Wil je bij deze cliënt even een NEO-PI-R afnemen en doe ook maar een intelligentietest.' Een dergelijke benadering doet geen recht aan de mogelijkheden van het psychologisch onderzoek.

Research moet aantonen of er een verband is tussen relevante aspecten in de vraagstelling en bij de persoon te meten kenmerken. De psycholoog stelt dan vast of en welke tests gebruikt worden.

3.7 RELATIE PSYCHOLOOG-OPDRACHTGEVER-CLIËNT

Hoofdstuk 1 beschrijft de actoren in het psychologisch onderzoek, in het bijzonder de positie die ze innemen bij de rapportage. In het volgende wordt ingegaan op hun mogelijke positie bij het opstellen van de vraagstelling. Het gaat in het bijzonder over de rol van de opdrachtgever.

Opdrachtgever en psycholoog hebben ieder hun rol. De opdrachtgever heeft een bepaalde vraag en een psycholoog beantwoordt de vraag door het onderzoek uit te voeren. Psychologische onderzoekingen kennen echter nog een actor en dat is de onderzochte, de cliënt. Deze staat centraal in het onderzoek, maar niet altijd centraal bij het opstellen van de vraagstelling. Belangen van de cliënt lopen niet altijd parallel met die van de opdrachtgever. Dit is afhankelijk van de positie die de cliënt inneemt bij het opstellen van de vraagstelling. Deze positie loopt van 'object van onderzoek' tot 'opdrachtgever'. Hierna worden de verschillende combinaties van actoren behandeld.

Er zijn drie situaties te onderscheiden waarin de invloed van zowel de cliënt als de onderzoeker op het formuleren van de vraagstelling geleidelijk afneemt. De drie situaties zijn:

a De opdrachtgever is dezelfde als de onderzochte cliënt.

b De opdrachtgever is een ander dan de onderzochte cliënt.

c De opdrachtgever verstrekt een opdracht buiten de onderzoekende psycholoog om.

Voor elke situatie geldt dat er een specifieke wijze van opdrachtbevestiging en behandeling van de vraagstelling is.

AD A OPDRACHTGEVER EN ONDERZOCHTE CLIËNT ZIJN DEZELFDE

Wanneer de opdrachtgever en onderzochte cliënt dezelfde zijn, is de cliënt opdrachtgever. Hij vraagt de psycholoog om advies voor hemzelf. Van alle psychologische onderzoekingen is dit de minst voorkomende situatie. Er zijn weinig opdrachtgevers die zichzelf op de hier bedoelde wijze, dat wil zeggen met een rapportage, psychologisch laten onderzoeken. De vraag naar een algemeen psychologisch zelfonderzoek is, gezien de daarover verschijnende lectuur weliswaar groot, maar wordt betrekkelijk weinig door gekwalificeerde psychologen uitgevoerd. Persoonlijkheidsonderzoek (intakes) ten behoeve van een therapie zoals dat gebeurt in de geestelijke gezondheidszorg wordt hier buiten beschouwing gelaten. Over dit soort onderzoek wordt immers zelden naar de onderzochte toe schriftelijk gerapporteerd.

Bij beroepskeuze- en loopbaanonderzoek is het wel gebruikelijk zelf naar een psycholoog te stappen voor een diagnostisch onderzoek met rapportage.

Indien opdrachtgever en onderzochte cliënt dezelfde persoon zijn, kan het schriftelijk formuleren van de vraagstelling veelal achterwege blijven. Het formuleren van de vraagstelling maakt doorgaans deel uit van het onderzoek, zoals uit het volgende intakegesprek blijkt.

Jongen M., 15 jaar, voor beroepskeuzeadvies

Psycholoog:	'Waarom heb je een beroepskeuzeadvies aangevraagd?'
M.:	'Het gaat niet zo goed op school, ik heb veel onvoldoendes.'
Psycholoog:	'Vertel daar eens wat meer over.'
M.:	'Ik doe de havo, ik zit in de derde en vooral mijn talen zijn slecht. Voor Duits had ik een 3 op mijn eerste rapport.'
Psycholoog:	'Hoe zou dat komen?'
M.:	'Ik vind de talen niks aan.'
Psycholoog:	'Vind je het belangrijk de havo af te maken?'
M.:	'Ja, want als ik blijf zitten moet ik naar de mavo en dan kan ik niet naar het hbo.'

Psycholoog:	'Wil je daar naartoe?'
M.:	'Ja, want ik zou graag werktuigbouwkundige worden.'
Psycholoog:	'En dat kan alleen met hbo?'
M.:	'Dat denk ik wel.'
Psycholoog:	'Waarom denk je dat werktuigbouwkundige een goed beroep voor je is?'
M.:	'Ik vind het leuk om technische dingen te doen en ik ben goed in techniek en wiskunde.'
Psycholoog:	'Misschien zijn er nog meer leuke beroepen.'
M.:	'Misschien, ja. Het lijkt me ook wel leuk om iets met computers te doen.'
Psycholoog:	'Het lijkt me het beste als we eerst eens gaan kijken op welk niveau je het best tot je recht komt. Dan doen we meteen ook een beroepeninteressetest en daarna zullen we doorspreken in welke richting en op welk niveau je de opleiding het beste kunt vervolgen.'
M.:	'Dat is best.'

Er is weinig aanleiding om de vraagstelling explicieter te formuleren dan de psycholoog in zijn laatste opmerking deed. Er is voortdurende terugkoppeling tussen primaire, opdracht- en onderzoeksvraagstelling.

Wanneer de opdrachtgever en onderzochte cliënt dezelfde zijn, wordt een opdracht tot onderzoek in onderling overleg vastgesteld. Voor beide partijen verloopt een dergelijk direct contact doorgaans zonder al te veel problemen. Mochten de opdrachtgever en de onderzoeker tijdens het onderzoek van gedachte (vraagstelling) veranderen dan is directe bijsturing mogelijk.

Conflicten over de aard van de vraagstelling, de wijze waarop het onderzoek plaatsvindt of de wijze waarop gerapporteerd wordt, zullen weinig voorkomen. De contacten zijn direct en eventuele communicatieproblemen kunnen snel uit de wereld worden geholpen.

AD B   DE ONDERZOCHTE CLIËNT IS EEN ANDER DAN DE OPDRACHTGEVER

Wanneer de onderzochte cliënt een ander is dan de opdrachtgever stelt de opdrachtgever vaak een vraag buiten de betrokken persoon om. De 'cliënt' is dan letterlijk object van onderzoek. Het onderzoek wordt niet in zijn opdracht verricht, wordt niet door hem betaald, hij is niet degene die het initiatief neemt, hij hoeft het onderzoek slechts te 'ondergaan'. Van de onderzochte wordt een passieve rol verwacht, zeker bij het formuleren van de vraagstelling van het onderzoek.

De cliënt kent in veel gevallen de details van de vraagstelling niet. Dit wordt in sommige gevallen zelfs bewust achterwege gelaten. Dit kan tot ongewenste situaties leiden en tot allerlei complicaties, ethische en praktische. De opdrachtgever kan immers vragen allerlei zaken te onderzoeken die op zichzelf wel zinnig zijn, maar waarvan de onderzochte cliënt niet gediend is. Dit leidt tot de vraag welke zaken onderzocht mogen worden zonder de uitdrukkelijke toestemming van de onderzochte.

Hierna volgt een voorbeeld van een cliënt die onderzocht werd in het kader van het opstellen van een reïntegratietraject in de sociale verzekeringen. Ze was verwezen, had wat informatie opgepikt in een gesprek met de arts, maar was niet op de hoogte gesteld van de vraagstelling van het onderzoek. Tijdens de bespreking van de testresultaten ontstaat de volgende situatie.

Psycholoog:	'Uit het onderzoek is gebleken dat u het best werk kunt zoeken in de sfeer van de handel, u hebt verschillende eigenschappen die u daar geschikt voor maken. Ik zie minder mogelijkheden in de praktisch technische sfeer, op grond van de testuitslagen en uw werkervaring denken we toch dat tekening lezen een probleem zal zijn. Bovendien, gezien uw handicap zou u het moeten zoeken in de wat hogere technische beroepen en daar komt toch vaak veel rekenwerk en tekening lezen bij voor.'
Cliënt:	'En een functie als calculator?'
Psycholoog:	'Dat sluit ik niet uit, maar dat vereist toch ook wat meer wiskundige en rekenkundige affiniteit.'
Cliënt:	'De arts had gezegd dat ik dat soort beroepen nog wel zou kunnen doen met mijn handicap.'
Psycholoog:	'Ja zeker, want het is voornamelijk zittend werk, maar we dachten daar niet als eerste aan toen we de testuitslagen zagen. U geeft op de vragenlijsten bovendien aan dat uw administratieve belangstelling en belangstelling voor rekenen niet vooropstaan.'
Cliënt:	'Ik dacht dat u me voor calculator zou testen.'
Psycholoog:	'Nee, we hebben u veel breder onderzocht, dat was ook de afspraak'.

Dergelijke discussies zijn te voorkomen door de cliënt volledig op de hoogte te stellen van het doel van het onderzoek. Het is de vraag of dit in alle situaties (vooraf) wenselijk of mogelijk is.

Moet de psycholoog de onderzochte cliënt volledig op de hoogte stellen van de vraagstelling die aan het onderzoek ten grondslag ligt? Tegelijkertijd is dit een praktisch probleem: in hoeverre wordt het onderzoek verstoord wanneer de onderzochte (niet) precies op de hoogte is van de vraagstelling?

Personeelsselectie is bij uitstek de situatie waarin de onderzochte persoon een object van onderzoek is. De vraagstelling die bij de onderzochte bekend is betreft de geschiktheid voor een bepaalde functie. Er is in de regel weliswaar weinig aanleiding om geheimzinnig te doen over deze vraagstelling maar toch komt het weinig voor dat de sollicitant, voor het onderzoek aanvangt, uitgebreid wordt geïnformeerd over alle punten waarop het onderzocht zich richt. Zo kunnen er in een onderzoek bijkomende vragen stilzwijgend worden meegenomen over bijvoorbeeld doorgroeimogelijkheden en soms specifieke vragen over het functioneren op een bepaalde afdeling of het functioneren in bepaalde facetten van de functie. Dit gebeurt buiten medeweten van de onderzochte cliënt. Hij leest het achteraf in de rapportage.

Wanneer de opdrachtgever een derde persoon is, is het aan de psycholoog de onderzochte cliënt te informeren over de aard van de vraagstelling van het onderzoek. De grenzen van wat wel en wat niet voorafgaand aan het onderzoek wordt meegedeeld, zouden behalve op ethische, ook op onderzoekstechnische en praktische gronden gebaseerd moeten zijn. Het uitgebreid informeren van sollicitanten over de vraagstelling van het psychologisch onderzoek kan tot gevolg hebben dat zij zich in een testtraining laten trainen op deze vraagstelling, waarmee de waarde van het onderzoek op losse schroeven komt te staan. Ook is het praktisch niet mogelijk dergelijke voorlichting te geven. Achteraf dient de onderzochte sollicitant altijd volledig geïnformeerd te worden, zodat hij in de gelegenheid is gebruik te maken van zijn recht de rapportage te blokkeren. In andere situaties, ook als er geen sprake is van een blokkeringsrecht, zou de onderzochte eveneens volledig geïnformeerd moeten worden. Op die manier kan het psychologisch onderzoek ook gezien worden als een examen, je weet wel waarover het gaat maar je krijgt de vragen niet vooraf ter inzage.

Er zullen altijd situaties zijn waarbij het informeren van de cliënt over de precieze strekking van de vraagstelling weinig zin heeft. Indien de cliënt moeilijk benaderbaar is, kan een uitleg achterwege blijven. Dit is het geval bij kleine kinderen, geestelijk gehandicapten, dementerende bejaarden, maar ook bij 'diagnose onder dwang', zoals dat voorkomt in psychiatrische inrichtingen en penitentiaire instellingen. Het is natuurlijk sterk de vraag in hoeverre een dergelijke houding van de psycholoog strookt met ethische regels met betrekking tot de inzichtelijkheid van het onderzoek. Kan een psycholoog iemand onderzoeken zonder dat deze weet waarom dit onderzoek plaatsvindt? Bij elk onderzoek zal de psycholoog deze afweging zelf moeten maken, waarbij hij laveert tussen praktische, wetenschappelijke en ethische voorwaarden. De beroepsethiek (NIP, 1998) gaat hier overigens voldoende op in.

AD C DE OPDRACHTGEVER VERSTREKT EEN OPDRACHT BUITEN DE ONDERZOEKENDE PSYCHOLOOG OM

Wanneer de opdrachtgever een opdracht verstrekt buiten de onderzoekende psycholoog om, nemen twee organisaties contact met elkaar op om (standaard)onderzoekingen te laten verrichten. De ene organisatie 'levert' cliënten, de andere levert onderzoek. In feite komen zowel de psycholoog als de onderzochte cliënt in een afhankelijke positie terecht. De vraagstelling is buiten hen om geformuleerd en is een gegeven waarin verder geen mogelijkheid tot bijstelling of verandering zit.
Een dergelijke situatie doet zich voor bij massaal onderzoek, zoals dat bijvoorbeeld gebeurt bij scholen of in opdracht van massale selectie. Er is een standaardvraagstelling, een standaardonderzoek en een standaardrapportage.

Omdat geen van de genoemde participanten invloed kan uitoefenen op de vraagstelling van het onderzoek, is de kans op een meningsverschil over de vraagstelling tussen de onderzoekende psycholoog en de cliënt niet groot. De kans op een meningsverschil over de uitkomsten is evenwel des te groter.

Omdat er sprake is van een standaardvraagstelling zal niet altijd recht gedaan kunnen worden aan specifieke kenmerken behorende bij een bepaald persoon. De verleiding om achteraf specifieke vraagstellingen met het standaard verzamelde materiaal te beantwoorden is dan ook zeer groot.

3.8 VOORBEELDEN VRAAGSTELLINGEN

Hierna volgen enkele voorbeelden van vraagstellingen voor psychologisch onderzoek. Het gaat respectievelijk om een onderzoek ten behoeve van reïntegratie, een schoolkeuzeonderzoek, een klinisch-psychodiagnostisch onderzoek, een personeelsselectieonderzoek en een loopbaanonderzoek. Hierbij wordt aangegeven wat de primaire, de opdracht- en de onderzoeksvraagstelling is.

EEN REÏNTEGRATIEONDERZOEK

Primaire vraagstelling
Mevr. G., 28 jaar, volgde na de mavo (met diploma) enkele jaren meao (geen diploma) en deed daarna nog cursussen steno Nederlands en Engels en rondde een schriftelijke cursus handelscorrespondentie af. Haar laatste werkgever, waar ze zes jaar werkte, ging failliet en nu is ze al enkele maanden werkloos. Werk zoeken beviel haar niet. Ze werd enkele malen afgewezen. Ze wil wel graag weer aan de slag, maar ziet er tegenop te solliciteren. Haar oude werk beviel haar uitstekend maar ze vindt dat ze (door omstandigheden gedwongen) naar een ander soort baan moet uitzien. Misschien zoekt ze 'iets sociaals'. Maar ook iets geheel anders wil ze niet uitsluiten. Met een psychologisch advies hoopt ze weer op een perspectiefrijk pad te worden gezet. Ze wordt voor onderzoek voorgedragen door het cwi. Hoe krijgen we mevr. G. zo snel mogelijk in een traject waarna ze weer blijvend aan het arbeidsproces kan deelnemen?

Opdrachtvraagstelling
Een eerste gesprek wordt met een functionaris van het cwi gevoerd. In het gesprek maakt mevr. G. een sociaalvaardige indruk, van verlegenheid of iets dergelijks wat haar sollicitatieangst zou kunnen verklaren is niets te merken. Psycholoog en opdrachtgever komen overeen dat het onderzoek zich ook zal richten op de persoonlijkheid. De psycholoog geeft aan dat hij kan ingaan op het beroepskeuzeprobleem en de onderzoeksvraagstelling daarop kan richten, maar de vraag is of dat wel verstandig is gezien de voorgeschiedenis. Het hoofdprobleem lijkt meer te zijn dat ze behoorlijk opziet tegen solliciteren.

Het psychologisch onderzoek kreeg daarom als opdrachtvraagstelling: Welke persoonlijkheidseigenschappen zouden de blokkades kunnen verklaren die er blijkbaar bij de cliënt zijn ten aanzien van het solliciteren? Deze vraagstelling wordt met de cliënt en opdrachtgever besproken en akkoord bevonden.

Onderzoeksvraagstelling

Besloten wordt tot een stapsgewijze diagnose. Eerst een algemeen screeningsonderzoek met als vraagstelling: Zijn er (sociaal-)fobische componenten? Afhankelijk van dit onderzoek zal een gericht interview gedaan worden. Indien duidelijkheid is verkregen over de problematiek, wordt er een gericht interview over loopbaankeuzen gedaan en eventueel een interesse- en capaciteitenonderzoek. Vervolgens wordt oplossingsgericht gewerkt door te bezien of de cliënte in aanmerking komt voor bijvoorbeeld een sollicitatietraining.

EEN SCHOOLKEUZEONDERZOEK

Primaire vraagstelling

Jongen P. is nu 14 jaar en bleef zitten in de tweede klas van de havo/vwo brugklas. Hij is een vroege leerling. Aanvankelijk werd gedacht dat hij het daarom slecht deed op school. Hij werd gezien als speels en snel afgeleid, met het ouder worden zou dat kunnen afnemen. Dit was echter tot nu toe nauwelijks het geval. De prestaties zijn over de hele linie zwak, maar bij vlagen laat hij blijken toch over een niveau te beschikken dat eerder aan vwo dan aan havo doet denken. De huidige prestaties rechtvaardigen echter geen plaatsing in klas 3. Plaatsing op vmbo theoretische leerweg is meer aan de orde. De lerarenvergadering hecht eraan een studieplan mee te geven, omdat toch verwacht wordt dat na het vmbo een havo-opleiding mogelijk is. Met welke componenten moet rekening worden gehouden in dit studieplan?

Opdrachtvraagstelling

De psycholoog formuleert in samenspraak met de schooldecaan en ouders als vraagstelling: Wat is het intellectueel niveau van P., welke blokkades zijn er in het leergedrag aan te wijzen, hoe zijn deze leerblokkades te verhelpen, welke rol kan P. daar zelf in hebben en welk begeleidingsadvies is aan ouders en leraren mee te geven?

Onderzoeksvraagstelling

Eerst wordt nagegaan of het intellectueel niveau toereikend is om op de havo verder te gaan. Is hij intelligent genoeg voor deze opleiding? Tegelijk zal door middel van observatie worden nagegaan hoe hij presteert op de capaciteitentests. Via een diepte-interview zullen eventuele eigenaardigheden in de werkwijze nader onderzocht worden. En met een motivatieoriëntatietest wordt gekeken of er wellicht op dat vlak bijzonderheden zijn.

Primaire vraagstelling

Dhr. W. is een 40-jarige bouwvakker die een extreme angst heeft ontwikkeld voor het werken op stellages. Hij wordt nog geduld op de werkplek door allerlei werkzaamheden op de grond te verrichten, maar houdbaar is deze situatie niet. De angst is begonnen na enkele bijna-ongevallen op stellages, nu drie jaar geleden. De angst voor hoogten lijkt zich naar allerlei andere situaties te verspreiden. Zo fietst dhr. W. liever niet meer uit angst voor ongelukken, vermijdt hij open draaiende machines (zoals transportbanden) en zelfs het hanteren van messen en scharen gaat bij hem gepaard met allerlei associaties met ongelukken. Bij een routine-medische keuring die de werkgever jaarlijks aanbiedt aan de werknemers komt de problematiek in volle hevigheid naar voren. De arts vermoedt uitval op korte termijn door ziekte en stelt dhr. W. voor zich voor zijn angsten te laten behandelen, voordat hij door ziekteverzuim z'n baan moet opgeven. Dhr. W. wordt aangemeld voor een psychologisch onderzoek.

Opdrachtvraagstelling

De psycholoog zal na overleg met de arts eerst een algemeen onderzoek doen naar de herkomst en aard van de angsten. Is er sprake van een fobie of van een gegeneraliseerde angststoornis? Op grond daarvan zal hij een therapieadvies geven. De eventuele therapie kan tot op zekere hoogte bekostigd worden uit een preventiefonds van de werkgever (relevant in verband met de kosten van de therapie).

Onderzoeksvraagstelling

Welke angsten heeft dhr.W. precies, wanneer manifesteren deze zich en in welke mate? Een brede vragenlijst voor persoonlijkheidsstoornissen en psychopathologie met een gerichte vragenlijst op angsten zal worden afgenomen. Indien de aard van de angsten goed benoemd kan worden, is een therapieadvies mogelijk.

Primaire vraagstelling

De functie betreft die van directiesecretaresse bij een verzekeringsbedrijf. De secretaresse doet alle voorkomende werkzaamheden, zoals behandelen correspondentie, ontvangen bezoek, notuleren en agendabeheer.

Opdrachtvraagstelling

In samenspraak met de betreffende directeur worden als criteria geformuleerd: goed kunnen schrijven, teksten kunnen samenvatten voor de directie, de administratieve informatiestroom goed regelen, goede beheersing Nederlandse taal zowel mondeling als schriftelijk. Uit het gesprek bleek dat de directeur in het afgelopen jaar reeds twee secretaresses 'versleten' heeft.

De psycholoog voegt, na overleg, aan de selectie-eisen toe dat de secretaresse stressbestendig moet zijn. De psycholoog voegt aan de functie-eisen tevens toe dat de secretaresse een goed incasseringsvermogen moet hebben. Hij schat in dat de directeur wat tegenspel nodig heeft. De sociale vaardigheden zullen voor de secretaresse vooral op het gebied van assertiviteit moeten liggen. Deze extra eisen worden door de opdrachtgever na overleg akkoord bevonden.

Onderzoeksvraagstelling

Verbaal analytische, organisatorische en sociale vaardigheden sterk ontwikkeld op ten minste havo-niveau. Daarnaast een zeer goede beheersing van de Nederlandse taal in verband met de te voeren correspondentie, notulen enzovoort. De aan te nemen secretaresse moet over een stevige persoonlijkheid beschikken. Hiertoe wordt een aantal persoonlijkheidstests afgenomen waarbij vooral gelet zal worden op de scores op neuroticisme en gevoeligheid.

EEN LOOPBAANONDERZOEK

Primaire vraagstelling

Dhr. B., 38 jaar, econoom bij een grote oliemaatschappij heeft een uitstekende carrière opgebouwd. De laatste jaren heeft hij evenwel steeds vaker last van angstaanvallen. Hij lijdt aan slapeloosheid, gebruikt te veel alcohol, en kan zijn werk niet meer loslaten. Het komt voor dat hij nachten doorgaat met het schrijven van rapporten. Zijn conditie is de afgelopen twee jaar zichtbaar achteruitgegaan. Het is ook zijn directe chef duidelijk dat hij overspannen is of daar tegenaan zit.

De ziekmelding komt dan ook niet als een verrassing. Na enkele weken ziekte blijkt dat dhr. B. zijn werk niet meer ziet zitten, terugkeer naar zijn oude baan acht hij niet waarschijnlijk. Wel zou hij bij de oude werkgever een nieuwe baan willen. Een reden hiervoor wordt nauwelijks gegeven. Dhr.B. wil wat anders, iets rustigs. Hij rekent erop dat de werkgever zal helpen bij het maken van een nieuwe start.

Zowel de werknemer als de werkgever acht een psychologisch advies nuttig .

Opdrachtvraagstelling

Bij de werkgever leeft de vraag in hoeverre te verwachten is dat dhr. B. zijn oude werk weer kan hervatten. Aan nieuw werk binnen de eigen organisatie wordt niet in eerste instantie gedacht. Gedacht wordt aan een outplacement, maar indien het onderzoek iets zou opleveren in de sfeer van een ontsnapping uit de huidige impasse, een therapie bijvoorbeeld of een aanpassing van het werk, dan wil de werkgever wel aan continuering van het dienstverband denken.

In overleg met de werkgever komt de psycholoog tot de volgende vraagstelling. Het onderzoek dient zich in eerste instantie te richten op de problemen in het oude werk. Waarom is dhr. B. hier uitgevallen? Waarom wil hij een wending geven aan zijn loopbaan? Hieruit moet een beeld komen van de zaken die in ieder geval in een toekomstige werkomgeving vermeden kunnen worden.

De werkgever zegt toe deze resultaten eerst te willen bespreken met dhr. B. Mocht hieruit geen oplossing komen voor een terugplaatsing in de oude functie dan zal het onderzoek gevolgd worden door een algemeen loopbaanvervolgadvies dat mee-gegeven wordt in een outplacement traject.

Onderzoeksvraagstelling

In hoeverre is de werknemer nog geïnteresseerd in zijn huidige werk en huidige werkgever? Indien hij wil blijven zal het onderzoek zich in eerste instantie richten op een aanpassing van dhr. B. (training, therapie), mocht dit weinig kans van slagen hebben dan zal bezien worden of de functie aangepast kan worden. Een combinatie van beide is ook mogelijk. Indien plaatsing bij de eigen werkgever uitgesloten is, wordt de opdracht teruggelegd. De psycholoog is van mening dat een vervolgloop-baanonderzoek beter in de setting van een outplacement kan plaatsvinden.

HET GEBRUIK VAN BRONNEN VOOR RAPPORTAGE | 4

4.1 BRONNEN VAN RAPPORTAGE

Van een uitspraak in een wetenschappelijk rapport mag de lezer verwachten dat deze ergens op is gebaseerd. De schrijver vermeldt daartoe de bron die hem tot deze uitspraak verleidde. Dergelijke bronnen worden vermeld omdat het veel uitmaakt waar een bepaald gegeven vandaan komt. Een mededeling uit een krant is van minder waarde dan uit een gerenommeerd vaktijdschrift. Een bevinding uit een grootschalig empirisch onderzoek is meer waard dan de mening van een willekeurige beroepsbeoefenaar.

In een psychologische adviesrapportage is het ongebruikelijk van de beschreven onderwerpen de bron te vermelden. Literatuurverwijzingen in psychologische rapportages over personen komen niet voor. Verwijzing naar de in het onderzoek verzamelde gegevens is niet algemeen gebruikelijk.

Toch maakt het voor het gewicht van een passage veel uit of deze verkregen is uit een indruk op grond van een gesprek, uit een sessie met projectieve technieken of uit een persoonlijkheidsvragenlijst.

Een opmerking als 'Cliënt beschikt over uitstekende sociale vaardigheden' kan gerelativeerd worden wanneer deze bevinding uitsluitend afkomstig is uit het gegeven dat de cliënt zich op zijn gemak voelde bij een zich meegaand opstellende psycholoog. Veel meer waarde moet aan de opmerking gehecht worden als deze gestaafd is door een onderzoekssituatie die een duidelijk beroep doet op sociale vaardigheden. De bevinding wint nog meer aan waarde als deze door observatie, ingevulde vragenlijsten en de levensgeschiedenis van de cliënt wordt bevestigd.

Er bestaat een relatie tussen de bron, de wijze waarop uit de bron informatie geput wordt en de geldigheid van een uitspraak die op deze informatie is gebaseerd.

4.2 HISTORISCHE VERSCHUIVING IN BRON EN ONDERWERP

De psychologische rapportering in de personeelsselectie-adviespraktijk heeft in de loop van de tijd verschillende accenten van brongebruik gekend. Er zijn fasen te onderscheiden die nauw samenhangen met de wijze van onderzoek.

Meijman en Veeren (1975) namen een aantal (selectie)rapporten uit verschillende tijdsperioden door. Zij veronderstellen dat in de beginperiode (1910-1920) van de toegepaste psychologie objectieve bronnen als reactietijden, geheugen, snelheid en opmerkzaamheid het meest gebruikt werden. De rapportage beperkte zich tot het vergelijken van deze 'psychotechnische scores' met de gemiddelden die in bepaalde functies behaald werden. De bron van rapportage was gelegen in deze direct meetbare variabelen. De geschiktheid voor een functie werd beschouwd als een optelsom van een aantal elementaire functies. De psycholoog was in die tijd ook meer een bediener van min of meer technische apparatuur waarmee deze functies werden vastgesteld (Van Strien, 1993, p. 77).

In de jaren 1920-1930 kwamen de persoonlijkheidsonderzoeken meer in zwang. De psycholoog richtte zich in het geschiktheidsonderzoek op de gehele persoonlijkheid en niet meer op enkele los van elkaar staande variabelen. Daartoe maakte de psycholoog een inschatting van het persoonlijkheidsbeeld. Omdat in die tijd persoonlijkheidstests niet gebruikelijk waren (het afnemen van persoonlijkheidsvragenlijsten werd pas in de jaren zestig gebruikelijk (Wilde, 1970)), kan aangenomen worden dat het gesprek de bron van informatie was. De psycholoog baseerde het gerapporteerde persoonlijkheidsbeeld op de indrukken die hij in de loop van een gesprek opdeed.

Ook het onderwerp van rapportage wisselde. Aanvankelijk ging geschiktheidsonderzoek over de uitkomsten van de tests. In de jaren dertig verschoof het accent in de rapportage naar de uit te oefenen beroepsrollen. De psycholoog geeft in zijn rapportage een oordeel over de mogelijkheden van de sollicitant in deze beroepsrollen. De onderzochte wordt niet alleen beoordeeld op het kunnen voldoen aan de eisen van een beroepsrol in z'n geheel maar ook op deelaspecten. De bron daarbij was een combinatie van observatie en gesprekken en vooral het interpretatievermogen van de psycholoog.

Na deze jaren richtte het onderzoek zich veel meer op het voldoen aan de vooraf opgestelde functie-eisen. Het persoonlijkheidsonderzoek speelt weer een grote rol, maar nu dient ook empirisch een verband aangetoond te worden tussen persoonlijkheidskenmerken en functie-eisen. De rapporten hebben vaak het karakter van voorspellingen omtrent de geschiktheid voor bepaalde functiekenmerken. Bronnen waren zowel capaciteitentests, vaardigheidsproeven en sinds de jaren zestig van de vorige eeuw ook persoonlijkheidsvragenlijsten.

Aanvullend op het psychologisch onderzoek worden sinds de jaren tachtig van de vorige eeuw assessments gedaan. Hierbij voert de sollicitant een aantal praktijkproeven uit. Psychologen en 'assessoren' (deskundigen op het terrein dat beoordeeld wordt) beoordelen de uitkomsten. De bron hierbij is een gesimuleerde werksituatie die in de asssessment opgeroepen wordt. Niet-psychologische variabelen als vakbekwaamheid spelen ook een rol in de geschiktheidsbeoordeling.

In een onderzoek zouden ten minste zeven à acht bronnen gebruikt kunnen worden:
- allerlei indrukken opgedaan over de cliënt;
- gegevens die van derden afkomstig zijn;
- anamnesegegevens;
- observaties met een checklist;
- assessment-praktijkproeven;
- tests en vragenlijsten;
- testzaalobservatie (die als een aparte categorie beschouwd moet worden (zie paragraaf 4.6)). ·

Uiteraard is het niet zo dat in bovengenoemde perioden de ene bron de andere opvolgde. Alle bovengenoemde bronnen zijn ook nu nog in psychologische rapportages terug te vinden. Er is sprake van een cumulatie van bronnen. In het assessmentonderzoek worden alle beschikbare bronnen gecombineerd.

De bronnen zijn in te delen in drie clusters. Te onderscheiden zijn: het ongewapend oordeel, het gestructureerd oordeel en de directe meting. De eerdergenoemde bronnen zijn daarin als volgt in te delen.

Cluster	Bron
Ongewapend oordeel	Ongestructureerde observatie (indrukken)
	Gegevens van derden (niet-psychologen)
Gestructureerd oordeel	Systematische anamneseopname
	Gestructureerde observatie (met checklist)
	Praktijkproeven (assessment)
	Testzaalobservatie (met checklist)
Directe meting	Capaciteitentests, Interessetests
	Persoonlijkheidsvragenlijsten

De indeling ongewapend-gestructureerd oordeel houdt geenszins een waardeoordeel in over de bruikbaarheid van de informatie. Sommige informatie is alleen maar op een 'ongewapende' manier (term van Hofstee, 1974) te verkrijgen.

In de volgende paragraaf worden, uitgaande van deze indeling in clusters, de verschillende bronnen van rapportage behandeld.

4.3   HET ONGEWAPEND OORDEEL

Bij een ongewapend oordeel is de bron van rapporteren de indruk van de psycholoog, zonder gebruik te maken van welk instrument dan ook. Er komen geen tests, vragenlijsten, gestructureerde interviews, enzovoort aan te pas.

Een ongewapend oordeel kan als volgt in een rapportage staan:

'De cliënt vertoont duidelijk een neurotisch getint gedrag, hij is angstig en nerveus tijdens het gesprek en blijft regelmatig in een redenering steken. Ondanks dit laatste is hij toch wel in staat op een redelijke wijze over zijn problemen te praten. Het lucht hem blijkbaar ook wat op. Hij leeft wat teruggetrokken, maar aangenomen kan worden dat er geen sprake is van een extreme introversie. We zouden hem op grond van het waargenomen gedrag in aanmerking willen laten komen voor een gesprekstherapie.'

De uitspraken en de conclusie zijn tot stand gekomen door observaties en een gesprek. De gevolgtrekkingen zijn impliciet en niet op grond van instrumenten tot stand gekomen.

Een ongewapend oordeel zou in een rapportage onderscheiden moeten worden van een 'gewapende' uitspraak. De psycholoog kan voor dit doel in de rapportage met passages als 'naar mijn mening' of 'volgens mij' benadrukken dat de bron uitsluitend gelegen is in de beoordeling van de psycholoog.

Voorbeeld:

'De cliënt geeft me een stevige handdruk en kijkt belangstellend naar de posters die ik aan de muur heb. Op mijn vraag of de posters hem bevallen antwoordt hij dat hij ook sterk geïnteresseerd is in schilderkunst. In het daaropvolgende gesprek geeft hij me de indruk van een assertieve sociaalvaardige man met een levendige belangstelling voor allerlei zaken. Hij presenteert zich naar mijn mening als impulsief, hij springt van de hak op de tak. Hij lijkt me behoorlijk intelligent, verbaal zeker een hbo-niveau. Zijn belangstelling moet naar aanleiding van deze indrukken duidelijk in de maatschappelijk kunstzinnige hoek gezocht worden.'

Door toevoegingen als 'geeft hij mij de indruk', 'naar mijn mening' is het de lezer duidelijk dat het gaat om een indruk van de psycholoog.

De inhoud van een dergelijk ongewapend oordeel gaat overigens uit boven hetgeen een willekeurige oplettende gesprekspartner kan waarnemen. De psycholoog heeft immers het grote voordeel dat hem een begrippenkader tot zijn beschikking staat waarmee hij zijn waarnemingen kan benoemen. En hij is er in geoefend om dit te gebruiken. Het ongewapende oordeel van een psycholoog zal daardoor in de regel meer betekenis hebben dan het oordeel van een willekeurige leek. Maar het oordeel kan niet erg veel verder gaan dan het direct waargenomen gedrag. Het is altijd de vraag of dit gedrag te generaliseren is naar situaties buiten de onderzoeksruimte.

Voorbeelden van ongewapende oordelen zijn ook de resultaten van een analyse van de anamnese, open observaties zonder observatieformulieren, maar ook psychoanalytische beschouwingen. Dergelijke ongewapende oordelen komen tot stand op grond van een bepaalde theorie, bepaalde ervaringskennis of een logische deductie. Niet zelden zijn dergelijke oordelen intuïtief.

De betrouwbaarheid van het ongewapend oordeel is doorgaans geringer dan dat van op gestructureerde wijze of met directe meting verkregen oordelen. De op ongestructureerde wijze verkregen oordelen over dezelfde personen kunnen nogal uiteenlopen.

Dergelijke ongewapende oordelen zijn betrouwbaarder te maken door verschillende beoordelaars in te schakelen (zie Hofstee, 1999). De beoordelaars proberen na hun gesprek met de cliënt tot een consensus te komen over bepaalde persoonlijkheidstrekken. Dat het persoonlijkheidskenmerk dat beoordeeld wordt zich niet bij alle beoordelaars op eenzelfde manier manifesteert, kan een onderzoekstechnisch voordeel zijn.

Een psychologisch adviesbureau creëerde daartoe in een selectieonderzoek drie verschillende situaties: één waarin gesproken werd met een psycholoog van middelbare leeftijd, één waarin gesproken werd met een junior psycholoog en één waarin gesproken werd met een testassistente. Hoewel de overeenkomsten in de waargenomen persoonlijkheidseigenschappen vaak groot waren, was het frappant te zien hoe dezelfde personen in de verschillende situaties reageerden. De sollicitant werd duidelijk beïnvloed door zijn gesprekspartner, maar liet ook iets zien als 'de kern in zijn gedrag' die in de drie situaties gelijk was. Van dit verschil en de overeenkomst werd in de rapportage gewag gemaakt.

Veel oordelen zijn alleen maar op een ongewapende wijze te geven. Bijvoorbeeld wanneer de psycholoog gevraagd wordt een oordeel te geven over een bepaalde situatie waarin de cliënt verkeert. In de beschrijving van dergelijke situaties komt het vaak neer op nauwkeurig waarnemen en formuleren.

Voorbeeld:

'De doorstane relatieproblemen werden volgens de cliënt een steeds grotere psychische belasting voor hem. Hij kan naar zijn zeggen de scheiding van zijn drie kinderen, nu zeven jaar geleden, moeilijk van zich afzetten. De laatste jaren klaagt hij veel. Hij kan niets meer verdragen. Te lang heeft hij zich geduldig gehouden, terwijl hij zich innerlijk steeds ongeduldiger voelde. Hij werd snel emotioneel en had op den duur in het geheel geen energie meer.

Bij nader inzien blijkt, ook uit het verhaal van de cliënt, dat de scheiding eigenlijk vlekkeloos is verlopen. Zijn ex-vrouw woont op loopafstand en hij ziet de kinderen zeer regelmatig. De verstandhouding met z'n ex is beslist redelijk te noemen. Er zijn echter weinig andere momenten in de recente persoonlijkheidsgeschiedenis aan te geven die aanleiding zouden kunnen zijn voor de nu ontstane situatie.'

Voorgaande passage betreft allerlei beschrijvingen van gedrag die inzicht geven in de meer objectief verzamelde gegevens die verder in de rapportage aan de orde kunnen komen. Ongewapende oordelen komen het best tot hun recht wanneer ze gebruikt worden ter illustratie van meer objectief verzamelde oordelen.

Voorbeeld:

'In de beroepeninteressetest geeft dhr. B. aan veel belangstelling te hebben voor techniek en kunstzinnige werkzaamheden. In het gesprek dat gevoerd werd naar aanleiding van deze testuitslagen geeft hij aan zich zeker aangetrokken te voelen tot werkzaamheden in die sfeer. Hij zou graag in een ambachtelijk beroep geschoold willen worden, zoals meubelmaker, glasblazer, zilversmid of kleermaker. Als hobby heeft hij het herstellen van antieke klokken. Qua instelling lijkt hij goed in deze beroepssfeer te passen, hij knutselt graag en doet inderdaad wat artistiek aan.'

Van dergelijke toevoegingen is duidelijk dat ze berusten op een oordeel van de psycholoog, ze maken de rapportage goed leesbaar en geven in veel gevallen een bepaalde diepte aan het rapport.

4.4 GESTRUCTUREERD OORDEEL

Bij een gestructureerd oordeel verzamelt de psycholoog met behulp van instrumenten informatie over de cliënt. Het gestructureerde oordeel komt tot stand met behulp van protocollen, checklists en observatieschema's. Het is in de regel een meer betrouwbare bron voor de rapportage dan het ongewapende oordeel, omdat observatiegegevens, gesprekgegevens en oordelen over praktijkproeven op een gestructureerde wijze worden vastgelegd.

In een gestructureerd oordeel legt de beoordelaar verantwoording af over zijn oordeel, veelal een observatie. In deze gestandaardiseerde observatie wordt het (ongewapend) oordeel op zo'n manier vastgelegd dat er in ieder geval geen sprake meer is van een impliciet oordeel. Achteraf kan verantwoord worden hoe het oordeel tot stand kwam. De informatie op grond waarvan het oordeel tot stand kwam staat op papier.

Bij een gestructureerd oordeel wordt bijvoorbeeld gebruikgemaakt van observatieschalen. In de volgende figuur staat een voorbeeld van een observatieschaal.

De gestandaardiseerde observatie heeft voordelen voor de verslaglegging. De te beschrijven items zijn dikwijls geclusterd en geven daarmee een handvat voor de rapportage.

Wanneer er sprake is van meer observaties kunnen deze gemakkelijk met elkaar vergeleken worden. Tevens kunnen er interbeoordelaar-betrouwbaarheidscoëfficiënten worden berekend die informatie geven over de gebruikswaarde van het instrument.

Voorbeeld van een observatieformulier

1 = Uitsluitend de linker term is van toepassing
2 = De linker term is meer van toepassing dan de rechter
3 = Beide termen zijn van toepassing
4 = De rechter term is meer van toepassing dan de linker
5 = Uitsluitend de rechter term is van toepassing

Sociale vaardigheden

contactueel moeizaam	1	2	3	4	5	soepel
formuleert slecht	1	2	3	4	5	verbaal begaafd
geremd	1	2	3	4	5	spontaan
luistert nauwelijks	1	2	3	4	5	luistert goed
wacht af	1	2	3	4	5	neemt initiatief
defensief	1	2	3	4	5	geeft tekorten toe
reageert traag	1	2	3	4	5	ad rem
afhankelijk	1	2	3	4	5	zelfstandig
niet loyaal	1	2	3	4	5	loyaal

Emotionele stabiliteit

onrustig	1	2	3	4	5	kalm
tremor	1	2	3	4	5	geen tremor
stamelt	1	2	3	4	5	praat rustig
stijve motoriek	1	2	3	4	5	soepele motoriek

Werkhouding

ongemotiveerd	1	2	3	4	5	sterk gemotiveerd
improductief	1	2	3	4	5	productief
ongeconcentreerd	1	2	3	4	5	geconcentreerd
geeft snel op	1	2	3	4	5	zet goed door
slordig	1	2	3	4	5	nauwgezet
trial and error	1	2	3	4	5	denkt eerst na
klakkeloos	1	2	3	4	5	kritisch
fantast	1	2	3	4	5	realist

Leidinggeven

richtinggevend	1	2	3	4	5	stuurloos
democratisch	1	2	3	4	5	autoritair
prestatiegericht	1	2	3	4	5	mensgericht
overredingskracht	1	2	3	4	5	komt niet over

Sociale vaardigheden
Vaardigheden die de contacten tussen mensen gemakkelijker maken.

Contactueel moeizaam
> Zegt weinig, is moeilijk te benaderen, is lastig voor anderen in het contact, omdat hij niet adequaat reageert op de ander. Kapt gesprekken op een verkeerde manier af.

Contactueel soepel
> Praat (niet te) veel, staat open voor anderen en speelt in op wat anderen zeggen. Weet een gesprek gaande te houden.

Formuleert slecht
> Woordgebruik en zinsbouw zijn geen goed Nederlands, hakkelige zinnen. Is vaak niet goed te begrijpen.

Verbaal begaafd
> Gebruikt de Nederlandse taal goed. Maakt vloeiende zinnen en is goed te volgen.

Geremd
> Geeft zich niet bloot, reageert zeer voorzichtig op z'n omgeving.

Spontaan
> Geeft zich bloot in het contact, durft risico's te nemen bij z'n opmerkingen en kan zo wel eens onbedachtzaam overkomen.

Luistert nauwelijks
> Geeft er blijk van niet op te letten. Maakt bij herhaling fouten waar al eens op gewezen is. Reageert niet op reacties van anderen.

Luistert goed
> Houdt rekening met wat anderen zeggen en komt hierop terug in het gesprek.

Wacht af
> Neemt geen initiatieven. Kijkt de kat uit de boom. Gaat pas tot actie over als hem wat opgedragen wordt.

Neemt initiatief
> Wacht de loop der gebeurtenissen niet af, maar grijpt in als hij dat nodig vindt.

Defensief
> Zoekt herhaaldelijk excuses voor zijn (door hem vermeende) tekortkomingen. Kan er moeilijk voor uitkomen dat hij iets niet zou kunnen.

Geeft tekorten toe
> Ziet in dat niemand volmaakt is. Kan zijn fouten toegeven.

Reageert traag
> Weet niet direct op een situatie in te spelen. Staat bij onverwachte situaties met de handen in het haar.

Ad rem
> Plaatst vaak directe, gevatte opmerkingen. Geeft onmiddellijk repliek op een ongekunstelde manier.

Afhankelijk
> Richt zich in zijn handelen op anderen. Neemt geen eigen standpunten in.

Zelfstandig
> Trekt zich weinig aan van wat anderen van hem denken. Bepaalt in sterke mate zelf zijn doen en laten.

Niet loyaal
> Laat zich ongenuanceerd negatief uit over vorige en huidige werkgevers.

Loyaal
> Laat zich niet verleiden tot het doen van negatieve uitspraken over vorige werkgevers.

Emotionele stabiliteit
De mate waarin iemand zich de problemen van de dag aantrekt. Emotioneel instabiel is iemand die zijn werkproblemen mee naar huis neemt en dit als onprettig ervaart. Maakt zich snel zorgen en reageert inadequaat op stresssituaties. Stabiele personen hebben weinig last van voornoemde gedragingen.

Onrustig
> Wriemelt met de handen, verzit veel, is snel afgeleid door de dingen om zich heen.

Kalm
> Reageert overwegend beheerst. Is niet snel afgeleid.

Tremor
> Trillende handen, maakt schokkerige bewegingen.

Geen tremor
> Geen trillende handen, soepele bewegingen.

Stamelt
> Komt moeilijk uit zijn woorden, stottert als gevolg van gespannenheid.

Verbaliseert rustig
> Heeft zijn stem onder controle.

Stijve motoriek
    Spieren zijn gespannen. Bijvoorbeeld armen stijf over elkaar.
Soepele motoriek
    Beweegt zich gemakkelijk.

Werkhouding

De werkhouding is de attitude tijdens het maken van de observatietests, arbeidsproeven of assessmentonderdelen. Hier is enige overlap met de eerder gescoorde persoonskenmerken.

Ongemotiveerd
    Neemt taak niet serieus, laat duidelijk blijken zich niet in te zetten door het maken van defensieve opmerkingen, verbetert geconstateerde fouten in houding en gebaar niet, stelt zich weinig actief op.
Sterk gemotiveerd
    Neemt taak zeer serieus, toont inzet, probeert het zo goed mogelijk te doen, verbetert geconstateerde fouten direct, neemt actieve houding aan.
Improductief
    Maakt slome indruk, presteert in praktijksituaties niet veel.
Productief
    Zet tijdens praktijkproeven duidelijk een prestatie neer.
Ongeconcentreerd
    Doet tijdens het verrichten van de taak ook andere dingen, zoals voor zich uit staren, praten met anderen.
Geconcentreerd
    Werkt uitsluitend aan de taak. Laat zich niet afleiden.
Geeft snel op
    Een aangevangen taak die niet goed loopt, wordt snel gestaakt.
Zet goed door
    Aan een aangevangen taak die niet zo goed gaat, wordt doorgewerkt.
Slordig
    Maakt fouten en verbetert deze niet.
Nauwgezet
    Maakt weinig fouten.
Trial and error
    Pakt taken direct aan zonder een vooropgezet plan. Bij een foute start wordt direct van strategie veranderd.
Denkt eerst na
    Pakt taak niet direct aan, maar maakt eerst een soort 'werkplan'.
Klakkeloos
    In het gesprek worden geen kritische vragen gesteld.
Kritisch
    In het gesprek worden regelmatig vragen gesteld om uitleg en als repliek.
Fantast
    Maakt in het gesprek regelmatig opmerkingen die niet of half waar zijn. Klopt verhalen op.
Realist
    Houdt zich strak aan de feiten.

Leidinggeven

Een inschatting wordt gemaakt van enkele leidinggevende stijlen.

Richtinggevend
    Heeft een neiging tot dirigeren.
Stuurloos
    Maakt niet duidelijk wat hij wil.
Democratisch
    Heeft een neiging tot overleggen.
Autoritair
    Overlegt liever niet.

Prestatiegericht

Kijkt niet zozeer naar de mensen als wel naar het te leveren product.

Mensgericht
    Stelt de mens in het werk centraal.
Overredingskracht
    Probeert mensen voor zich te winnen en probeert ze te overtuigen.
Komt niet over
    Doet geen moeite te overtuigen.

De discussie rond gewapend of ongewapend oordeel is door Hofstee (1974, p. 75) als volgt samengevat: 'Van de sociale wetenschappen wordt vaak met recht gezegd, dat ze na veel omhaal een bevestiging vinden van datgene wat grootmoeder ook al wist te vertellen. Wanneer er echter één lijn van onderzoek is waarvan de uitkomsten tegenintuïtief zijn op het ongeloofwaardige af, dan is dat wel de research over de menselijke beoordelaar. Als de uitkomsten ervan werkelijk tot het publiek zouden zijn doorgedrongen, zou de wereld er merkbaar anders uitzien.'

Ongewapende beoordelaars laten zich in hun beoordeling leiden door vooroordelen, geselecteerde informatie, (on)bewuste verdraaiing enzovoort. Door gebruik te maken van instrumenten (de beoordelaar 'wapent' zich) bij de observatie, waarmee de beoordelaar niet (alleen) afhankelijk is van zijn eigen waarnemingsvermogen, zijn in de regel betere (meer betrouwbare en valide) uitspraken te doen.

De discussie rond klinische versus statistische beoordeling heeft zich vooral afgespeeld met betrekking tot predictiemodellen. In dergelijke modellen wordt voor een bepaalde populatie aangetoond dat een bepaalde score hoort bij een bepaalde kans op een gebeurtenis. Zo is het mogelijk voor een bepaalde functie vast te stellen welke testscores behaald moeten worden om voor 95 procent van de aangenomen kandidaten zeker te zijn dat ze zullen slagen in de functie. Indien een psycholoog niet beschikt over dergelijke predictiemodellen, zal hij een gok moeten doen om tot een uitspraak over de geschiktheid te komen. Een gewapend oordeel is in de regel meer valide en betrouwbaar bij deze gok ('sophisticated guess'), maar dat betekent niet dat met gewapende oordelen altijd een betere voorspelling is te maken.

Een voorspelling doen op grond van gegevens heeft drie componenten: het instrument waarmee we de meting voor de verzameling van gegevens doen, het criterium dat we willen voorspellen en de beslissingsregel tussen deze twee om vast te stellen wanneer we een bepaalde beslissing nemen.

Stel dat we een verband veronderstellen tussen intelligentie en schoolsucces. Direct doemen er twee problemen op. Hoe meten we intelligentie en wat is schoolsucces? De intelligentie kan met een test gemeten worden, maar welke test zullen we daarvoor gebruiken? Voor schoolsucces geldt een soortgelijk probleem, wat is schoolsucces? Hier moeten keuzen gemaakt worden en deze zijn tot op zekere hoogte arbitrair.

Door het maken van keuzen hierin definiëren we 'intelligentie' en 'schoolsucces'. Bijvoorbeeld de uitslag van test Y en de overgang naar het volgende schooljaar.

Het derde probleem is echter het grootste. Stel dat we de intelligentie goed kunnen meten en dat we het eens zijn over een maat voor schoolsucces, hoe horen deze scores dan bij elkaar? Bij welke intelligentiescore vinden we de score hoog genoeg om te kunnen spreken van 'een grote kans op succes in school'?

Zonder enige vorm van een predictietabel is dit een gok. Maar ook als we hierover de beschikking hebben, is het beantwoorden van deze vraag op individueel niveau een 'kans'.

De bevinding dat statistische predictie superieur is aan de klinische predictie is op zichzelf juist, maar niet altijd van betekenis voor de praktijk. In de praktijk moeten immers doorgaans ongewapende beslissingen worden genomen; namelijk over de (vaak impliciet gehanteerde) beslisregels. We weten dat bij het toenemen van de intelligentie de kans op succes in opleiding en beroep toeneemt. Maar daarmee is de vraag nog niet beantwoord of het een verantwoorde beslissing is om leerling X met een IQ van 112 een vwo-advies te geven. De terechte vraag is namelijk: hoeveel kans heeft die leerling dan?

Voorbeeld:

Testuitslag persoonlijkheidsonderzoek

Aanvraag voor een assertiviteitstraining in een behandelingstraject. Dhr. M. is nogal verlegen en laat gemakkelijk over zich lopen. Er is geen psychopathologie aangetoond. In een individueel gesprek kan hij zich redelijk handhaven. Hij is ook wel gemotiveerd om aan de training mee te doen.

Voor de training is bij anderen niet eerder een test gedaan, de test was op uitdrukkelijk verzoek van de cliënt.

GLTS	Vigintiel
	(normgroep mannen < 41jaar)
Extraversie	1
Gevoeligheid	17
Reagibiliteit	16
Autoritair	11
Oppervlakkigheid	4
Mannelijkheid	16
?	14

ABV	Deciel
Neuroticisme	10
Somatiseren	10
Extraversie	2
Testattitude/Defensief	10

Uit voorgaande testuitslag is duidelijk dat dhr. M. aangeeft instabiel te zijn. Bovendien is zijn belangstelling voor het leggen en onderhouden van sociale contacten zeer gering. De testuitslagen zijn afkomstig van reeds lang gebruikte tests. We mogen aannemen dat de cliënt ze serieus heeft ingevuld en dat een (veel) beter oordeel van de vermelde persoonlijkheidstrekken niet te verkrijgen is. Toch heeft de beoordelaar een probleem. Hij heeft geen researchgegevens, bijvoorbeeld een predictiemodel, op grond waarvan met de gegeven testuitslagen kan worden voorspeld of de assertiviteitstraining een succes zal worden. Zijn oordeel over de persoonlijkheidstrekken is weliswaar gewapend en voldoende betrouwbaar, maar zijn oordeel over de geschiktheid voor de training zal ongewapend zijn.

Een dergelijke situatie geldt voor veel individueel diagnostische beoordelingen in de psychologie. Uitzonderingen zijn vooral te vinden in de personeelsselectiepsychologie, waar sommige bureaus voor bepaalde functies duidelijke 'aftestgrenzen' hebben geformuleerd.

4.6 TESTSITUATIE ALS BRON VAN INFORMATIE

De observaties buiten het feitelijk psychologisch onderzoek nemen een aparte positie in. Het gebruik van dergelijke informatie als bron voor een rapportage roept een speciaal soort problematiek op.

Veel psychologische tests en vragenlijsten worden groepsgewijs afgenomen. In deze testsituatie vertoont de cliënt ook allerlei gedragingen die interessant kunnen zijn voor de beantwoording van de psychologische vraagstelling. In de testzaal is echter in de regel geen psycholoog aanwezig, noch een ander psychologisch geschoolde, bijvoorbeeld een psychologisch medewerker. Om de gedragingen in de testzaal niet verloren te laten gaan, vraagt de psycholoog veelal aan de testzaalassistent aantekeningen te maken tijdens de test. Dit kan in de vorm van een protocol (testzaalobservatie).

Voorbeeld:

K. loopt wat bedeesd naar z'n plaats en is in aanvang uiterst passief. Hij wacht instructies af en bladert niet in de informatieve brochure die voor hem op het schrijfblad ligt. De eerste twee vragenlijsten worden zonder opmerkingen ingevuld. Bij de rekentest maakt hij een veel actievere indruk. Hij rekent bijzonder snel en maakt alle sommen zonder correcties af. Wanneer hij terug is van de psycholoog voor een eerste gesprek is hij duidelijk wat vrijer. Regelmatig maakt hij bij het inleveren van zijn werk een opmerking. De woordenschattest vond hij erg moeilijk. De ABV vond hij vervelend om in te vullen.

Het samenstellen van een dergelijk protocol vergt nogal wat van de testzaalbezetting en bestaat daarom doorgaans uit slechts korte zinnen en opmerkingen.

Ook kan in de testzaal gebruikgemaakt worden van een observatieformulier. Op dit formulier staan behalve wat feitelijke gegevens (gebruikte tijd, gemaakte opmerkingen enzovoort) enkele indrukken van de testzaalassistent.

Voorbeeld:

Geobserveerd gedrag bij:

Groninger Intelligentie Test	Ja/nee
Opmerkingen:	....
Benutte tijd:	.. minuten
Werkhouding:	....
Bijzonderheden:	....
Korte Interesse Test	Ja/nee
Opmerkingen:	....
Benutte tijd:	.. minuten
Werkhouding:	....
Bijzonderheden:	....
Etc.	....

Indruk bij kennismaking:

Nerveus	Rustig
Extravert	Stilletjes
Defensief	Gaat ervoor

In hoeverre gegevens die zijn verzameld in de testsituatie bruikbaar zijn voor de psychologische rapportage is discutabel. Er zijn twee bezwaren om dergelijke gegevens zonder meer te gebruiken. Ten eerste is er het bezwaar dat gegevens verzameld zijn door niet-psychologisch geschoolden. Ten tweede het ethisch probleem dat gegevens verzameld worden in een situatie die daarvoor niet in eerste instantie is bedoeld en waarvan de cliënt geen weet heeft (tenzij aan de cliënt wordt medegedeeld dat ook in de testzaal observaties gedaan zullen worden).

Het bezwaar van het verzamelen van testgegevens door niet-psychologisch geschoolden is gemakkelijk te pareren door de tests te laten afnemen door geschoolde testassistenten (of psychologisch-pedagogisch assistenten, een meerjarige praktijkopleiding geëxamineerd door het NIP (Nederlands Instituut van Psychologen) en de NVO (Nederlandse Vereniging van Orthopedagogen)). Deze assistenten moeten wel degelijk in staat worden geacht gestructureerde observaties te doen.

Een groter bezwaar vormt de ethische kant. De vraag hierbij is tot waar de testsituatie zich uitstrekt. Is elke vorm van informatieverzameling toegestaan?

Het probleem van 'de grenzen van de informatiewinning' wordt geïllustreerd in het volgende voorbeeld, waarbij het inwinnen van extra informatie geheel toevallig plaatsvond.

Voorbeeld:

Op een psychologisch adviesbureau werd een man diagnostisch onderzocht in verband met de verstrekking van een arbeidsongeschiktheidsuitkering. Na afloop van de testdag liep de betrokken persoon mee met de testassistente naar de trein en vertelde haar allerlei zeer interessante maar ook gevoelige zaken die gemakkelijk tegen de onderzochte gebruikt zouden kunnen worden. De psychische kwaal waarmee hij kampte was van weinig invloed op zijn arbeidsprestaties maar een WIA-uitkering was verre te prefereren boven een WW- of bijstandsuitkering. De volgende dag vertelde de testassistente aan de psycholoog wat ze had gehoord. De psycholoog zat toen met het dilemma wat hij met deze informatie mocht doen.

Tot waar strekt de testsituatie zich uit? Welke informatie mag nog wel in het rapport gebruikt worden en welke informatie niet? Psychologen dienen hier zelf hun grenzen te trekken, de beroepsethiek geeft geen uitsluitsel.

4.7 GEBRUIK VAN BRONNEN VAN DERDEN

Sommige cliënten worden in een korte periode een aantal keren psychologisch getest voor een soortgelijke vraagstelling. In dergelijke gevallen zouden, in plaats van zelf te testen, de testgegevens opgevraagd kunnen worden van de collega die het eerst de tests deed.

Ook wanneer de psycholoog zelf gaat testen, kan het nuttig zijn de testgegevens op te vragen. De eventuele verschillen in testscores zijn een interessante bron van informatie. Vooral bij een bepaald verloop van een psychisch proces kunnen eerder verzamelde testgegevens van grote waarde zijn. Ook bij selectie- en loopbaanvraagstukken kunnen eerder verzamelde testgegevens veel extra informatie opleveren over de ontwikkeling van geschiktheid voor functies.

Een andere reden voor het opvragen van testgegevens is dat de testuitslag door de eerdere meting(en) beïnvloed kan worden. Dit kan het geval zijn als kort na elkaar getest wordt. Op capaciteitentests kan in een tweede en volgende meting hoger gescoord worden, en niet uitgesloten is dat er een zekere 'testwijsheid' ontstaat voor de persoonlijkheidsvragenlijsten.

Voor de overdracht van testgegevens is toestemming nodig van de cliënt (NIP, 1998). Er bestaat geen protocol voor de overdracht van testgegevens. De wijze waarop een eventuele overdracht plaatsvindt, zal afhangen van de medewerking van de psycholoog die de gegevens beheert. Psychologen zijn overigens niet verplicht te voldoen aan het verzoek van een collega tot de overdracht van testgegevens, ook niet wanneer de cliënt daarmee instemt. Overdracht zal in de regel met kosten gepaard gaan, zelf afnemen is in de regel sneller en soms goedkoper.

Maar in bepaalde gevallen, waarvan er hiervoor enkele werden genoemd, kan de kwaliteit van het psychologisch onderzoek (psychologische rapportage) belangrijk toenemen.

Het gebruik van testscores voor de rapportage die verzameld zijn door derden, dient wel met enige omzichtigheid te geschieden. Deze scores kunnen namelijk op een heel andere wijze tot stand gekomen zijn dan in de testhandleiding(en) is voorgeschreven (en de psycholoog zelf gewend is). Vooral bij mondelinge tests als de WAIS komen in de praktijk grote verschillen in afname voor. Dergelijke individuele tests worden behalve voor het feitelijke doel, intelligentiemeting, ook gebruikt om een algemeen beeld te verkrijgen van persoonlijkheidsaspecten, zoals uitdrukkingsvaardigheid, communicatie en werkhouding. De feitelijke testuitslagen (IQ-scores) zijn voor de psycholoog in sommige gevallen zelfs secundair, hetgeen dan een reden is om het met de afname-instructie niet zo nauw te nemen. Het ging de psycholoog immers niet om de intelligentiescore maar om de observaties.

Papier-en-potloodtests kunnen ook op geheel verschillende manieren afgenomen worden. Vooral de mondelinge testzaalinstructies kunnen in de praktijk verschillen. Deze variatie wordt in de hand gewerkt doordat in de meeste handleidingen duidelijke testzaalinstructies voor de testzaalassistent ontbreken. Met name bij snelheidstests kan het uitmaken of de testzaalassistent de snelheidsinstructie al dan niet benadrukt.

Verder kan het uitmaken waar de tests in de testbatterij zijn opgenomen. Heeft de psycholoog bijvoorbeeld de lastige rekentest aan het eind van de dag opgenomen om te zien hoe helder de cliënt na een dag testen nog is? Of zat de test aan het begin van de procedure?

Dit alles maakt dat het gebruik van testgegevens, verzameld door een collega-psycholoog, doorgaans enige toelichting vereist.

Om gegevens van collega's te gebruiken is het raadzaam het dossier ter inzage te vragen. Wanneer dit niet mogelijk is zouden de ruwe scores van de verschillende tests opgevraagd kunnen worden en niet de bewerkte scores, omdat niet altijd duidelijk is van welke normgroepen gebruikgemaakt is.

Het rechtstreeks gebruik voor de rapportage van ruwe testscores verzameld door collega's is alleen zinnig als grondig is nagegaan of deze gegevens net zo verzameld zijn als de rapporteur zelf gedaan zou hebben.

Het gebruik van uitsluitend een rapportage van een collega-psycholoog kan slechts zijdelings van nut zijn bij het samenstellen van de eigen rapportage. Zonder toelichting is het moeilijk de eigen onderzoeksbevindingen rechtstreeks te vergelijken met de bevindingen van de collega.

Veel psychologen hebben in hun werk directe contacten met niet-psychologen die ook beschikken over observaties, anamnestische gegevens, metingen enzovoort. Deze gegevens worden regelmatig overgedragen aan de onderzoekend psycholoog. Ook hier is het de vraag of deze gegevens bruikbaar zijn voor een psychologische rapportage. Meer nog dan bij testgegevens geldt dat het onbekend is hoe deze gegevens verzameld zijn.

Een personeelsdossier bijvoorbeeld kan veel informatie bevatten over een cliënt, maar deze gegevens zijn niet bruikbaar voor een psychologische rapportage. De rapportage werd waarschijnlijk verzameld door verschillende personeelsfunctionarissen die ieder hun opvattingen hadden over de wijze van informatievastlegging. Wel kunnen dergelijke gegevens gebruikt worden als materiaal voor het opstellen van een vraagstelling voor een psychologisch onderzoek.

Een psychologisch rapport wint aan waarde als de vraagstelling met enige stelligheid kan worden beantwoord. Veel psychologische uitspraken zijn echter alleen onder voorbehoud te doen. In de praktijk wordt dit probleem opgelost door van de extreme scores aan te nemen dat ze voor het criterium in ieder geval boven (of onder) een bepaalde grenswaarde komen. Het risico van veel valse negatieven ('ongeschikt' verklaren terwijl de cliënt wel geschikt is) wordt op de koop toe genomen. Van een score in het negende deciel in een rekentest bij de normgroep calculators op mbo-niveau mag bijvoorbeeld worden aangenomen dat deze een garantie biedt voor het aankunnen van rekentaken in de functie van calculator op mbo-niveau. De beste rekenaars zullen vast wel (potentieel) goede calculators zijn, wat met enige stelligheid in het rapport kan worden vermeld. Kandidaten kunnen in zo'n geval echter ook ten onrechte afgewezen worden. Met een predictietabel kunnen meer genuanceerde uitspraken worden gedaan. In een predictietabel worden alle verzamelde testscores en alle verzamelde criteriumscores in een tabel gezet.

Een predictietabel kan er als volgt uitzien:

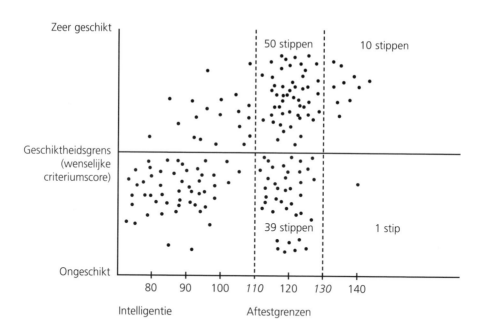

Om beslissingen te kunnen nemen worden twee lijnen getrokken: de horizontale om de wenselijke criteriumscore weer te geven (bijvoorbeeld een score voor het functioneren in een functie weergegeven door de verticale as) en een aftestgrens, weergegeven door verticale stippellijnen vanuit de horizontale as. In dit voorbeeld valt bij de aftestgrens van 110 (de linker stippellijn) 60 procent in de groep geslaagden in de functie. Van iemand die een IQ-score van 110 behaalt, nemen we aan dat deze 60 procent kans heeft om in de functie te slagen. In het verleden presteerde immers 60 procent die zo (of hoger) scoorde, voldoende in de functie. Op grond van empirische gegevens kan een uitspraak gedaan worden als: 'Cliënt heeft gezien zijn testscore een kans van 60 procent te zullen slagen in de opleiding.' Door het verschuiven van de grens van de intelligentietest naar 130 (de rechter stippellijn) kan ook bewerkstelligd worden dat met een zekerheid over 91 procent een geschiktheidsuitspraak gedaan wordt. Het aantal valse negatieven is dan echter onaanvaardbaar groot.

4.9 DE CRITERIA VAN DE COTAN

Voor het samenstellen van een testbatterij en de interpretatie van tests wordt dikwijls gebruikgemaakt van de *Documentatie van tests en testresearch in Nederland* (Evers e.a, 2000), samengesteld door de COTAN (Commissie Testaangelegenheden Nederland van het Nederlands Instituut van Psychologen). In deze documentatie staan beschrijvingen (voorzien van literatuurverwijzingen) en beoordelingen van vrijwel alle in Nederland verkrijgbare tests.

De beoordeling geschiedt aan de hand van zeven criteria:

1 De uitgangspunten bij de testconstructie.
   Hierin worden gebruiksdoel en meetpretentie van de test beoordeeld alsmede de (operationalisatie) van de theoretische achtergrond van de test.
2 De kwaliteit van het testmateriaal.
   Hierin wordt beoordeeld in hoeverre de test gestandaardiseerd is, de handleiding handvatten biedt tot interpretatie van de testscores, er voorbeelden zijn van testinterpretatie, enzovoort.
3 De kwaliteit van de handleiding.
   Dit punt geeft een oordeel over de ondersteuning van de testgebruiker bij het gebruik van de test.
4 Normen.
   Hierin wordt beoordeeld of de normen voldoen aan een aantal criteria ten aanzien van representativiteit, grootte van de normgroep en het gedocumenteerd zijn van de normgroepen.
5 Betrouwbaarheid.
   Hierin wordt een oordeel uitgesproken over de kwaliteit van het betrouwbaarheidsonderzoek.
6 Begripsvaliditeit.
   Hierin wordt onder meer een oordeel uitgesproken over de predictieve validiteit.
7 Criteriumvaliditeit.
   Dit betreft een beoordeling van de mate waarin sprake is van een verband tussen de testscore en externe criteria.

De beoordeling is onvoldoende, voldoende, goed. Een test met onvoldoendes wordt minder serieus genomen dan een test met 'alle zeven goed'. De COTAN-beoordeling is in veel gevallen doorslaggevend bij het al of niet inzetten van tests. Dit is niet terecht en ook niet de bedoeling van de COTAN. De beoordeling is een documentatie van de in de handel zijnde tests, geen kookboek voor psychodiagnostiek.

Slechts 8 van de 372 in de *Documentatie* beoordeelde tests krijgen voor alle zeven beoordelingspunten het predikaat 'goed'. Dit heeft bij velen tot de conclusie geleid dat er weinig goede tests in Nederland zouden zijn en dat het gebruik van de meeste tests derhalve een hachelijke zaak is. De kwaliteit van het testgebruik hangt echter in eerste instantie af van de manier waarop een psycholoog zijn testinstrumentarium inzet en de wijze waarop hij over zijn tests rapporteert, en niet van deze beoordeling.

Zo zal een score 'goed' betekenen dat een test het in een bepaalde populatie goed doet. De beoordeling geldt niet voor gebruik bij andere populaties. Van de acht als 'goed' beoordeelde tests blijken er vier voor zeer specifieke populaties bedoeld te zijn (zwakzinnigen en afasiepatiënten). Strikt genomen kan voor de praktijk vrijwel geen enkele test 'voldoende' scoren, omdat de populaties daarvoor te veel verschillen.

Het is daarom verstandig de COTAN -beoordeling te relativeren. Een test moet aan twee voorwaarden voldoen. In de eerste plaats mogen alleen tests gebruikt worden die redelijk betrouwbaar zijn. Ten tweede dient de testhandleiding te vermelden wat de meetpretentie is.

De betrouwbaarheid van een test is te vergelijken met een weegschaal. De wijzer dient op een gelijkmatige (betrouwbare) manier uit te slaan. Een wijzer die onduidelijk heen en weer slaat, is van minder waarde dan een wijzer die ongeveer op hetzelfde punt blijft stilstaan. Een stabiele wijzer is een betrouwbare test. Betrouwbaarheid is de eerste voorwaarde aan een test.

Aan een test die in een onderzoekssituatie geen stand houdt (een betrouwbaarheidscoëfficiënt alfa heeft van minder dan 0,70), heeft men in de praktijk niet veel. Ook niet als de uitvoering goed is of als er goede normen verzameld zijn. Tests die daarboven scoren meten blijkbaar op een redelijke manier een kenmerk en het is zaak (in de praktijk of research) te achterhalen wat de betekenis van dit kenmerk is.

De meetpretentie van een test moet vervolgens duidelijk zijn. Wat stond de testconstructeur voor ogen toen hij de test ontwierp? De COTAN is hier nogal streng, maar voor de praktijk is het voldoende te weten welk label de constructeur aan zijn test heeft gehangen en uit welk theoretisch gedachtegoed dit label komt. Hiermee kan in de literatuur nagegaan worden wat scores op de test zouden kunnen betekenen. De handleiding biedt hierop lang niet altijd zicht.

Voor persoonlijkheidsvragenlijsten is de inschatting van de meetpretentie van een test overigens betrekkelijk eenvoudig. Van een redelijk betrouwbare test kunnen we aannemen dat deze test 'iets' meet. Dit 'iets' is af te leiden uit de theoretische uitgangspunten van de testconstructeur en de feitelijke testitems. Wat het laatste betreft doet de testgebruiker er goed aan alle testitems van een schaal eens naast elkaar te zetten.

Een goede betrouwbaarheid en een theoretische onderbouwing zijn voldoende om in de praktijk verder te gaan met de test. Dat de normen of de validiteit van de specifieke test (nog) niet aan de strenge COTAN-eisen voldoen, is minder belangrijk. Vanuit de literatuur en eigen onderzoek kan de psycholoog, voor zijn specifieke populatie, dat hiaat invullen.

Wat betreft de overige COTAN-criteria geldt dat de psycholoog voor zover mogelijk verplicht is deze in zijn praktijk nader te onderbouwen. Aan gegevens met betrekking tot normen en validiteit die in een andere situatie dan de zijne zijn verzameld, heeft hij in feite niet veel. Wanneer een test een aantal keren in een gelijksoortige situatie wordt ingezet, beschikt een psycholoog over eigen research-gegevens.

Er is al met al geen reden een test niet te gebruiken die volgens de COTAN één of meer onvoldoendes scoort. Maar op grond van het voorgaande is er ook geen reden een test te omarmen die wat betreft validiteit en normen 'goed' scoort. De psycholoog dient wel zijn argumenten klaar te hebben om instrumenten die nog niet het COTAN-predikaat 'voldoende' hebben, te gebruiken. Dit is in overeenstemming met de criteria van de Algemene Standaard Testgebruik (NIP, 2004).

HET PSYCHOLOGISCH RAPPORT IN ONDERDELEN | 5

In hoofdstuk 2 is ingegaan op de verschillende onderdelen van het psychologisch rapport. In het nu volgende hoofdstuk wordt een standaardindeling voorgesteld die voor de meeste psychologische disciplines geldt. Dit is analoog (maar niet gelijk) aan de voorgestelde indeling in de *Algemene Standaard Testgebruik* (NIP, 2004). In het tweede deel van het hoofdstuk wordt deze indeling nader ingevuld voor enkele specifieke groepen samenstellers van het psychologische rapport, zoals beroepskeuze- en loopbaanadviseurs, personeelsselectieadviseurs en psychodiagnostisch adviseurs.

Slechts een selectie van de informatie die in een psychologisch onderzoek wordt verzameld, komt in het psychologisch rapport terecht. Een psychologisch rapport is immers geen doorgeefluik van test- en andere onderzoeksbevindingen noch een psychologisch dossier.

Een psychologisch rapport is een zakelijk verslag, bestaande uit een selectie van onderzoeksbevindingen. Als minimumeis geldt daarbij dat het rapport de gegeven vraagstelling, voor zover mogelijk, beantwoordt. Maar ook dat het gegeven antwoord (advies) beargumenteerd wordt.

De psychologische rapportage kan allerlei vormen aannemen, waarbij een discussie over 'de beste vorm' over het algemeen zinloos is. Elke indeling is mogelijk die vraagstelling, onderzoeksbevindingen en conclusie behandelt. De wijze van indeling zal in veel gevallen afhangen van wat de opdrachtgever het meest waardeert. Het is niet raadzaam een indeling te nemen die de klant onhandig, niet leesbaar of irrelevant vindt. Wel is aan te geven op welke wijze een psychologische rapportage aan een aantal minimumeisen voldoet. Op deze eisen wordt hierna ingegaan.

De volgende onderdelen zijn in een psychologische rapportage te verwachten:
a   Herkomst en beschrijving van de vraagstelling.
    Hierin wordt de aanleiding voor het onderzoek beschreven in termen van primaire, opdracht- en (eventueel) onderzoeksvraagstelling.
b   Verloop van het onderzoek.
    Hierin wordt aangegeven hoe en waarmee (bronnen) de onderzoeksgegevens zijn verzameld.
c   Anamnese.
    De vorm van de anamnese hangt af van de vraagstelling. Bij een loopbaanadvies zal de nadruk liggen op de opleidings- en arbeidsanamnese. In een psychodiagnostisch onderzoek is dit de psychogenese.
d   Resultaten van het onderzoek onderverdeeld naar de verschillende onderzoeksvelden (persoonlijkheid, capaciteiten, interesses).
e   Samenvatting en/of Conclusie en advies.

5.1 HERKOMST EN BESCHRIJVING VAN DE VRAAGSTELLING

Een psychologisch rapport begint met de herkomst en vervolgens de beschrijving van de (primaire, opdracht- en onderzoeks)vraagstelling. Vervolgens wordt aangegeven hoe de psycholoog de vraagstelling denkt te beantwoorden, waarbij hij eventueel zijn uitgangspunten van onderzoek kan expliciteren. Ook kan in dit hoofdstuk aandacht besteed worden aan het proces waarvan het psychologisch onderzoek nu deel gaat uitmaken.

Onderwerpen die in dit deel aan de orde kunnen komen zijn: wie heeft de cliënt aangemeld, wat was de eerste, ruwe vraag van de opdrachtgever, waarom wordt de cliënt bij deze psycholoog onderzocht, is er al eerder een psychologisch onderzoek geweest en wat waren toen de bevindingen, heeft de cliënt al laten blijken hoe hij tegenover het onderzoek staat, welke vraagstelling(en) komen onderzoeker en opdrachtgever overeen, hoe wordt het onderzoek ingericht. Dit alles zonder al te diep in te gaan op de anamnese die later in het rapport aan de orde komt.

PRIMAIRE VRAAGSTELLING

De herkomst van de vraagstelling geeft de lezer inzicht in de geschiedenis van de aanvraag van het psychologisch onderzoek. Door in het kort de verschillende stadia van de vraagstelling te beschrijven wordt de lezer geïnformeerd over achtergrond en doel van het onderzoek. Hiermee krijgt het onderzoeksverslag een plaats in het proces waarin de rapportage een functie vervult. Door de ontstaansgeschiedenis van de vraagstelling te beschrijven, is de kans kleiner dat de rapportage een opzichzelfstaand gegeven wordt.

Een andere functie van een beschrijving van de herkomst is dat het rapport ook in de tijd leesbaar blijft. Veel van de informatie die aanleiding gaf tot het onderzoek bevindt zich in andere dossiers, in de hoofden van betrokkenen of is op een andere manier na verloop van tijd niet meer te achterhalen. Eventueel volgende lezers van de rapportage krijgen door een goede beschrijving van het proces een beeld van de situatie toen het onderzoek werd aangevraagd.

OPDRACHTVRAAGSTELLING

Kennisname van de opdrachtvraagstelling is essentieel om de rapportage te kunnen begrijpen. In de rapportage wordt deze vraagstelling daarom expliciet beschreven. Dit heeft ook als functie dat de opdrachtgever (nogmaals) wordt gewezen op het doel van het onderzoek en de verwachtingen die hij van de rapportage mag hebben. Opdrachtvraagstelling, informatieverzameling en conclusie moeten naadloos op elkaar aansluiten. De opdrachtvraagstelling leidt tot het verzamelen van bepaalde informatie, de conclusie is gebaseerd op die informatie.

De beschrijving van de onderzoeksvraagstelling ontbreekt in de meeste psychologische rapporten. De onderzoeksvraagstelling waarin de gekozen onderzoeksmethode, tests, checklists, hypothese, normgroepen en eventuele aftestgrenzen worden behandeld is in de regel slechts interessant (en leesbaar) voor collega-diagnostici. Voor zover er gerapporteerd wordt aan anderen heeft het weinig zin hieraan veel aandacht te besteden.

Toch is een korte beschrijving voor de opdrachtgever te overwegen. Wellicht neemt het vooroordelen weg over de wijze van onderzoek (het psychologisch onderzoek als slechts 'een test'). Tevens verschaft het inzicht op welke wijze de gegevens, die vervolgens in de rapportage behandeld worden, verkregen zijn.

Een hoofdstuk 'vraagstelling' zou er als volgt kunnen uitzien.

Voorbeeld:

1   Vraagstelling

1a Herkomst (primaire vraagstelling)

Dhr. S. is aangemeld door mevr. T., arts bij een arbodienst. Hij meldde zich het afgelopen jaar frequent ziek, een objectief medische oorzaak is niet aan te geven. Mevr. T. stelde dhr. S. een psychologisch onderzoek voor om meer zicht te krijgen op een mogelijk psychische achtergrond van de klachten. Dhr. S. wil graag psychologisch onderzocht worden, maar hij stelt wel een aantal eisen aan de wijze waarop. Dit komt erop neer dat hij getest wil worden en inzicht wil hebben in de rapportage. Met hem is afgesproken dat dit geen probleem is.

1b De opdrachtvraagstelling

Er is sprake van ontevredenheid in het werk zonder dat dhr. S. precies kan aangeven waar de schoen wringt. Het ziekteverzuim (griepjes van enkele dagen) heeft volgens bedrijfsarts een psychische achtergrond, veroorzaakt door het werk. Dhr. S beaamt dit, hij geeft zelfs aan dat het werk hem ziek maakt. Maar hij kan dit niet verder benoemen. Concrete problemen zijn concentratieverlies, geprikkeldheid en slechte nachtrust. Dhr. S. heeft een blijvend gevoel van gespannenheid.

Door het frequente ziekteverzuim acht de bedrijfsleiding het niet opportuun dhr. S. in z'n functie te handhaven. Andere functies binnen het bedrijf komen op termijn wellicht beschikbaar. Met mevr. T. is afgesproken te onderzoeken welke factoren in het werk voor dhr. S. ziekmakend zijn.

Zijn deze factoren in het eigen werk te vermijden en zo niet (wat verwacht wordt door bedrijfsleiding), voor welke andere functies waar deze ziek-makende factoren niet voorkomen, komt dhr. S. in aanmerking. In eerste instantie binnen het bedrijf, maar het bedrijf is eventueel ook bereid tot outplacement en een korte cursus of training om dhr. S. op een andere functie voor te bereiden.

1c Methode (onderzoeksvraagstelling)

Aan de hand van een gegeven functieanalyse wordt ingeschat aan wel-ke (psychologische) eisen iemand moet voldoen om naar tevredenheid te kunnen functioneren in de huidige functie. Daarvoor wordt het func-tieprofiel uit de cao en de functiebeoordelingssystematiek als uitgangs-punt genomen. Deze eisen zijn in volgorde van belang: (bovengemiddeld mbo), mondelinge en schriftelijke uitdrukkingsvaardigheden, organiseren, hoofdrekenen, stressbestendigheid, persuasief vermogen, besluitvaar-digheid, vriendelijkheid, extraversie en agressie.

Met enkele persoonlijkheidsvragenlijsten (NEO-PI-R, UCL, UBOS) en een serie capaciteitentests (DAT) zal nagegaan worden op welke punten dhr. S. eventueel niet voldoet aan de gestelde functie-eisen voor zijn huidige functie.

Bij een niet-geschikt zijn zal aan de hand van het interesseprofiel (KIT), de vooropleiding en de capaciteiten een cluster functies benoemd worden waarvoor dhr. S. wel in aanmerking komt. In overleg met de opdrachtge-ver zal dan bezien worden of er binnen het bedrijf functies zijn die in het profiel passen.

5.2 VERLOOP VAN HET ONDERZOEK

In dit hoofdstuk van het psychologisch rapport kan de psycholoog een achtergrond-schets geven van het verloop van de onderzoeksdag(en). Dit hoofdstuk heeft als functie de lezer een beeld te geven van de omstandigheden waaronder de gegevens verkregen zijn. Onderwerpen die in dit hoofdstuk aan de orde kunnen komen zijn: datum en duur van het onderzoek, stemming van onderzochte cliënt, bijzondere voorvallen tijdens het onderzoek, volgorde van de verschillende onderzoeksdelen. Ook de testzaalobservatie kan in dit hoofdstuk ingebracht worden.

In een standaardrapportage, waarbij geen extra observaties zijn verricht of waarbij de aard van het onderzoek verdere uitgebreide verslaglegging overbodig maakt, bijvoorbeeld een selectieonderzoeksrapport, kan dit hoofdstuk zeer kort zijn en meestal weggelaten worden. Maar er zijn uitzonderingen. Voor een selectie-onderzoek kan het bijvoorbeeld van belang zijn te vermelden dat de cliënt ondanks een opkomende griep toch de testdag heeft voltooid.

In onderzoek waarbij wordt geprobeerd een meer volledig persoonlijkheidsbeeld te schetsen, zoals een uitgebreid loopbaanadvies of een psychodiagnostisch onderzoek, bewijst een dergelijk hoofdstuk zeker zijn nut. Het kan de conclusie illustreren. Bijvoorbeeld een passage dat de cliënt in de loop van de dag een andersoortig gedrag ging vertonen. Of de reactie van een cliënt op bepaalde onderdelen van het onderzoek.

Voorbeeld:

2   Verloop van het onderzoek

Het psychologisch onderzoek vond plaats op 23 januari jl. op ons bureau. Het onderzoek duurde van 9.00 tot 12.30 en van 13.00 tot 16.00 uur.

Het gevolgde onderzoeksschema was: twee vragenlijsten, gesprek psycholoog, capaciteitentests, individuele test bij testassistent, snelheidstests en ten slotte weer een gesprek met de psycholoog. De persoonlijkheidsvragenlijsten werden met de computer afgenomen, de capaciteitentests waren 'papier en potlood'.

Dhr. S. was vijftien minuten te laat op de testdag. Daardoor kon hij de plenaire uitleg van de loop van de testdag niet bijwonen. Hij moest, om in het testschema te blijven, vrijwel direct na binnenkomst met de persoonlijkheidsvragenlijsten beginnen. In het eerste gesprek met de psycholoog werd in het kort nog eens aangegeven wat hem deze dag te wachten stond. Na afloop van de testdag bleek dat hij de snelheidstests niet als zodanig opgevat had.

Dhr. S. werkte zowel de individuele als de groepstests rustig af. Hij had geen vragen. Na afloop had dhr. S. geen bijzondere opmerkingen.

5.3   DE ANAMNESE

In hoofdstuk 3 werd al uitgebreid ingegaan op de betekenis van de anamnese voor het opbouwen van de vraagstelling van het (test)psychologisch onderzoek. De bevindingen uit dit vooronderzoek, voor zover ze onderdeel zijn van het psychologisch onderzoek, komen in het rapportagehoofdstuk 'Anamnese'.

In het hoofdstuk 'Anamnese' wordt een chronologisch verslag gegeven van de (persoonlijkheids- en/of loopbaanontwikkeling) ontwikkeling tot nu toe.

Er kunnen daarbij, afhankelijk van de vraagstelling, ten minste vier anamneses onderscheiden worden: de opleidingsanamnese, de arbeidsanamnese, de persoonlijke anamnese en (voornamelijk bij diagnostisch onderzoek) de ziektegeschiedenis. In psychodiagnostische rapportages kunnen de velden gebieden bestrijken als: de persoonlijkheidontwikkeling, de ontwikkeling van het sociaal gedrag, en de ontwikkeling van zelfstandigheid.

De opleidingsanamnese, de arbeidsanamnese, en veelal de persoonlijke anamnese krijgen in een beroepskeuze-, loopbaanbegeleidings- en personeelsselectieadvies zeker aandacht. In een psychodiagnostische rapportage ligt de nadruk veel meer op een wat algemenere beschrijving van persoonlijkheidsaspecten.

Doel van dit hoofdstuk in het psychologisch rapport is de lezer te informeren over de achtergronden van de cliënt voor zover deze relevant zijn voor de vraagstelling. De verleiding bestaat om de verkregen informatie uit de anamnese op een beschrijvende, 'biografische' manier weer te geven. Er zijn psychologen die de kunst verstaan in enkele alinea's een raak betoog over de persoonlijkheidsgeschiedenis neer te zetten. De meeste rapporteurs zullen van zichzelf echter moeten toegeven dat ze deze gave niet bezitten. Er zit dan niet veel anders op dan de feiten zo juist mogelijk weer te geven en in de regel is dit afdoende.

Een zakelijke behandeling van anamnesegegevens bevordert bovendien de toegankelijkheid. Vooral het opleidingsverleden en het arbeidsverleden lenen zich voor een (chronologische) opsomming zoals in een curriculum vitae. Bij dergelijke gegevens kunnen tegelijkertijd aantekeningen worden gemaakt over bijzonderheden.

Voorbeeld (voor een loopbaanadvies):

3   Anamnese

Opleidingsanamnese:

1   1971-1979 basisschool.

Cliënt was naar zijn zeggen een gemiddelde leerling. Rekenen was zijn sterkste vak. Mavo-advies van onderwijzer na mavo/havo CITO-toets. Goede bereikbaarheid van de mavo gaf de doorslag.

2   1979-1983 mavo-4.

Zonder doublures doorlopen. Koos voor vakkenpakket met wiskunde. Alle vakken op ongeveer gelijk niveau (D-niveau).

3   1983-1985 havo vakkenpakket met wiskunde 1 en 2.

Cliënt had daarna nog vwo willen doen, maar kreeg weinig steun van huis uit. Cijfers waren over geheel genomen nog beter dan op mavo, enkele keren negens voor wiskunde op rapport.

4   1988-1990

Diploma PD-boekhouden en kort daarop MBA.

In 'sneltreinvaart', had kennis nodig voor promotie binnen het bedrijf.

Arbeidsanamnese

1 1985-1990

Reclameadviesbureau. Verzorgen van correspondentie. Werd al snel bevorderd tot bureauleider, verantwoordelijk voor de gehele administratie van het adviesbureau, dependance van een nationaal bureau. In totaal 21 man werkzaam op deze locatie. Vertrekt wegens verandering in bedrijfsstructuur, waardoor de bureauleider een meer ondergeschikte positie zou gaan innemen.

2 1990-1997

Manager organisatieadviesbureau. Dertien man personeel. Bureau was gespecialiseerd in veranderingsmanagement. Cliënt was vooral aangetrokken om de werkzaamheden van de zes consultants te faciliteren. Consultants waren eigenaren van het bureau (maatschap). Vertrekt wegens mogelijkheid van financiële verbetering.

3 1997-2005

Bureauleider nationale uitzendorganisatie. Eenentwintig personeelsleden.

Eindverantwoordelijke voor de omzet in een regio.

Hobby's/Verenigingen

Zeilen, bergsport.

Persoonlijkheidsanamnese

Dhr. P. is getrouwd en heeft twee kinderen (8 en 12 jaar) en is duidelijk een 'selfmade man'. Op school was hij ambitieus, maar leerkrachten zagen geen vwo'er in hem. Volgens cliënt kwam dit door zijn achtergrond, zijn alleenstaande moeder had moeite de eindjes aan elkaar te knopen. Eenmaal in een baan besloot hij 'eruit te halen wat erin zat'. In zijn eerste baan werd hij zonder al te veel inhoudelijke kennis al snel bureauleider. Hij besloot wat meer diepgang te verwerven en behaalde in korte tijd zijn praktijkdiploma boekhouden en het diploma Moderne Bedrijfsadministratie. Daarna kreeg zijn carrière vaart. Bij een prestigieus bureau kreeg hij de administratieve leiding. Hij deed dit met succes. Bij zijn overstap naar het uitzendbureau had cliënt de indruk zowel maatschappelijk als financieel geslaagd te zijn.

In het arbeidsverleden is dhr. P. al snel in een positie gekomen waarbij geen sprake is van 'gelijke collega's op de werkvloer'. In zijn werk zoekt hij geen 'collegialiteit'. Hij voelt zich in een dergelijke positie ook niet thuis. In zijn vrije tijd zoekt hij ook sporten op met een uitdaging, al of niet in teamverband.

De persoonlijkheidsanamnese leent zich minder goed voor een strak overzicht maar is in veel gevallen toch in te delen in een aantal duidelijk van elkaar te onderscheiden blokken; het milieu waarin de cliënt opgroeide, de relatie met de thuissituatie, de huidige leefomstandigheden.

In een selectie- en beroepskeuzeadviesrapport zal de persoonlijkheidsanamnese doorgaans gericht zijn op zaken die relevant zijn voor toekomstig werk of toekomstige loopbaankeuzes. De relevantie van een brede persoonlijkheidsanamnese is in dergelijke situaties gering. Het geven van een al te uitgebreide anamnese met veel informatie die niet direct relevant is voor de functie kan zelfs schadelijk zijn voor de sollicitant. De persoonlijkheidsanamnese behoort tot de persoonlijke levenssfeer die van een werksituatie gescheiden zou moeten zijn. Sommige werkgevers blijken daar anders over te denken: ze zouden graag alles willen weten van hun sollicitanten. Psychologen zouden zich hiervan moeten distantiëren, een psychologisch selectierapport is er om de geschiktheid van een sollicitant te beschrijven, niet om algemene informatie te verzamelen over de persoonlijke omstandigheden van de sollicitant. Dit temeer omdat diverse functionarissen in het bedrijf personeelsselectierapporten raadplegen.

Om dezelfde redenen dient spaarzaam met anamnesegegevens in loopbaanadvisering te worden omgegaan. Wel zal de anamnese bij loopbaanadvisering, meer dan bij selectie, aan de orde zijn. Bij loopbaanadvisering gaat het in de meeste gevallen niet alleen om een advies maar ook om inzicht in de omstandigheden die tot het advies leiden. Een (relevante) persoonlijkheidsanamnese kan dit inzicht vergroten.

Bij een psychodiagnostisch onderzoek is het in veel gevallen noodzakelijk een grondig inzicht te geven in de persoonlijkheidsgeschiedenis. Maar ook hier geldt dat alleen die gegevens opgenomen worden die relevant zijn voor de vraagstelling.

De grens tussen wel of niet relevant is in al deze gevallen niet ondubbelzinnig te trekken. Indien gegevens direct noodzakelijk zijn voor het betoog in de conclusie, dan zijn ze relevant. Alle overige gegevens zijn discutabel.

De bevindingen van het onderzoek staan in het hoofdstuk 'Resultaten'. Omdat er sprake is van verschillende bronnen van informatie over de cliënt ligt het voor de hand om in dit hoofdstuk een scheiding te maken tussen deze bronnen: de indrukken in het diagnostisch gesprek, de testuitslagen en eventueel apart de observaties. Bij assessment kunnen nog de resultaten van de capaciteiten en vaardigheden zoals vastgesteld door de assessoren apart weergegeven worden.

Bevindingen van derden (andere behandelaars of collega-psychologen) horen niet in dit hoofdstuk thuis. Deze opmerkingen kunnen in het eerste hoofdstuk ondergebracht worden, waarin de achtergrond van de vraagstelling geschetst wordt.

Doel van het hoofdstuk 'Resultaten' in het psychologisch rapport is gegevens te verstrekken op grond waarvan in de conclusie een advies gegeven wordt. De rapporteur kan hierbij voor twee strategieën kiezen: hij geeft (bijna) alle informatie die hij in zijn onderzoek heeft gevonden of hij selecteert de informatie op relevantie. Het laatste is te verkiezen. Te vaak worden in de psychologische rapportage gegevens verstrekt die er niet toe doen en zelfs verwarrend zijn.

Het weergeven van te veel gegevens wordt in de hand gewerkt door het gebruik van standaardtestbatterijen en het gebruik van vragenlijsten met verschillende schalen. De gegevens zijn er na een onderzoek immers toch en veelal wordt aangenomen dat de extra informatie in de rapportage niet schadelijk is. Te veel informatie kan wél schadelijk zijn. Dit geldt vooral voor het weergeven van testuitslagen waarmee in de rapportage niets gedaan wordt. De extra informatie die niets met de vraagstelling te maken heeft, nodigt uit tot hergebruik van de rapportage voor andere doeleinden (andere vraagstellingen) dan waarvoor de rapportage geschreven is.

Dit is zeker het geval wanneer de rapporteur deze gegevens niet betrekt in het betoog van zijn rapport. Ze komen dan niet terug in de conclusie, ze hebben immers niets te maken met de vraagstelling. Deze onderzoeksgegevens gaan op deze manier een eigen leven leiden.

Rapporten kunnen zo 'verontreinigd' zijn door het weergeven van irrelevante interesses, niet voor de vraagstelling relevante persoonlijkheidstrekken, capaciteiten die geen relevantie hebben voor de activiteiten waarvoor de cliënt in aanmerking komt, enzovoort. De meeste informatie die tijdens een onderzoek wordt verzameld, hoort in het dossier en niet in het rapport. Het is de kunst van het psychologisch rapporteren een betoog op te bouwen dat alleen gegevens bevat die relevant zijn voor dat betoog.

Met betrekking tot testuitslagen is er één uitzondering. Bij ipsatief gescoorde tests is het van belang de overige schalen te kennen. Deze ontlenen de geldigheid van hun 'hoog' en 'laag' immers aan de overige schalen. Elke hoge score wil slechts aangeven dat deze 'hoog' of 'laag' is ten opzichte van de andere schalen.

Bij de weergave van informatie wordt nogal eens 'kort door de bocht' gegaan. Een gebruikelijke weergave van de onderzoeksresultaten is als volgt:

De theoretische studieaanleg varieert tussen een vmbo-tl- en havo-3-niveau en is als volgt gestructureerd:

Het non-verbaal, redeneer- en abstractievermogen blijft vooralsnog beperkt tot een vmbo-tl-niveau. Deze score is echter niet zozeer te wijten aan een gebrek aan inzicht, doch veel meer aan het lage werktempo. De aanleg voor taalverwante vakken is te vergelijken met een voldoende tot ruim vmbo-tl-niveau.

Dhr. S. is meer theoretisch dan praktisch ingesteld. Zijn rekenvaardigheid is uitstekend.

In een staccatoritme worden de resultaten van het (test)onderzoek weergegeven. De informatieve waarde van dergelijke passages is evenwel gering. Wat de lezer doorgaans wil weten is: welke vaardigheid is onderzocht, op welk niveau ligt deze vaardigheid en wat betekent dit voor de vraagstelling. Deze voorwaarden gelden zowel voor de verbale rapportage als voor de tabellen. Een passage als hiervoor komt er dan als volgt uit te zien:

4   Resultaten

Het intelligentieniveau van dhr.S. is vergelijkbaar met dat van gediplomeerden op vmbo-niveau met theoretische leerweg. Voor het verwerven van 'non-verbale' kennis (praktische vaardigheden, techniek) zal hij relatief wat meer tijd nodig hebben dan voor het verwerven van 'verbale' kennis. Bij het begrijpen en aanleren van formules en berekeningen mag niet al te hoog gegrepen worden, hij functioneert hier op vmbo-kbl-niveau. Verbaal is hij duidelijk sterker. Het begrijpen van instructies, regels, handleidingen enzovoort op vmbo-tl-niveau zal in het algemeen gesproken geen problemen geven.

Dit heeft ook wat te maken met zijn gebleken instelling. Hij is meer een theoretisch gericht persoon dan iemand die op een praktische, pragmatische wijze een probleem aanpakt. Dit blijkt uit de vragenlijsten, maar ook uit zijn prestaties op een test voor praktisch technische problemen. Elementaire principes op het gebied van mechanica en natuurkunde zijn hem nauwelijks bekend. Daarbij heeft hij ook een probleem met het zich voorstellen van een ruimtelijk geheel vanaf een tekening. Het (leren) lezen van bouwtekeningen en plattegronden levert voor hem problemen op.

Dhr. S. beschikt over een uitstekende routinerekenvaardigheid. Hij kan goed met cijfermateriaal overweg en is in staat hiermee nauwkeurig te werken.

Dit alles betekent voor de geschiktheid van de functie dat hij met de gegeven beperkingen in het algemeen geen problemen zal ondervinden bij het aanpakken van allerlei (leer)taken op vmbo-tl-niveau. Er worden daarom geen problemen verwacht bij het intellectueel verwerven van de benodigde kennis en inzicht in de functie van boekhouder.

Het is steeds vaker gebruikelijk de resultaten van een psychologisch onderzoek in grafieken en tabellen weer te geven. In hoofdstuk 2 werd ingegaan op de aard van de problemen die de rapporteur dan tegenkomt. Het voordeel is dat bijvoorbeeld tabellen in één oogopslag een overzicht geven van de (test)resultaten. Nadeel van tabellen is dat deze uitnodigen tot onbedoelde herinterpretatie van de uitslag van het onderzoek, bijvoorbeeld bij het hergebruik van het rapport voor een andere doelstelling.

Tabellen en grafieken zullen daarom altijd ondersteund moeten worden door een uitleg. Gegevens in tabellen en grafieken kunnen op ten minste drie manieren gepresenteerd worden: verbaal, numeriek en figuratief.

Een verbale presentatie is bijvoorbeeld: laag, midden, hoog.

	Laag	Midden	Hoog
Rekenen:			

Bij een dergelijke schaal zal aangegeven moeten worden wat onder 'laag, midden, hoog' wordt verstaan. Bijvoorbeeld in een capaciteitentest: Onder 'hoog' wordt verstaan een score die in de bovenste 25 procent van de populatie voorkomt.

In een numerieke schaal wordt een schaal van bijvoorbeeld 1 tot en met 10 gegeven.

	1	2	3	4	5	6	7	8	9	10
Rekenen:										

De score op deze schaal is veelal direct afkomstig van de normeringstabel van de gemaakte test. De rapporteur moet daarbij letten op de wijze waarop de normering gegeven is. Een stanine schaal (negenpuntsschaal) heeft een geheel andere verdeling dan een deciel schaal, hoewel ze beide ongeveer evenveel categorieën bevatten. Zie voor de betekenis van dergelijke schalen bijvoorbeeld Drenth en Sijtsma (1990, p. 93).

Het beste is de drie soorten weergaven te combineren, de normgroep direct aan te geven en daarbij een uitleg te geven van de afzonderlijke scores:

	Zeer laag	*Laag*	*Gemiddeld*	*Hoog*	*Zeer hoog*
(deciel)	1 2 3	4	5 6 7	8	9 10

Woordenlijst
Analogieën
Figurenreeksen
Ruimtelijk inzicht
Technisch inzicht
Rekenvaardigheid

Woordenlijst
Een test die de passieve woordenschat in kaart brengt. Hoogscoorders herkennen van veel woorden de betekenis.

Analogieën (Denken met woorden)
Deze test meet, door te bevragen op de samenhang met andere verbale begrippen, de kennis van de betekenis van verbale begrippen.

Figurenreeksen (Denken met figuren)
Deze test meet, door de samenhang te zien in een reeks figuurtjes, het vermogen met niet-verbaal materiaal te redeneren.

Ruimtelijk inzicht
Deze test meet het ruimtelijk voorstellingsvermogen zoals benodigd voor het lezen van technische tekeningen.

Technisch inzicht (Praktisch inzicht)
Deze test meet aan de hand van tekeningen het inzicht in technische, mechanische en natuurkundige principes.

Rekenvaardigheid (Denken met getallen)
Deze test meet de vaardigheid snel en foutloos eenvoudige (optellen, aftrekken, vermenigvuldigen en delen) rekenopgaven te maken.

De toelichting onder de schalen kan kort zijn, in de rapportage worden de afzonderlijke punten behandeld en in een kader geplaatst.

5.5   DE SAMENVATTING

In de samenvatting wordt de vraagstelling, in het kort, herhaald. Daarbij worden de belangrijkste bevindingen van het onderzoek gegeven en wordt de vraagstelling beantwoord.

Voorbeeld (reïntegratieadvies):

Dhr. S. werd onderzocht voor een mogelijke terugkeer naar de oude werkgever in een administratieve functie. De vraag was of hij in staat zou zijn binnen een jaar die kwaliteiten te verwerven die noodzakelijk zijn om als boekhouder op de afdeling Debiteuren te werken.

Samengevat kan worden dat dhr. S. intellectueel gezien in staat moet worden geacht zich voldoende snel in de nieuwe positie in te werken. Hij beschikt over een goede rekenvaardigheid en een ruim voldoende verbaal-analytisch vermogen.

De samenvatting kan enkele alinea's beslaan, maar dit is geenszins noodzakelijk. In selectierapporten kan één regel voldoende zijn en daarmee samenvallen met de conclusie.

5.6   CONCLUSIE EN ADVIES

In het hoofdstuk 'Conclusie en advies' wordt een direct verband gelegd tussen de opdrachtvraagstelling en de bevindingen van het onderzoek (vermeld in de samenvatting). De (soms éénregelige) conclusie valt bij veel selectieonderzoek samen met het advies. In een loopbaanonderzoek of een psychodiagnostisch onderzoek wordt de conclusie nader toegelicht met een uitgebreider advies waarin, zonder in een herhaling van de samenvatting te vervallen, aangegeven wordt hoe de conclusie verder in het lopende proces gehanteerd kan worden.

De conclusie in een personeelsselectie rapport kan als volgt luiden:

'Wij achten dhr. S.

niet, juist voldoende, voldoende, ruimschoots geschikt voor de functie.'

De conclusie wordt bij een van de mogelijkheden aangekruist, aangestreept of omcirkeld. Alle antwoordmogelijkheden worden vermeld om duidelijk te maken op welke schaal de cliënt wordt beoordeeld.

In een loopbaanonderzoek kan de conclusie uitmonden in een uitgebreider advies:

'Wij achten dhr. S. het meest geschikt voor een functie van boekhouder. Om zich goed te kunnen ontwikkelen in deze functie zal hij op termijn enkele aanvullende cursussen moeten volgen. Een schriftelijke cursus behoort gezien de motivatie van dhr. S. tot de mogelijkheden. Wij raden hem aan zich te oriënteren bij enkele instellingen voor schriftelijk onderwijs.'

In psychodiagnostisch onderzoek is het gebruikelijk een beschrijvende conclusie en advies te geven. Ook dit kan in veel gevallen direct gekoppeld worden aan een opdrachtvraagstelling, zodat conclusie en advies zich tot enkele regels beperken.

Voorbeeld:

'Wij achten dhr. V.

niet, juist voldoende, voldoende, ruimschoots geschikt voor groepstherapie.

Gezien de intellectuele capaciteiten adviseren we dhr. V. te plaatsen in een groep op ongeveer havo-niveau.'

5.7 OPBOUW VAN EEN RAPPORT

In deze paragraaf worden drie voorbeelden gegeven van een psychologische rapportagestructuur, één voor beroepskeuze- en loopbaanbegeleiding-, één voor personeelsselectie- en één voor het psychodiagnostisch onderzoek.

Steeds wordt daarbij, onafhankelijk van de vraagstelling dezelfde structuur gekozen: vraagstelling, anamnese, een beschrijving van de persoonlijkheid, een beschrijving van de intellectuele capaciteiten en ten slotte de samenvatting en conclusie. Voor een psychologisch beroepskeuzeadvies is de rubriek 'Interesses' toegevoegd, voor het psychodiagnostisch onderzoek de rubriek 'Psychogenese'.

5.7.1 BEROEPSKEUZE- EN LOOPBAANBEGELEIDINGRAPPORT

VRAAGSTELLING

Het hoofdstuk met de vraagstelling geeft inzicht in de aanleiding tot het onderzoek. De onderdelen zijn: een beschrijving van het proces waarin het onderzoek plaatsvindt, vervolgens een beschrijving van de primaire vraagstelling met daaraan gekoppeld een beschrijving van de opdrachtvraagstelling. Op die manier wordt het de lezer duidelijk waarom de psycholoog is ingeschakeld en wat er van de psycholoog wordt verwacht. Het hoofdstuk resulteert in een expliciete vraagstelling die onderwerp van onderzoek is. Kenmerkend voor loopbaanadvisering is vaak de zeer algemene openingsvraag: 'Ik weet niet wat ik wil' of 'Wat is een geschikte functie voor deze werknemer'. Een analyse van het proces is dan van belang om dergelijke open vragen wat meer vorm te geven: Wat heeft de cliënt (en opdrachtgever) tot nu toe gedaan om deze vragen te beantwoorden? of: Wat zijn de specifieke grenzen aan het advies (geld, tijdsduur, tijdsbeslag, etc)? En welke vraag is te stellen zodat het proces zich met het antwoord op een voorspoedige manier ontwikkelt.

VERLOOP VAN HET ONDERZOEK

Bij beroepskeuze- en loopbaanadvisering is vooral van belang te vermelden in hoeverre de cliënt gemotiveerd aan de tests meedeed. Maar ook meer algemene zaken zijn van belang, zoals de conditie van de cliënt, ongeregeldheden in de testafname en de eigen inbreng van de cliënt.

ANAMNESE

Doel van dit hoofdstuk is de (school)loopbaan in beeld te brengen. Welke stappen heeft betrokkene hier tot nu toe gezet, welke kenmerken had de (school)loopbaan tot nu toe? Geef hier een chronologisch overzicht van de (school)loopbaan tot nu toe. Voor zover relevant komen verder aan de orde: huisvesting (studieruimte), relatie met partner of contacten met ouders en werkgever (financiering). Maar ook kan hier aan de orde komen wat de rode draad is in het opleidings- en arbeidsverleden: waar is de cliënt goed in, wat vindt hij leuk en is hier een samenhang in te ontdekken.

ONDERZOEKSRESULTATEN: INTERESSES

De beschrijving van de interesses vindt vaak integraal plaats, zeker bij tests die gebruikmaken van (of te herleiden zijn tot) de Holland codes (Hogerheijde, 1981). Met deze codes kan de cliënt in een beroepenklapper of geautomatiseerd systeem opzoeken welke beroepen binnen deze code vallen.

Maar ook andere bronnen dan tests kunnen hier aan de orde komen. Bijvoorbeeld door te kijken naar de hobby's, de werkzaamheden tot nu toe (waar was belangstelling voor) en favoriete schoolvakken.

ONDERZOEKSRESULTATEN: PERSOONSBESCHRIJVING

In het kort wordt een karakteristiek gegeven van de meest kenmerkende persoonlijkheidstrekken die relevant zijn voor werk. Relevant voor werk zijn in ieder geval ambitie, doorzettingsvermogen, belangstelling voor sociale contacten, stressbestendigheid en presentatie.

De twee belangrijkste bronnen uit het onderzoek zijn het gesprek en de (test)onderzoeksgegevens. Een derde bron is de omgeving van de cliënt. Er is niets op tegen alle bronnen in één hoofdstuk te zetten, als maar duidelijk is waar wat vandaan komt.

Doel van dit hoofdstuk is aan te geven waar de intellectueel sterke en waar de zwakke kanten van cliënt liggen. Een inschatting wordt gegeven van het algemene niveau van intellectueel functioneren. Dit kan zowel de uitslag van een intelligentietest zijn als het geschatte niveau aan de hand van een aantal tests uit een testserie.

Wanneer een testbatterij is afgenomen worden de sterke en zwakke kanten belicht. Het doel van het afnemen van een testbatterij bij beroepskeuze- en loopbaanadvisering is vaak een integraal beeld te verkrijgen van de intellectuele capaciteiten. Bij een meer specifieke vraagstelling kan dit beperkt blijven tot de capaciteiten die nodig zijn voor bepaalde (soorten) functies.

SAMENVATTING

In het laatste hoofdstuk wordt de opdrachtvraagstelling nog eens herhaald en zo direct mogelijk beantwoord. Hierbij wordt uitsluitend gewerkt aan de hand van hetgeen in het voorgaande aan de orde is geweest. In dit hoofdstuk horen geen nieuwe feiten of gegevens aan het licht te komen. Voor zover mogelijk en noodzakelijk voor de vraagstelling worden gegevens geïntegreerd, interesses worden gekoppeld aan persoonlijkheidseigenschappen en capaciteiten.

CONCLUSIE EN ADVIES

In een beroepskeuze-(loopbaan)advies is het nuttig aan te geven wat er verder moet gebeuren. Waar kan de cliënt terecht met zijn keuze, welke stappen moet hij zetten. In sommige gevallen kan het nuttig zijn een volledig advies te geven waarin tot in detail wordt aangegeven welke volgende stappen gezet kunnen worden (adres, telefoonnummer van opleiding). Dit is niet aan te raden, een cliënt dient juist gestimuleerd te worden zelf het heft in handen te nemen. Een gedetailleerd advies kan verlammend werken (laat dit maar aan de adviseur over). Bovendien kan de cliënt binnen het aangegeven traject zelf iets anders tegenkomen dan de adviseur heeft bedacht.

5.7.2 PERSONEELSSELECTIERAPPORT

VRAAGSTELLING

De vraagstelling in een selectierapport beperkt zich niet altijd tot de algemene geschiktheidsvraag. Ook kan gevraagd worden naar de verwachte ontwikkeling die de kandidaat zal doormaken ('is het iemand die door zal groeien in een functie of...'). De geschiktheidsvraag kan zich toespitsen op bepaalde onderdelen van de functie of op bepaalde kenmerken van de persoon die zijn opgevallen in het selectiegesprek van de cliënt met de opdrachtgever en die men nu nader onderzocht wil zien. Ook hier is er een expliciete omschrijving van de opdrachtvraagstelling. Daarin kan een vertaalslag gemaakt worden van 'functie-eisen' naar psychologisch meetbare eisen. Bijvoorbeeld een bepaald soort management dat vertaald kan worden in bepaalde persoonlijkheidseigenschappen.

VERLOOP VAN HET ONDERZOEK

Indien de sollicitant onverwacht iets doet of laat tijdens de testzitting kan dit relevant zijn voor het advies. Bijvoorbeeld een kandidaat die zonder geldige reden te laat kwam voor het onderzoek, de datum van het onderzoek wilde opschuiven of lastig was in de testzaal.

ANAMNESE

In het selectierapport is vooral het school- en arbeidsverleden van belang. De relevantie van bepaalde onderdelen hieruit kunnen in deze paragraaf toegelicht worden. Maar ook kan met een beschrijving van het opleidings- en arbeidsverleden al dan niet aangetoond worden dat het cv al of niet past bij de beoogde functie van de kandidaat.

ONDERZOEKSRESULTATEN: PERSOONLIJKHEID

Bij personeelsselectie wordt geselecteerd voor een bepaalde functie. Daarvoor kunnen bepaalde persoonlijkheidskenmerken in het voordeel zijn van de kandidaat en andere weer in zijn nadeel. Het is zaak dit hoofdstuk tot dergelijke kenmerken te beperken. Een brede schets van een persoonlijkheid kan verwarring veroorzaken. Overige persoonlijkheidsaspecten worden alleen vermeld wanneer in de rapportage aannemelijk wordt gemaakt dat ze een rol kunnen spelen in het functioneren. Dit sluit een algemene beschrijving niet uit, maar het heeft geen zin in te gaan op persoonlijkheidseigenschappen die niet van belang zijn voor het functioneren.

ONDERZOEKSRESULTATEN: INTELLECTUELE CAPACITEITEN

Ook in de paragraaf met een beschrijving van de intellectuele capaciteiten wordt uitsluitend die informatie opgenomen die relevant is voor het (toekomstig) functioneren. Van elke testuitslag wordt aangegeven voor welke aspecten van de functie deze relevant is. Meer nog dan bij persoonlijkheidskenmerken geldt hier dat extra informatie verwarrend is.

In de samenvatting worden de highlights van het onderzoek vermeld. Personeels-selectie is vaak een zaak van plussen en minnen, elke kandidaat heeft z'n voors en tegens. De samenvatting kan hier een handvat geven door binnen de gegeven op-drachtvraagstelling de onderzoeksuitslag op te knippen in plus- en minpunten.

CONCLUSIE EN ADVIES

In het hoofdstuk met de conclusie en het advies worden alle onderzoeksgegevens met elkaar verbonden in het licht van de opdrachtvraagstelling. De 'voors en tegens' worden gewogen en de psycholoog komt tot een geschiktheidsadvies.
De geschiktheid van een kandidaat kan afgezet worden op een schaal. Bijvoorbeeld: Zeer geschikt, Geschikt, Matig geschikt, Ongeschikt. In het advies kan de geschikt-heid met enkele regels worden toegelicht.

5.7.3 PSYCHODIAGNOSTISCH RAPPORT

VRAAGSTELLING

Doorgaans is er bij een diagnostisch onderzoek een verwijzer. De primaire vraag-stelling van de verwijzer en het proces van de cliënt worden zo nauwgezet moge-lijk gedocumenteerd. Waarom wordt het advies van een psycholoog gevraagd? Wat wordt er van de psycholoog verwacht? Welke activiteiten zijn tot nu toe ondernomen om het geconstateerde probleem op te lossen? Vervolgens wordt in overleg met de verwijzer de opdrachtvraagstelling geformuleerd. Diagnostisch onderzoek in verband met bijvoorbeeld het vaststellen van de precieze reden van werkuitval of het vaststellen van de mogelijkheden tot werkhervatting vereist een flexibele op-drachtvraagstelling. Het onderzoek zelf is vaak een ontdekkingstocht waarbij de onderzoeksvraagstelling bijgesteld moet worden. Voor het diagnostisch onderzoek kan de opdrachtvraagstelling daarom globaler zijn dan voor bijvoorbeeld een selec-tieonderzoek.

ANAMNESE

De levensloop van de cliënt wordt geschetst, voor zover in verband te brengen met de vraagstelling. 'Sleutelmomenten' uit de anamnese, gebeurtenissen die van grote invloed zijn geweest op de persoonlijkheidsontwikkeling, krijgen uiteraard meer aandacht.

De stappen in de (school)loopbaan en kenmerken van de (school)loopbaan tot nu toe, worden in een chronologisch overzicht gegeven. Verder komen in de regel aan de orde: ziektegeschiedenis, emotionele ontwikkeling, huisvesting, relatie met partner, ouders, leerkrachten en werkgever.

De anamnese kan de vorm hebben van een beknopte biografie maar ook hier geldt dat zaken die niet van belang zijn voor de vorming van het uiteindelijke oordeel en advies achterwege kunnen blijven.

ONDERZOEKSRESULTATEN: PERSOONSBESCHRIJVING

Bij de persoonsbeschrijving wordt een karakteristiek gegeven van de meest kenmerkende persoonlijkheidstrekken op basis van het (test)onderzoek, al of niet in termen van DSM-IV. Aan de orde komen in ieder geval belangstelling voor en kwaliteit van sociale contacten, stressbestendigheid, neuroticisme, psychopathologieën, persoonlijkheidsstoornissen en presentatie. De beschrijving kan hier aanmerkelijk breder zijn dan in het beroepskeuze- , loopbaan- of personeelsselectieonderzoek. Maar ook hier geldt dat er een verband moet zijn met de gegeven onderzoeksvraagstelling.

In de persoonsbeschrijving wordt aangegeven wat de bron van informatie is. De twee belangrijkste bronnen zijn het gesprek en de testonderzoeksgegevens. De relatie tussen beide wordt weergegeven.

ONDERZOEKSRESULTATEN: CAPACITEITEN

Voor een diagnostisch onderzoek is niet alleen van belang hoe hoog de score op een intelligentietest is maar ook hoe deze score tot stand komt. Een individuele intelligentietest heeft om die reden vaak de voorkeur. De observatiegegevens kunnen dan in dit hoofdstuk over capaciteiten een plek krijgen.

In een diagnostisch onderzoek wordt in de regel een inschatting gegeven van het algemene niveau van intellectueel functioneren. Een precieze inschatting van specifieke vaardigheden is vaak niet aan de orde (tenzij het onderzoek ook een beroepskeuze- of loopbaanelement bevat).

SAMENVATTING

Meer nog dan in andersoortige onderzoeken gaat het er in het diagnostisch onderzoek om de grote lijn van de voorgaande hoofdstukken samen te vatten. Door een integraal beeld van de persoonlijkheid te schetsen kunnen conclusie en advies ook beter in een kader worden gezet. Maar ook hier geldt dat de opdrachtvraagstelling uitgangspunt is. Als deze een vraag naar therapie betreft, gaat dit hoofdstuk over de elementen (gedragingen, persoonlijkheidsaspecten) die in de therapie aan de orde kunnen komen. Het hoofdstuk kan dan niet gaan over al of niet aanslaan van medicatie, kwaliteit van sociale contacten, etc. Tenzij die mogelijk interfereren met een eventuele therapie.

CONCLUSIE EN ADVIES

Ook in het diagnostisch rapport gaat dit hoofdstuk met de conclusie en het advies over de beantwoording van de opdrachtvraagstelling. Omdat in het diagnostisch onderzoek de cliënt vaak een kwetsbare positie inneemt, is het zaak dat de psycholoog extra let op het belang van de cliënt. Dit is vooral aan de orde als het gaat om beslissingen in verzekeringskwesties. Als de vraagstelling slechts de diagnose betreft en uit het onderzoek blijkt dat de cliënt zeker geholpen zal zijn met een bepaalde therapie, dan zou de psycholoog dat uit beroepsethische overwegingen ook moeten meenemen in zijn onderzoeksbevindingen. De opdrachtvraagstelling is niet allesbepalend.

DE RAPPORTAGE VAN TESTUITSLAGEN: INTERESSES

| 6

6.1 OPBOUW VAN HOOFDSTUK 6 TOT EN MET 8

Veel uitspraken in psychologische rapporten zijn gebaseerd op testuitslagen. Het vertalen van een testuitslag in een informatieve passage is niet altijd eenvoudig. Het vereist behalve rapportagevaardigheid een grondige bestudering van doel en inhoud van de test en zelfs dan is het niet altijd even duidelijk hoe een score van de test in een rapportpassage kan worden omgezet. Nauwgezette instructies ontbreken doorgaans in de handleidingen. Veelal is het noodzakelijk de test op itemniveau te bestuderen voordat uitspraken aan de hand van de test kunnen worden gedaan.

In hoofdstukken 6 tot en met 8 worden beschrijvingen gegeven van de schalen van de meest gangbare tests in Nederland. Dit kan als hulpmiddel dienen voor het samenstellen van rapporten.

Ongeveer vijftig psychologische tests die in de meeste testsituaties toepasbaar zijn, worden hierna behandeld. De tests worden gebruikt in algemeen psychologisch onderzoek, zoals beroepskeuzeonderzoek, loopbaanbegeleiding, klinisch-psychologisch onderzoek en selectieonderzoek.

Het aantal hier beschreven tests is een fractie van het totale aantal. De overgrote meerderheid van beschikbare tests en vragenlijsten heeft betrekking op specifieke problematiek of is slechts te gebruiken voor specifieke populaties. De hier beschreven tests zijn min of meer algemeen bruikbaar.

Van de behandelde tests wordt uitleg gegeven bij de hoge en lage scores op de schalen. De teksten zijn gebaseerd op de iteminhoud van de schalen, de bij de tests geleverde handleidingen en de beschikbare literatuur.

Onder 'lage scores' worden scores tot en met het tweede deciel, vierde vigintiel, 23e percentiel of derde stanine verstaan. Onder hoge scores worden verstaan de scores boven het achtste deciel, boven het 16e vigintiel, 77e percentiel of zesde stanine verstaan. De gemiddelde scores, hoewel voor sommige vraagstellingen zeer relevant, worden niet altijd omschreven.

Een rapportagefragment zoals in dit boek als voorbeeld gegeven op grond van een bepaalde testuitslag kan als een gegeven op zichzelf worden gepresenteerd of worden geïntegreerd in een tekst. De tekstfragmenten lenen zich voor een opzichzelfstaande rapportage van een testonderdeel in de tekst van het hoofdstuk 'resultaten onderzoek'.

De rapportagefragmenten zijn uitdrukkelijk bedoeld ter inspiratie (maar zie ook paragraaf 10.8). Met name bij vaste cliënten mag de psycholoog niet de indruk wekken dat het rapporteren verworden is tot knip-en-plakwerk. De fragmenten werken meer als een 'romprapportage'. De feitelijke rapportage dient een uniek

psychologisch product te blijven. De volgende teksten kunnen helpen de romprapportage vorm te geven. Maar de betekenis van individuele testuitslagen is ook
afhankelijk van andere testuitslagen. Daarmee kon in dit boek uiteraard geen rekening worden gehouden.

Psychologen verschillen in hun interpretatie van testuitslagen. In veel gevallen is
dat geen probleem, want de meeste tests laten de ruimte verschillende interpreta-
tieformuleringen te kiezen voor dezelfde testuitslag. Er zijn echter grenzen aan deze
interpretaties. Deze grenzen kunnen alleen worden gevonden door de handleidingen
van de tests en de daarin opgegeven literatuur over het gemeten kenmerk grondig
door te nemen.

De teksten zijn verdeeld in drie hoofdcategorieën: beroepeninteressetests (hoofdstuk 6), persoonlijkheidstests (hoofdstuk 7) en capaciteitentests (hoofdstuk 8). De
opbouw van de hoofdstukken verschilt. Bij beroepeninteresses is gekozen voor een
behandeling per interesserichting, bij persoonlijkheidseigenschappen voor de behandeling per test, waardoor op sommige persoonlijkheidsvariabelen een overlap
is ontstaan, en bij de capaciteitentests is gekozen voor een beschrijving op de verschillende te meten capaciteiten. Bij de persoonlijkheidstests zijn alle gelijksoortige
kenmerken wel van een aparte beschrijving voorzien, omdat er onder dezelfde noemer toch belangrijke nuanceverschillen zijn.

De tekstfragmenten beperken zich tot tests die min of meer openbaar toegankelijk
zijn. Het is zeer gebruikelijk dat psychologen zelf tests ontwikkelen, zowel interes-
se-, capaciteitentests als persoonlijkheidsvragenlijsten. Het aantal zelfontwikkelde
tests is moeilijk te schatten, maar het aantal dat voldoet aan de minimumeisen met
betrekking tot betrouwbaarheid, validiteit en normering valt hoogstwaarschijnlijk
tegen. Bovendien zijn er vele op psychologische tests gelijkende vragenlijsten die
gebruikt worden voor trainingen en personeelsselectie. Deze laatste categorie 'trai-
nings- en selectiehulpmiddelen' blijft buiten beschouwing.

Dat neemt niet weg dat er vele hier niet genoemde tests zijn die zeker bruikbaar
blijken in de praktijk. De gebruiker zou in dergelijke gevallen vooral moeten letten
op de interne consistentie van de test (alfa). Deze grootheid geeft aan óf er 'iets'
gemeten wordt met de test. Dat 'iets' kan afgeleid worden uit de onderscheiden
items. Maar ook de meetpretentie (het begrip dat gemeten wordt) geeft inzicht in
de bruikbaarheid. Door literatuuronderzoek en eigen normering kan dan al snel
(na ongeveer honderd afnamen) een bruikbaar (beschrijvend) instrument worden
ingezet (zie ook paragraaf 4.9).

6.2 BEROEPENINTERESSETESTS

Een beroepeninteresse is 'de voorkeur van een persoon voor een bij elkaar behorende groep van beroepen, functies en werkzaamheden' (Compaan & Kooreman,
1994).

Er zijn in Nederland ten minste zestien beroepeninteressetests in de handel. Zeven daarvan zijn gemakkelijk verkrijgbaar en toepasbaar in een brede range van situaties: Amsterdamse beroepen Interesse Vragenlijst (ABIV, Evers, 1992),

Beroepen-Interesse-Test (BIT, Evers, 1987), Beroepskeuze zelf-onderzoek (BZO, Hogerheijde, 1981), Beroepen Interesses Onderzoek (BIO, Bullens e.a., 1994), Korte Interesse Test, (KIT, Compaan & Kooreman, 1994), Hogere Beroepen Interesse Test (HIT, Compaan & Kooreman 1998), Thurstone beroepen test (Tjoa, 1974). Deze zeven tests worden hierna besproken.

In deze beroepeninteressetests zijn achttien verschillende interesses te onderscheiden, waarvan zeven voor al deze tests gemeenschappelijk zijn, namelijk: Dieren en planten, Techniek, Laboratorium (inclusief chemie en voeding), Creatief (artistiek, kunst, muziek, literair en cultureel), Sociaal (dienstverlening, helpen en medisch) , Handel (commercieel en ondernemend, administratief) en Administratie (conventioneel, rekenwerk, cijferwerk en numeriek).

Hierna staat een overzicht van deze beroepeninteressetests. Het overzicht is afgeleid van het overzicht in de handleiding van de HIT (Compaan & Kooreman, 1998).

Interesseschaal/vragenlijst	1 BIO	2 BZO	3 BIT	4 THUR	5 ABIV	6 KIT/HIT
Werken met dieren en planten,						x
Agrarisch, Buitenwerk, Natuur	x		x		x	
Technisch werken,						x
Technisch, Praktisch, Realistisch	x	x	x	x	x	
Werken met processen (chemie, voeding)						x
Laboratorium, (Natuur)Wetenschappelijk,	x	x	x	x	x	
Voedselbereiding			x			
Creatief werken,						x
Artistiek, Kunst, Ambacht,	x	x	x	x	x	
Muziek, Muzikaal,				x	x	
Literair, Literatuur, Cultureel	x		x	x	x	
Werken met mensen, Onderwijs, Opleiding						x
Dienstverlenend, Sociaal, Helpend	x	x	x	x	x	
Medisch-verzorgend					x	
Werken in handel,						x
Handel, Commercieel , Ondernemend		x	x	x	x	
Handel-administratie	x					
Administratief werken,						x
Administratief, Conventioneel	x	x	x	x	x	
Rekenwerk, Cijferwerk, Numeriek						

Interesseschaal/vragenlijst	1 BIO	2 BZO	3 BIT	4 THUR	5 ABIV	6 KIT/HIT
Sport					x	
Bestuurlijk, Representatief				x	x	
Overtuigend, Leiderschap				x	x	
Sociaal wetenschappelijk					x	
Alfa wetenschappelijk					x	
Religieus					x	
Avontuur (Society)					x	

1   Beroepen Interesses Onderzoek (Bullens, 1994)
2   Beroepskeuze zelf-onderzoek (Hogerheijde, 1981)
3   Beroepen-Interesse-Test (Evers, 1987)
4   Thurstone beroepen test (Tjoa, 1974)
5   Amsterdamse beroepeninteressevragenlijst (Evers, 1992)
6   Korte Interesse Test (Compaan & Kooreman, 1994)/ Hogere Beroepen Interesse Test (Compaan & Kooreman, 1998)

6.3   WEERGAVE TEKSTEN BEROEPENINTERESSES

DIEREN EN PLANTEN

ABIV (buitenwerk), BIT (agrarische arbeid), BIO (buitenshuisactiviteiten) KIT/HIT (werken met dieren en planten).

Hoge score
Kandidaat heeft belangstelling voor het werken met dieren en planten (kweken, verzorgen, fokken, onderhouden, telen). Hiermee geeft hij ook een voorkeur voor buitenwerk aan. Hij houdt ervan actief bezig te zijn in de natuur. Dergelijke werkzaamheden worden aangetroffen in bijvoorbeeld de land- en tuinbouw of veeteelt, maar ook bij tuinaanleg, landschapsarchitectuur, tuincentra, dierenpensions, fokkerijen en het milieu- en landschapsbeheer.
Een gerichte belangstelling in deze richting wijst er dikwijls ook op dat kandidaat het belangrijk vindt in de buitenlucht te werken.

Voorbeelden van beroepen in deze sfeer
Medewerker tuincentrum, bloembinder, hovenier, akkerbouwer, boomkweker, cultuurtechnisch opzichter, leerkracht plantenteelt, campinghouder, tuinder, veeteeltdeskundige, landbouwconsulent, dierenarts.

Lage score
Kandidaat geeft aan weinig belangstelling te hebben voor het werken met dieren en planten (land- en tuinbouw, veeteelt en tuinaanleg). Dit kan wijzen op een zekere aversie ten aanzien van dit soort werk, maar ook van een weerzin tegen vuil werk, en werk in de buitenlucht in het algemeen.

TECHNIEK

ABIV (technisch), BIO (techniek) en BIO (manueel), BIT (technische handenarbeid), BZO (realistisch), KIT/HIT (technisch werken), Thurstone (natuurwetenschappelijk-technisch-constructief),

Hoge score
Kandidaat heeft belangstelling voor technisch werk. Hiermee spreekt hij een voorkeur uit voor het werken met gereedschappen, machines of apparaten. Vaak is iemand dan praktisch en vormend bezig met materialen. Deze belangstelling komt echter ook tot zijn recht bij het ontwerpen of begeleiden van productieprocessen.

Doorgaans wordt dit soort werkzaamheden verricht in werkplaatsen en fabrieken, maar er zijn ook vele mogelijkheden in de ambulante sfeer (onderhoudsmonteur), op kantoor (onderhoud, ontwerp) en in buitenwerk (in de bouw). Het is (voor zover het praktisch werk betreft) vaak zwaar, deze werkzaamheden vereisen daarom een goede fysieke conditie. Als het meer kantoorwerk betreft, is vaak een goed ruimtelijk voorstellingsvermogen en enige wiskundige vaardigheid vereist. Het werk vereist ook een praktische instelling en uiteraard een feeling voor techniek.

Voorbeelden van beroepen in deze sfeer
Rangeerder, betontimmerman, autotechnicus, constructeur pijpleidingen, uitvoerder bouw, instrumentatietechnicus, isolatietechnicus, lasser, metaalbewerker, scheepvaartkundige, staalbetonconstructeur, werktuigbouwkundige, koeltechnicus.

Lage score
Kandidaat geeft weinig belangstelling aan voor techniek. Dit kan wijzen op een zekere aversie ten aanzien van het werken met machines, materialen en gereedschappen en een aversie tegen praktische, concrete werkzaamheden in het algemeen.

NATUURWETENSCHAPPELIJK

ABIV (exact-wetenschappelijk), BIO (wetenschappelijk werk), BIT (technisch- natuurwetenschappelijk), HIT (werken met processen), Thurstone (natuurwetenschappelijk).

Hoge score

Kandidaat geeft aan belangstelling te hebben voor toegepaste exacte wetenschappen, bijvoorbeeld in natuurkundig en scheikundig onderzoek. Hij denkt dan vooral aan het doen van onderzoek. Dit werk speelt zich vaak af in de sfeer van een laboratorium in de chemische industrie, de milieu-inspectie of procesindustrie. Op school had hij waarschijnlijk al belangstelling voor vakken als wiskunde, natuurkunde en scheikunde. Beroepen in deze sfeer zijn te vinden in laboratoria, petrochemie, elektrotechniek en computertechnologie. De werkzaamheden vereisen een exact-wetenschappelijke aanleg.

Voorbeelden van beroepen in deze sfeer

Elektronicamonteur, procestechnoloog, elektrotechnisch ingenieur, leraar elektrotechniek, apotheker.

Lage score

In de beroepeninteressetest geeft kandidaat weinig belangstelling aan voor de exacte wetenschappen. Op school had hij waarschijnlijk al geen interesse voor vakken als wiskunde, natuurkunde en scheikunde.

LABORATORIUM

BIT (voedselbereiding), KIT (werken met processen).

Hoge score

Kandidaat geeft aan belangstelling te hebben voor het werken met chemische en natuurkundige processen. Doorgaans vinden deze werkzaamheden plaats in de procesindustrie. Een grote belangstelling in deze richting wijst op belangstelling voor bijvoorbeeld voedselbereiding (kok, medewerker in de voedings- en genotmiddelenindustrie) of voor praktisch laboratoriumwerk (analist, apothekersassistent, laborant). Dit werk vereist grote nauwkeurigheid en een feeling voor het werken met scheikundige en natuurkundige principes.

Voorbeelden van beroepen in deze sfeer

Beheerder afvaldepot, chocolatier, analist, biofarmaceutisch onderzoeker, botermaker, kunststoffenlaborant, kwaliteitscontroleur voedingsmiddelen, procesoperator, waterkwaliteitsbeheerder, scheikundige.

Lage score

Kandidaat heeft weinig belangstelling voor het werken met natuurkundige en scheikundige processen. Het kan zijn dat kandidaat een zekere aversie heeft ten aanzien van het werken met grondstoffen.

ABIV (artistiek), BIO (kunst), BIT (ambachtelijke vormgeving), BZO (artistiek), KIT/HIT (creatief werken), Thurstone (artistiek, beeldende kunst).

Hoge score

Kandidaat geeft belangstelling aan voor beroepen en werkzaamheden die een creatieve, artistieke aanleg vereisen. Hij wil zijn emoties uitdrukken in schilderijen, beeldhouwwerken, choreografie, film en fotografie. Of hij wil daar een actieve, stimulerende rol in spelen voor anderen.

Hij doet graag werkzaamheden waarbij het erop aankomt oorspronkelijke en originele oplossingen te vinden. Dergelijke werkzaamheden zijn buiten de sfeer van kunst en cultuur te vinden in ambachtelijk werk, ontwikkel- en researchwerk en in het algemeen activiteiten die weinig routine of regelmaat kennen. Dit werk vereist voor een beroepsuitoefening een uitgesproken creatieve aanleg, originele aanpak en voor financieel succes, erkenning. Maar er zijn uiteraard ook werkzaamheden in deze sfeer die in mindere mate een beroep doen op artistiek talent. Enthousiasme, organisatietalent en een goed esthetisch gevoel zijn dan zeer belangrijk.

Voorbeelden van beroepen in deze sfeer

Etaleur, etser, graficus, kleermaker, musicus, schoonheidsspecialist, grimeur, architectuurfotograaf, art director reclame, beeldend kunstenaar.

Lage score

Kandidaat heeft weinig belangstelling voor werkzaamheden die een creatieve, artistieke inslag vereisen. Het kan zijn dat hij geen belang hecht aan originaliteit of dat het 'artistieke milieu' hem tegenstaat dan wel dat hij weinig ziet in allerlei kunstuitingen.

SOCIAAL

ABIV (sociaal), BIO (dienstverlenend, verbaal), BIT (sociaal werk en opvoeding), BZO (sociaal), KIT/HIT (werken met mensen), Thurstone (humanitair, sociaal werk).

Hoge score

Kandidaat geeft veel belangstelling aan voor werk waarbij mensen geholpen en verzorgd worden. Hij houdt ervan mensen van dienst te zijn. Hij wil zich inzetten voor eenieder die het moeilijk heeft een plek in deze samenleving te vinden. Dit kan door emancipatieactiviteiten, het wegwerken van achterstanden, hulpverlening en allerlei werkzaamheden waarbij het erom gaat voor mensen in de bres te springen.

Hiermee spreekt hij een voorkeur uit voor werkzaamheden waarin tact en zorgzaamheid vereist zijn. Dergelijke activiteiten vinden plaats in maatschappelijk werk, pedagogische centra, ziekenhuizen, verzorgingscentra voor ouderen, revalidatiecentra, etc. Ook in veel serviceberoepen is een dergelijke houding vereist. Het gaat dan om het alert zijn op andermans wensen en daarop kunnen inspelen. Dergelijke activiteiten vereisen goede sociale vaardigheden en een zeker incasseringsvermogen. Hulpvaardigheid wordt immers niet in alle gevallen in dank afgenomen. Bovendien blijkt een al te zorgzame opstelling belemmerend bij de uitoefening van veel beroepen in de verpleging en verzorging.

Voorbeelden van beroepen in deze sfeer
Activiteitenbegeleider, cultureel werker, cursistenbegeleider, inrichtingswerker, kraamverzorger, maatschappelijk werker, psychiatrisch-verpleegkundige, psychotherapeut.

Lage score
Kandidaat geeft weinig belangstelling aan voor werk waarbij hij mensen van dienst moet zijn. Indien kandidaat met deze lage score uitdrukt dat hij het moeilijk vindt zich dienstbaar op te stellen, kan dit een belemmering zijn voor het uitoefenen van beroepen waarin veel cliëntcontacten voorkomen.

HANDEL

ABIV (commercieel), BIO (handel-administratie), BIT (handel), BZO (ondernemend), KIT/HIT (werken in de handel), Thurstone (commercieel-ondernemend).

Hoge score
Kandidaat geeft aan veel belangstelling te hebben voor werk in de commerciële sfeer (inkoop, verkoop). Hij heeft er plezier in mensen te overtuigen, over te halen bij hem te kopen en daarmee geld te verdienen. Hij geeft daarmee ook aan graag ondernemend, zelfstandig op te treden.

In deze werkzaamheden zijn het leggen van goede relaties (netwerken) en de motivatie (veel) geld te verdienen van belang. Dit vereist een ondernemende instelling en de wil anderen te overtuigen. Deze werkzaamheden vinden plaats in winkels en andere verkooppunten maar ook op kantoor en ambulant.

Voorbeelden van beroepen in deze sfeer
Caféhouder, detailhandelaar, bankadviseur, groothandelaar, organisatieadviseur, public relations medewerker, verzekeringsinspecteur, verkoper, zelfstandig ondernemer.

Lage score
Kandidaat heeft weinig belangstelling voor werkzaamheden in de commerciële sector. Hij geeft aan niet zo ondernemend te zijn en er weinig behoefte aan te hebben anderen te overtuigen. Hij vindt geld verdienen in zijn werk van ondergeschikt belang.

ABIV (administratief), BIT (administratie), BIO (handel-administratie), BZO (conventioneel), KIT/HIT (administratief werken), Thurstone (administratief-economisch).

Hoge score
Kandidaat heeft belangstelling voor administratief werk. Daarbij is te denken aan het organiseren, rubriceren, berekenen en regelen van informatiestromen in organisaties. Hij houdt van discipline en regelmaat. Dergelijke werkzaamheden vinden in de regel plaats op een kantoor waarbij veel met computers gewerkt wordt. Voor dergelijke werkzaamheden is een ordelijke en zorgvuldige instelling nodig.

Voorbeelden van beroepen in deze sfeer
Administrateur, archiefbediende, boekhouder, belastingadviseur, bibliothecaris, directiesecretaresse, informatiedeskundige, juridisch stafmedewerker, lokettist, telefonist.

Lage score
Kandidaat heeft weinig belangstelling voor werk in de administratie. Doorgaans duidt dit ook op een zekere aversie tegen kantoorwerk en binnenwerk in het algemeen.

ABIV (cijferwerk), BIO (numeriek).

Hoge score
Kandidaat heeft belangstelling voor het maken van berekeningen en het werken met getallen. Dit kunnen allerlei statistische of boekhoudkundige bewerkingen zijn waarbij computerprogramma's gebruikt worden. Om deze belangstelling te vertalen in een beroepenvoorkeur kan het best worden gezocht in de administratieve en technische beroepen. De realisatie van deze beroepenvoorkeur vereist doorgaans een behoorlijke rekenvaardigheid en in ieder geval een goed gevoel voor getallen.

Voorbeelden van beroepen in deze sfeer
Calculator, werkvoorbereider, cargadoor, controller, hypotheekadviseur, informatie-analist, kredietbeoordelaar, statisticus.

Lage score
Kandidaat heeft weinig belangstelling voor het maken van berekeningen en het werken met getallen in het algemeen.

ABIV (bestuurlijk en leidinggeven), Thurstone (bestuurlijk-representatief).

Hoge score

Kandidaat heeft belangstelling voor werkzaamheden waarin veel georganiseerd en geregeld moet worden dan wel waarin hij een bestuurlijke verantwoordelijkheid heeft. Dat kan zijn in een positie als bestuurder (burgemeester, wethouder) of in een positie als uitvoerder (jurist, rechter, notaris). Hij geeft graag leiding en wil daarvoor ook verantwoordelijk zijn. Dergelijke werkzaamheden vereisen besluitvaardigheid, goede sociale vaardigheden en een gevoel voor planning. Verder vragen deze functies een zeker gevoel voor protocol en etiquette.

Doorgaans zijn dergelijke functies pas bereikbaar na een periode in een bepaalde richting gewerkt te hebben. Ook in allerlei staf- en beleidsfuncties in administratie, planning en beheer komt deze belangstelling tot z'n recht.

Voorbeelden van beroepen in deze sector

Afdelingshoofd, bedrijfsleider, beleidsmedewerker, directiesecretaris, wethouder, filiaalbeheerder, griffier, hoofd civiele dienst, productmanager, vakbondsbestuurder.

Lage score

Kandidaat geeft aan weinig belangstelling te hebben voor beroepen waarin je moet organiseren en regelen. De duidelijke afwezigheid van een belangstelling in deze richting duidt ook op een aversie ten aanzien van het nemen van een grote verantwoordelijkheid en de vertegenwoordiger te zijn van een groep of belang.

ABIV (medisch), Thurstone (biologisch-medisch).

Hoge score

Kandidaat heeft veel belangstelling voor werkzaamheden in de medische sector. Hij heeft interesse in de werking van het menselijk lichaam en hoe je dat gezond houdt. De werkzaamheden bestaan uit verpleging en verzorging, maar ook uit het verrichten van medische ingrepen. Dergelijke werkzaamheden vinden plaats in ziekenhuizen, dokterspraktijken en verzorgingscentra. De medische beroepen doen een sterk appel op de sociale vaardigheden en de psychische stabiliteit.

Voorbeelden van beroepen in deze sfeer

Verzorgingsassistent, diëtist, kraamverzorger, medisch assistent, gezondheidsvoorlichter, huisarts, internist, mondhygiënist, operatieassistent, verpleegkundige.

Lage score
Kandidaat geeft aan weinig belangstelling te hebben voor medische beroepen. Hij houdt er niet van in zijn werk geconfronteerd te worden met de hulpbehoevendheid, gebreken of beperkingen van anderen.

LITERATUUR

ABIV (literair), BIO (literair werk), BIT (literaire en geesteswetenschappelijke arbeid), Thurstone (verbaal-literair).

Hoge score
Kandidaat heeft belangstelling voor werkzaamheden waarin hij veel kan lezen en schrijven. Er zijn natuurlijk werkzaamheden die vrijwel geheel door dit soort activiteiten gekenmerkt worden (journalist, literator), maar beroepen in beleidsvoorbereiding, onderzoek en management doen eveneens een sterk beroep op deze belangstelling. Om dit werk goed te doen vereist het schrijven wel enig talent en het leeswerk een vermogen hoofd- van bijzaken te onderscheiden.

Voorbeelden van beroepen in deze sfeer
Vertaler, journalist, literatuuronderzoeker, historicus, leraar talen, rapporteur, schrijver, sociaalwetenschappelijk onderzoeker.

Lage score
Kandidaat geeft aan weinig belangstelling te hebben voor schrijf- en leeswerk. In de hoger geschoolde beroepen zou hij er rekening mee moeten houden dat hier veel gelezen wordt en dat het schrijven van nota's en rapporten in dergelijke beroepen bepaald geen uitzondering is.

MUZIEK

ABIV (muziek), Thurstone (muzikaal).

Hoge score
Kandidaat heeft veel belangstelling voor muziekbeoefening. Indien hij deze interesse in een concrete beroepswens wil omzetten, is een flinke dosis talent nodig in deze richting. Doorgaans blijken deze talenten al op jongere leeftijd. Indien hij geen ervaring heeft met actieve muziekbeoefening zal het erg moeilijk zijn deze beroepswens als muzikant te realiseren. De beroepswens zou dan wel tot uitdrukking kunnen worden gebracht in beroepen die geen actieve muziekbeoefening vereisen (muziekrecensent, verkoper muziek, enzovoort).

Voorbeelden van beroepen in deze sfeer
Muzikant, bladmuziekverkoper, ballerina, componist, dirigent, diskjockey, muziektherapeut, verkoper muziekinstrumenten, zanger.

Lage score
Kandidaat heeft weinig belangstelling voor muziek.

ALFA-WETENSCHAPPELIJK

ABIV (alfa-wetenschappelijk)

Hoge score
Kandidaat houdt van taal en geschiedenis. Hij zou graag onderzoek willen doen naar allerlei culturele ontwikkelingen, zoals die in de literatuur en archieven te vinden zijn.
Het gaat dan om literatuur(wetenschap), geschiedenis en taalwetenschap, de zogenoemde 'alfawetenschappen'. Dergelijke werkzaamheden vinden vaak plaats in onderzoeks- en opleidingscentra.

Voorbeelden van beroepen in deze sfeer
Museumsuppoost, geschiedenisleraar, archeoloog, archivaris, bibliothecaris, filosoof, historicus, taalwetenschapper, theoloog, theoretisch socioloog.

Lage score
Kandidaat heeft weinig belangstelling voor de zogenoemde 'alfawetenschappen' (literatuur, geschiedenis en taalwetenschap).

SOCIAALWETENSCHAPPELIJK

ABIV (sociaalwetenschappelijk)

Hoge score
Kandidaat heeft belangstelling voor werkzaamheden die een onderzoekende houding vragen ten aanzien van sociale, maatschappelijke en menselijke vraagstukken. Hij wil weten hoe de wereld om hem heen functioneert en heeft een gerichte belangstelling voor psychologie, sociologie, antropologie, etc. Hiermee drukt kandidaat ook uit dat hij actief wil participeren in het oplossen van vraagstukken op dit gebied. Daarbij is te denken aan maatschappelijk werk, beleidswerk bij de (semi-)overheid en politiek werk.

Voorbeelden van beroepen in deze sfeer
Enquêteur, maatschappelijk werker, demograaf, econoom, geograaf, politicoloog, sociaal psycholoog, socioloog.

Lage score
Kandidaat heeft weinig belangstelling voor werkzaamheden die zich richten op het functioneren van de maatschappij in z'n geheel.

ABIV (religieus)

Hoge score
Kandidaat geeft aan veel belangstelling te hebben voor religieuze en levensbeschouwelijke vraagstukken. Hij denkt graag na over het beleven van een godsdienst. Het praktisch verrichten van dergelijke werkzaamheden vereist een sterk geloof. Er zijn echter ook functies in deze sfeer die een minder belijdend karakter dragen, bijvoorbeeld godsdienstleraar of godsdienstsocioloog.

Voorbeelden van beroepen in deze sfeer
Aalmoezenier, dominee, gevangenenpastor, humanistisch geestelijk werker, parochie geestelijke, pastoor, rabbijn, imam, ziekenhuispastor.

Lage score
Kandidaat heeft, afgaande op de door hem ingevulde interessevragenlijst, weinig belangstelling voor religieuze en levensbeschouwelijke vraagstukken. Het uitoefenen van beroepen en verrichten van werkzaamheden in deze sfeer zijn daarom voor hem niet interessant.

SPORT

ABIV(sport)

Hoge score
Kandidaat geeft aan, als beoefenaar of toeschouwer veel belangstelling te hebben voor sportbeoefening. Gerichte loopbanen als sporter zijn uiteraard alleen mogelijk als hij fysiek in staat is een redelijke prestatie neer te zetten. Voor de betaalde topsporter betekent dit dat zijn talent al ontdekt moet zijn. Voor trainers en begeleiders geldt dat een goede fysieke conditie over een geruime periode gegarandeerd moet zijn. Indien hij niet in staat is tot actieve sportbeoefening op niveau kan gedacht worden aan bijvoorbeeld de sportjournalistiek en de handel in sportartikelen.

Voorbeelden van beroepen in deze sfeer
Bewegingstherapeut, sportinstructeur, sportleraar, tennisleraar, verkoper sportartikelen, voetballer, voetbaltrainer, zweminstructeur.

Lage score
Kandidaat geeft aan weinig belangstelling te hebben voor sportbeoefening.

ABIV (avontuur)

Hoge score
Kandidaat geeft aan veel belangstelling te hebben voor het dragen van uniformen, het uitdragen van fysieke macht of het fysiek imponeren van zijn medemens. Het nemen van fysieke risico's in zijn werk vindt hij aantrekkelijk. Het realiseren van deze beroepswens kan in de nogal besloten gemeenschappen van leger en politie. Ook in werkzaamheden in bewakingsdiensten, douane of koopvaardij komen deze beroepswensen tot hun recht.

Voorbeelden van beroepen in deze sfeer
Ambulancechauffeur, penitentiair inrichtingswerker, bewaker, commando, beroepsmilitair, brandweerman, autocoureur, kapitein grote vaart, piloot, politieagent.

Lage score
Kandidaat heeft weinig belangstelling voor het nemen van fysieke risico's in zijn werk. Evenmin heeft hij belangstelling voor het dragen van uniformen, het uitdragen van fysieke macht of het fysiek imponeren van zijn medemens.

DE RAPPORTAGE VAN TESTUITSLAGEN: PERSOONLIJKHEIDSASPECTEN | 7

7.1 UITGANGSPUNTEN BIJ DE BESCHRIJVING VAN PERSOONLIJKHEIDSASPECTEN

De rapportage van persoonlijkheidsaspecten is doorgaans de kern van het psychologisch rapport. Voor een deel zijn de uitspraken hierin gebaseerd op de uitslagen van persoonlijkheidsvragenlijsten. Met deze vragenlijsten geeft de kandidaat een beeld hoe hij zichzelf ziet. Dit beeld kan door de psycholoog aangevuld worden aan de hand van observaties, informatie uit de anamnese en mededelingen van de kandidaat zelf.

De persoonlijkheidsvragenlijsten zijn de meest objectieve en betrouwbare bron, maar niet altijd doorslaggevend. Gedrag dat recent heeft geleid tot een psychiatrische opname kan niet genegeerd worden omdat de testuitslagen niet in deze richting zouden wijzen. De observatie van een duidelijk verlegen sollicitant is niet goed te maken met een aantal hoge scores op extraversie-schalen.

Een persoonlijkheidsvragenlijst is zo opgebouwd dat over een bepaald persoonlijkheidsaspect een aantal vragen wordt gesteld waarop alleen met een voorgecodeerd antwoord gereageerd kan worden: 'ja', '?' of 'nee' of een schaal met een aantal categorieën. De vragen op een schaal die een persoonlijkheidsaspect meet, correleren significant met de eindscore van de schaal. Alle vragen hebben betrekking op steeds weer andere situaties en omstandigheden, maar verwijzen altijd naar het persoonlijkheidsaspect (de eindscore) van de schaal.

Een persoonlijkheidsvragenlijst meet dus een 'antwoordtendentie'. Dat wil zeggen de mate waarin iemand de neiging heeft een bepaald soort antwoorden te geven op een bepaald aspect. Hoe meer de antwoordtendentie in een bepaalde richting gaat, hoe hoger de score op een bepaalde schaal. Het antwoord op een afzonderlijke vraag in een persoonlijkheidsvragenlijst is daarom niet relevant, het gaat om de som van antwoorden op een schaal.

Voor de rapportage vormen de afzonderlijke items een belangrijke bron van kennis over de schaal. De inhoud van de schaal wordt er immers door bepaald. Wanneer de items worden gerangschikt op hoogte van de correlatie met de eindscore (in de handleiding worden dergelijke overzichten soms gegeven), maken de afzonderlijke items duidelijk waar de schaal voor staat. Voor de juiste interpretatie van een schaal is het daarom aan te bevelen de items van een schaal door te nemen.

Door de literatuur te bestuderen over het persoonlijkheidsaspect dat door de test gemeten wordt, neemt de toepasbaarheid van een test toe. Een handleiding is voor een uitgebreide interpretatie in de regel nauwelijks voldoende. Testgebruikers wordt aangeraden veel literatuur 'om de handleiding heen' te lezen.

7.2 DE PERSOONLIJKHEIDSVRAGENLIJSTEN

De volgende vragenlijsten (op alfabetische volgorde van de auteursnaam) worden in dit hoofdstuk beschreven. Bij elke vragenlijst wordt aangegeven welke schalen de vragenlijst bevat. In het register worden onder 'Persoonlijkheidstests' alle vragenlijsten genoemd, onder 'Persoonlijkheidsaspecten' alle hier genoemde schalen.

- GLTS '94 (Guilford LTP Temperament Survey)
  Sociale extraversie, gevoelsmatigheid, reagibiliteit (temperament), autoritair gedrag, onbezorgdheid (optimisme, oppervlakkigheid), masculiniteit (Akkerman & Buijk, 1994).
- GPP/GPI (Gordon Personal Profile and Gordon Personal Inventory)
  Ascendancy, responsibility, emotional stability, sociability (GPP), cautiousness, original thinking, personal relations, vigor (GPI) (Algera & Wolff, 1982).
- WIMAS
  Vragenlijst voor de meting van manipulatief gedrag: manipuleren, recht door zee, assertiviteit, berekenend/diplomatiek (Altink-van den Berg & Akkerman, 1989).
- Delftse Vragenlijst
  Neuroticisme (Appels, 1974).
- JAS (Jenkins Activity Survey)
  Type A- of B-gedrag (Appels, 1985).
- Symptom Checklist-90
  Agorafobie, angst, depressie, somatische klachten, insufficiëntie van denken en handelen, wantrouwen, hostiliteit, slaapproblemen (Arindell & Ettema, 1986).
- SIG (Schaal voor Interpersoonlijk Gedrag)
  Kritiek geven, onzekerheid tonen, kenbaar maken, positivisme (Arindell e.a., 1984).
- IOA (Inventarisatielijst Omgaan met Anderen)
  Kritiek geven, aandacht vragen voor eigen mening, waardering uitspreken voor de ander, initiatief nemen tot contact, jezelf waarderen (Van Dam-Baggen & Kraaimaat, 2004).
- HAB (Habituele Actie Bereidheid Vragenlijst)
  Habituele actie bereidheid (Dirken, 1970).
- SIW (Schaal voor Interpersoonlijke Waarden)
  Sociale steun, conformiteit, erkenning, onafhankelijkheid, altruïsme, leiderschap (Drenth & Kranendonk, 1984).
- SPW (Schaal voor Persoonlijke Waarden)
  Praktische instelling, prestatie motivatie, variëteit, besluitvaardigheid, orde en netheid, doelgerichtheid (Drenth & Cornelisse-Koksma, 1973; Hogerheijde,1996).
- VKP (Vragenlijst voor kenmerken van de persoonlijkheid, DSM-IV)
  Paranoïde, schizoïde, schizotypisch, antisociaal, borderline, theatraal, narcistisch, ontwijkend, afhankelijk, obsessief-compulsief, passief-agressief, depressief.

Paranoïde, schizoïde, borderline, theatraal, afhankelijk, anakastisch, dyssociaal, impulsief (borderline), angstig (Duijsens e.a., 1999).

- ATL (Adolescenten Temperament Lijst)
  Emotionaliteit, spanningsbehoefte I (Thrill and Adventure Seeking), spanningsbehoefte II (Experience Seeking), extraversie, impulsiviteit (Feij & Kuiper, 1984).
- SBL (SpanningsBehoefteLijst)
  Thrill and adventure seeking, experience seeking, boredom susceptibility, disinhibition (Feij & Van Zuilen, 1984).
- PMT (Prestatie Motivatie Test)
  Prestatie motivatie, negatieve faalangst, positieve faalangst (Hermans, 1976).
- NEO-PI-R/NEO-FFI (Persoonlijkheidsvragenlijst)
  NEO-PI-R& NEO FFI: neuroticisme, extraversie, openheid, altruïsme, consciëntieusheid. NEO-PI-R: angst, ergernis, depressie, schaamte, impulsiviteit, kwetsbaarheid, hartelijkheid, sociabiliteit, dominantie, energie, avonturisme, vrolijkheid, fantasie, esthetiek, gevoelens, veranderingen, ideeën, waarden, vertrouwen, oprechtheid, zorgzaamheid, inschikkelijkheid, bescheidenheid, medeleven, doelmatigheid, ordelijkheid, betrouwbaarheid, ambitie, zelfdiscipline, bedachtzaamheid (Hoekstra e.a., 2003).
- MOTOR (MOTivatie ORiëntatie test)
  Energie, discipline, planmatigheid, competitie (Kooreman, 2006).
- VVComI (Vragenlijst Voor Commercieel Inzicht)
  Commercieel inzicht (Lievens e.a., 1985).
- NPV (Nederlandse Persoonlijkheids Vragenlijst)
  Inadequatie, sociale inadequatie, rigiditeit, verongelijkt, zelfgenoegzaamheid, dominantie, zelfwaardering (Luteijn e.a., 2000).
- NVM (Nederlandse Verkorte MMPI)
  Negativisme, somatisering, verlegenheid, ernstige psychopathologie, extraversie (Luteijn & Kok, 1985).
- NPST (Negativisme, ernstige Psychopathologie en Somatisering Test)
  Negativisme, ernstige psychopathologie, somatisering (Luteijn & Barelds (2003).
- HSCL (Hopkins Symptom Checklist)
  Psychoneurotische klachten, somatische klachten (Luteijn e.a., 1984).
- Persoonlijkheidsinventaris MMPI
  Hypochondrie, depressie, hysterie, psychopathie, mannelijkheid-vrouwelijkheid, paranoia, psychastenie, schizofrenie, hypomanie, sociale introversie (Nuttin & Beuten, 1969; Derksen e.a., 1996).
- ZBV (Zelf Beoordelings Vragenlijst)
  Toestandsangst, angstdispositie (Van der Ploeg e.a., 1980b).
- ZAV (Zelf-Analyse Vragenlijst)
  Toestandsboosheid, boosheidsdispositie (Van der Ploeg e.a., 1982).
- ETAV (Examen/Toets Attitude Vragenlijst)
  Toetsattitude, piekeren, emotionaliteit (Van der Ploeg, 1988).

- CISS (Coping Inventory of Stressful Situations)
  Taakgerichte coping, emotiegerichte coping, vermijdingsgerichte coping, gezelschap zoeken, afleiding zoeken (De Ridder & Van Heck, 1999).
- UBOS (Utrechtse Burn-out Schaal)
  Emotionele uitputting, mentale distantie, competentie (Schaufeli & Van Dierendonck, 2000).
- UCL (Utrechtse Coping Lijst)
  Actief aanpakken, palliatieve reactie, vermijden, sociale steun zoeken, passief reactiepatroon, expressie van emoties, geruststellende gedachten (Schreurs e.a., 1993).
- Amsterdamse Stemmingslijst
  Depressief, uitgelaten, schuw, humeurig, boos, moe, gewetensvol, onverschillig, arrogant, angstig (De Sonneville e.a., 1984).
- 4DKL (Vier dimensionale klachtenlijst)
  Distress, depressie, angst, somatisatie (Terluin, 2004).
- EPPS (Edwards Personal Preference Schedule)
  Ambitie, respect, ordening, zelfvertoon, autonomie, vriendschap, inleving, steunzoeken, dominantie, zelfgeringachting, liefderijke zorg, variatie, volharding, heteroseks, agressie (Tjoa, 1973).
- ABV (Amsterdamse Biografische Vragenlijst)
  Neurotische labiliteit, somatiseren, extraversie, testattitude, sociale wenselijkheid (Wilde, 1970).
- AVL (Allport Vernon Lindzey Study of Values)
  Theoretisch, economisch, esthetisch, sociaal, politiek, religieus (Wolf-Albers & Mellenbergh, 1972).

7.3 RAPPORTAGEFRAGMENTEN VAN PERSOONLIJKHEIDSVRAGENLIJSTEN

De volgende rapportagefragmenten zijn vooral gebaseerd op de inhoud van de afzonderlijke schalen. Daarnaast vormden de testhandleiding en eventueel (validatie)onderzoek bronnen.

Ook voor deze rapportagefragmenten geldt dat het rompteksten betreft die verder ingevuld kunnen worden met observaties en informatie die op andere wijze verkregen zijn. In een rapport zullen de teksten altijd aangepast moeten worden.

Er zijn zelfs combinaties van uitslagen mogelijk waarbij het noodzakelijk is de gegeven rompteksten te negeren. Deze combinaties worden hier niet behandeld.

Hierna worden de betekenissen van hoge en lage scores gegeven (zie par. 6.1). Bij de Persoonlijkheidsinventaris MMPI (Nuttin & Beuten, 1969; Derksen e.a., 1996), Delftse Vragenlijst (Appels, 1974), Symptom Checklist (Arindell & Ettema, 1986), de 4DKL (Terluin, 2004) en de VKP (Duijsens e.a., 1999) worden vanwege het klinische karakter van deze vragenlijsten alleen de hoge scores vermeld. Lage scores betekenen doorgaans het afwezig zijn van de gemeten eigenschap. Een belangrijke constatering in een individueel geval, maar voor een beschrijving als hierna volgt levert het weinig nieuws op.

Dezelfde schalen komen enkele malen voor in verschillende tests. Toch verschillen de beschrijvingen, aangezien de schalen op itemniveau niet hetzelfde zijn. In de beschrijving wordt zo veel als mogelijk rekening gehouden met deze nuanceverschillen.

De tests worden in alfabetische volgorde van de auteursnamen beschreven.

In de teksten worden verschillende stijlen afgewisseld. Dit is gedaan om de suggestie te vermijden dat slechts één wijze van rapporteren de voorkeur zou hebben. Bij enkele tests worden om dezelfde reden voor één uitslag verschillende rapportagefragmenten gegeven. Dit is gedaan door in de omschrijvingen andere accenten te leggen.

GLTS '94: GUILFORD LTP TEMPERAMENT SURVEY (AKKERMAN & BUIJK, 1994)

SOCIALE EXTRAVERSIE

Hoge score (1)
Kandidaat heeft grote behoefte aan het leggen en onderhouden van sociale contacten. Hij zoekt daarom situaties op waarin hij veel mensen kan ontmoeten, zoals feestjes en recepties. In een gezelschap valt hij graag op en hij is daarbij dikwijls de gangmaker. In een team neemt hij al snel het voortouw.

Hoge score (2)
Kandidaat neemt gemakkelijk het initiatief bij het leggen van sociale contacten. Hij houdt ervan in het middelpunt van de belangstelling te staan. In het leggen van contacten is hij niet zo selectief, het gaat hem er vooral om onder de mensen te zijn.

Lage score (1)
Kandidaat kan solitair functioneren. Hij hoeft niet in het middelpunt van de belangstelling te staan en vermijdt ook liever situaties waarin hij veel onbekende mensen zal ontmoeten. Hij is liever bij bekenden of alleen met de tv of een boek.

Lage score (2)
Kandidaat heeft weinig behoefte aan het leggen en onderhouden van sociale contacten. Hij is geneigd situaties te vermijden waarin hij veel mensen kan ontmoeten, hij is liever alleen of slechts met enkele naaste familieleden of vrienden. Het functioneren in een team kan op die manier problemen geven.

Hoge score (1)
Kandidaat geeft aan last te hebben van allerlei emotionele gevoeligheden. Hij is snel van zijn stuk gebracht door kritiek op zijn persoon of kritiek op z'n werk. Daarbij heeft hij nogal eens het gevoel dat hem te kort wordt gedaan, dat hij achtergesteld wordt. Hij tobt na tegenslag en is snel uit zijn evenwicht. Hierdoor is hij niet in staat onder omstandigheden waarin veel tegenzit op z'n eigen niveau te functioneren. Door zijn omgeving zal hij gezien worden als gevoelig, en emotioneel minder stabiel.

Hoge score (2)
Kandidaat is gevoelig, zijn stemming gaat op en neer. Hij is geneigd scherp te letten op wat er in hem omgaat, vooral in negatieve zin. Hij verwijt zichzelf onvolkomenheden die anderen als volstrekt normaal beschouwen. Ook voelt hij zichzelf wel eens tekort gedaan zonder duidelijke reden, maar hij vindt het moeilijk dergelijke gevoelens naar buiten te brengen. Dit maakt dat hij zich niet zo lekker in zijn vel voelt zitten.

Lage score (1)
Kandidaat geeft in de vragenlijst aan geen last te hebben van allerlei emotionele gevoeligheden. Hij voelt zich niet snel gekwetst of ten opzichte van anderen te kort gedaan. Hierdoor is hij in staat ook onder omstandigheden waarin veel tegenzit toch op z'n eigen niveau te functioneren. Door zijn omgeving zal hij al snel gezien worden als stabiel en evenwichtig.

Lage score (2)
Kandidaat heeft een evenwichtig gevoelsleven. Het komt weinig voor dat hij van slag wordt gebracht door gebeurtenissen om hem heen. Hij gaat stabiel zijn eigen weg en trekt zich weinig aan van wat anderen van hem zouden kunnen denken.

REAGIBILITEIT (TEMPERAMENT)

Hoge score (1)
Kandidaat is vaak haastig, ongeduldig. Hij neemt liever snel, zelfs impulsief, een beslissing dan dat hij alle mogelijke afwegingen maakt. De kat uit de boom kijken is beslist zijn stijl niet, hij grijpt liever direct in en kan daardoor ook risico's nemen.

Hoge score (2)
Kandidaat geeft in de vragenlijst aan dat hij bedrijvig en druk is. Hij gunt zich nauwelijks rust, houdt beslist niet van dralen en is geneigd beslissingen snel te nemen. De indruk wordt gewekt dat hij 'schiet op alles wat beweegt'. Hij is temperamentvol en impulsief. Daarbij kan hij zichzelf ook in moeilijke situaties brengen.

Lage score (1)

Kandidaat neemt zelden overhaast een beslissing. Hij neigt tot wikken en wegen en ziet het nemen van risico's beslist niet als een deugd. Zijn bedachtzaamheid kan ongedurige mensen een doorn in het oog zijn.

Lage score (2)

Kandidaat geeft in de vragenlijst aan dat hij zich niet zo snel opwindt. Hij is geneigd de zaken die op hem afkomen rustig te bekijken voordat hij tot actie overgaat. Hij reageert zeker niet impulsief maar veel eerder beheerst en weloverwogen.

AUTORITAIR GEDRAG

Hoge score (1)

Kandidaat is van mening dat het menselijk gedrag maar weinig nuances hoort te kennen en is dan ook al snel geërgerd als blijkt dat het tegenovergestelde het geval is. Veel wat anders is dan hij als toelaatbaar beschouwt, wordt door hem laatdunkend bejegend. Zijn denigrerende houding ten aanzien van in zijn ogen 'afwijkend gedrag' wordt al snel als 'bazig' of 'autoritair' gezien, maar getuigt in feite van een bekrompen wereldbeeld.

Hoge score (2)

Kandidaat heeft er behoefte aan zijn eigen stempel op een situatie te drukken. Hij doet dat op een autoritaire manier, hij duldt weinig inspraak en heeft een heilig geloof in de waarde van z'n eigen ideeën. Door deze houding schept hij in allerlei situaties waarin hij het voortouw heeft weinig ruimte voor anderen. Hij is pas tevreden als de zaken lopen zoals hij dat wil en wil van nuancering niet weten.

Lage score (1)

Kandidaat staat tolerant tegenover alles wat minder goed past binnen de geijkte kaders van het maatschappelijke verkeer. Hij heeft er niet zo veel moeite mee als mensen zich niet houden aan de etiquette of maatschappelijke normen. Hij ziet veel door de vingers en ergert zich zelden als dingen anders lopen dan hij zich wellicht had voorgesteld. Dit kan gezien worden als 'ruimdenkend' of 'onbekrompen', maar kan ook als 'normvervaging' worden opgevat.

Lage score (2)

Kandidaat heeft nauwelijks de neiging anderen zijn wil op te leggen. Hij is verdraagzaam en zal anderen weinig in de weg leggen om hun doelen te bereiken. Daaruit voortkomend is hij er ook de persoon niet naar om met enig doorzettingsvermogen, tegen de stroom in, zijn eigen doelen te bereiken of een eigen stempel op een situatie te drukken.

Hoge score

Kandidaat is optimistisch van aard en maakt zich derhalve weinig zorgen over mogelijke tegenslag. Hij laat zich zelden uit het veld slaan. Dat brengt ook met zich mee dat hij nauwelijks stilstaat bij begane fouten, een tegenslag doet hem ogenschijnlijk niets. Door deze optimistische levenshouding zal hij in een groep het moreel hoog kunnen houden, anderzijds kan deze houding zorgelijk worden indien van de gemaakte fouten niet wordt geleerd of wanneer er onnodige risico's worden genomen.

Lage score

Kandidaat tilt wat zwaarder aan de dingen dan nodig is. Ook zaken van minder belang zal hij benaderen met een houding van zorgvuldigheid en nauwkeurigheid. Dit kan ten koste gaan van het vermogen hoofdzaken van bijzaken te scheiden. In de ogen van kandidaat is 'alles' belangrijk.

MASCULINITEIT

Hoge score (1)

Kandidaat heeft een 'typisch mannelijke' belangstelling en geeft ook aan 'typisch mannelijk' gedrag te vertonen. Hij vindt mode en kleding onbelangrijk, heeft niet snel medelijden en toont z'n emoties zelden. Hij ziet zichzelf graag als 'macho'.

Hoge score (2)

Kandidaat stelt zich graag stoer op. Hij heeft een uitgesproken mannelijk belangstellingspatroon, wat ook meebrengt dat hij weinig gevoel heeft voor allerlei subtiliteiten. Hij vindt het niet erg om als 'macho' bestempeld te worden.

Lage score (1)

Kandidaat heeft weinig 'typisch mannelijke' belangstelling en geeft ook aan weinig 'typisch mannelijke' gedragingen te vertonen. Mode en kleding vindt hij bijvoorbeeld belangrijk, hij gaat graag naar concerten en drukt z'n emoties niet weg.

Lage score (2)

Kandidaat heeft geen uitgesproken mannelijk belangstellings- en gedragspatroon. Hij heeft er geen probleem mee zijn 'zwakheden' te laten blijken en vindt 'stoer doen' niet belangrijk. 'Macho' gedrag is hem dan ook vreemd.

ASCENDANCY (BAZIGHEID)

Hoge score

Kandidaat geeft aan over een grote mate van zelfvertrouwen te beschikken. Hij vindt het vanzelfsprekend om in een groep het voortouw te nemen en oefent ook gemakkelijk invloed uit op anderen. Daarvoor schuwt hij het debat niet en hij acht zich ook in staat anderen van zijn mening te overtuigen en de situatie desgewenst naar zijn hand te zetten.

Lage score

Kandidaat beschikt niet over al te veel zelfvertrouwen. In een groep neemt hij liever een ondergeschikte positie in en hij wil liever geen invloed uitoefenen op anderen. Daarvoor is hij te verlegen en te weinig gemotiveerd om de situatie naar zijn hand te zetten.

CAUTIOUSNESS (VOORZICHTIGHEID)

Hoge score

Kandidaat is bedachtzaam bij het ondernemen van activiteiten. Hij mijdt risico's en zal voordat hij tot activiteiten overgaat eerst alle 'voors en tegens' tegen elkaar af-wegen. Terughoudendheid en voorzichtigheid kenmerken zijn gedrag en het op goed geluk ondernemen van activiteiten is dan ook niets voor hem.

Lage score

Kandidaat is weinig terughoudend in het ondernemen van activiteiten. Vaak handelt hij wat impulsief, hij heeft niet de gewoonte eerst een zaak goed te bekijken voordat hij tot actie overgaat. Hij houdt wel van het nemen van risico's, dit geeft hem een aangenaam gevoel van spanning.

EMOTIONAL STABILITY (EMOTIONELE STABILITEIT)

Hoge score

Kandidaat heeft weinig last van gevoelens van gespannenheid. Het kost hem weinig moeite de teugels te laten vieren en hij kan ook allerlei stress vanuit zijn omgeving gemakkelijk pareren. In zijn doen en laten is hij daardoor kalm en evenwichtig en toont hij zelfbeheersing.

Lage score

Kandidaat heeft last van een aanhoudend gevoel van gespannenheid en nervositeit. Hij vindt het moeilijk zich te ontspannen en dat heeft negatieve gevolgen voor zijn gedrag. Zo kan hij wat emotioneel reageren op zijn omgeving en gemakkelijk uit zijn evenwicht raken bij tegenslag.

ORIGINAL THINKING (INTELLECTUELE UITDAGING)

Hoge score

Kandidaat houdt van intellectuele uitdaging. In zijn werk mijdt hij routine en voorspelbaarheid. Hij vraagt naar het `hoe en waarom' van de dingen om hem heen. Door deze te doorgronden hoopt hij ook nieuwe en originele oplossingen te vinden voor problemen.

Lage score

Kandidaat doet het liefst werkzaamheden die niet al te veel intellectuele inspanning of originaliteit vereisen. Als hij een probleem tegenkomt zoekt hij in eerste instantie niet zelf naar een oplossing, maar is hij veel meer geneigd de oplossing van een ander te aanvaarden. In zijn werk houdt hij van routine en voorspelbaarheid.

PERSONAL RELATIONS (GOEDMOEDIGHEID)

Hoge score

Kandidaat is goed van vertrouwen en draagt anderen een warm hart toe. Hij stelt zich zelden kritisch of veeleisend op en kan veel door de vingers zien. Hij is bij zijn opmerkingen over anderen geduldig, diplomatiek en zal zich kritiek niet zo snel persoonlijk aantrekken.

Lage score

Kandidaat heeft weinig vertrouwen in zijn medemens en is in persoonlijke contacten doorgaans op zijn hoede. Hij trekt zich kritiek al snel persoonlijk aan en laat dit doorgaans ook wel merken. Hij is lichtgeraakt, geïrriteerd, beledigd als er iets in zijn omgeving naar zijn mening niet loopt zoals het in zijn ogen moet.

RESPONSIBILITY (VASTHOUDEND)

Hoge score

Kandidaat voelt zich in hoge mate verantwoordelijk voor het werk dat hij moet doen. Hij werkt grondig, vasthoudend en laat zich niet snel uit het veld slaan door tegenslag. Je kunt op zijn inzet rekenen.

Lage score

Kandidaat heeft er problemen mee zich in te zetten voor een taak. Hij voelt zich minder dan anderen verantwoordelijk voor zijn werk en heeft zelfs de neiging zich aan werkzaamheden te onttrekken, vooral als het tegenzit. Hij geeft snel op.

Hoge score
Kandidaat houdt van mensen om zich heen. Hij zoekt graag gezelschap op en kan zich daarin ook goed vermaken. Iets alleen doen is niets voor hem, hij werkt liever in een team van collega's.

Lage score
Kandidaat is niet gesteld op gezelschap. Hij is liever alleen en zoekt dan ook zelden aansluiting bij de sociale structuren om hem heen.

VIGOR (VITALITEIT)

Hoge score
Kandidaat is energiek, druk, bedrijvig. Als hij iets oppakt 'gaat hij ervoor', hij houdt van snelheid, tempo maken en stort zich vol overgave op de taken die hij heeft. Dit kan hij enige tijd volhouden, zodat hij in de regel meer werk aankan dan anderen. 'Rust roest' zou zijn lijfspreuk kunnen zijn.

Lage score
Kandidaat houdt niet zo van drukte, hectiek vermoeit hem al snel. In zijn werk pakt hij zaken liever rustig op en neemt hij zichzelf in acht. `Haastige spoed is zelden goed' zou zijn lijfspreuk kunnen zijn.

WIMAS: VRAGENLIJST VOOR DE METING VAN MANIPULATIEF GEDRAG (ALTINK & AKKERMAN, 1989)

MANIPULEREN

Hoge score (1)
Kandidaat geeft aan dat hij gemakkelijk mensen voor zijn doelstellingen kan winnen. Hij heeft een goed gevoel voor intermenselijke verhoudingen en kan daar ook gebruik van maken. Met het bewust bespelen van mensen heeft hij geen probleem, desnoods geeft hij zijn visie andere accenten, waardoor ze ook acceptabel worden voor de opponenten. Hierdoor zal hij in allerlei situaties meer kunnen bereiken dan in eerste instantie mogelijk lijkt. Deze houding past bij werkzaamheden in de commerciële sfeer, onderhandelingen en management en allerlei situaties waarin mensen bespeeld moeten worden.

Hoge score (2)
Kandidaat heeft er geen probleem mee om voor het bereiken van zijn doelen anderen op het verkeerde been te zetten. Hij ziet dit als een spel, waarbij hij z'n sociale tegenspelers beschouwt als zijn schaakpionnen. Om het spel te winnen zet hij middelen in die anderen wellicht zullen zien als opportunisme, soms zelfs als 'list en

bedrog', maar dat is zijn intentie niet. Hij denkt dat het geoorloofd is de zaak naar je hand te zetten door gebruik te maken van de zwakheden van een ander. De spelregels zijn hard en daar moet je volgens hem tegen kunnen.

Bij dat alles houdt hij het eigenbelang scherp in de gaten, hij bewerkt mensen door te vleien en hen voor zijn karretje te spannen. Hij is ook selectief in het leggen van zijn contacten. Dit doet hij alleen als hij daar profijt van kan hebben. In contacten met hem is het vaak verstandig je eerst af te vragen 'wat wil hij van mij'. Daardoor zullen veel sociale tegenspelers zich afvragen of ze wel vat op hem hebben, of hij wel meent wat hij zegt. Indien deze eigenschap ingezet wordt in intercollegiale situaties is er kans op fricties.

Lage score (1)
Kandidaat moet niets hebben van halve waarheden, vleierij, opportunisme en berekenend gedrag. In het sociale verkeer wil hij open en oprecht zijn, ook als dat minder goed uitkomt. In het contact weet je daarom al snel wat je aan hem hebt. Hij geeft zich daarbij echter wel eens te snel bloot, waardoor hij zich te veel in de kaart laat kijken. Dat maakt dat hij tegenover anderen die gehaaider zijn in hun contacten, vaak het onderspit moet delven. Hij is zich er onvoldoende van bewust dat anderen de situatie naar hun hand willen zetten door 'bespelen', zelf zal hij dat in ieder geval zelden bewust proberen.

Lage score (2)
Kandidaat geeft aan dat het hem moeilijk valt anderen voor zijn doelstellingen in te zetten. Het bespelen van mensen gaat hem niet gemakkelijk af. Van deze mogelijkheden om je doelen te bereiken zal hij daarom weinig gebruikmaken. Deze houding past niet goed bij werkzaamheden in de commerciële sfeer en management, waarbij mensen gewonnen, overtuigd, moeten worden.

RECHT DOOR ZEE

Hoge score (1)
Kandidaat is in zijn wijze van communiceren spontaan, je hoeft niet naar zijn motieven te raden. Hij wil anderen open, recht door zee benaderen. In die zin is hij oprecht, ongepolijst, maar tegelijk wat onvoorzichtig. Het kost hem moeite te veinzen. Hij wint hiermee aan duidelijkheid, maar kan wat bot overkomen bij het geven van zijn mening. Hij zal zich in z'n communicatie zelden bedienen van eufemismen, noch zal hij doekjes winden om zijn boodschap.

Hoge score (2)
Kandidaat heeft er geen probleem mee op een directe manier voor zijn mening uit te komen en is geneigd in een discussie een principiële, harde opstelling te kiezen. Hij is 'recht door zee', neemt absoluut geen blad voor de mond en laat weinig van z'n bedoelingen verborgen. Door deze duidelijkheid in zijn doen en laten is het voor z'n omgeving gemakkelijk de beweegredenen van kandidaat in te schatten: men weet

wat men aan hem heeft. Hij is niet anders dan dat hij zich voordoet. In het sociale verkeer zou dit gedrag tot problemen kunnen leiden wanneer er een grote voorzichtigheid geboden is. Kandidaat kan dan ook als bot worden ervaren.

Lage score (1)
Kandidaat bedient zich in zijn communicatie graag van voorzichtig taalgebruik. Hij houdt er niet zo van om rechttoe rechtaan te vertellen waar het op staat. Hij probeert zijn gesprekspartner te sparen. Kandidaat vindt het dan ook moeilijk te vertellen waar het op staat. Mededelingen die mogelijkerwijs gevoelig liggen bij z'n gesprekspartner omkleedt hij met (overbodig) veel argumentatie.

Lage score (2)
Kandidaat is zelden spontaan of duidelijk, vaak moet je naar zijn motieven raden. Hij draait veelal om de kern van de zaak heen. Daardoor kunnen anderen achteraf wel eens de indruk krijgen dat zaken door hem anders worden voorgesteld dan ze in werkelijkheid zijn. In de door kandidaat opgetrokken mist zien ze niet meer waar het werkelijk om gaat. Door op een dergelijke wijze om de zaak heen te praten zal de kandidaat in de communicatie vaak als onduidelijk en weinig slagvaardig ervaren worden.

ASSERTIVITEIT

Hoge score (1)
Kandidaat heeft er weinig problemen mee zijn mening te geven. Ook in gezelschap van mensen van wie hij weet dat ze een geheel andere visie zullen hebben. In het algemeen zal men dit als prettig ervaren, hij is duidelijk en laat weinig misverstanden bestaan over zijn bedoelingen. Daarmee zwengelt hij ook een discussie aan.

Kandidaat heeft er dan ook weinig moeite mee anderen op een directe manier (proberen) te beïnvloeden. Hij wijst anderen zonder omhaal op hun verplichtingen jegens hem (en anderen) of geeft ongevraagd zijn visie op andermans gedrag.

Hoge score (2)
Kandidaat is duidelijk in het communiceren van zijn eigenbelang, daarmee houdt hij grip op zijn onafhankelijkheid. Het zal hem niet snel overkomen dat hij zich voor andermans karretje laat spannen. Bij het vermoeden alleen al zal hij van zich laten horen. Personen die daar gevoelig voor zijn, kunnen zich wel eens geschoffeerd voelen door zijn duidelijke manier van handelen. Hij geeft zijn mening zonder concessies te doen aan gevoeligheden van anderen. Hij vindt het niet moeilijk stellig te zijn ook als hij weet (of zou kunnen weten) dat dit verkeerd valt. Hij vindt dat je daar maar tegen moet kunnen. Hij laat met zijn assertiviteit beslist niet over zich heen lopen en kan in zijn bejegening zelfs brutaal of egoïstisch gevonden worden.

Lage score (1)

Kandidaat vindt het moeilijk om voor zichzelf op te komen, hij houdt ook niet zo van `haantjes gedrag'. Vaak laat hij zaken maar ongemoeid om moeilijke discussies te voorkomen. Hij laat zich dikwijls overhalen om iets te doen waar hij van tevoren al geen zin in had. Hij doet dit om anderen tegemoet te komen en verliest hiermee zijn eigenbelang uit het oog. Hij laat zich vaak met de stroom meevoeren en ziet wel waar hij terechtkomt.

Lage score (2)

In de vragenlijst geeft kandidaat aan dat hij er moeite mee heeft zich te uiten in sociale situaties, bijvoorbeeld door op te komen voor zijn belangen of anderen op hun verplichtingen te wijzen. Ook als hij eigenlijk vindt dat optreden vereist is, zal hij toch geneigd zijn 'om de lieve vrede' er het zwijgen toe te doen. Hij is veelal zeer meegaand en laat zich te veel de kaas van het brood eten. Het valt hem moeilijk zijn mening te geven.

BEREKENEND/DIPLOMATIEK

Hoge score (1)

Kandidaat is uitermate voorzichtig in zijn handelen. In het sociale verkeer is hij een schaker, hij zal zelden ondoordacht een zet doen. Hij wil geen stelling innemen zonder zich van tevoren goed te realiseren wat de mogelijke consequenties daarvan zijn. Daarbij houdt hij sterk rekening met gevoeligheden van anderen. Hij probeert zich daartoe in te leven in zijn sociale tegenspelers, om te vermijden dat hij hen in zijn handelen tegen de haren instrijkt. Hij gelooft ook dat je zaken pas voor elkaar krijgt als in harmonie naar een gezamenlijk standpunt gezocht wordt. `Wat verbindt ons' is zijn eerste vraag om daarna zaken voor elkaar proberen te krijgen. Hij is voorzichtig, integer, diplomatiek en probeert als het even kan met zachte hand zijn belangen te verdedigen.

Hoge score (2)

Kandidaat is in z'n optreden berekenend en diplomatiek. In al z'n doen en laten houdt hij goed in het oog wat de doelstelling is. Hij verspilt geen tijd aan onhaal-bare zaken. hij waakt er daarbij voor anderen tegen zich in het harnas te jagen, hij is voorzichtig in zijn optreden. Timing voor het maken van opmerkingen of het doen van voorstellen is daarbij van belang. Hij heeft daar zeker gevoel voor en zal daarvan in passende situaties gebruik kunnen maken. Bij dit alles beoogt kandidaat een zekere planmatigheid, hij houdt er niet van in het sociale verkeer met al te in-grijpende voorstellen te komen. Op die manier laveert hij door het sociale verkeer zonder al te veel sporen na te laten.

Lage score (1)

Kandidaat is onhandig in de omgang. Hij heeft weinig gevoel voor diplomatie en prudentie in het persoonlijk contact. De kans dat hij daardoor, wellicht zonder dat hij dat wil, in aanvaring komt met anderen is groter dan gemiddeld.

Lage score (2)

Kandidaat heeft weinig gevoel voor diplomatiek handelen. Hij is onvoorzichtig en overziet vaak de consequenties van zijn daden onvoldoende. Hij is van mening dat je zaken beter gewoon kunt doen en later wel ziet hoe het uitpakt. Hij kan daarmee een olifant in de porseleinkast zijn. Hij kan nog wel eens als lomp of zelfs als grof ervaren worden. Hij heeft er geen probleem mee om in de communicatie tegen de haren in te strijken en daarmee irritaties of zelfs conflicten op te roepen.

DELFTSE VRAGENLIJST (APPELS, 1974)

NEUROTICISME

Hoge score

Kandidaat geeft aan dat hij allerlei problemen heeft van neurotische aard. Hij heeft last van vage angsten, onzekerheid en voelt zich over het geheel genomen niet prettig. Een onmiddellijke aanleiding voor deze gevoelens is er niet.

Kandidaats psychische constitutie is zodanig dat deze gevoelens in zijn functioneren latent aanwezig zijn. Vooral in stresssituaties heeft hij hiervan last. Dit brengt mee dat kandidaat onder zijn niveau zal functioneren, wanneer hij in situaties gebracht wordt waarin deze latente persoonlijkheidstrek een rol gaat spelen.

JAS: JENKINS ACTIVITY SURVEY (APPELS, 1985)

TYPE A- OF B-GEDRAG

Hoge score

Kandidaat wordt in zijn gedrag gekenmerkt door een sterke hang naar competitie, rusteloosheid en prestatiemotivatie, een 'type A-gedrag'. Hij voelt zich voortdurend onder druk van 'tijdsklemmen', 'opleverdata' en afspraken. Hij gunt zich nauwelijks de tijd om een informeel gesprek te voeren. Voortdurend is hij op zoek naar efficiency en hij is snel geïrriteerd. Met deze houding zal hij zich snel volledig werpen op aangevangen werkzaamheden, zonder terughoudendheid. De omgeving van kandidaat zal hem veelal zien als gedreven en als iemand met 'een hart voor de zaak', maar voor hemzelf is dit gedrag uiteindelijk destructief. De kans op het optreden van allerlei psychische kwalen en burn-out is groter dan gemiddeld.

Lage score

Het gedrag van kandidaat is te classificeren als zogenaamd 'type B-gedrag'. Dit houdt in dat hij zich niet al te veel zal aantrekken van 'tijdsklemmen' en 'opleverdata'. Hiermee beschermt hij zichzelf, maar hij kan op z'n omgeving overkomen als laconiek en in sommige gevallen zelfs als traag, inert en weinig enthousiast. In een dynamische, snel veranderende omgeving zal hij minder snel worden geaccepteerd.

SYMPTOM CHECKLIST-90 (ARINDELL & ETTEMA, 1986)

AGORAFOBIE

Hoge score

Kandidaat zal zich alleen buiten de deur begeven als dat strikt noodzakelijk is. Hij ervaart buitenshuis flinke angstgevoelens en is blij als hij weer thuis is. Het reizen kost hem moeite en hij houdt er ook niet van zich in menigten te begeven. Hij is bang dat hem dan wat zal overkomen.

Kandidaat kan daarbij last hebben van angst- en paniekaanvallen wanneer hij alleen naar buiten moet. Dit kan problematisch zijn wanneer hij een tijdje voor zichzelf moet zorgen. Zaken als boodschappen doen, kennissen en familie bezoeken zijn voor hem dan ook een probleem. Wanneer hij niet beschikt over een hecht sociaal netwerk dat hem regelmatig opzoekt, loopt hij grote kans te vereenzamen.

ANGST

Hoge score

Kandidaat voelt zich zenuwachtig en gespannen. Hij heeft last van een gevoel van angst dat zich ook kan uiten in allerlei fysieke spanningsklachten, onrustgevoelens en onbehaaglijk voelen.

DEPRESSIE

Hoge score

Kandidaat heeft last van een sombere, neerslachtige stemming en depressieve klachten. Hij zit met zichzelf in de knoop en hij kan moeilijk een vervelende gedachte van zich af zetten. Zijn sterke gevoel van onbehagen heeft hem passief gemaakt en zijn plezier in zijn bestaan danig verminderd.

Doordat hij zo op een negatieve manier 'met zichzelf bezig is' komt hij ook nauwelijks toe aan aandacht voor anderen waardoor hij kans loopt te vervreemden van kennissen en familie.

SOMATISCHE KLACHTEN

Hoge score

Kandidaat let scherp op wat er in zijn lichaam omgaat en heeft mede daardoor last van een aantal fysieke klachten waarvoor doorgaans geen somatische oorzaak kan worden gevonden. De klachten worden erger wanneer hij onder druk staat.

Het gaat om vage lichamelijke klachten als hoofdpijn, rugpijn, misselijkheid, pijn in de borst, of een brok in de keel. Gezien de veelheid en aard van de klachten is het waarschijnlijk dat deze psychosomatisch zijn.

Psychische klachten en problemen vertalen zich bij de kandidaat gemakkelijk in allerlei lichamelijke kwalen, maar dit sluit geenszins uit dat zich onder deze 'psychosomatische' klachten ook klachten met een fysieke oorzaak bevinden. Alle klachten van de kandidaat zullen daarom eerst medisch onderzocht moeten worden, voordat als oorzaak 'de psyche' aangewezen kan worden.

INSUFFICIËNTIE VAN DENKEN EN HANDELEN

Hoge score

Kandidaat maakt zich zorgen over zijn intellectueel functioneren. Hij heeft de indruk dat dit allengs minder wordt, zeker als hij onder druk staat. Het maakt hem onzeker en het ondernemen van activiteiten kost hem dan ook steeds meer moeite.

Door deze klachten is hij overdreven voorzichtig en is hij bang fouten te maken. Hij is geneigd om allerlei overbodige handelingen en controles te verrichten. Hij voelt zich geremd in zijn handelen en kan problemen hebben met het nemen van beslissingen.

WANTROUWEN (SENSITIEF)

Hoge score

Kandidaat heeft weinig op met de mensen om hem heen. Hij heeft al snel het idee dat hij op z'n tellen moet passen en dat anderen er vaak op uit zijn hem nadeel te bezorgen. Zijn vertrouwen in anderen is dan ook gering. Daarbij denkt hij ook vaak dat anderen hem onderschatten, zijn capaciteiten niet kennen, waardoor hij zich nogal eens de mindere voelt.

Kandidaat geeft daarmee aan ontevreden te zijn over zichzelf en anderen. Hij heeft sterk de neiging zijn onlust- en insufficiëntiegevoelens op anderen te projecteren. Hij geeft anderen gemakkelijk de schuld van zijn falen. Bovendien heeft hij de neiging mensen in zijn directe omgeving te wantrouwen. Hij voelt zich soms bedreigd door zijn omgeving.

Hoge score

Kandidaat is snel geïrriteerd en heeft last van agressieve buien. Dan kan hij zijn woede koelen op voorwerpen, maar hij heeft dan ook de neiging anderen fysiek of verbaal onheus te bejegenen.

Kandidaat kan zijn emoties als woede, geïrriteerdheid, ressentiment en vijandigheid gemakkelijk uiten. Daardoor loopt hij meer kans dan gemiddeld in ruzies betrokken te worden. In zijn sociale gedrag zal hij gemakkelijk als onplezierig ervaren worden, hij krijgt al snel het stempel van ruziezoeker, problemenmaker.

SLAAPPROBLEMEN

Hoge score

Kandidaat geeft aan last te hebben van slaapproblemen zoals moeilijk inslapen, 's nachts regelmatig wakker worden of te vroeg wakker worden. Door slaapgebrek kan zijn functioneren in werk en overige (sociale) situaties negatief worden beïnvloed.

SIG: SCHAAL VOOR INTERPERSOONLIJK GEDRAG (ARINDELL E.A., 1984)

KRITIEK GEVEN

Hoge score (1)

Kandidaat kan anderen gemakkelijk op hun verplichtingen wijzen. Hij vindt het gewoon om kritiek te geven op zijn omgeving en direct gevraagd of ongevraagd zijn mening te geven. Hij voelt zich verantwoordelijk en stelt zich daarom op als een bewaker van de gang van zaken. Daardoor is hij geneigd om op alle slakken zout te leggen.

Hoge score (2)

In de vragenlijst geeft kandidaat aan er geen problemen mee te hebben mensen in zijn omgeving negatieve kritiek te geven. Als hem iets niet bevalt, laat hij dat zeker merken. Ook met het weigeren van verzoeken tot medewerking aan zaken die hem niet bevallen, heeft hij weinig moeite. Daardoor is hij assertief maar hij legt wel sterk de nadruk op het kenbaar maken van negatieve gevoelens. Indien hij in het dagelijks functioneren deze houding al te rigoureus doorzet, loopt hij de kans met zijn omgeving in conflict te komen.

Lage score (1)

In de vragenlijst geeft kandidaat aan dat het hem moeilijk valt negatieve kritiek te geven. Ook het maken van opmerkingen die op zichzelf terecht zijn maar soms wat onvriendelijk kunnen overkomen (een boek weigeren uit te lenen, een collectant doorsturen) kost hem moeite. In het dagelijks functioneren loopt hij zo de kans dat hij te veel over zich heen laat lopen en dingen doet waar hij eigenlijk niet achter staat.

Lage score (2)
Kandidaat laat veel zaken ongemoeid waar hij wellicht wat van zou moeten zeggen. Hij voelt zich weinig verantwoordelijk voor de gang van zaken en vindt dat iedereen maar moet doen waar hij zin in heeft. Hij schuwt een negatieve houding, liever geeft hij maar toe dan dat hij anderen zijn mening laat horen.

ONZEKERHEID TONEN

Hoge score (1)
Kandidaat is niet zo stellig in zijn mening. Hij kan gemakkelijk toegeven dat hij iets niet weet en ook zijn omgeving inschakelen om een probleem op te lossen. Hij vraagt zonodig om hulp en vindt het ook heel gewoon om kritiek te krijgen.

Hoge score (2)
Kandidaat heeft er geen probleem mee zijn zwakke punten te tonen. Hij vraagt gemakkelijk om hulp en geeft gemaakte fouten toe. Daarmee wekt hij de indruk onzeker te zijn, anderen zullen hem veelal ervaren als 'iemand die niet weet wat hij wil'. Deze opstelling maakt tevens dat hij gezien wordt als iemand die om aandacht vraagt en zelf geen beslissingen durft te nemen.

Lage score (1)
Kandidaat lijkt zelfverzekerd in zijn optreden. Hij kan ervaren worden als 'iemand die geen twijfel kent'. Hij schakelt anderen weinig in bij het oplossen van problemen en houdt er niet van met zijn zwakheden voor de dag te komen.

Lage score (2)
Het liefst zou kandidaat zijn zwakke punten zo onzichtbaar mogelijk maken. Hij heeft er dan ook problemen mee anderen om hulp te vragen of zich kwetsbaar op te stellen. Hij ziet dat als een teken van zwakte. In de omgang kan dat betekenen dat hij ervaren wordt als iemand die zijn medemens niet echt nodig heeft, als iemand die niet voor z'n tekortkomingen durft uit te komen.

KENBAAR MAKEN

Hoge score (1)
Kandidaat ervaart weinig terughoudendheid bij het leggen en onderhouden van sociale contacten. Hij maakt z'n mening gemakkelijk kenbaar en dit vergroot zijn toegankelijkheid voor anderen. Het opbouwen van een sociaal netwerk kost hem zo weinig moeite.

Hoge score (2)
Kandidaat neemt in een gezelschap gemakkelijk het woord. Op die manier trekt hij de aandacht naar zich toe en dat vindt hij prettig. Het is niet vanzelfsprekend dat anderen in het gezelschap dat ook vinden.

Lage score (1)
Kandidaat valt zelden op in een gezelschap. Hij voert weinig het woord en vindt dat ook niet nodig. Op die manier geeft hij anderen in een groep veel ruimte.

Lage score (2)
Kandidaat heeft problemen bij het naar voren brengen van zijn mening. Hij is verlegen en het ontbreekt hem aan het initiatief om in gezelschap het woord te nemen. Zijn omgeving weet daardoor 'niet wat je aan hem hebt'.

POSITIVISME

Hoge score (1)
Kandidaat benadrukt in zijn communicatie de positieve kant. Hij vindt het van belang om zijn mening te laten horen en geeft dan ook graag complimentjes. Hij laat merken dat hij de zaken om hem heen waardeert. Deze houding maakt dat het voor hem gemakkelijk is zich te bewegen in het sociale verkeer.

Hoge score (2)
Kandidaat ziet vooral de positieve kant van een zaak. Hij wekt de indruk een levensgenieter te zijn en hij accepteert ook gemakkelijk complimenten. Hierdoor zal men hem in het algemeen ervaren als hoffelijk, maar ook wat oppervlakkig.

Lage score (1)
Kandidaat kan niet zo gemakkelijk complimenten geven en accepteren. Het is voor hem bijzonder moeilijk de positieve kant van een zaak te benadrukken of te laten merken dat hij op iemand gesteld is. Hij laat zijn omgeving over dergelijke gevoelens vaak in het ongewisse.

Lage score (2)
Kandidaat geeft niet zo gemakkelijk een complimentje. Hij vindt het moeilijk zijn positieve gevoelens aan zijn omgeving te laten merken.

KRITIEK GEVEN (KRIT)

Hoge score
Kandidaat kan anderen gemakkelijk op hun verplichtingen wijzen. Hij vindt het gewoon om kritiek te geven op zijn omgeving en direct gevraagd of ongevraagd zijn mening te geven. Hij voelt zich verantwoordelijk en stelt zich daarom op als een bewaker van de gang van zaken. Maar daardoor ziet hij ook niet veel door de vingers en is hij geneigd om op alle slakken zout te leggen.

Lage score
In de vragenlijst geeft kandidaat aan dat het hem moeilijk valt kritiek te geven. Ook het maken van opmerkingen die op zichzelf terecht zijn maar soms wat onvriendelijk kunnen overkomen (een boek weigeren uit te lenen, een collectant doorsturen) kost hem moeite. In het dagelijks functioneren loopt hij zo de kans dat hij te veel over zich heen laat lopen en dingen doet waar hij eigenlijk niet achter staat.

AANDACHT VRAGEN VOOR EIGEN MENING (AAND)

Hoge score
Kandidaat maakt z'n mening gemakkelijk kenbaar. Hij vindt dat je moet zeggen wat je vindt en steekt zijn overtuiging niet onder stoelen of banken. Dat maakt hem duidelijk in het contact en op die manier trekt hij de aandacht naar zich toe.

Lage score
Kandidaat vindt het niet nodig zijn mening naar voren te brengen. Zijn omgeving weet daardoor zelden hoe hij over zaken denkt. Op die manier geeft hij anderen (die hun mening wel geven) in een groep veel ruimte.

WAARDERING UITSPREKEN VOOR DE ANDER (WAAR)

Hoge score
Kandidaat benadrukt de positieve kanten van anderen. Hij vindt het ook van belang om zijn mening te laten horen op een positieve manier en geeft (en accepteert) graag complimentjes. Hij laat merken dat hij de zaken om hem heen waardeert. Zijn omgeving zal hem in het algemeen ervaren als hoffelijk, maar wellicht ook als wat oppervlakkig.

---

1   De IOA-vragenlijst deelt een groot aantal items met de SIG (Arindell e.a., 1984).

Lage score

Kandidaat kan niet zo gemakkelijk complimenten geven en accepteren. Het is voor hem bijzonder de positieve kant van een zaak te benadrukken of te laten merken dat hij op iemand gesteld is. Hij laat zijn omgeving over dergelijk soort zaken vaak in het ongewisse.

INITIATIEF NEMEN TOT CONTACT (INIT)

Hoge score

Kandidaat maakt gemakkelijk een praatje met onbekenden. Hij is vaak degene die het initiatief neemt bij het leggen van contacten en hij heeft dan ook geen last van gevoelens van verlegenheid.

Lage score

Kandidaat vindt het moeilijk om met onbekenden een gesprek aan te knopen. Hij neemt in het sociale contact weinig initiatief.

JEZELF WAARDEREN (ZELF)

Hoge score

Kandidaat vindt het prettig als hij een complimentje krijgt. Hij is daar ook gevoelig voor, het steunt hem en het geeft een positief gevoel voor zijn zelfwaardering.

Lage score

Kandidaat hecht nauwelijks aan complimentjes. Het deert hem weinig als hij de positieve waardering voor zijn activiteiten moet ontberen.

HAB: HABITUELE ACTIE BEREIDHEID VRAGENLIJST (DIRKEN, 1970)

HABITUELE ACTIE BEREIDHEID

Hoge score (1)

Kandidaat is energiek. Hij pakt alles wat op zijn pad komt aan en hij beschikt ook over het fysieke en mentale uithoudingsvermogen om zich regelmatig tot het uiterste in te spannen. Hij zoekt daarmee de psychische en fysieke grenzen van zijn kunnen op.

Hoge score (2)

Kandidaat geeft aan gemakkelijk tot activiteiten over te gaan. Hij stelt zelfs eisen aan zichzelf waaraan hij moeilijk kan voldoen. Daardoor is de kans aanwezig dat hij zijn mogelijkheden overschat. Hij geeft daarmee ook aan een (overdreven) goede indruk te willen maken.

Lage score (1)

Kandidaat is voorzichtig, zelfs wat terughoudend bij het ondernemen van activiteiten. Hij vindt dat je je krachten goed moet verdelen en zal zelden (in zowel fysieke als mentale zin) tot het uiterste gaan.

Lage score (2)

Kandidaat geeft aan dat het hem moeilijk valt activiteiten te ondernemen. Hij voelt zich vaak geremd in z'n handelen en het kost hem moeite de energie te vinden om zich ergens op te werpen. Hij kan hierdoor moeilijk in een veeleisende werksituatie functioneren, de kans dat hij afhaakt is dan zeker aanwezig.

SIW: SCHAAL VOOR INTERPERSOONLIJKE WAARDEN (DRENTH & KRANENDONK, 1973)

SOCIALE STEUN

Hoge score (1)

Kandidaat vindt het belangrijk dat anderen hem welwillend en begripsvol tegemoet treden en is dan ook gevoelig voor complimenten. Hij wordt in zijn handelen graag gesteund door zijn omgeving en zal niet zo snel iets doen of zeggen wat anderen tegen de haren instrijkt. Hij verwacht (en hoopt) dat anderen hem in zijn mening sterken en zal daarmee in zijn meningsvorming van tevoren rekening houden.

Hoge score (2)

Kandidaat heeft voor zijn dagelijks functioneren veel steun nodig van zijn omgeving. Hij wordt graag met begrip bejegend en aangemoedigd in zijn handelen. Hij stelt het daarom zeer op prijs als hij complimenten krijgt en dat hij bevestigd wordt in de dingen die hij doet. Hij wenst geen tegenspraak, maar roept deze ook zo min mogelijk op. Dat maakt hem voorzichtig en zelfs wat schimmig in het sociale verkeer.

Lage score (1)

Kandidaat vindt het van weinig belang of anderen het met hem eens zijn. Hij kan ook een mening geven die lijnrecht tegenover de heersende opvattingen staat en blijft ook bij zijn mening als iedereen zich daarom van hem afkeert. Hij is op die manier in staat tegen de stroom in te roeien.

Lage score (2)

Kandidaat heeft weinig behoefte aan ondersteuning en begrip van zijn omgeving. Het maakt hem niet uit of anderen al of niet vriendelijk tegen hem zijn. Aanmoediging om tot prestaties te komen heeft hij dan ook nauwelijks nodig. Maar hij vindt het ook niet nodig zijn oor bij anderen te luisteren te leggen.

Hoge score (1)
Kandidaat vindt het belangrijk zich te houden aan de gangbare regels, normen en waarden. Over het algemeen gesproken zal hij zich ook aan deze regels houden en daardoor in zijn gedrag 'gedegen' overkomen. Dit kan zich uiten in zijn traditionele omgangsvormen, maar ook in zijn opvatting hoe de maatschappij ingericht behoort te zijn. Hij legt wat dat betreft de lat hoog, hij ziet niet veel door de vingers als het gaat om fatsoen en burgerschapszin en is in die zin conformistisch te noemen.

Hoge score (2)
Kandidaat hecht grote waarde aan algemeen geldende normen en waarden. Plichtsbetrachting, conformiteit en het strikt naleven van geldende regels zijn voor hem vanzelfsprekend. Hij wordt hierdoor voorspelbaar in zijn gedrag maar ook wat onbuigzaam, star, rigide. Hij houdt er niet van morele zaken in twijfel te trekken of zijn mening ter discussie te stellen. Hij zal dit zelf niet doen en verwacht ook niet van anderen dat ze in zaken van fatsoen veel tolerantie hebben.

Lage score (1)
Kandidaat ziet (ongeschreven) regels en richtlijnen meer als een beperking van zijn vrijheid dan als een richtlijn voor zijn doen en laten. Hij kan ook gemakkelijk afwijken van wat anderen als 'normaal', 'gewoon' of 'fatsoenlijk' zien. Dit maakt hem flexibel in zijn gedrag, maar ook een beetje een buitenbeentje en soms wat onvoorspelbaar.

Lage score (2)
Kandidaat hecht weinig aan gangbare maatschappelijke regels, normen en waarden.
Hij vindt het onbelangrijk of zijn handelen door zijn omgeving goedgekeurd wordt waardoor zijn gedrag in sommige situaties als ongepast gezien kan worden.

ERKENNING

Hoge score (1)
Kandidaat geniet ervan als hij door zijn prestaties in het werk of anderszins in de belangstelling komt. Hij heeft de behoefte om op te vallen, erkenning te krijgen voor het werk dat hij doet. De waardering die hij hoopt te krijgen zoekt hij in directe aanmoediging, maar ook indirect door het verkrijgen van gunsten of een aanziengevende positie.

Hoge score (2)
Kandidaat vindt maatschappelijke status, vooral waar het gaat om de verwerving van respect, belangrijk. Hij zou het dan ook vervelend vinden over het hoofd gezien te worden en de erkenning en bewondering te missen waarvan hij vindt dat hij deze

verdient. Hij ziet zichzelf graag als een belangrijk persoon, iemand die wat te zeggen heeft en naar wie geluisterd wordt. In die zin is de kans op zelfoverschatting aanwezig.

Lage score (1)
Kandidaat heeft weinig behoefte aan aanzien of belangrijk te worden gevonden. Het krijgen van erkenning voor het werk dat hij doet, is voor hem van ondergeschikt belang. Door deze houding stelt hij er weinig prijs op dat zijn prestaties 'in het zonnetje worden gezet'. Hij doet zijn werk het liefst onopvallend.

Lage score (2)
Kandidaat heeft weinig gevoel voor maatschappelijke status. Zijn neiging bij anderen respect af te dwingen ontbreekt nagenoeg, zaken als roem en aanzien zeggen hem weinig. Hij is liever onopvallend in het sociale verkeer en hoeft zichzelf niet op de voorgrond te plaatsen. In die zin heeft hij er ook minder dan anderen een probleem mee als anderen met de eer van zijn werk gaan strijken.

ONAFHANKELIJKHEID

Hoge score (1)
Kandidaat wil zich in zijn werk en anderszins onafhankelijk opstellen. Een positie waarbij anderen over zijn zaken beslissen is niets voor hem. Hij is het liefst eigen baas zonder aan meerderen verantwoording te hoeven afleggen. In een functie zou hij, om optimaal te functioneren, een grote mate van vrijheid willen hebben.

Hoge score (2)
Kandidaat vindt het belangrijk onafhankelijk te kunnen handelen. Hij voelt zich al snel gebonden en verplicht tot zaken waarvan hij vindt dat deze hem niet aangaan. Dit geldt vooral voor zijn werk: hij houdt eigenlijk niet van een baas boven zich. Maar het geldt ook voor zijn privésituatie: hij houdt niet van een regulier bestaan. Hij ervaart dat alles al snel als een beperking. Hij regelt zijn zaken graag zelf, zonder last of ruggespraak met wie of wat dan ook.

Lage score (1)
Kandidaat hecht weinig aan zijn persoonlijke onafhankelijkheid. Het zelf nemen van beslissingen, een gevoel van vrijheid van handelen of 'gewoon doen waar je zin in hebt', staan voor hem in zijn dagelijkse doen en laten niet voorop.

Lage score (2)
Kandidaat heeft er weinig behoefte aan gebruik te maken van zijn vrijheid. Voor zijn functioneren vindt hij het niet van belang zelfstandig te beslissen over zaken die hem aangaan. Hij heeft er dan ook weinig moeite mee als anderen over zijn zaken beslissen en dat hij zelf volgzaam moet zijn.

Hoge score (1)

Kandidaat is zeer begaan met het lot van zijn medemens. Hij trekt zich het ongeluk van anderen aan. Door deze houding is hij gemakkelijk te vragen voor allerlei liefdadigheidswerk, onbetaalde werkzaamheden en vriendendiensten. Maar ook in de dagelijkse omgang zal hij zich hulpvaardig en gedienstig opstellen.

Hoge score (2)

Kandidaat vindt het belangrijk zich in te spannen voor anderen, vooral voor degenen die het minder goed getroffen hebben. Het is voor hem vanzelfsprekend tijd en energie te steken in zaken waarvoor je materieel weinig of niets terugkrijgt, die vooral bedoeld zijn voor het welzijn van anderen. Hij stelt zich dan al snel opofferend op en zal andermans belang voor zijn eigenbelang laten gaan. Zijn groothartigheid kan zo sterk zijn dat het omslaat naar medelijden.

Lage score (1)

Kandidaat is zakelijk in de omgang en spant zich op die manier niet zo snel belangeloos in voor een ander. Hij is weinig begaan met het lot van de wereld als hij daar uit eigen middelen tijd of geld in moet steken. Hij vindt dat iedereen zichzelf maar uit de put moet halen en hij zal niet snel uit eigen beweging extra inspanningen leveren om het leed van anderen te verzachten.

Lage score (2)

Kandidaat heeft er weinig behoefte aan zich toegankelijk of hulpvaardig op te stellen ten aanzien van mensen die het niet zo goed getroffen hebben. Maar ook in het algemeen gesproken is hij iemand die zijn medemens gemakkelijk over het hoofd ziet. Hij zal zelden een helpende hand bieden.

LEIDERSCHAP

Hoge score (1)

Kandidaat vindt het belangrijk een positie te hebben van waaruit hij invloed heeft op zijn omgeving. Hij wil leidinggeven, anderen sturen om zo allerlei zaken voor elkaar te krijgen die hij van belang vindt. Hij neemt daartoe graag de verantwoordelijkheid voor het nemen van beslissingen op zich, en zou ook graag zijn leidinggevende positie door anderen bevestigd willen zien.

Hoge score (2)

Kandidaat geniet ervan de baas te zijn. Het geven van leiding aan een groep en in een groep gezien worden als de gezaghebbende, zijn voor hem bijzonder nastrevenswaardig. Hij houdt ervan verantwoordelijk te zijn, beslissingen in een groep te nemen en ondergeschikten aan te sturen.

Lage score (1)

Kandidaat ziet voor zichzelf geen leidinggevende rol weggelegd. Hij vindt het onbelangrijk om invloed op anderen uit te oefenen. Liever is hij wat meer op de achtergrond en neemt hij niet al te veel verantwoordelijkheid op zich.

Lage score (2)

Kandidaat houdt er niet van de baas te zijn. Het leidinggeven over een groep heeft nauwelijks zijn belangstelling. Status en aanzien die verworven kunnen worden door de 'primus inter pares' te zijn, zegt hem niets. Hij valt liever niet op.

SPW: SCHAAL VOOR PERSOONLIJKE WAARDEN (DRENTH & CORNELISSE-KOKSMA, 1970, HOGERHEIJDE, 1996)

BESLUITVAARDIGHEID

Hoge score

Kandidaat is zelfverzekerd, stellig maar ook wat rechtlijnig in zijn handelen. Hij durft stelling te nemen en is daarbij doortastend. Het nemen van een beslissing kost hem geen moeite. Zijn stijl daarbij is: rechttoe rechtaan, direct op de man af. Hij wil ook laten zien dat het hem geen moeite kost een besluit te nemen: het nemen van een beslissing betekent voor hem vaak ook een punt zetten achter een zaak. Op die manier is hij doortastend te noemen maar vaak ook eigenmachtig. Met zijn 'no nonsense stijl' kan hij ook de fijnere nuances van een probleem missen.

Lage score

Kandidaat vindt het moeilijk om tot een besluit te komen. Een probleem heeft voor hem vele kanten. Hij probeert bij een beslissing alle voors en tegens tegen het licht te houden, maar komt er dan vaak nog niet uit. Op die manier komt hij nogal weifelend en twijfelend over.

DOELGERICHTHEID

Hoge score

Kandidaat houdt ervan bij zijn doen en laten duidelijke doelen voor ogen te hebben. Een actie die hij onderneemt moet ergens toe leiden en het liefst heeft hij dat in welomschreven termen voor ogen. Hij wil zijn handelen zo nodig kunnen motiveren, voor anderen, maar vooral voor zichzelf. De gestelde doelen zal hij ook willen bereiken, hij steekt daar veel energie in en hij is in die zin ook volhardend te noemen.

Lage score

Kandidaat vindt het niet zo belangrijk zijn handelen te motiveren. Hij kan goed werken met vage doelstellingen en zelfs met het ontbreken van een expliciete bedoeling van zijn handelen. Het doel van zijn activiteiten hoeft voor hem dan ook niet zo duidelijk omschreven te zijn. Keerzijde is dat hij halverwege gemakkelijk kan afhaken. Hij vindt het niet zo belangrijk de (vage) doelen die hij zich gesteld had ook daadwerkelijk te bereiken.

PRESTATIEMOTIVATIE

Hoge score
Kandidaat houdt ervan in zijn werk te presteren en daar ook toe uitgedaagd te worden. Werkzaamheden worden voor hem aantrekkelijk als deze op de grens van zijn kunnen liggen. Hij stelt daarbij hoge eisen aan zichzelf. Hij wil topprestaties leveren.

Lage score
Kandidaat vindt het niet zo belangrijk prestaties te leveren. Hij stelt geen hoge eisen aan zichzelf en laat een moeilijk probleem liever liggen dan dat hij in de oplossing daarvan energie steekt.

ORDE EN NETHEID

Hoge score
Kandidaat houdt van een ordelijke, consciëntieuze aanpak in zijn werk. Hij houdt van een goede, overzichtelijke organisatie, van orde en regelmaat. Bij de aanvang van een klus zal hij proberen eerst een werkschema of plan op te stellen, zodat hij systematisch, volgens een van tevoren bedachte methode aan de slag kan gaan. Hij gaat er dan ook prat op dat hij zijn zaakjes voor elkaar heeft.

Lage score
Kandidaat pakt een klus onbevangen aan. Hij is er niet toe geneigd een werkschema of planning te maken, hij gaat liever improviserend, ad hoc te werk. Zijn houding is veelal: 'dat zien we later wel'. Van een organisatie vooraf in zijn werk is weinig sprake.

VARIËTEIT

Hoge score
Kandidaat houdt van het opdoen van allerlei ervaringen en is daarbij zelfs enigszins sensatiebelust. Hij gaat op ontdekking uit. Hij zoekt nieuwe ervaringen op door zich in voor hem onbekende, of soms zelfs risicovolle situaties te begeven. Hij zoekt daarbij avontuur, afwisseling en spanning. 'Nooit een saaie dag' is zijn devies, sleur is hem een gruwel.

Lage score

Kandidaat is er beslist niet op uit om in zijn dagelijks bestaan of werk voor allerlei onverwachte situaties geplaatst te worden. Hij houdt niet zo van situaties die anderen wel als spannend, avontuurlijk of bijzonder zullen betitelen. Hij gaat liever zijn eigen gangetje in de sfeer en het tempo dat hij altijd al gewend was.

PRAKTISCHE INSTELLING

Hoge score

Kandidaat let in zijn doen en laten goed op kosten en baten. Hij let op de kleintjes en houdt de hand op de knip. Hij zal niet zo snel tot een onverantwoorde besteding overgaan. Hij houdt van duurzaamheid en kostenbewustzijn. Uit die overweging is hij ook zuinig op zijn spullen en zal hij niet eerder iets vervangen dan nodig is. Maar ook zal hij er scherp op letten dat zijn handelingen wat opbrengen, in die zin heeft hij een praktische, resultaatgerichte instelling.

Lage score

Kandidaat is niet zo kostenbewust. Hij kan al snel tot een impulsieve aankoop overgaan en het onderhoud van zijn spullen verwaarlozen. Ook zal hij niet zo sterk letten op de opbrengsten van zijn inspanningen.

VKP-4: VRAGENLIJST VOOR KENMERKEN VAN DE PERSOONLIJKHEID. (DUIJSENS E.A., 1999)

301.00[2] *Paranoïde (hoge score)*

Kandidaat is uitgesproken wantrouwig, achterdochtig, hij zoekt overal wat achter. Vaak houdt hij er rekening mee dat anderen eropuit zijn hem nadeel te berokkenen en hij meent dat mensen toch wel tegen hem samenspannen. In het contact is hij buitengewoon gevoelig voor kritiek en zal een (vermeende) belediging niet snel vergeten. Dit maakt zijn gevoel dat niemand te vertrouwen is, steeds sterker.

301.20 *Schizoïde (hoge score)*

Kandidaat kent weinig emoties en heeft er zeker geen behoefte aan emoties met anderen te delen. Hij is liever alleen, zowel thuis als in zijn werk. Hij doet daardoor wat kil, onverschillig en vreugdeloos aan.

301.22 *Schizotypisch (hoge score)*

Kandidaat heeft het gevoel dat hij anders is dan anderen. Dit komt behalve door zijn gedrag ook doordat hij zich meer openstelt voor ervaringen die anderen niet hebben. Precies uitleggen kan hij dit niet, het is meer een gevoel. Zijn anders-zijn heeft wel tot gevolg dat hij zich onbegrepen voelt en zich isoleert.

---

2   Deze cijfers verwijzen naar de DSM-IV-categorie

301.70 Antisociaal (hoge score)

Kandidaat heeft zich in het verleden weinig aangetrokken van de regels die in het sociale verkeer gelden. Dit leidde tot maatschappelijk onaanvaardbaar gedrag. Daarmee is de kans groot dat hij zodanig in conflict raakte met zijn omgeving dat hij uiteindelijk met justitie in aanraking kwam.

301.83 Borderline (hoge score)

Kandidaat is snel geagiteerd en kan dan heftig reageren. Hij heeft er flinke problemen mee zichzelf in de hand te houden en is dan ook onberekenbaar. Het laatste wordt ook veroorzaakt door het ontbreken van een duidelijk zelfbeeld, waardepatroon en (loopbaan)doelen. Hij heeft er problemen mee een lijn in zijn leven te ontdekken. Vaak geeft hij daarom maar toe aan zijn impulsen, ook als hem dit fysieke of psychische schade berokkent.

301.50 Theatraal (hoge score)

Kandidaat heeft de neiging te overdrijven. Hij houdt van uiterlijk vertoon, zowel visueel, in zijn gedrag als in zijn verhalen. Daarbij gaat het hem niet zozeer om zijn eigen standpunt of de waarheid naar voren te brengen, het gaat om het verhaal op zichzelf en om de aandacht die hij hiermee krijgt. Hierdoor is hij ook gemakkelijk te beïnvloeden, hij neemt zaken van een ander niet-kritisch over als hij denkt daarmee in het middelpunt van de belangstelling te staan.

301.81 Narcistisch (hoge score)

Kandidaat is ervan overtuigd dat hij beter is dan een ander, en is erg gevoelig voor signalen van het tegendeel. Hij eist respect en is van mening dat hij dit te weinig krijgt. Dit maakt dat hij extra gevoelig is voor kritiek op zijn functioneren. Maar ook is hij afgunstig, jaloers op anderen die hem naar zijn mening naar de kroon steken. Hij zal dan ook vooral die situaties opzoeken die hem bevestigen in zijn 'uniciteit', hij wil alleen omgaan met mensen die hem het respect geven dat hij in zijn ogen verdient.

301.82 Ontwijkend (hoge score)

Kandidaat denkt dat veel mensen hem kritisch bekijken en is bang dat anderen negatief over hem oordelen. Hij wil aardig gevonden worden. Hij voelt zich daarom zeer ongemakkelijk in sociale situaties. Om negatieve ervaringen te voorkomen ontwijkt hij openbare gelegenheden.

301.60 Afhankelijk (hoge score)

Kandidaat heeft er flinke problemen mee zelfstandig te handelen. Hij denkt al snel dat mensen hem laten vallen als hij iets doet wat niet expliciet hun goedkeuring heeft. Vaak laat hij zijn oordeel daarom afhangen van de mening van een ander om zo sympathie te winnen, maar ook om te voorkomen dat de ander hem afwijst. Met hetzelfde motief neemt hij gemakkelijk een ondergeschikte positie in of doet hij taken die anderen niet zo snel zullen doen omdat het onplezierig werk is.

301.40 Obsessief-Compulsief/Anakastisch (hoge score)

Als kandidaat een taak op zich neemt, kan hij zich daarvan niet meer losmaken. Zijn hele denken en doen zijn dan gefixeerd op zijn werkzaamheden en hij kan zijn sociale contacten (in het werk en daarbuiten) daardoor verwaarlozen. Hij is zo gepreoccupeerd met details in zijn werkzaamheden dat het hem moeite kost hoofd- en bijzaken te scheiden, alles is belangrijk voor hem. Daarbij heeft hij het idee dat een taak niet anders gedaan kan worden dan hij in z'n hoofd heeft. Delegeren is voor hem een probleem, hij gelooft niet dat anderen zijn werk goed kunnen doen. Dit kan aanleiding zijn voor fricties en hij kan hierdoor vastlopen in zijn werk. Klussen duren te lang en zijn werkhouding put hem uit.

301.84 Passief-agressief (hoge score)

Kandidaat is vaak dwars en koestert dikwijls wrok ten aanzien van z'n omgeving. Vaak heeft hij een mening die lijnrecht tegen de heersende opvattingen ingaat en stelt hij zich nodeloos negatief op. Hij doet dat niet zozeer uit overtuiging maar meer omdat hij enigszins dwangmatig de neiging heeft `tegen' te zijn.

301.90 Sadistisch/Dissociaal (hoge score)

Kandidaat heeft er geen problemen mee anderen te bestelen, beledigen, bedriegen, bedreigen of te beschadigen. Dergelijke handelingen behoren tot zijn `normale gedragsrepertoire'. Hij heeft daarbij geen enkel schuldgevoel over de gevolgen voor anderen noch voor zichzelf. Van de mogelijk strafrechtelijke consequenties van zijn handelen trekt hij zich dan ook weinig aan. Hij kent weinig verantwoordelijkheid ten aanzien van zijn handelen.

301.90 Depressief (hoge score)

Kandidaat heeft last van een sombere, aangeslagen stemming. Hij heeft sterk negatieve gedachten over zichzelf en heeft last van schuld- en berouwgevoelens.

F 60.30[3] Impulsief (Borderline) (hoge score)

Kandidaat is gemakkelijk geïrriteerd en komt dan tot woede-uitbarstingen waarover hij weinig controle heeft. Vaak lokt hij dergelijke aanvallen van boosheid ook zelf uit, de aanleiding kan een futiliteit zijn. Zijn impulsiviteit komt ook tot uitdrukking in zijn werk. Het kost hem moeite een taak eerst eens rustig te bezien voordat hij eraan begint.

F 60.6 Angstig (hoge score)

Kandidaat is bang dat hem fysiek of psychisch nare dingen zullen overkomen. Hij is vooral bang dat anderen negatief over hem zullen oordelen, hij wil aardig gevonden worden. Hij voelt zich daarom angstig in sociale situaties. Om negatieve ervaringen te voorkomen gaat hij openbare gelegenheden uit de weg.

---

3 De F-codes verwijzen naar de ICD-indeling van psychische afwijkingen.

F 60.7 Afhankelijk (hoge score)

Kandidaat heeft er flinke problemen mee zelfstandig te handelen. Hij denkt al snel dat hij in de steek gelaten wordt als hij iets doet wat niet expliciet de goedkeuring van anderen heeft. Vaak laat hij zijn oordeel daarom afhangen van de mening van een ander om zo sympathie te winnen, maar ook om te voorkomen dat de ander hem afwijst. Hij zal dan ook zelden eisen stellen, ook niet als deze zeer redelijk zijn. Met hetzelfde motief neemt hij gemakkelijk een ondergeschikte positie in of doet hij taken die anderen niet zo snel zullen doen omdat het onplezierig werk is.

F 60.4 Theatraal (hoge score)

Kandidaat houdt van spanning en sensatie en brengt zichzelf hierdoor wel eens in problemen. Hij houdt van overdrijven en uiterlijk vertoon, zowel visueel, in zijn gedrag als in zijn verhalen. Daarbij gaat het hem niet zozeer om zijn eigen standpunt of de waarheid naar voren te brengen, het gaat om het verhaal op zichzelf en om de aandacht die hij hiermee krijgt. Hierdoor is hij ook gemakkelijk te beïnvloeden, hij neemt zaken van een ander niet-kritisch over als hij denkt daarmee in het middelpunt van de belangstelling te kunnen staan.

ATL: ADOLESCENTEN TEMPERAMENTEN LIJST (FEIJ & KUIPER, 1984)

EMOTIONALITEIT

Hoge score

Kandidaat geeft aan last te hebben van allerlei emotionele gevoeligheden. Het valt hem moeilijk beslissingen te nemen, hij tobt lang na tegenslagen en is snel uit zijn evenwicht. Hierdoor is hij niet in staat onder omstandigheden waarin alles tegenzit op z'n eigen niveau te functioneren. Door zijn omgeving zal hij snel gezien worden als emotioneel minder stabiel.

Lage score

Kandidaat geeft in de vragenlijst aan geen last te hebben van allerlei emotionele gevoeligheden. Hij neemt gemakkelijk beslissingen, tobt niet te lang na tegenslagen en is niet snel uit zijn evenwicht. Hierdoor is hij in staat ook onder omstandigheden waarin alles tegenzit toch op z'n eigen niveau te functioneren. Door zijn omgeving zal hij al snel gezien worden als stabiel en evenwichtig.

SPANNINGSBEHOEFTE I (THRILL AND ADVENTURE SEEKING)

Hoge score

Kandidaat houdt ervan sporten en activiteiten te beoefenen die gevaarlijk zijn. Hij zoekt het avontuur op. Dat hij hiermee flinke risico's loopt voor zijn fysieke welzijn, neemt hij op de koop toe. Zijn omgeving zal hem beslist wel eens een waaghals genoemd hebben.

Lage score

Kandidaat geeft aan geen behoefte te hebben aan het beoefenen van sporten en activiteiten waarmee hij zijn fysiek welzijn in gevaar brengt. Hij is voorzichtig en zal situaties die gevaar kunnen opleveren het liefst vermijden. Hij mijdt risico's.

SPANNINGSBEHOEFTE II (EXPERIENCE SEEKING)

Hoge score

Kandidaat geeft aan het plezierig te vinden allerlei ervaringen op te doen die risicovol zijn, die zijn geestelijke of fysieke welzijn zouden kunnen aantasten. Zo vindt hij het gebruik van allerlei stimulerende, verdovende of hallucinerende middelen acceptabel en heeft hij zelf ook de neiging te experimenteren op dit vlak. Dit alles hangt samen met de problematiek rond het accepteren van normen en autoriteit. Tevens wijst deze houding op een afwezigheid van sociale angst en remmingen.

Lage score

Kandidaat heeft er geen enkele behoefte aan ervaringen op te doen die zijn geestelijke of fysieke welzijn kunnen aantasten. Hij vindt het gebruik van allerlei stimulerende middelen voor zijn functioneren niet nodig en heeft evenmin de neiging te experimenteren op dit vlak. Het is voor kandidaat relatief gemakkelijk allerlei gangbare normen rond gedrag, fatsoen en gezag te accepteren.

EXTRAVERSIE

Hoge score

Kandidaat vindt het gemakkelijk sociale contacten te leggen en te onderhouden. Hij toont gemakkelijk zijn emoties, ook in het bijzijn van anderen. Voor zijn omgeving is hij een toegankelijk persoon. In een gezelschap neemt hij gemakkelijk het woord ook als het vreemden zijn. Dit alles maakt dat hij succesvol is in het opbouwen van een netwerk van relaties. Hij voelt zich thuis in een groep en houdt van werkzaamheden waarbij hij frequent sociale contacten heeft.

Lage score

Kandidaat heeft problemen met het leggen en onderhouden van sociale contacten. Het is voor hem moeilijk z'n emoties te tonen waar anderen bij zijn, hij voelt zich daarvoor te geremd. Daardoor is het voor anderen moeilijk van hem enige hoogte te krijgen. Hij is niet contactvaardig, heeft daardoor weinig contacten en doet daardoor geen vaardigheden op dit gebied op. Hij voelt zich in deze vicieuze cirkel dikwijls eenzaam. In gezelschap zal hij zich veelal onopvallend gedragen, hij is vaak erg stil en neemt geen initiatieven om contacten te leggen.

Hoge score

Kandidaat is impulsief. Hij kan zich maar korte tijd ergens op concentreren. Bij werkzaamheden die een grote nauwkeurigheid vereisen verliest hij al snel zijn geduld. In zijn sociale contacten is hij veelal ongeduldig en trekt hij te snel conclusies. Hij maakt op deze manier al snel een wispelturige indruk en is daardoor minder geschikt voor werkzaamheden die met enige bedachtzaamheid gedaan moeten worden.

Lage score

Kandidaat is bedachtzaam. Hij reageert in sociale situaties niet direct maar meer na enige afweging. Voor zijn omgeving kan dit betekenen dat hij wat afstandelijk overkomt, hij laat zelden het achterste van zijn tong zien. Hij neemt een zekere voorzichtigheid in het sociale verkeer in acht waardoor hij ook een solide indruk maakt.

SBL: SPANNINGSBEHOEFTELIJST (FEIJ & VAN ZUILEN, 1984)

THRILL AND ADVENTURE SEEKING (SPANNINGSBEHOEFTE)

Hoge score

Kandidaat houdt van sporten en activiteiten die gevaarlijk zijn. Hij zoekt het avontuur en durft risico's te lopen. Dat hij hiermee zijn fysieke welzijn op het spel zet, neemt hij op de koop toe. Anderen zullen hem beslist wel eens een waaghals genoemd hebben. Hij voelt zich dan ook aangetrokken tot fysiek zware en gevaarlijke beroepen als marinier, commando, duiker en dergelijke.

Lage score

Kandidaat geeft aan geen behoefte te hebben aan het beoefenen van sporten en activiteiten waarmee hij zijn fysieke welzijn in gevaar brengt. Hij is beslist geen waaghals en zal situaties die gevaar kunnen opleveren het liefst vermijden. Door zijn omgeving kan hij gezien worden als risicomijdend en voorzichtig van aard.

EXPERIENCE SEEKING (ERVARINGEN OPZOEKEN)

Hoge score

Kandidaat geeft aan het plezierig te vinden nieuwe psychische of zintuiglijke ervaringen op te doen, ook als deze zijn geestelijke of fysieke welzijn kunnen aantasten. Zo vindt hij het gebruik van allerlei stimulerende middelen acceptabel en heeft hij zelf ook de neiging te experimenteren op dit vlak. Dit alles hangt samen met problematiek rond het accepteren van normen en autoriteit. Hij vindt het moeilijk algemeen geldende gedragsnormen en waarden over te nemen. Tevens wijst deze houding op een afwezigheid van sociale angst en remmingen.

Lage score

Kandidaat heeft er geen enkele behoefte aan ervaringen op te doen die zijn geestelijke of fysieke welzijn kunnen aantasten. Hij vindt het gebruik van allerlei stimulerende middelen voor zijn functioneren niet nodig en heeft ook niet de neiging te experimenteren op dit vlak. Het is voor kandidaat relatief gemakkelijk allerlei gangbare normen rond gedrag en fatsoen te accepteren.

BOREDOM SUSCEPTIBILITY (VERVEELD VOELEN)

Hoge score

Kandidaat vindt het moeilijk zich te conformeren aan gebruiken en gewoonten. Hij houdt te veel van afwisseling om gedurende een langere periode hetzelfde te doen. Veranderen vindt hij prettig, het kan voor hem zelfs een doel op zichzelf worden. Hij ziet dan ook beslist niet op tegen een verhuizing, afbreken van een opleiding, een verandering van baan of een anderszins drastische verandering in z'n bestaan. Door z'n omgeving kan hem op die manier een zekere wispelturigheid toegedicht worden. Zijn rusteloosheid kan daarentegen ook gezien worden als een uiting van ondernemingslust.

Lage score

Kandidaat heeft er weinig problemen mee gedurende een langere periode in dezelfde situatie te verkeren. Hij houdt niet van verrassingen of veranderingen in z'n omgeving. Hij ziet ertegenop te verhuizen, van baan te veranderen, of anderszins de regelmaat in z'n bestaan uit balans te brengen. Hij voelt zich het meest op zijn gemak in situaties die hij al lange tijd kent. Door zijn omgeving kan hij daarom voor 'saai' uitgemaakt worden. Zijn gedrag is in hoge mate voorspelbaar.

DISINHIBITION (ONTREMMING)

Hoge score

Kandidaat heeft er moeite mee zich binnen algemeen aanvaarde sociale normen en gedragsregels te bewegen. Hij houdt van een bestaan met avontuur en variatie en zoekt dergelijke situaties ook op. Zijn omgeving zal hem veelal als een ongeremd persoon zien. Anderzijds zal hij door zijn houding en gedrag voor zijn omgeving een bron van anekdotes en roddels zijn, hetgeen zijn sociale status ook positief kan beïnvloeden.

Lage score

Kandidaat geeft in de vragenlijst aan zich over het algemeen binnen de geldende gedragsregels te willen bewegen. Het deelnemen aan wilde feesten, het opzoeken van situaties waarin je de kans loopt op sociale ontremming vermijdt hij. Zijn omgeving zal hem doorgaans 'degelijkheid' toeschrijven.

Hoge score (1)

Kandidaat is sterk gericht op het behalen van prestaties (op school). Hij heeft de neiging geheel op te gaan in zijn (school)werk en taken ook onder moeilijke omstandigheden goed te volbrengen. Voor zijn werk zet hij gemakkelijk zaken opzij. Hij werkt hard, wil wat bereiken en vindt het vanzelfsprekend dat je je daarvoor moet inspannen.

Zijn motivatie om te presteren uit zich vooral in taken die een uitdaging voor hem zijn. Zijn omgeving zal hem zien als iemand die taken serieus opvat, zich volledig op aangevangen taken werpt en 'eruit haalt wat erin zit'.

Hoge score (2)

Kandidaat is ambitieus, hij houdt ervan uit te blinken in het leveren van prestaties. Zijn motief vindt hij voor een deel in de verwachting dat hij daarmee de achting van anderen zal verwerven, maar vooral omdat hij bij succes veel aan zelfvertrouwen wint.

Lage score (1)

Het behalen van prestaties op school zei (zegt) kandidaat weinig. Hij geeft gemakkelijk op als het hem tegenzit en beschouwt zichzelf niet als een harde werker.

Lage score (2)

Kandidaat houdt er niet van zich al tezeer in te spannen. Hij vindt het onbelangrijk als anderen hem in prestaties voorbijstreven. Zijn omgeving zal hem veelal zien als iemand die taken niet zo serieus opvat en onvoldoende ambitie heeft van aangevangen werkzaamheden iets te maken. Op deze manier zal hij nauwelijks gebruikmaken van de capaciteiten die hij bezit en vaak onder zijn capaciteitenniveau functioneren.

Hoge score (1)

Kandidaat voelt zich al snel gespannen als hij onder druk staat om prestaties te leveren en heeft dan het gevoel dat hij minder goed zal gaan functioneren. Hij kan nogal angstig worden (zelfs in paniek raken) bij het idee dat hij prestaties moet leveren, dat hij beoordeeld wordt. Hij kent gevoelens als examenvrees en plankenkoorts. Hij functioneert het best in situaties die voor hem bekend, duidelijk en gestructureerd zijn.

Hoge score (2)

Kandidaat heeft er duidelijk problemen mee zijn prestatieniveau te handhaven als hij onder druk staat. Vooral ongestructureerde opdrachten brengen hem snel in verwarring, zeker als dit in situaties gebeurt waarbij veel op het spel staat (een sollicitatie of examen bijvoorbeeld).

Lage score (1)

Kandidaat heeft weinig last van spanningen als hij prestaties moet leveren. Ook als hij onder druk staat om prestaties te leveren zal hij gewoon op zijn niveau blijven functioneren. In die zin is hij onverstoorbaar te noemen.

Lage score (2)

Kandidaat kan ook nieuwe taken met een zekere rust aanvangen. Zijn prestaties lijden er niet onder als hij daarbij enigszins onder druk staat. Hij heeft weinig last van examenvrees. Hij kan daardoor ook situaties onderschatten.

POSITIEVE FAALANGST

Hoge score (1)

Kandidaat geeft aan beter te functioneren in situaties die ongestructureerd zijn en waarin hij onder druk gezet wordt. Ook in situaties waarin veel op het spel staat zal hij over het geheel genomen beter functioneren dan in situaties waarin deze spanningsboog niet bestaat.

Hoge score (2)

Kandidaat moet onder druk worden gezet om tot prestaties te komen, hij denkt dan beter te functioneren. Als er voor hem veel op het spel staat zal hij eerder goed functioneren dan in het geval een prestatie er niet toe doet. Hij geeft daarmee aan uitdagingen en spanning nodig te hebben.

Lage score (1)

Als kandidaat onder druk gezet wordt gaat hij minder goed functioneren. Hoe minder er op het spel staat des te meer voelt hij zich zeker van zijn zaak.

Lage score (2)

Kandidaat geeft in de vragenlijst aan dat het zijn prestatieniveau zelden ten goede komt als hij moet functioneren in situaties waarin hij onder druk wordt gezet.

NEUROTICISME

Hoge score (1)
Kandidaat geeft in de vragenlijsten aan stressgevoelig te zijn. Wanneer hij onder druk staat, heeft hij al snel last van gevoelens van onrust en onzekerheid. Hij herkent al snel een spanningsvolle situatie en voelt op die manier al snel aan dat hij mogelijk gaat disfunctioneren.

Hoge score (2)
Kandidaat geeft aan niet stressbestendig te zijn. Een probleem dat hij tegenkomt kan hem enige tijd bezighouden. Wanneer hij onder druk wordt gezet, is de kans groot dat hij minder goed zal functioneren, hij heeft dan al snel last van gevoelens van onrust en onzekerheid. Tegenslag en teleurstelling grijpen hem doorgaans nogal aan, hij kan tegenslag moeilijk van zich afzetten. Hij neemt al snel problemen van het werk mee naar huis.

Lage score (1)
Kandidaat geeft in de vragenlijsten aan in de regel stressbestendig te zijn. Ook als hij onder druk staat, zal hij op zijn niveau kunnen blijven functioneren. Hij voelt zichzelf stevig in zijn schoenen staan en is bij tegenslag dan ook niet snel uit het veld geslagen. Omdat er weinig situaties zijn die bij hem gevoelens van angst en onzekerheid oproepen, zal hij in allerlei situaties meer durf hebben dan anderen.

Lage score (2)
Kandidaat geeft in de vragenlijst aan dat hij stressvolle situaties uitstekend kan hanteren, hij laat zich niet snel van de wijs brengen. Hij beziet zijn omgeving met een zekere afstand en kan daardoor ook wel laconiek reageren. Het zal weinig gebeuren dat gebeurtenissen bij hem merkbaar emoties oproepen en hij kan daardoor als rustig maar ook als 'koud' ervaren worden.

N1   ANGST

Hoge score (1)
Kandidaat heeft meer dan anderen last van psychische klachten die gepaard gaan met gevoelens van angst en onzekerheid. Hij voelt zich onrustig en dat hindert hem in zijn functioneren. Hij maakt zich zorgen over zaken die anderen van weinig belang vinden, raakt erdoor gespannen en hij kan zijn gedachten dan niet meer zo goed ordenen.

Hoge score (2)
Kandidaat heeft het gevoel dat hij voortdurend onder spanning staat. Hij maakt zich ongerust over zaken waar een ander gemakkelijk overheen stapt. Vaak maakt

hij zich zorgen over zaken die anderen van weinig belang vinden. Een probleem laat hem dan ook niet los, hij blijft daar vaak mee rondlopen. Hij voelt zich daardoor vaak onbehaaglijk.

Lage score (1)
Kandidaat maakt zich weinig zorgen over mogelijke tegenslag. Hij voelt zich doorgaans ontspannen Daardoor kan hij nuchter tegen zaken aankijken en is hij vaak optimistisch over de toekomst.

Lage score (2)
Kandidaat is een optimist. Hij vindt dat je er beter van uit kunt gaan dat zaken goed aflopen en maakt zich zelden zorgen over het tegendeel. Hij is zorgeloos van karakter en trekt zich weinig van eventuele problemen aan.

N2   ERGERNIS

Hoge score (1)
Kandidaat is lichtgeraakt en prikkelbaar. Zaken die zijn omgeving nauwelijks opvallen, kunnen bij hem irritatie en boosheid oproepen. Hij ergert zich eerder dan anderen aan zijn omgeving en wordt dan humeurig.

Hoge score (2)
Kandidaat ergert zich snel aan zijn omgeving. Hij kan moeilijk zaken 'vergeven en vergeten'. Al snel koestert hij wrok tegen degene die hij verantwoordelijk houdt voor tegenslag. Hij voelt zich dan ook snel gekwetst en kan dan nog enige tijd verbolgen zijn. Er hoeft maar weinig te gebeuren om hem in een slechte bui te krijgen en als dat gebeurt kan hij nog enige tijd met zo'n gevoel blijven rondlopen.

Lage score (1)
Het zal weinig gebeuren dat gebeurtenissen de ergernis van kandidaat oproepen. Ook als hij onder druk staat blijft hij mild in het oordeel over zijn omgeving. Hij is goedmoedig. Hij voelt zich zelden in zijn eer aangetast en kan na een conflict gemakkelijk vergeven en vergeten. Hij kan daardoor incasseren, er moet heel wat gebeuren voordat je hem kwaad krijgt. Hij laat dan ook zaken waarover anderen zich kunnen opwinden gemakkelijk over zich heengaan.

Lage score (2)
Kandidaat laat veel over zijn kant gaan. Het gebeurt zelden dat hij verbolgen reageert op zijn omgeving. Hij heeft in zekere zin een 'olifantshuid', er moet heel wat gebeuren voordat hij zich opwindt. Op die manier is hij ook wat inert.

Hoge score (1)
Kandidaat voelt zich vaak zonder duidelijke redenen uit het lood geslagen en maakt zichzelf daarover verwijten. Zijn sombere gevoelens uiten zich in een gevoel van tekortschieten en een aanhoudend schuldgevoel. Hij heeft al snel last van een sombere stemming. Hij wordt dan in beslag genomen door een gevoel van malaise dat hij moeilijk van zich af kan zetten.

Hoge score (2)
Er is bij kandidaat een sombere ondertoon waarin hij negatieve gevoelens (als onbehagen, triestheid en eenzaamheid) vrij spel geeft. Hij heeft allerlei negatieve gevoelens over wie hij is en wat hij kan. Hij komt zo in een negatieve spiraal, zijn problemen verergeren door het tobben zonder tot een oplossing te komen. Hij heeft daardoor last van neerslachtige buien. Hij heeft er moeite mee een positieve betekenis te geven aan de dingen die hij doet en hij heeft een negatief beeld over zijn functioneren. Hij geeft bij tegenslag zichzelf de schuld en voelt zich daardoor vaak somber.

Lage score (1)
Kandidaat heeft een positieve kijk op zichzelf. Hij heeft niet zo veel twijfels over wat hij wil of wat hij kan en voelt zich dan ook wel lekker in zijn vel zitten.
Hij is een optimist, sombere buien zijn hem vreemd.

Lage score (2)
Kandidaat geeft aan geen last te hebben van gevoelens van somberheid. Hij heeft voldoende zelfvertrouwen en ziet zijn bestaan in de regel zonnig tegemoet. Hij heeft een positieve kijk op de wereld om hem heen. Hij laat zijn stemming niet zo snel bederven door tegenslag en gelooft ook dat hij de meeste problemen wel aankan.

Hoge score (1)
Kandidaat voelt zich ongemakkelijk en onzeker in gezelschap, wat zich vooral uit in verlegenheid. Het ontbreekt hem aan zelfverzekerdheid in het sociale contact, zeker als daar 'meerderen' aanwezig zijn. Het verschijnen in openbare gelegenheden en het zoeken van contact in het algemeen vindt hij daarom onaantrekkelijk. Hij is gevoelig voor op zichzelf onschuldige opmerkingen en is gevoelig voor kritiek. Hij heeft er moeite mee zichzelf een houding te geven en voelt vaak enige schroom in zijn sociale optreden.

Hoge score (2)
Kandidaat voelt zich bedeesd en onzeker in sociale situaties. Hij denkt al snel dat anderen hem negatief zullen beoordelen en kan daardoor onzeker zijn in contacten maar ook in het werk. Hij vermijdt daarom liever situaties die eisen aan hem stel-

len ten aanzien van gedrag, kleding of etiquette. Hij weet zich in dat soort situaties vaak geen houding te geven. Hij heeft het gevoel dat hij weinig te bieden heeft en dat anderen negatief over hem zijn. Hij heeft daardoor last van minderwaardigheidsgevoelens en is verlegen.

Lage score (1)
Kandidaat voelt zich doorgaans ontspannen in gezelschap. Hij legt gemakkelijk contact en trekt zich er weinig van aan als hij merkt dat hij over de tong gaat. Hij laat zich in een gezelschap dan ook zelden van de wijs brengen. Ook niet als de mensen hem plagen of hem op het verkeerde been proberen te zetten. Hij blijft zichzelf wat zijn omgeving daar ook van denkt.

Lage score (2)
Kandidaat is zelfverzekerd in zijn optreden. Hij kan als het nodig is zijn zegje doen. Hij kent weinig gevoelens van verlegenheid. Hij is dan ook weinig terughoudend in zijn sociale optreden. Hij gaat onbevangen met mensen om en trekt zich weinig aan van wat anderen van hem denken.

N5   IMPULSIVITEIT

Hoge score (1)
Kandidaat zwicht vaak voor een ingeving die hij op een bepaald moment heeft. Als er iets in hem opkomt, wil hij ook dat het meteen wordt uitgevoerd. Hij geeft op die manier gemakkelijk toe aan verleidingen en kan zo wel eens iets doen waarvan hij later weer spijt heeft. Hij zal daarna vaak denken: 'dat had ik niet moeten doen (of zeggen)'. Het kan dan gaan om op zichzelf onschuldige opmerkingen of te veel eten of drinken.

Hoge score (2)
Kandidaat geeft gemakkelijk toe aan een opwelling. In zo'n bevlieging doet hij dan soms dingen waar hij later liever niet meer aan denkt. Hij overziet op zo'n moment de consequenties blijkbaar niet goed en kan dan later spijt hebben van zijn acties. Het gaat dan om uitingen, gedragingen en toegeven aan verleidingen waarmee hij zijn onrustgevoelens probeert te dempen. Hij heeft weinig zelfbeheersing.

Lage score (1)
Kandidaat beschikt over een uitstekende zelfbeheersing, hij geeft zelden toe aan een opwelling. Hij gaat zich niet snel aan iets te buiten, matigheid is voor hem vanzelfsprekend.

Lage score (2)
Kandidaat laat zelden zijn gevoelens de vrije loop, hij heeft deze doorgaans onder controle en zal zich niet zo snel ergens aan te buiten gaan.

Hoge score (1)
Kandidaat is gemakkelijk van zijn stuk te brengen. Hij kan op stresssituaties heftig reageren, raakt de kluts kwijt en kan zo wat 'paniekerig' overkomen. Dit komt omdat hij moeite heeft met het nemen van beslissingen, de zelfverzekerdheid mist om op zijn eigen oordeel af te gaan. Het kost hem moeite de problemen die hij tegenkomt doelgericht aan te pakken. Daardoor laten oplossingen vaak op zich wachten. Liever zou hij dan ook zien dat anderen voor hem de knoop doorhakken.

Hoge score (2)
Kandidaat kan ook door kleinigheden van slag raken. Hij heeft het gevoel dat hij de wereld niet aankan. Ook onbelangrijke zaken trekt hij zich aan. In een stressvolle situatie kost het hem moeite bijtijds een besluit te nemen en het hoofd koel te houden. De moed zinkt hem al snel in de schoenen op het moment dat hij beseft dat hij verantwoordelijk is voor de oplossing van een probleem. Het liefst heeft hij dan dat anderen voor hem beslissen en zijn problemen oplossen. Zelf ziet hij niet zo goed hoe hij dat zou moeten doen en hij voelt zich daardoor ook wel machteloos. Een op hem af komend probleem zou hij daarom liever willen ontlopen.

Lage score (1)
Kandidaat kan de zaken die op hem af komen nuchter bezien. Hij is in staat afstand te nemen en bij het zoeken naar een oplossing voor problemen heeft hij weinig last van spanningen die hij in het dagelijks leven tegenkomt. Hij heeft dan ook het gevoel de wereld aan te kunnen.

Lage score (2)
Kandidaat is niet gemakkelijk van zijn stuk te brengen. Bij problemen ziet hij zichzelf als verantwoordelijke, als 'probleemeigenaar'. Het is zijn eer te na om de oplossing aan een ander over te laten. Zijn aanpak kenmerkt zich door zelfverzekerdheid en doortastendheid. Op die manier beschikt hij ook over een behoorlijk incasseringsvermogen, het gebeurt niet vaak dat hij door drukte het overzicht verliest.

EXTRAVERSIE

Hoge score
Kandidaat heeft veel belangstelling voor het leggen en onderhouden van sociale contacten en is hierin ook actief.

Lage score
Kandidaat is terughoudend in het leggen en onderhouden van sociale contacten. Het kost hem moeite in een gezelschap actief mee te doen.

Hoge score (1)

Kandidaat wil in zijn contacten een sfeer van hartelijkheid scheppen. Hij draagt anderen een warm hart toe en benadrukt dat door soepele omgangsvormen waarbij ruimte is voor amicaal gedrag. Voor hem moeten bij contacten de afstanden zo klein mogelijk zijn en hij leeft ook met de mensen mee. Hij laat dit merken door hartelijk en positief te zijn in zijn benadering.

Hoge score (2)

Kandidaat gaat gemakkelijk emotionele banden aan met de mensen die hij kent. Hij toont persoonlijke interesse in de mensen met wie hij omgaat. Hij uit daarbij gemakkelijk zijn gevoelens en heeft ook belangstelling voor de gevoelens van anderen. Daardoor wordt hij al snel gezien als sympathiek, toegankelijk, warm en belangstellend. Hij legt gemakkelijk contact en probeert daarbij ongedwongen te zijn.

Lage score (1)

Kandidaat neemt vaak wat afstand van zijn sociale omgeving. Hij gaat niet zo snel emotionele banden aan en reageert vaak koel op toenaderingen van anderen. Hij wil zich ook niet zo goed in anderen inleven. Hij is liever afstandelijk in de omgang en lijkt zich daardoor weinig te interesseren voor wat er in anderen omgaat.

Lage score (2)

In het sociale contact is kandidaat weinig toeschietelijk. Hij houdt afstand en zal zich zelden hartelijk betonen in het sociale contact. Zijn interesse in de mensen om hem heen is dan ook klein. Hartelijkheid is hem vreemd en hij vindt het ook vervelend als anderen hem 'te dicht op de huid zitten'.

E2   SOCIABILITEIT

Hoge score (1)

Kandidaat is een gezelschapsmens en zoekt de drukte op. Hij voelt zich prettig als er mensen om hem heen zijn. Het gaat hem dan niet zozeer om de individuele contacten, voor hem is het belangrijk activiteiten samen te doen.

Hoge score (2)

Kandidaat heeft veel plezier in het hebben van sociale contacten, vooral waar het gaat om 'onder de mensen te zijn'. Hij houdt van mensen om zich heen en zoekt hen ook op. In zijn eentje activiteiten ondernemen is niets voor hem, hij doet liever dingen samen met anderen.

Lage score (1)
Kandidaat is geen gezelschapsmens. Hij doet dingen liever alleen en mijdt, als het even kan, grotere gezelschappen en mensenmenigten. Hij heeft weinig plezier in het ontmoeten van anderen en mijdt ook situaties waarin dat zou kunnen gebeuren.

Lage score (2)
Kandidaat heeft nauwelijks belangstelling voor sociale activiteiten en is in die zin wat eenzelvig te noemen. Er is altijd een forse drempel voordat hij zich onder de mensen beweegt en hij kan zich dan ook wat stroef gedragen.

E3   DOMINANTIE

Hoge score (1)
Kandidaat neemt in een gezelschap gemakkelijk de leiding op zich. Hij voert dan het woord, ook namens een groep en hij vindt het ook vanzelfsprekend als anderen hem als de 'leider' zien. In een gezelschap valt hij op door zijn aanwezigheid. Hij neemt het initiatief en wekt ook graag de indruk dat hij namens anderen spreekt. Op die manier heeft hij ook invloed op het groepsgebeuren en springt hij eruit als een dominante persoonlijkheid.

Hoge score (2)
Kandidaat heeft een behoorlijke geldingsdrang in sociale situaties. Hij neemt in een groep graag het initiatief en wil, als het even kan, sturend optreden. Een ondergeschikte positie in een groep zal hij niet gemakkelijk accepteren. Hij vindt het vanzelfsprekend om in de sociale situaties waarin hij verkeert het initiatief te nemen. Hij voert gemakkelijk het woord en heeft ook het gevoel dat hij veel in te brengen heeft. Hij probeert invloed uit te oefenen en zal al snel een dominante positie in een groep opeisen. Daarbij neemt hij graag de verantwoordelijkheid voor beslissingen op zich. In een groep valt hij daarom al snel op.

Lage score (1)
Kandidaat vindt het moeilijk om in gezelschap zijn zegje te doen. Hij merkt dat hij daardoor weinig invloed heeft op sociale gebeurtenissen om hem heen. Hij heeft daaraan ook niet zoveel behoefte en is liever onopvallend in een groep. In het contact zal hij dan ook weinig inbrengen, hij laat de verantwoordelijkheid liever aan anderen over. Hij vindt het ook onbelangrijk zijn mening te laten horen.

Lage score (2)
In het sociale contact is kandidaat terughoudend. Hij heeft het gevoel dat hij weinig in te brengen heeft in een discussie, hij vindt dat ook niet zo belangrijk. Hij vindt het wel gemakkelijk als anderen de beslissingen nemen. In een groep zal hij zich dan ook doorgaans volgzaam opstellen, hij neemt daarin weinig initiatieven. Hij heeft ook het gevoel dat hij weinig in te brengen heeft. In de omgang gedraagt hij zich veelal afhankelijk, er gaat weinig van hem uit.

Hoge score (1)

Kandidaat voelt zich actief en energiek. In het sociale contact is hij vaak 'doenerig', druk in de weer. Hij houdt van vaart maken in het sociale verkeer. Hij pakt zaken energiek aan, stilstaan bij zaken hoort daar niet bij. Hij kan daardoor ook wel te hard van stapel lopen.

Hoge score (2)

Kandidaat voelt zich in zijn sociale contacten gehaast, ongedurig. Hij neemt weinig tijd voor zichzelf en anderen. Dit maakt dat hij een levendige maar soms ook wat jachtige, onbesuisde indruk maakt. Hij gunt zich weinig tijd om zaken eens rustig te bekijken. Het liefst gaat hij direct tot handelen over waardoor hij een onrustige, drukke indruk maakt.

Lage score (1)

Kandidaat doet dingen liever in zijn eigen tempo en zal ook in zijn sociale contacten enige rust willen hebben. Dit maakt dat hij een wat kalme maar ook trage indruk kan maken. Hij laat zich dan ook niet opjagen. Hij pakt zaken liever kalm aan en vindt het ook moeilijk om tempo te maken in zijn activiteiten.

Lage score (2)

Het ontbreekt kandidaat aan de daadkracht om zaken voortvarend aan te pakken. Voor hem moeten werkzaamheden rustig en overzichtelijk blijven. Daardoor kan hij ook wel een wat trage, weinig slagvaardige indruk maken. Hij reageert traag op zijn omgeving en het lijkt of hij nauwelijks tot enige actie te bewegen is. Hij kan daardoor zelfs een flegmatieke en bij tijden een inerte indruk maken.

E5   AVONTURISME

Hoge score (1)

Kandidaat houdt van plezier maken vooral als daarmee ook wat spanning verbonden is. Hij houdt wel van 'het onverwachte' en zoekt dat vaak op.

Hoge score (2)

Kandidaat zoekt situaties op waarin wat te beleven valt. Hij houdt van opwinding en levendigheid en verliest zijn belangstelling als zaken al te zeer voorspelbaar zijn. In die zin is hij ook wel wat sensatiebelust.

Lage score (1)

Kandidaat is behoedzaam in zijn gedrag en springt zelden uit de band. Sensatiezucht is hem vreemd, het liefst houdt hij zijn activiteiten beperkt tot voor hem bekend terrein.

Lage score (2)
Kandidaat zoekt beslist geen situaties op waarin zaken onvoorspelbaar zijn. Het liefst blijft hij op gebaande paden en hij houdt dan ook niet zo van opwinding.

E6   VROLIJKHEID

Hoge score (1)
Kandidaat laat gemakkelijk zijn positieve emoties zien. Vaak is hij in een goede stemming, lacht hij veel en laat hij het duidelijk merken als hij vrolijk is. Zijn opgewekte houding geeft de indruk dat hij zich in gezelschap al snel amuseert.

Hoge score (2)
Kandidaat ervaart eerder dan anderen gevoelens van vrolijkheid en opgewektheid. Hij is vaak in een goede stemming. Hij zal weinig laten merken van eventuele gevoelens van neerslachtigheid.

Lage score (1)
Kandidaat is nogal geremd in het tonen van zijn positieve emoties. Vrolijk zijn als de situatie daartoe uitnodigt of lachen als er gelachen wordt, zijn voor hem niet vanzelfsprekend. Zelfs als hij daar persoonlijk alle reden toe heeft, zal hij weinig gevoel van vrolijkheid of geluk ervaren.

Lage score (2)
Kandidaat heeft er moeite mee zijn positieve emoties te uiten. Blijdschap of vreugde over zaken die hem aangaan zal hij zelden laten blijken. Daardoor kan hij al snel ervaren worden als wat afstandelijk, somber en pessimistisch.

OPENHEID

Hoge score (1)
Kandidaat heeft een ruime belangstelling. Hij staat onbevangen tegenover zijn omgeving en verdiept zich graag in zaken die nieuw voor hem zijn. Hij doet graag nieuwe indrukken op.

Hoge score (2)
Kandidaat stelt zich gemakkelijk open voor allerlei ervaringen en indrukken. Hij heeft altijd wel belangstelling voor een voor hem onbekende situatie, gedachte of trend en doet dan ook graag mee in discussies waarbij het erop aan komt origineel en vindingrijk te zijn.

Lage score (1)
Kandidaat is niet nieuwsgierig of belangstellend te noemen ten aanzien van z'n omgeving. Hij beperkt z'n ervaringen en gedachtegoed tot wat hem bekend is en zal zeker geen zaken uitproberen.

Lage score (2)
Kandidaat heeft zo z'n reserves ten aanzien van zaken die hem onbekend voorkomen. Hij bemoeit zich daar liever niet mee.

01   FANTASIE

Hoge score (1)
Kandidaat heeft een goed voorstellingsvermogen, een levendige verbeelding en kan zich daardoor ook laten meevoeren. Hij kan zich gemakkelijk allerlei zaken voorstellen die nooit werkelijkheid zullen worden. Hij speelt met ideeën en wil daarover graag fantaseren. Hij stelt zich in grote mate open voor alles wat in hem omgaat en kan zich daardoor ook verliezen in allerlei dagdromerij.

Hoge score (2)
Kandidaats gedachten dwalen gemakkelijk af en hij ziet hierin een bron van inspiratie. Hij mijmert graag over wat hem bezighoudt waarbij hij gemakkelijk tot dagdromerij komt. Hij fantaseert graag, ook over het oplossen van zijn problemen.
Hij houdt van zijn fantasieën, hij laat zich gemakkelijk meevoeren met zijn dagdromen en kan daar ook van genieten. Hij vindt het belangrijk zijn gedachten te volgen al kunnen ze hem afhouden van het werk dat hij op dat moment doet.

Lage score (1)
Kandidaat heeft een nuchtere, praktische kijk op de wereld om hem heen. Hij blijft zo dicht mogelijk bij de direct waarneembare feiten. Voor de oplossing van zijn problemen maakt hij op deze manier weinig gebruik van zijn fantasie en van zijn voorstellingsvermogen. Hij negeert liever een in hem opkomende gedachtesprong dan dat hij deze nader overdenkt. Hij vindt het moeilijk zijn fantasie de vrije loop te laten.

Lage score (2)
Kandidaat heeft weinig verbeeldingskracht. Hij heeft zelden speelse invallen en beleeft er geen plezier aan om zich een denkbeeldige situatie voor te stellen en uit te werken. Voor hem moeten zaken dicht bij de waarneembare realiteit van alledag staan. Hij blijft liever met beide benen op de grond dan dat hij zich laat beïnvloeden door zijn fantasie.

02   ESTHETIEK

Hoge score (1)
Kandidaat is gevoelig voor allerlei uitingen van kunst. Hij kan genieten van een muziekstuk of een gedicht. Ze roepen bij hem allerlei prettige gevoelens op waar hij zich voor openstelt.

Hoge score (2)
Kandidaat heeft een sterk ontwikkeld gevoel voor esthetiek, schoonheid. Hij kan genieten van een goed gedicht, een muziekstuk of een andere vorm van kunst. Zaken worden niet alleen beoordeeld vanuit praktisch nut maar ook vanuit originaliteit en artisticiteit.

Lage score (1)
Kandidaat heeft weinig gevoel voor kunst of esthetiek. Zaken worden door hem in eerste instantie beoordeeld op hun praktisch nut, bruikbaarheid of kostbaarheid en niet op hun originaliteit of culturele waarde.

Lage score (2)
Kandidaat heeft weinig gevoel voor cultuuruitingen die een beroep doen op zijn verbeeldingskracht.

03   GEVOELENS

Hoge score (1)
Kandidaat is een gevoelsmens. Hij ziet zichzelf als gevoelig en emotioneel. Hij is sensitief en houdt ook rekening met de gevoelens die zaken of personen bij hem oproepen. In de benadering van zijn omgeving gaat hij dan ook vaak op zijn gevoel af en let hij scherp op de emoties die personen of situaties bij hem oproepen. Zijn stemming varieert met de indrukken die hij opdoet.

Hoge score (2)
Kandidaat laat zich sterk beïnvloeden door de emoties die personen of situaties bij hem oproepen. Hij stelt zich open voor wat in hem omgaat en vindt het belangrijk op deze gevoelens te letten en houdt hiermee vaak rekening bij het nemen van beslissingen.

Lage score (1)
Kandidaat doorleeft zelden sterke emoties naar aanleiding van gebeurtenissen om hem heen. Hij let ook niet zo veel op wat er in hem omgaat en vindt dat ook van ondergeschikt belang. Hij is weinig gevoelig voor de stemmingen die personen of situaties bij anderen doorgaans oproepen. Hij stelt zich daarmee weinig open voor zijn eigen emoties maar ook niet voor de emoties van anderen. Daardoor is het voor hem ook wat moeilijk zich in te leven in een ander die deze emoties wel kent.

Lage score (2)
Kandidaat heeft weinig contact met zijn gevoelsleven. Hij sluit zich af voor zijn emoties en denkt liever niet na over zaken die zijn stemming kunnen beïnvloeden. Daarmee loopt hij voor zijn emoties weg, hij vindt dat je daarmee geen rekening moet houden. Hierdoor zal hij anderen (maar ook zichzelf) niet altijd kunnen begrijpen. Zo kan hij er problemen mee hebben in te schatten wat anderen denken en voelen.

Hij is op deze manier weinig geïnteresseerd in zijn eigen gevoelsleven maar evenmin in het gevoelsleven van anderen.

04   VERANDERING

Hoge score (1)
Kandidaat is ondernemend waar het gaat om het opdoen van nieuwe ervaringen en indrukken. Hij is nieuwsgierig en begeeft zich graag in een voor hem nieuwe situatie.

Hij heeft er vanuit zijn nieuwsgierigheid geen problemen mee als zijn omgeving aan verandering onderhevig is en dat hij regelmatig voor onverwachte situaties staat.

Hoge score (2)
Kandidaat heeft weinig vaste gewoonten. Hij zoekt graag situaties op die voor hem nog onbekend zijn en waakt ervoor dat hij in een sleur terechtkomt. Hij probeert regelmatig iets nieuws uit, al was het alleen maar om een verandering te ervaren. Hij houdt dan ook niet van vaste rituelen, gewoonten en tradities.

Lage score (1)
Kandidaat voelt zich prettig in zijn eigen vertrouwde omgeving. Hij heeft hier zijn eigen manier van doen gevonden en verandert niet snel wat in zijn situatie. Hij houdt zaken het liefst bij het oude, vertrouwde. Hij heeft ingeslepen gewoonten en koestert deze. Het kost hem moeite iets nieuws uit te proberen en af te wijken van de gebruikelijke gang van zaken. Uit eigen beweging zal hij ook niet zo snel zijn situatie veranderen.

Lage score (2)
Als kandidaat eenmaal een bepaalde manier van doen heeft, blijft hij erbij. Hij houdt er niet van zijn gedrag of zijn omstandigheden uit eigen beweging te veranderen. Hij vindt dan ook dat je niet moet tornen aan (zijn) gewoonten en tradities. Hij heeft er geen behoefte aan zijn manier van doen te veranderen. Hij voelt zich prettig als 'zaken gaan zoals ze altijd gaan' en houdt dan ook van routine en gewoonten.

05   IDEEËN

Hoge score (1)
Kandidaat heeft een beschouwende instelling. Hij filosofeert graag over zaken en ziet het als een uitdaging om abstracte zaken te doorgronden. Hij houdt van een redenering die logisch gezien goed in elkaar zit. Hij voert graag gesprekken 'die ergens over gaan', waarbij hij intellectueel wordt uitgedaagd.

Hoge score (2)
Kandidaat houdt van intellectuele uitdagingen. Deze kunnen een bepaalde opgave of puzzel zijn maar ook een filosofisch of logisch probleem. Het gaat hem dan niet zozeer om de praktische uitwerkingen als wel om het plezier in het abstracte, ongrijpbare en de verrassing van een logische oplossing. Hij denkt graag na over abstracte, theoretische zaken.

Lage score (1)
Kandidaat heeft een praktische instelling en blijft bij de oplossing van een probleem het liefst ze dicht mogelijk bij het alledaagse, het meest voor de hand liggende.

Lage score (2)
Kandidaat houdt niet van een intellectuele uitdaging. Zodra zaken abstract of in zijn ogen 'moeilijk' worden, verliest hij zijn belangstelling. Hij vindt het moeilijk aan een intellectueel getint debat mee te doen. Hij praat liever over concrete, voor de hand liggende zaken en vindt dat je met een theoretische discussie vaak niet veel opschiet.

06   WAARDEN

Hoge score (1)
Kandidaat is tolerant. Hij laat anderen in hun waarde door zijn standpunt open te houden voor discussie. Ook ten aanzien van zijn eigen gedachtegoed kan hij relativeren. Hij vindt dan ook dat 'veel ter discussie mag staan'. Hij heeft ruime opvattingen over allerlei morele kwesties rond wat wel en niet mag en kan. Hij relativeert gemakkelijk en wil zaken ook vanuit andermans perspectief bezien.

Hoge score (2)
Kandidaat heeft geen vastomlijnd kader van waaruit hij de wereld beoordeelt, hij laat graag zaken open en geeft anderen de ruimte. Hij neemt de mensen zoals ze zijn. Hij weet dat iedereen zo z'n opvattingen heeft over 'goed en kwaad' en heeft daar vrede mee.

Lage score (1)
Kandidaat is traditioneel van opvatting. Hij vindt dat de geldende normen en waarden er niet voor niets zijn en wil zich daar ook zo veel als mogelijk aan houden. Hij houdt van principes.

Lage score (2)
Kandidaat is dogmatisch in zijn opvattingen. Hij is stellig in zijn oordeel over wat wel en niet kan en zal dan ook bij het geven van zijn mening moraliseren. Hij heeft een vastomlijnd normen-en-waardepatroon dat dient als uitgangspunt voor zijn handelen. Hij wijkt hier moeilijk van af en is ook niet bereid dit ter discussie te stellen.

Hoge score

Kandidaat geeft anderen de ruimte. Hij is vriendelijk en draagt de mensen om hem heen een warm hart toe.

Lage score

Kandidaat doet er geen speciale moeite voor om vriendelijk te zijn. Hij is in staat zich zeer afhoudend op te stellen tegenover anderen.

A1   VERTROUWEN

Hoge score (1)

Kandidaat gaat ervan uit dat anderen het beste met hem voor hebben en hij heeft vertrouwen in zijn medemens. De gedachte dat zij van hem profiteren en hem zelfs nadeel kunnen berokkenen, zal niet snel bij hem opkomen. Hij gaat ervan uit dat anderen over het algemeen eerlijk zijn en is dan ook weinig op zijn hoede voor het tegendeel.

Hoge score (2)

Kandidaat is enigszins lichtgelovig als het gaat om de goedheid van zijn medemens. Hij schenkt anderen al snel het voordeel van de twijfel en is van mening dat zij door-gaans van goede wil zijn. Hij is dan ook eerder argeloos dan 'op zijn hoede' te noe-men. En hij is ook, eerder dan anderen, bereid iemand op zijn woord te geloven.

Lage score (1)

In zijn houding tegenover anderen is kandidaat op zijn hoede. Hij geeft aan wei-nig vertrouwen te hebben in zijn sociale tegenspelers. Hij zal anderen niet snel in vertrouwen nemen en gaat ervan uit dat mensen eropuit kunnen zijn hem nadeel te berokkenen.

Lage score (2)

Kandidaat heeft weinig geloof in de eerlijkheid van de mensen om hem heen. In het sociale contact is hij dan ook op zijn hoede. Hij is gereserveerd ten aanzien van hun goede bedoelingen en vindt het verstandig hierover kritisch te zijn. Hij kan daardoor ook achterdochtig zijn. Hij vindt het beter om ervan uit te gaan dat veel mensen niet menen wat ze zeggen. Op die manier laat hij zich ook zelden iets aanpraten.

A2   OPRECHTHEID

Hoge score (1)

Kandidaat geeft in zijn sociale contacten veel van zichzelf bloot. Hij zegt waar het op staat, ook als dat minder goed uitkomt. Hij heeft een uitgesproken afkeer van veinzen en halve waarheden en zal zich in zijn wijze van communiceren zelden laten verleiden tot vleierij of `naar de mond praten'. Daarbij handelt hij te goeder trouw. Als hij wat zegt, meent hij dat ook en hij zou het moeilijk vinden om zaken anders voor te stellen dan ze werkelijk zijn.

Hoge score (2)

Kandidaat is in zijn sociale contacten oprecht, je weet al snel wat je aan hem hebt, van dubbele agenda's of het bewust bespelen van mensen moet hij niets hebben. Hij toont in zijn communicatie veelal een eerlijkheid, directheid en onbevangenheid die zelfs naïef kan overkomen. Hij heeft de neiging 'de waarheid te willen zeggen', ook als de situatie zich daar niet voor leent. Hij vindt het belangrijk eerlijk en oprecht te zijn. In de communicatie speelt hij daarom open kaart, hij vindt dat je om de waarheid geen doekjes moet winden. Hij doet dat te goeder trouw en heeft weinig gevoel voor 'het politieke spel', laat staan voor het manipuleren van een situatie in zijn voordeel.

Lage score (1)

Kandidaat heeft er geen problemen mee door slim spel zijn doel te bereiken. Hieronder verstaat hij ook het bespelen van mensen en eventueel het anders voorstellen van de zaken dan ze werkelijk zijn. Hij heeft er geen probleem mee anderen op het verkeerde been te zetten als hij daarmee iets kan bereiken. Hij ziet dit vooral als een handigheid van zichzelf, maar ook als een domheid van zijn sociale tegenspelers.

Lage score (2)

Kandidaat vindt dat je, om je doelen te bereiken, de middelen mag gebruiken die je ten dienste staan. Zo kan hij vleien als het uitkomt, zaken verzwijgen, maar ook zaken heel anders voorstellen dan ze in werkelijkheid zijn. Hij is er ook wel trots op dat hij berekenend is en zo zaken voor elkaar kan krijgen. Hij kan dan in het uiterste geval, om zijn doelen te bereiken, ook middelen gebruiken die anderen zullen zien als 'streken uithalen' of 'onderuithalen'. Hij kan zelfs zo ver gaan dat zijn gedrag opgevat kan worden als misleiding.

A3   ZORGZAAMHEID

Hoge score (1)

Kandidaat zal in zijn contacten, als hij het nodig vindt, anderen in bescherming nemen. Hij staat voor een ander klaar. Hij heeft belangstelling voor het 'wel en wee' van anderen, hij stelt zich dan ook al snel zorgzaam op. Hij heeft veel voor anderen over, in het sociale contact zal hij daarom ervaren worden als onbaatzuchtig, attent en hoffelijk. Egoïsme is hem vreemd.

Hoge score (2)

Kandidaat is geneigd zich in het sociale contact behulpzaam en zelfs `opofferend' op te stellen. Hij kan anderen in geval van nood te hulp schieten en is altijd bereid tijd, middelen en, als dat nodig is, geld te steken in de oplossing van andermans problemen. Daarbij let hij niet op zijn eigen voordeel en het zal hem grote moeite kosten een ander in de kou te laten staan.

Lage score (1)
Kandidaat is van mening dat iedereen zichzelf maar uit de problemen moet helpen. In die zin is hij ook berekenend. Pas als het in zijn voordeel is, kan hij overwegen te hulp te schieten. Hij is vooral met zijn eigen zaken bezig. Hij houdt weinig rekening met anderen, en kan dan ook tactloos zijn in zijn optreden.

Lage score (2)
Kandidaat heeft weinig voor een ander over. Hij let vooral op zijn eigen voordeel. De vraag 'wat heb ik hieraan' houdt hem meer bezig dan 'wat kan ik voor u betekenen'. Hij kan ook mensen aan hun lot overlaten als hem dat zo uitkomt. Dat maakt hem onverschillig in de omgang.

A4   INSCHIKKELIJKHEID

Hoge score (1)
Als kandidaat het ergens niet mee eens is, laat hij dat zelden blijken. Hij is mild in zijn oordeel. Hij legt de nadruk op zaken als 'wat bindt ons' en 'hoe kan ik met anderen samenwerken'. Daardoor dekt hij meningsverschillen vaak toe en gaat hij mee met de heersende mening in een groep. Hij is dan ook inschikkelijk, hij zal niet snel zijn zin doordrijven en verzeilt zelden in een hoogoplopende discussie. Hij geeft liever 'om de lieve vrede' toe dan dat hij zijn gelijk probeert te halen. Hij is meegaand, toeschietelijk en 'gemakkelijk' gezelschap en geeft anderen daarmee veel ruimte.

Hoge score (2)
Kandidaat loopt mensen zelden voor de voeten en schikt zich daarom ook in situaties die ongunstig voor hem zijn. Hij is zo inschikkelijk dat anderen het idee hebben dat je met hem geen rekening hoeft te houden: 'hij vindt het toch wel goed'. Na een meningsverschil probeert hij 'te vergeven en te vergeten'. Daarmee laat hij veel zaken waar hij eigenlijk wel wat van zou moeten zeggen, ongemoeid. Hij vermijdt confrontatie en legt zich gemakkelijk bij een ongunstige situatie neer.

Lage score (1)
Kandidaat legt zich niet zomaar bij zaken neer. Hij raakt meer dan anderen betrokken in discussies en kan hier ook vasthoudend zijn. Hij is eigenwijs en is van een eenmaal ingenomen standpunt moeilijk af te brengen. Het kost hem dan ook moeite zich neer te leggen bij een situatie die hem niet bevalt. Hij laat zijn irritaties die hij dan heeft gemakkelijk blijken en probeert van alles om dan toch de zaken in zijn voordeel te veranderen.

Lage score (2)

Kandidaat is als discussiant vaak lastig. Hij verdedigt zijn mening met hand en tand en stelt er een eer in zijn gelijk te halen. Daardoor zal hij vaak gezien worden als assertief maar ook als koppig en weinig toeschietelijk. Op die manier raakt hij gemakkelijk betrokken in conflicten. Het valt hem moeilijk zijn mening prijs te geven. Hij is vaak halsstarrig en bereid zijn standpunt tot het eind toe te verdedigen. Daardoor is het moeilijk met hem tot een vergelijk of tussenoplossing te komen.

A5   BESCHEIDENHEID

Hoge score (1)

Kandidaat vindt het moeilijk zichzelf op de voorgrond te zetten. Hij handelt liever 'achter de schermen' en vindt al te veel aandacht voor wat hij heeft gedaan niet nodig. Ook niet als deze prestaties het verdienen om in het zonnetje gezet te worden.

Hij houdt zijn verdiensten dan ook liever wat uit zicht. Zelf aandacht geven aan zijn prestaties ziet hij al snel als grootspraak of opschepperij.

Hoge score (2)

Kandidaat schenkt weinig aandacht aan zijn prestaties. Hij heeft er geen behoefte aan zijn omgeving te imponeren en is in de beschrijving van zijn kwaliteiten dan ook bescheiden. Hij zal zijn prestaties zelden uitvergroten. Hij zwijgt liever over wat hij ten goede gepresteerd heeft dan dat hij daaraan ruchtbaarheid geeft.

Lage score (1)

Kandidaat geeft hoog op van zijn kwaliteiten en voelt zich daardoor ook wat beter dan anderen. Hij mag zijn prestaties graag breed uitmeten en steekt zijn tevredenheid hierover niet onder stoelen of banken. Hij maakt dan ook graag indruk op zijn omgeving. Hij doet dit door zijn kwaliteiten en prestaties in een gunstig daglicht te stellen. Van een gezamenlijke activiteit zal hij zijn eigen inbreng uitvergroten. Ook van zijn prestaties die anderen meer zullen zien als 'gewoon' of 'gemiddeld' kan hij de indruk geven dat er bijzondere resultaten neergezet zijn.

Lage score (2)

Kandidaat vindt het moeilijk zijn prestaties onopgemerkt te laten. Hij heeft een hoge dunk van zichzelf en heeft niet zo scherp in de gaten dat anderen zijn uitleg over de gang van zaken kunnen zien als grootspraak of zelfs opschepperij.

A6   MEDELEVEN

Hoge score (1)

Kandidaat heeft al snel sympathie voor de mensen die het minder goed getroffen hebben dan hijzelf. Naast gevoelens van medeleven kent hij in veel gevallen ook gevoelens van medelijden. Dit kan een zakelijke verstandhouding met mensen in de weg staan. Hij is zachtaardig. Als hij ziet dat een ander hulp nodig heeft, laat hij zich al snel vermurwen. Het valt hem dan ook moeilijk de mensen zelf verantwoordelijk te stellen voor de situatie waarin ze verkeren. Hij vindt dat je als samenleving in z'n geheel verantwoordelijk bent voor elkaar. Hij draagt degenen die het in deze maatschappij slecht getroffen hebben een warm hart toe.

Hoge score (2)

Kandidaat vindt het belangrijk aandacht te schenken aan andermans behoeften. Hij brengt zaken graag terug tot menselijke proporties en kan zich daarbij gemakkelijk verplaatsen in andermans positie, vooral als deze er minder gunstig uitziet. Hierdoor heeft hij ook wat eerder dan anderen medelijden met hen die het niet goed getroffen hebben. Hij geeft in het sociale verkeer dan ook snel blijk van een zekere mildheid in de beoordeling van anderen. Hij kan zich het lot van anderen al snel aantrekken. Veelal is kandidaat wat dat betreft zelfs wat sentimenteel en zachtaardig.

Lage score (1)

Kandidaat vindt dat iedereen zelf verantwoordelijk is voor de situatie waarin hij verkeert. Hij voelt zich dan ook niet verantwoordelijk voor (maatschappelijke) misstanden die hij in het dagelijks leven tegenkomt. Hij spreekt daarom gemakkelijker dan anderen in termen van 'eigen schuld'. Hij wil in zijn sociale contacten zakelijk en, als het even kan, 'hard' zijn. Hij heeft weinig op met mensen die het minder goed hebben dan hijzelf en kent weinig gevoelens van medeleven of medelijden ten opzichte van hen.

Lage score (2)

Kandidaat is van mening dat je geen medelijden moet hebben met mensen die het in deze maatschappij slecht hebben getroffen. Hij vindt dat je geen ruimte moet geven aan sentimentaliteit. Hij neemt dan ook gemakkelijk afstand van andermans problematiek. Hij vindt dat je beslissingen moet kunnen nemen zonder al te veel te kijken naar de menselijke kant van een zaak. Hij kan daardoor in zijn opvattingen over sociale situaties gevoelloos en hard overkomen. Hij kan onverschillig lijken, maar in zijn ogen gaat het algemene belang voor het persoonlijke belang.

CONSCIËNTIEUSHEID

Hoge score

Kandidaat is gewetensvol en plichtsgetrouw in de aanpak van zijn werkzaamheden. Hij spant zich in voor z'n werk en doet z'n best om niemand teleur te stellen. Hij is gevoelig voor de eisen die een werkgever doorgaans aan een werknemer stelt.

Lage score

Kandidaat is voldoende gewetensvol en plichtsgetrouw in de aanpak van zijn werkzaamheden. Hij vindt dat je van je werk en je loopbaan wat moet maken, maar loopt hier eerder dan anderen tegen zijn grenzen aan. Hij is minder dan anderen gevoelig voor de eisen die een werkgever doorgaans aan een werknemer stelt.

Hoge score (1)

Kandidaat heeft het gevoel dat hij in staat is weloverwogen beslissingen te nemen. Hij twijfelt weinig aan zijn beoordelingsvermogen. Hierdoor heeft hij ook het gevoel doorgaans succesvol te zijn in de aanpak van zijn werkzaamheden. Hij voelt zich in de regel opgewassen tegen zijn taken en is ook van mening dat hij deze doelmatig kan aanpakken. Daarmee straalt hij zelfverzekerdheid uit. Hij is ervan overtuigd dat wat hij doet, goed doet.

Hoge score (2)

Kandidaat stelt zich bij het nemen van beslissingen goed op de hoogte waarover een probleem gaat. Hij wil kennis van zaken hebben voordat hij een besluit neemt en hij heeft het idee dat dit hem doorgaans wel lukt. Daardoor twijfelt hij weinig bij het nemen van beslissingen. Hij gelooft in zichzelf en kan daardoor doelmatig en zelfbewust zijn werkzaamheden oppakken.

Lage score (1)

Kandidaat heeft vaak het idee dat hij 'er niets van begrijpt' en dat hij te weinig van zaken afweet om er een oordeel over te kunnen hebben. Hij denkt daarom vaak dat zijn inbreng er niet toe doet. Hiermee geeft hij ook aan dat het hem zwaar valt aan de eisen te voldoen die aan hem worden gesteld. Hij heeft er problemen mee taken doelmatig aan te pakken en hij heeft een gebrek aan zelfvertrouwen.

Lage score (2)

Kandidaat heeft er moeite mee weloverwogen een beslissing te nemen. Hij twijfelt veel en denkt vaak dat er een betere oplossing is dan de oplossing waar hij op komt. Dit knaagt aan zijn zelfvertrouwen en vermindert zijn doelmatigheid van handelen.

Daarbij twijfelt hij over zichzelf (vooral over zijn competenties). Vaak heeft hij de indruk dat hij werkzaamheden niet goed aanpakt.

C2   ORDELIJKHEID

Hoge score (1)

Kandidaat vindt een ordelijke aanpak in zijn werk van belang. Hij gaat zo veel als mogelijk methodisch te werk en bergt zijn spullen zo op dat hij deze gemakkelijk kan terugvinden. Daarmee houdt hij zijn werkplek goed op orde. Hij laat in zijn werk weinig aan het toeval over. Hij besteedt ook aandacht aan de details. Door zich hierin vast te bijten kan hij zelfs de grote lijn van zijn werkzaamheden uit het oog verliezen.

Hij is precies in zijn aanpak. Hij vindt het belangrijk dat hij zaken strikt volgens schema kan uitvoeren en dat hij in zijn werk geen hinder ondervindt van een rommelige werkomgeving.

Hoge score (2)

Kandidaat stelt in zijn werk hoge eisen aan systematiek, orde en netheid. Om tot prestaties te kunnen komen kan hij zich zelfs wat dwangmatig aan een taak wijden.

Hij heeft er flinke problemen mee in een chaos te werken. Aan zijn werkplek stelt hij als eerste eis dat deze netjes is. Zaken moeten voor hem overzichtelijk blijven. Dat kan een flexibele aanpak van zijn werkzaamheden in de weg staan.

Lage score(1)

Kandidaat geeft weinig om een goede organisatie van zijn werkzaamheden. Hij kan ook in een rommelige omgeving werken. Hij besteedt weinig aandacht aan het ordenen van zijn werkplek en houdt zich ook niet aan een planning. Daarmee geeft hij aan dat hij er problemen mee heeft zaken ordelijk, netjes en nauwgezet aan te pakken en hij stelt wat dat betreft ook geen hoge eisen aan zichzelf. Spullen hebben bij hem geen vaste plek en hij vindt het onvermijdelijk dat zijn werkplek een rommeltje is.

Lage score (2)

Kandidaat is weinig systematisch in de aanpak van zijn werkzaamheden. Hij heeft problemen met het brengen van orde en regelmaat in zijn werk. Hij maakt van zijn werkomgeving al snel een plek waarin `niets op z'n plaats staat' en `er weinig orde in te ontdekken valt'. Hij heeft er problemen mee zaken ordelijk aan te pakken en kan zo veel tijd verliezen aan het zoeken van informatie, gereedschap of materiaal.

C3   BETROUWBAARHEID

Hoge score (1)

Kandidaat is een man van zijn woord. Als hij iets toezegt zal hij het ook doen. In die zin is hij integer, plichtsgetrouw maar ook principieel. Hij vindt dat je pas kunt samenwerken als je je beloften gestand doet. Hij is in het nakomen van zijn afspraken dan ook zo nauwgezet mogelijk. Het kost hem moeite af te wijken van zijn verplichtingen en hij zal, ook als het hem minder goed uitkomt, proberen zijn toezeggingen gestand te doen.

Hoge score (2)

Kandidaat neemt de regels die in het sociaal verkeer zijn gesteld zeer serieus, tot op het ongeloofwaardige af. Daardoor kan hij wel eens als kleurloos en braaf gezien worden. Hij hecht eraan in de omgang met anderen een zeer betrouwbare indruk te maken. Zaken die aan hem toevertrouwd zijn wil hij zorgvuldig behandelen. Van een nonchalante aanpak of 'uit de losse pols' een oplossing bieden, wil hij niet weten.

Lage score (1)

Kandidaat kent de (on)geschreven regels die in het maatschappelijk verkeer gelden. Maar als de situatie dat in zijn ogen vereist, kan hij wel eens een keuze maken die in het nadeel is van deze regels. Hij probeert betrouwbaar te zijn in zijn handelen, maar hij vindt het te ver gaan om zich hier te allen tijde aan te houden. Hij ziet dat als een overdreven braafheid waarmee je in het maatschappelijk verkeer niet veel verder komt. Hij heeft het idee dat de regels die in het maatschappelijk verkeer gelden, genegeerd mogen worden als de situatie daar in zijn ogen om vraagt. Hij stelt dan zijn eigen regels en vindt dat ook geoorloofd.

Lage score (2)

Kandidaat is weinig gevoelig voor de verplichtingen die het werk hem stelt. Dat kan anderen de indruk geven dat je niet op hem kunt bouwen en hij is in die zin non-chalant te noemen. Hij heeft er, meer dan anderen, problemen mee zijn afspraken en verplichtingen na te komen. In zijn werk kan hij de indruk geven 'uit de losse pols' te handelen en weinig betrouwbaar te zijn in zijn contacten. Daarbij geeft hij de indruk dat het er bij hem 'niet zo nauw op aankomt'. Fouten door onzorgvuldigheid in zijn werk komen meer dan bij anderen voor en dat maakt dat je niet op hem kunt bouwen.

Hij neemt het niet zo nauw met zijn verplichtingen en heeft er geen moeite mee (on)geschreven regels in het sociale verkeer te overtreden.

C4   AMBITIE

Hoge score (1)

Kandidaat heeft ambities, hij stelt zichzelf doelen en wil zich ook inzetten om deze te bereiken. Hij streeft in alles wat hij doet naar succes en laat niet los voordat hij dat ook behaald heeft. Hij wil succesvol zijn in de taken die hij op zich genomen heeft en werkt daar ook zo hard mogelijk aan.

Hoge score (2)

Kandidaat is ambitieus, hij wil prestaties neerzetten. In zijn gedrevenheid gaat hij tamelijk ver, zodat hij al snel een 'workaholic' genoemd zal worden, stilzitten is niets voor hem.

Lage score (1)

Kandidaat is onvoldoende in staat zijn capaciteiten, persoonlijkheid en competenties ten volle in te zetten voor het behalen van prestaties. Het kan hem ontbreken aan de energie maar ook aan motivatie en doelstelling. De kans dat hij daardoor beneden het te verwachten niveau (op grond van opleiding, werkervaring, etc.) zal presteren is daarom zeker aanwezig.

Lage score (2)

Kandidaat heeft weinig ambities, het kost hem moeite energie te stoppen in een klus. Hij is niet gedreven om prestaties neer te zetten en vindt dat ook niet belangrijk. Vaak is hij gemakzuchtig en heeft hij ook geen doelen om naar te streven. Hij ziet dikwijls het nut niet in van het leveren van prestaties. Het is voor hem al snel 'goed genoeg' en hij zal niet 'kost wat kost' zijn doelen proberen te bereiken

C5   ZELFDISCIPLINE

Hoge score (1)

Kandidaat weet van aanpakken. Zonder veel omhaal begint hij aan de werkzaamheden die hij zich voorgenomen heeft en hij gaat door tot hij klaar is. Hij doet dit ook als hij eigenlijk wat tegen het werk opziet of als de omstandigheden minder gunstig lijken. Hij heeft zichzelf wat dat betreft goed in de hand en gemakzucht is hem vreemd. Hij kan zich over een langere periode concentreren op een klus. Hij doet daarbij (als strategie om tot prestaties komen) een beroep op zijn doorzettingsvermogen. Veelal dwingt hij zichzelf om een klus af te maken, hij is een echte doorzetter.

Hoge score (2)

Kandidaat doet waarvan hij vindt dat hij het moet doen. Zonder treuzelen pakt hij zijn werk aan en hij gaat ook door tot hij klaar is. Hij pakt zijn werk gedisciplineerd op en is niet geneigd tot uitstellen of afdwalen van zijn werkzaamheden.
Hij ziet zichzelf als een productieve werker. Het kost hem geen moeite zich geheel te wijden aan een bepaalde opdracht. Ook als het hem tegenzit, kan hij zich motiveren om door te gaan. Het afbreken van zijn werkzaamheden is zijn eer te na.

Lage score (1)

Kandidaat moet altijd wel een drempel over voordat hij zijn werk aanvangt. Het kost hem moeite ergens aan te beginnen en hij stelt zaken ook gemakkelijk uit. En eenmaal aan het werk vindt hij het moeilijk zich gedisciplineerd aan het werk te wijden. Als hij eenmaal begonnen is, dwalen zijn gedachten gemakkelijk af of begint hij aan werk dat hij op dat moment prettiger vindt. Vooral als het hem wat tegenzit, zal hij al snel zijn werk neerleggen.

Lage score (2)

Kandidaat treuzelt bij de aanvang van werk. Hij mist de zelfdiscipline om ergens de schouders onder te zetten en het komt dan ook weinig voor dat hij zijn werk op tijd af heeft. Hij heeft er forse problemen mee 'tegen de wind in' taken af te maken. Hij heeft sterk de neiging om zaken uit te stellen of op hun beloop te laten. Hij geeft sneller op dan de omstandigheden noodzaken. Vaak weet hij niet zo goed hoe hij zichzelf moet motiveren om het werk tot een succes te maken. Een taak die hem te moeilijk wordt, legt hij terzijde. Als het even kan, bedenkt hij een reden om een taak niet op te pakken.

Hoge score (1)

Kandidaat is in de benadering van (ook alledaagse) problemen bedachtzaam. Hij zal zelden 'zomaar' iets doen of in een opwelling handelen. Hij probeert voor zover mogelijk de consequenties van zijn handelen te overzien en gaat dan al of niet tot actie over. Hij staat langer dan anderen stil bij het nemen van een beslissing. Hij maakt het liefst een planning en zou graag alle consequenties van een actie overzien voordat hij tot een besluit komt. Daardoor zal hij zelden in een opwelling handelen of te snel tot een besluit komen.

Hoge score (2)

Kandidaat is in zijn werkhouding overdreven voorzichtig. Hij wil geen fouten maken en zal bij het nemen van beslissingen zo veel als mogelijk alle `voors en tegens' tegen het licht willen houden. Bij het nemen van een beslissing zou hij het liefst alle risico's uitsluiten. Het duurt dan ook vaak enige tijd voordat hij tot een besluit komt. Daarmee komt zijn besluitvaardigheid onder druk te staan, het valt hem moeilijk intuïtief tot actie te komen.

Lage score (1)

Kandidaat neemt gemakkelijk beslissingen, ook als deze vérstrekkende consequenties kunnen hebben. In zijn handelen kan hij ook impulsief zijn, 'eerst denken en dan doen' is zijn stijl niet, hij handelt liever direct. Hij kan ook zonder de zaak goed te overzien een beslissing nemen. Hij doet dat wat intuïtief en vindt het niet nodig zich van alle details van een probleem op de hoogte te stellen. Dat maakt hem slagvaardig.

Lage score (2)

Kandidaat heeft nauwelijks de neiging vooruit te denken. Hij handelt vaak in een opwelling en vindt het belangrijk om snel te beslissen. Voordat hij tot actie overgaat, zal hij niet proberen de consequenties van zijn handelen te overzien. Zaken weldoordacht benaderen is zijn stijl niet.

MOTOR: MOTIVATIE ORIËNTATIE TEST (KOOREMAN, 2006)

ENERGIE

Hoge score

Kandidaat is een aanpakker. Hij zoekt naar de psychische en fysieke grenzen van wat hij kan en 'gaat ervoor'. Door zijn tomeloze inzet laat hij zien er veel zin in te hebben. Hij kan daardoor ook ongedurig en te snel zijn in z'n handelen.

Lage score
Kandidaat vindt het moeilijk zaken aan te pakken. Hij houdt liever wat afstand, doet het rustig aan en stort zich niet zomaar in activiteiten. Gedrevenheid is hem vreemd.

DISCIPLINE

Hoge score
Kandidaat is gevoelig voor de verplichtingen die het werk stelt. Een klus doet hij dan ook gedisciplineerd. Voor hem geldt: afspraak is afspraak en hij zet daar heel wat voor opzij.

Lage score
Kandidaat vindt het moeilijk om het werk dat hem toebedeeld is af te maken, vooral als hij vindt dat het moeilijk is of als het hem tegenzit. Hij heeft te weinig zelfdiscipline om zijn afspraken na te komen en geeft vaak op als het hem tegenzit.

COMPETITIE

Hoge score
Kandidaat doet er van alles aan om anderen voor te blijven. Hij vindt het prettig te werken in een omgeving die hem afrekent op zijn resultaten. Hij vindt dat zijn prestaties moeten worden beloond en houdt dan ook van competitie. Hij wil winnen, hij kan er niet tegen in een groep 'in de achterhoede te lopen'. Hij let er dan ook scherp op hoe hij presteert ten opzichte van de anderen in een groep.

Lage score
Kandidaat let wat betreft zijn prestaties weinig op zijn positie in een groep. Hij is weinig strijdbaar en voelt zich ook goed in een positie onder aan de hiërarchische groepsladder. Hij vindt het niet nodig zich ten overstaan van anderen te moeten bewijzen en gunt de eer al snel aan een ander.

PLANMATIGHEID

Hoge score
Kandidaat houdt van planmatigheid bij de aanpak van zijn werk. Voordat hij ergens aan begint maakt hij zo mogelijk een planning, hij overdenkt in ieder geval de voors en tegens en gaat dan tot actie over. Hij voelt zich vaak wat onzeker als hij denkt dat er niets geregeld is. Hij kan dan ook niet goed in een rommelige omgeving werken. Deze houding kan ten koste gaan van zijn flexibiliteit.

Lage score
Kandidaat vindt het moeilijk een taak ordelijk aan te pakken. Hij houdt niet van een pas op de plaats om vooruit te denken. Hij gaat liever meteen tot actie over. Hij

werkt liever ad hoc, laat alle mogelijkheden open en begint onbevangen aan een klus.

COMMERCIEEL INZICHT

Hoge score (1)

Kandidaat beschikt over een behoorlijk commercieel inzicht. Dit uit zich in een gevoel voor tact en marktwerking. Hij voelt goed aan wat je wel en wat je niet kunt doen/zeggen in een commerciële situatie en handelt hiernaar. Hij weet dat het leggen en onderhouden van contacten essentieel is. Luisteren en proactief handelen zijn hier een onderdeel van. Hij weet dat je pas succes hebt als je bij de presentatie van het product eerlijk, actief en alert bent en zelf de regie houdt over je handelen. Maar ook weet hij dat de effectiviteit van commercieel handelen afhangt van kennis van de markt. Zo zal hij zich goed laten informeren over zijn product, de klant en de situatie voordat hij tot actie overgaat. Hij weet dat een potentiële klant pas tot kopen overgaat als hij meerwaarde van het product verwacht.

Hoge score (2)

Kandidaat heeft een goed zicht op commerciële situaties. Hij beschikt over de know-how een product aan de man te brengen en aan relatieopbouw te werken. Tevens geeft hij aan kennis te hebben van de sociale vaardigheden die een verkoper in de praktijk nodig heeft. Dit betreft zowel de relatie verkoper-klant, doorzettingsvermogen, het belang van 'hard selling' en het vermogen de klant over de streep te trekken.

Lage score (1)

Kandidaat heeft weinig gevoel voor commercieel handelen. Hij denkt dat commercieel doen en denken vooral bestaat uit handigheidjes en meent dat veel geoorloofd is om omzet te behalen. Hij draait om zaken heen, informeert zichzelf onvoldoende en lijkt zich er niet van bewust dat klanten pas kopen als ze denken dat het product hun een zekere meerwaarde verschaft. Maar bovenal ontbreekt het hem aan een gevoel voor tact en het onderhouden van stabiele contacten wat maakt dat (potentiële) klanten zich van hem afwenden.

Lage score (2)

Kandidaat heeft nauwelijks zicht op commerciële situaties. Het is voor hem moeilijk in te schatten hoe hij een product aan de man kan brengen. Voor een deel is dit toe te schrijven aan een gebrek aan inzicht hoe mensen reageren op een commerciële toenadering. Maar het geringe commerciële inzicht is ook te wijten aan een gebrek aan kennis over het belang van overtuigingskracht en empathie bij zakelijke contacten.

INADEQUATIE

Hoge score (1)

Kandidaat is gevoelig en onzeker. Hij maakt zich al snel druk over kleinigheden en is vaak zonder duidelijke aanleiding nerveus en gespannen. Hij heeft een neiging tot tobben en piekeren over zaken waaraan anderen nauwelijks aandacht besteden. Ook fysiek kan hij last hebben van deze psychische spanningen.

Hoge score (2)

Kandidaat heeft een negatief beeld over zijn functioneren. Hij kan moeilijk beslissingen nemen, tobt veel en zijn stemming gaat gedurende één dag op en neer. Vaak heeft hij het gevoel dat zijn inbreng er niet toe doet, dit knaagt aan zijn zelfvertrouwen. Maar ook kan hij zich schuldig voelen over zaken waar hij weinig invloed op heeft. Hij zit niet lekker in zijn vel. Hij heeft een sombere kijk op zichzelf, vaak voelt hij zich de mindere. Hij is dikwijls onrustig en gespannen en kan daardoor niet zo goed functioneren.

Lage score (1)

Kandidaat heeft weinig last van gevoelens van onrust en gespannenheid. Hij is doorgaans gelijkmatig van stemming en nuchter in de benadering van zijn emoties. Hij is daardoor niet zo snel van slag te brengen. Hij is voldoende zelfverzekerd om de op hem af komende problemen aan te pakken. Het gebeurt weinig dat hij door tegenslag wordt overmand.

Lage score (2)

Kandidaat is optimistisch over zijn mogelijkheden en heeft voldoende zelfvertrouwen om allerlei voor hem onbekende situaties tegemoet te treden. Hij heeft een positief beeld van zichzelf en is ook van mening dat hij alledaagse problemen goed de baas kan. Dat maakt het voor hem mogelijk problemen die op hem afkomen nuchter te bekijken.

SOCIALE INADEQUATIE

Hoge score (1)

Kandidaat vermijdt liever contacten met anderen en voelt zich onrustig in een groep. Hij heeft ook weinig geloof in zijn eigen invloed op sociale situaties, in een groep staat hij veelal aan de zijlijn. Vaak is hij verlegen en hij durft dan niet zo goed zijn zegje te doen. Hij heeft ook niet zo veel behoefte aan het leggen van contacten, hij houdt zich liever wat afzijdig en is na zijn sociale contacten 'weer blij als hij naar huis kan'.

Hoge score (2)

Van kandidaat merk je weinig in een gezelschap. Hij voelt zich in zijn contacten ongemakkelijk, het is voor hem net alsof iedereen op hem let. Het ontmoeten van mensen die hij niet kent roept bij hem dan ook een onaangename spanning op. Hij vermijdt liever situaties waarin dergelijke ontmoetingen zouden kunnen plaatsvinden. Vaak is hij daarom liever alleen.

Lage score (1)

Kandidaat vindt gemakkelijk aansluiting in een groep mensen die hij voor de eerste keer ontmoet. Hij is gemakkelijk in de omgang en heeft weinig last van verlegenheid.

Hij legt contacten met de mensen om zich heen en sluit zich gemakkelijk aan in een groep. Dit maakt dat hij voor anderen goed toegankelijk is, hij is aanspreekbaar.

Lage score (2)

Kandidaat heeft er geen problemen mee in situaties te komen waar hij onbekenden ontmoet. Hij vindt het leuk in voor hem nieuwe sociale situaties terecht te komen. Hij sluit zich gemakkelijk aan en voert al snel het woord, ook bij mensen die hij niet of nauwelijks kent.

RIGIDITEIT

Hoge score (1)

Kandidaat leeft en werkt het liefst volgens vaste ideeën. Hij heeft een afkeer van slordigheid en nonchalance. Zaken zijn bij hem al snel belangrijk en hij kan ook zwaar tillen aan de uitkomsten van op zichzelf niet zo belangrijke werkzaamheden. In zijn werk is hij vooral serieus, hij houdt niet van luchtigheid en kan daardoor ook wat humorloos zijn. Hij wil zaken altijd grondig bezien, zeker als er beslissingen aan verbonden zijn. Eenmaal tot een besluit gekomen vindt hij het moeilijk om op een gekozen oplossingsstrategie terug te komen. Improviseren is niets voor hem. Dit gebrek aan flexibiliteit maakt het voor hem moeilijk in een dynamische, snel veranderende situatie te functioneren.

Hoge score (2)

Kandidaat is nogal star in zijn opvattingen, hij heeft een vastomlijnd normen-en-waardepatroon en daar houdt hij aan vast, ook als dat praktisch gezien niet zo goed uitkomt. Op die manier is hij ook principieel en voorspelbaar. Goed en fout zijn voor hem heldere begrippen waaraan niet zo veel te tornen valt. In zijn benadering van werk is hij serieus en nogal zwaar op de hand. Hij zal niet zo gemakkelijk zaken door de vingers zien of slordigheid van zichzelf of anderen accepteren. In die zin is hij ook rechtlijnig, hij houdt niet zo van nuances en kan zich in een discussie moeilijk losmaken van een eenmaal ingenomen standpunt.

Lage score (1)

Kandidaat neemt de dingen zoals ze op hem afkomen en vindt het onnodig om een strakke planning in zijn werk te hanteren. Een zekere nonchalance past wel bij hem en het raakt hem nauwelijks om als wat onverschillig te boek te staan. Hij neemt de dingen zoals ze zijn en is daarmee tolerant te noemen. Hij hecht weinig aan heilige huisjes of aan het vasthouden aan tradities en gewoonten.

Lage score (2)

Kandidaat heeft een afkeer van voorspelbaarheid, orde en regelmaat. Het liefst zou hij elke zaak op zichzelf willen bezien en hij mijdt mensen die hun oordeel snel klaar hebben. Voor zover hij principes heeft, is hij daar soepel in. Hij geeft zijn mening voor een betere. Hij vindt dat je niet moet overdrijven met normen en waarden. Hij vindt dat alles bespreekbaar is. Van hem moet veel kunnen.

VERONGELIJKT

Hoge score (1)

Kandidaat voelt zich al snel tekortgedaan en kan dan wat klagerig of verongelijkt zijn. Hij heeft een somber beeld over de bedoelingen van anderen en het kost hem dan ook moeite vertrouwen in mensen te stellen. Hij is nogal negatief over wat anderen voor hem kunnen betekenen. Hij vindt het verstandiger ten opzichte van anderen een 'gezond wantrouwen' in acht te nemen.

Hoge score (2)

Kandidaat heeft niet zo'n hoge dunk van zijn sociale tegenspelers. Hij denkt dat de meeste mensen slechts op hun eigenbelang uit zijn en dat mensen vaak niet veel goeds in de zin hebben. Hij rekent niet op zijn medemens, integendeel, hij vindt dat je op je hoede moet zijn.

Lage score (1)

Kandidaat heeft een positief beeld van zijn medemens. Hij weet dat je in het sociale verkeer moet geven en nemen en dat je de ander moet respecteren, ook in zijn zwakheden. Daardoor is hij op zijn beurt in staat anderen met open vizier tegemoet te treden. Hij neemt anderen zoals ze zijn en heeft er alle vertrouwen in dat ze oprecht en eerlijk zijn.

Lage score (2)

Het komt zelden bij kandidaat op dat anderen eropuit zijn hem nadeel te berokkenen en hij gelooft dan ook dat de meeste mensen wel te vertrouwen zijn. Hij ziet meer vrienden dan concurrenten om zich heen en kan op die manier ook wat naïef zijn in het sociale verkeer. Het komt niet bij hem op te vermoeden dat anderen kwaad in de zin zouden kunnen hebben.

Hoge score (1)

Kandidaat heeft een flink vertrouwen in zijn eigen oordeel. Hij gelooft ook niet dat hij wat zou hebben aan overleg of discussie om zijn oordeel aan te scherpen. Zijn mening staat vast en hij trekt zich weinig aan van de mening van anderen. Toegeven omdat dat anderen beter uit zou komen zal hij zeker niet doen. In die zin is hij eigenwijs maar ook weinig toeschietelijk te noemen. Hij zet zich dan ook zelden in voor algemene belangen.

Hoge score (2)

Kandidaat trekt zich weinig aan van het oordeel of de mening van anderen, hij gaat zijn eigen weg en lijkt moeilijk te raken door kritiek of tegenspraak. Hij wil zich dan ook niet verdiepen in het standpunt van de ander. Hij vindt dit niet de moeite waard, omdat je toch het beste kunt vertrouwen op je eigen gezonde verstand. Maar ook zou je kunnen stellen dat hij vooral zijn eigenbelang vooropstelt en weinig wil toegeven aan de belangen van een ander.

Lage score (1)

Kandidaat is bescheiden, ootmoedig in zijn optreden. Bij de behartiging van zijn eigenbelangen laat hij al snel zijn standpunt los, als hij merkt dat dit weinig draagvlak heeft. Hij houdt rekening met de gevoeligheden bij anderen. Hij is in die zin toegeeflijk. Soms stelt hij zelfs algemene belangen boven die van zichzelf. Door deze houding is hij gemakkelijk te vragen voor allerlei liefdadigheidswerk, onbetaalde werkzaamheden en vriendendiensten. Maar ook in de dagelijkse omgang zal hij zich hulpvaardig en gedienstig opstellen. Hij is begaan met het lot van zijn medemens.

Lage score (2)

Kandidaat is niet zo zeker van zijn zaak, hij laat graag ruimte voor (zelf)kritiek en stelt zich daar ook open voor op. Als een opmerking gemaakt wordt over zijn stellingname zal hij deze zeker niet zonder meer terzijde leggen, eerder is hij geneigd het tegenargument goed te bekijken en eventueel zijn mening voor een betere te geven, als hij vindt dat 'de waarheid' daarmee gediend is.

DOMINANTIE

Hoge score (1)

Kandidaat is zelfverzekerd in zijn optreden. In gezelschap kan hij nadrukkelijk aanwezig zijn. Hij vindt dat hij in sociale situaties het voortouw moet nemen en dat hij de aangewezen persoon is om leiding te geven aan de groep waarin hij zich bevindt. Hij neemt gemakkelijk beslissingen en vindt het ook vanzelfsprekend dat anderen zijn mening delen. Hij vindt het ook op zijn weg liggen anderen te vertellen hoe ze hun activiteiten moeten inrichten.

Hoge score (2)

Kandidaat stelt zich graag op de voorgrond in een groep, waardoor hij vaak als dominant, overheersend ervaren wordt. Het kost hem weinig moeite het initiatief te nemen en hij vindt het ook vanzelfsprekend dat zijn leiderschap door de groep geaccepteerd wordt. Hij heeft er dan ook geen probleem mee een ander te vertellen wat hij of zij moet doen.

Lage score (1)

Kandidaat houdt zich op de achtergrond in een gezelschap en laat het nemen van beslissingen aan anderen over. Hij staat liever niet in het middelpunt van de belangstelling en hij mijdt verantwoordelijkheid voor de gang van zaken in een groep mensen.

Lage score (2)

Kandidaat zal zich in een groep niet snel profileren. Hij vindt het van weinig belang dat er naar hem wordt geluisterd of dat hij invloed heeft op anderen. Het komt niet zo snel in hem op een situatie naar zijn hand te zetten. Vaak houdt hij zich op de achtergrond.

ZELFWAARDERING

Hoge score (1)

Kandidaat staat stevig in zijn schoenen en blaakt van zelfvertrouwen. Hij kan, ook onder druk, tamelijk onverstoorbaar zijn gang gaan. Omdat hij zo zeker is van zijn zaak, is hij moeilijk te raken door kritiek of tegenslag. Hij is trots op zichzelf en laat dat ook blijken.

Hoge score (2)

Kandidaat heeft, naar hij meent, een goed beeld van zijn (on)mogelijkheden. Hij laat zich niet snel uit het veld slaan door de eisen die aan hem worden gesteld en weet van zichzelf tot waar hij kan gaan. Hij heeft plezier in zijn werk en gelooft ook dat hij dat goed doet.

Lage score (1)

Kandidaat twijfelt over wat hij wel en niet kan. Daardoor is het voor hem moeilijk een taak met het vereiste zelfvertrouwen op te pakken. Vaak denkt hij dat hij het niet goed doet waardoor hij minder goed kan functioneren. Hij heeft weinig vertrouwen in zichzelf.

Lage score (2)

Kandidaat is onzeker over zijn grenzen. Hij weet niet precies wat hij nog wel en wat hij niet aankan. Daardoor kan hij taken niet oppakken of zal hij ze uitstellen of eerder opgeven dan strikt noodzakelijk is. Hij heeft weinig vertrouwen in zijn competenties en vindt zichzelf ook niet zo succesvol. Hij vindt zichzelf geen 'kanjer' en denkt (terecht of onterecht) dat in zijn geval bescheidenheid meer op z'n plaats is.

NVM: NEDERLANDSE VERKORTE MMPI (LUTEIJN & KOK, 1985) [4]

NEGATIVISME

Hoge score (1)
Kandidaat heeft een negatieve kijk op zichzelf en de wereld om hem heen. Hij heeft vaak last van sombere buien waarbij hij denkt dat het weinig zin heeft om zelf activiteiten aan te pakken of ergens aan mee te doen. Hij voelt eigenlijk geen aansluiting bij zijn omgeving, wat kan leiden tot het ontlopen van verantwoordelijkheden, ergernis en een wat vijandige houding ten opzichte van anderen. Met zijn tobberigheid en sombere stemming doet hij vaak wat futloos aan.

Hoge score (2)
Kandidaat heeft een neiging tot mopperen en klagen. Zodra het hem tegenzit uit hij z'n gevoelens van ontevredenheid, vaak met een gevoel van wrok. Daarbij staat hij weinig open voor zelfreflexie of kritiek op zijn persoon. Hij sluit zichzelf af voor de mogelijkheid dat hij zelf onderdeel is van de problemen die hij ziet.

Lage score (1)
Kandidaat kan, zoals velen, wel eens last hebben van sombere buien waarbij hij denkt dat het weinig zin heeft om activiteiten aan te pakken. In het algemeen kan hij daar echter overheen stappen, zodat zijn gedrag hierdoor niet ten nadele wordt beïnvloed. Gevoelens van vijandigheid ten aanzien van zijn omgeving zijn hem dan ook vreemd. In de regel ziet hij de toekomst met voldoende optimisme tegemoet.

Lage score (2)
Kandidaat heeft nauwelijks de neiging tot mopperen of klagen. Ook als het tegenzit zal hij in de regel tamelijk gelijk van humeur zijn. Daarbij zal hij eerder geneigd zijn actief aan problemen te werken dan passief af te wachten. Vanaf de zijlijn kritiek uiten is niets voor hem. Hij wil ook zijn steentje bijdragen aan allerlei activiteiten die in zijn omgeving spelen.

SOMATISERING

Hoge score (1)
Kandidaat heeft last van een scala van psychosomatische spanningsklachten die hem hinderen in het dagelijks bestaan. Deze klachten zijn velerlei met als gemeenschappelijke noemer dat ze aspecifiek zijn. Het zijn vage klachten waarvoor veelal geen medische oorzaak kan worden gevonden. Hij voelt zich dan ook niet gezond.

---

4   Deze vragenlijst is uit de handel maar blijkt nog veel gebruikt te worden.

Hoge score (2)

Wanneer hij onder druk staat heeft kandidaat last van allerlei fysieke klachten en slaapproblemen. Dit kan zijn functioneren beïnvloeden, de kans op een hoger ziekteverzuim in geval van verhoogde psychische druk mag daarom niet worden uitgesloten.

Lage score (1)

Kandidaat heeft nauwelijks last van fysieke klachten wanneer hij onder druk staat. Hij voelt zich fit.

Lage score (2)

Kandidaat heeft nauwelijks last van fysieke klachten die psychosomatisch te noemen zijn (spanningsklachten). Hij voelt zich doorgaans gezond.

VERLEGENHEID

Hoge score (1)

Kandidaat vindt het moeilijk op mensen af te stappen en een gesprek te openen, ook heeft hij er problemen mee in het middelpunt van de belangstelling te staan. Eenmaal in gesprek vindt hij het moeilijk een gesprek gaande te houden. Hij voelt zich daarom niet zo thuis in gezelschap en ziet dit voor zichzelf als een probleem.

Hoge score (2)

Kandidaat is verlegen en heeft daar in het dagelijks functioneren last van. Het kost hem moeite aan een groepsgesprek deel te nemen en hier voor zijn mening op te komen. Maar ook bij het leggen van contacten is hij erg terughoudend, hij durft hier niet veel en zal daarom in een gezelschap voor een gesprek aangewezen zijn op de mensen die hij van oudsher kent.

Lage score (1)

Kandidaat heeft geen last van gevoelens van verlegenheid. Hij stapt gemakkelijk op mensen af en doet, ook in gezelschap, zijn zegje als dat nodig is.

Lage score (2)

Kandidaat heeft bij het leggen en onderhouden van sociale contacten weinig last van verlegenheid. Hij stapt gemakkelijk op mensen af en vindt het niet moeilijk om in het middelpunt van de belangstelling te staan. Een gesprek gaande houden is voor hem geen enkel probleem en hij voelt zich thuis in een gezelschap.

ERNSTIGE PSYCHOPATHOLOGIE

Hoge score (1)

Er is een ernstig vermoeden van psychiatrische stoornissen. Deze kunnen op velerlei gebied liggen en dienen nader onderzocht te worden.

Hoge score (2)

Het verwerkings- en waarnemingsvermogen van kandidaat is op pathologische wijze verstoord. Hij heeft sterk het gevoel dat anderen invloed op hem kunnen uitoefenen zonder dat hij dat wil, en dat hij op z'n hoede moet zijn voor belagers. Daarbij kunnen waarnemingen en gedachten optreden die niet door zijn omgeving gedeeld of begrepen worden.

Lage score

Bij kandidaat zijn in de vragenlijst geen aanwijzingen gevonden voor ernstige psychische stoornissen in het waarnemingsvermogen.

EXTRAVERSIE

Hoge score (1)

Kandidaat heeft behoefte aan het leggen en onderhouden van sociale contacten. Hij zoekt daarom situaties op waarin hij veel mensen kan ontmoeten, zoals feestjes en recepties. In een gezelschap valt hij graag op en hij is daarbij dikwijls de gangmaker.

Hoge score (2)

Kandidaat heeft veel belangstelling voor het leggen en onderhouden van sociale contacten. Hij houdt ervan om zich sociaal actief op te stellen, thuis stilzitten is niets voor hem, hij zoekt actie. Daarbij betoont hij zich energiek, optimistisch en levenslustig en vindt hij gemakkelijk aansluiting bij de sociale structuren om hem heen.

Lage score (1)

Kandidaat heeft weinig behoefte aan het leggen en onderhouden van sociale contacten. Hij is geneigd situaties te vermijden waarin hij veel mensen kan ontmoeten, hij is liever alleen of met enkele naaste familieleden of vrienden.

Lage score (2)

Kandidaat is terughoudend en weinig energiek in het leggen en onderhouden van sociale contacten. Het kost hem moeite zich in een gezelschap te presenteren en daar actief in mee te doen. Hij heeft kennelijk niet zo veel belangstelling voor wat er om hem heen gebeurt en blijft liever thuis dan dat hij zich op een feestje vertoont.

NPST: NEGATIVISME, ERNSTIGE PSYCHOPATHOLOGIE EN SOMATISERING TEST (LUTEIJN & BARELDS, 2003)

NEGATIVISME

Hoge score

Kandidaat heeft een negatieve kijk op zichzelf en de wereld om hem heen. Hij moppert en klaagt zonder echte aanleiding. Vaak doet hij dat met een gevoel van wrok tegenover zijn omgeving. Het valt hem moeilijk de positieve kant van het bestaan te vinden en hij is vaak in een sombere stemming. Hij voelt eigenlijk geen aansluiting bij zijn omgeving, wat kan leiden tot het ontlopen van verantwoordelijkheden, ergernis en een vijandige houding ten opzichte van anderen.

Lage score

Kandidaat klaagt weinig. Ook als het tegenzit zal hij tamelijk gelijkmatig van humeur zijn. Daarbij zal hij eerder geneigd zijn actief aan problemen te werken dan passief af te wachten. Vanaf de zijlijn kritiek uiten is niets voor hem. Hij wil hij ook zijn steentje bijdragen aan allerlei activiteiten die in zijn omgeving spelen.

ERNSTIGE PSYCHOPATHOLOGIE

Hoge score

Er bestaat een ernstig vermoeden van psychiatrische stoornissen. Deze kunnen op velerlei gebied liggen en dienen nader onderzocht te worden.

Lage score

Bij kandidaat zijn in de vragenlijst geen aanwijzingen gevonden voor ernstige psychische stoornissen in het waarnemingsvermogen.

SOMATISERING

Hoge score

Kandidaat heeft last van een scala van psychosomatische spanningsklachten die hem hinderen in het dagelijks bestaan. Wanneer hij onder druk staat heeft kandidaat last van allerlei fysieke klachten en slaapproblemen. Deze klachten hebben gemeen dat ze aspecifiek zijn, het zijn vage klachten waarvoor veelal geen medische oorzaak kan worden gevonden. Hij voelt zich dan ook niet gezond.

Lage score

Kandidaat heeft nauwelijks last van fysieke klachten die psychosomatisch te noemen zijn (spanningsklachten). Hij voelt zich gezond.

HSCL: HOPKINS SYMPTOM CHECKLIST (LUTEIJN E.A., 1984)

PSYCHONEUROTISCHE KLACHTEN

Hoge score (1)

Kandidaat heeft de laatste tijd nogal wat klachten van neurotische aard. Hij heeft last van een sombere stemming, onlustgevoelens, minderwaardigheidsgevoelens. Het kan zijn dat er een concrete aanleiding is voor deze gevoelens die nader onderzocht dient te worden. In zijn functioneren wordt hij door deze gevoelens geremd, hij kan momenteel minder doen dan op grond van zijn kwalificaties zou mogen worden verwacht.

Hoge score (2)
Kandidaat geeft aan dat hij niet lekker in zijn vel zit. Hij heeft last van een brede waaier van psychische klachten, zoals gespannenheid maar ook van allerlei klachten die van doen hebben met een neerslachtige stemming, lage zelfwaardering en schuldgevoelens. Het kan zijn dat deze klachten door een specifiek voorval veroorzaakt zijn, maar het is ook mogelijk dat de klachten constitutioneel zijn voor kandidaat.

Lage score
Kandidaat heeft de laatste tijd weinig last van klachten van neurotische aard. Hij voelt zich in een relatief goede stemming en heeft de indruk dat hij 'de zaak in de hand heeft'.

SOMATISCHE KLACHTEN

Hoge score (1)
Kandidaat geeft aan de laatste tijd veel last te hebben van allerlei fysieke ongemakken. De somatische klachten waarvan kandidaat de laatste tijd last heeft worden hoogstwaarschijnlijk veroorzaakt door psychische spanningen. Een oplossing van de psychische problematiek zal naar alle waarschijnlijkheid ook deze somatische klachten doen verminderen.

Hoge score (2)
Kandidaat heeft last van een scala van lichamelijke klachten. De klachten op zichzelf kunnen een medische oorzaak hebben, maar alle klachten samen maken dat eerder moet worden gedacht aan een neiging van kandidaat te sterk te letten op zijn lichamelijk welbevinden. De lichamelijke klachten worden hierdoor versterkt, maar ook psychische spanningen kunnen zijn zich ongezond voelen verhevigen.

Lage score
Kandidaat geeft aan de laatste tijd weinig last te hebben van allerlei fysieke ongemakken. Hij voelt zich goed gezond en kan wat dit betreft normaal functioneren.

PERSOONLIJKHEIDSINVENTARIS MMPI (NUTTIN & BEUTEN, 1969; DERKSEN E.A., 1996)[5]

HS HYPOCHONDRIE

Hoge score

Kandidaat heeft last van een scala van fysieke klachten die medisch gezien weinig samenhang hebben. Daardoor voelt hij zich minder fit. Hij let scherp op wat er in zijn lichaam omgaat en maakt zich daar ook vaak zorgen over. Aan ongemakken als vermoeidheid, pijnklachten en afwijkingen in zijn lichamelijk functioneren schenkt hij veel aandacht.

D DEPRESSIE

Hoge score

Kandidaat voelt zich neerslachtig en futloos, ergens echt van genieten lukt hem niet. Hij maakt zich al snel zorgen over kleinigheden, is snel geïrriteerd en kan hier lang mee blijven rondlopen. Daarbij kan hij agressieve fantasieën hebben over de veroorzaker van de irritaties. Door zijn tobberigheid vindt hij het moeilijk zich op een taak te concentreren en heeft hij zelfs het idee dat hij intellectueel minder goed functioneert dan vroeger. In werken heeft hij dan ook niet zo veel zin meer. Er zijn eigenlijk maar weinig dingen die hem echt kunnen boeien en hij vindt dan ook dat hij tot niets komt. Hij voelt zich emotioneel niet lekker en dat heeft ook zijn repercussies op zijn fysiek functioneren (lichamelijke klachten, slaapproblemen, weinig activiteiten ondernemen), maar ook op zijn emoties: hij voelt zich depressief en vaak waardeloos.

HY HYSTERIE

Hoge score

Kandidaat heeft, vooral als hij emotioneel wordt, last van allerlei lichamelijke en psychische sensaties die hij moeilijk kan beheersen. Deze toestand duurt doorgaans niet zo lang, zijn klachten lijken voor een flink deel situatiebepaald.

De klachten kunnen worden uitgelokt door zijn omgang met anderen. In zijn benadering van mensen is hij alert en op z'n hoede. Veel vertrouwen heeft hij niet in zijn sociale tegenspelers. Maar tegelijk zoekt hij sensatie en avontuur op. In sociale situaties heeft hij er niet zo veel problemen mee zich anders voor te doen dan hij is. Het kan gebeuren dat hij er niet onderuit komt zijn masker te laten vallen. Bij 'het door de mand vallen' (zo voelt hij dat) treden voornoemde klachten het sterkst op. Het is voor kandidaat moeilijk een evenwicht te vinden tussen zijn zelfbeeld en het gedrag dat daarbij hoort.

---

5 De hier gegeven betekenis van de schalen wijkt soms af van die van de auteurs of de klinische betekenis van het begrip. Dit komt door de in dit boek (par. 2.9) gehanteerde systematiek waar in eerste instantie gekeken wordt naar de inhoud op itemniveau. De MMPI bevat verschillende schalen met een zeer lage interne consistentie. Gebruikers van deze test wordt aangeraden hiervan eerst goed notie te nemen, voordat de rapportage wordt aangevangen.

Hoge score

Kandidaat komt gemakkelijk in conflict met zijn omgeving. Hij voelt zich daarbij niet verantwoordelijk voor zijn gedrag. In zijn ogen wordt zijn handelen door zijn omgeving uitgelokt. Hij heeft sterk het idee dat anderen het op hem gemunt hebben en dat hij hierop min of meer vanzelfsprekend reageert. Spijt van zijn acties zal hij dan ook zelden hebben.

Bij hem heeft de indruk postgevat dat iedereen tegen hem is en dat het dan ook geen zin meer heeft vriendelijk tegen anderen te zijn. Hij zal daar ook beslist zijn best niet voor doen. Hij voelt zich onbegrepen en heeft ook niet het idee dat hieraan iets te veranderen is.

MF   MAN-VROUW

Hoge score

Kandidaat heeft een vrouwelijk interesse- en gedragspatroon. Hij gaat liever met vrouwen om en kan ook gemakkelijk aansluiting vinden in vrouwelijk gezelschap. Het praten over en uiten van emoties kost hem weinig moeite. In mannelijk gezelschap voelt hij zich al snel een doetje en hij kan zelfs wat geïrriteerd zijn over 'macho' gedrag.

Lage score

Kandidaat heeft een sterk mannelijk belangstellings- en gedragspatroon, over zijn seksuele identiteit wil hij geen twijfel laten bestaan. Hij gedraagt zich graag 'macho' en afficheert dat ook. Het zal hem moeite kosten in een vrouwelijk gezelschap aansluiting te vinden wat betreft gespreksonderwerpen. Daarvoor is hij te bot en heeft hij te weinig invoelend vermogen. Hij houdt beslist niet van praten over zijn emoties.

PA   PARANOIA

Hoge score

Kandidaat heeft het gevoel dat de wereld tegen hem is. Hem is gebleken dat veel mensen eropuit zijn hem kwaad te berokkenen. Hij weet zeker dat zowel in zijn loopbaan als privé zijn ambities gefrustreerd werden door anderen. Er wordt op hem gelet. Hij gaat daar ver in, gedurende kortere of langere tijd kan hij ervan overtuigd zijn dat hij in de gaten wordt gehouden of dat anderen eropuit zijn hem te bestelen. Hij voelt zich daardoor zelden op zijn gemak, het kan altijd zijn dat zijn `onzichtbare vijanden' toeslaan. Hij heeft zelfs wel eens het idee dat hij een geboren pechvogel is en daardoor gedoemd is te mislukken.

Doordat hij zo gespitst is op mogelijk ongeluk voelt hij zich in zijn gedrag vaak onbegrepen. Anderzijds begrijpt hij anderen vaak niet omdat ze zo nonchalant met hun veiligheid omspringen.

Hoge score
Kandidaat zit niet lekker in z'n vel. Dat zit hem vooral in zijn gebrek aan zelfvertrouwen. Hij maakt zich snel zorgen, ziet meer dan anderen dingen die misgaan en
is dan geneigd de schuld bij zichzelf te leggen. Hij is doorgaans angstig, onzeker,
kritisch over zijn eigen functioneren en voelt zich vaak bij voorbaat de mindere van
een ander. Dit alles heeft gevolgen voor zijn welzijn, vaak voelt hij zich niet zo goed.
In zijn sociaal optreden wordt hij daardoor terughoudend.

SC   SCHIZOFRENIE

Hoge score
Kandidaat voelt zich vaak niet goed begrepen. Hij beziet de wereld van een zekere
afstand en is daardoor voor anderen moeilijk bereikbaar. Vaak doorziet hij het hoe
en waarom van de dingen niet goed. Normaal geachte gevoelens doorleeft hij niet,
maar hij heeft wel allerlei gevoelens en ervaringen die hij niet met anderen kan delen. Dat geldt zowel voor emoties als voor fysieke ervaringen. Hij twijfelt daardoor
aan zijn beoordelingsvermogen en dat maakt hem ook wel onrustig.

MA   HYPOMANIE

Hoge score
Kandidaat heeft de neiging zijn rol in het sociale gebeuren te overschatten. Vaak
zoekt hij situaties op waarin allerlei (liefst spannende) activiteiten plaatsvinden en
hij fantaseert erover dat hij daar een belangrijke rol in speelt. Hij is actief en onrustig
en gaat gemakkelijk op in zijn bezigheden. Hij vergeet daardoor wel eens zijn eigen
problematiek en is ook wel geneigd deze te bagatelliseren. Zijn zelfvertoon kan al
snel ervaren worden als narcistisch en tegenover anderen wil hij zich nog wel eens
hautain gedragen.

SI   SOCIALE INTROVERSIE

Hoge score
Kandidaat schat zijn sociale vaardigheden laag in. Hij profileert zich liever niet in
gezelschap, hij houdt er dan ook niet zo van om onder de mensen te zijn. Hij is vaak
verlegen en afhoudend bij het nemen van sociale verantwoordelijkheden, de leiding
nemen of iets organiseren is hem vreemd. Ook zal hij niet zo snel het initiatief nemen
in een gezelschap. Doorgaans vindt hij het niet nodig zijn mening te geven, hij denkt
dat het niet zo van belang is wat hij denkt en zet dan ook zelden een idee of gedachte
door in gezelschap. Daardoor is hij niet zo weerbaar, hij wordt al snel over het hoofd
gezien en zijn mening wordt niet van belang gevonden.

ANX   ANGST

Hoge score

Kandidaat staat onder grote spanning. Hij maakt zich zorgen op vele levensgebieden. Zijn slaap, concentratievermogen en fysieke conditie lijden daar volgens hem dermate onder dat hij het gevaar loopt eraan te bezwijken, eraan onderdoor te gaan.

FRS   FOBISCHE ANGST

Hoge score

Kandidaat heeft een breed scala aan angsten voor beesten, voorwerpen of situaties. De fobieën zijn tamelijk concreet, er is altijd wel een tastbare aanleiding voor zijn vrees, maar reëel zijn deze angsten zelden. Anderen zien de voor kandidaat 'bedreigende situaties' beslist niet zo. In zijn dagelijks bestaan komt hij daardoor meerdere malen per dag in een situatie waaraan hij zich zo snel mogelijk weer wil onttrekken.

OBS   OBSESSIVITEIT

Hoge score

Kandidaat trekt zich zaken vaak zo sterk aan dat hij ze niet meer kan loslaten. Het gaat niet alleen om emotionele problemen maar vooral om zaken die om een rationele oplossing vragen. Hij durft maar moeilijk te beslissen en kan zich vaak niet losmaken van het onderwerp dat hem bezighoudt. Het maakt niet uit of het belangrijk is, hij blijft ermee rondlopen. Op den duur blijft de zaak maar in zijn hoofd malen en maakt zijn besluiteloosheid hierover hem gespannen.

HEA   GEZONDHEIDSZORGEN

Hoge score

Kandidaat let scherp op zijn fysieke welzijn en maakt zich daarover ook zorgen. Hij heeft last van een scala van klachten die in z'n totaliteit geen gemeenschappelijke medische achtergrond hebben. Hij voelt zich dan ook niet gezond en denkt vaak dat hij een vervelende ziekte onder de leden heeft.

BIZ   BIZARRE VOORSTELLINGEN EN GEDACHTEN

Hoge score

Kandidaat vindt dat hij ervaringen en gedachten heeft die andere mensen zelden hebben. Hij hoort, ziet, voelt en ruikt dingen die anderen niet gewaarworden. Daardoor heeft hij wel eens het gevoel dat de dingen niet echt zijn. Soms ervaart hij dat hij in een droomwereld verkeert, waarbij anderen gemakkelijk zijn gedachten kunnen lezen en dat paranormale ervaringen gewoon zijn.

ANG BOOSHEID

Hoge score

Kandidaat heeft `een kort lontje', hij is een heethoofd. Hij is prikkelbaar, snel gepikeerd en kan dan onredelijk boos worden. Hij richt zijn agressie, woedeaanvallen, op voorwerpen die toevallig in zijn nabijheid zijn, maar hij kan zijn boosheid ook richten op mensen. Als hij zijn zelfbeheersing verliest, kun je beter niet in de buurt zijn.

DEP DEPRESSIE

Hoge score

Kandidaat heeft last van een neerslachtige stemming. Hij heeft geen plezier in zijn bestaan en ziet tegen de dag op. Hij denkt dat er niet iets is wat nog de moeite waard is om je voor in te spannen. Zijn somberheid brengt hem tot passiviteit en een leeg gevoel.

CYN CYNISME

Hoge score

Kandidaat gelooft niet in het goede van de mensen. Hij denkt dat ze in het algemeen uit zijn op eigen gewin en dat altruïsme in feite een vorm van bedrog is. Hij stelt weinig vertrouwen in de ander, hij denkt dat mensen in eerste instantie oneerlijk handelen om hun doelen te bereiken. 'De mens is de mens een wolf' en daar houdt hij zich aan.

ASP ANTISOCIALE GEDRAGINGEN

Hoge score

Kandidaat heeft er geen moeite mee oneerlijk te zijn of van iemand te profiteren om zijn doelen te bereiken. Hij verwacht dat gedrag ook van anderen en heeft weinig op met begrippen als burgerzin en fatsoenlijkheid. Onbehoorlijkheid is een kenmerk waar hij eigenlijk ook wel trots op is. Anderen vindt hij maar dom, omdat ze zich netjes aan de regels houden.

TPA TYPE A-GEDRAG

Hoge score

Kandidaat heeft de neiging 'te schieten op alles wat beweegt'. Hij houdt van snel handelen, volledige inzet en snel beslissen. Hij is in hoge mate reagibel en reageert ook op zaken die je beter zou kunnen negeren. Iets over het hoofd zien kan hij beslist niet, daarvoor is hij te veel op z'n hoede. Alles moet bij hem snel en hij raakt geïrriteerd als hij hierin gefrustreerd wordt.

LSE LAGE ZELFWAARDERING

Hoge score

Kandidaat heeft weinig zelfrespect. Hij heeft doorgaans het idee dat anderen beter in staat zijn dan hij om zaken uit te voeren of te beoordelen. Hij vindt zijn eigen visie onbelangrijk en vindt het ook niet de moeite deze naar voren te brengen. Dit zit hem echter wel dwars. Hij voelt dat hij zich vaak als de mindere opstelt, maar kan daar weinig aan veranderen. Daarvoor ziet hij te veel tekortkomingen bij zichzelf.

SOD SOCIAAL ONGEMAK

Hoge score

Kandidaat is niet graag onder de mensen. Hij voelt zich dan opgelaten en gedraagt zich schuw. Hij heeft forse communicatieproblemen, je dringt niet gemakkelijk tot hem door. Dit komt niet alleen door zijn verlegenheid maar ook omdat hij sociale contacten afhoudt.

FAM GEZINS- EN FAMILIALE PROBLEMEN

Hoge score

Kandidaat kan het niet zo goed vinden met zijn directe familieleden. Er is sprake van allerlei fricties die te maken hebben met gemaakte keuzes, oude ruzies en verwijten. De onenigheid smeult, hij heeft niet het gevoel dat hij er wat aan kan veranderen.

WRK AANTASTING WERKVERMOGEN

Hoge score

Kandidaat heeft weinig zelfvertrouwen. Hij merkt dit vooral in zijn werk. Het is hem al snel te veel en hij heeft het idee dat hij daarin niet goed functioneert. Maar ook buiten het werk heeft hij er moeite mee zaken voor elkaar te krijgen. Hij heeft er moeite mee te beginnen en eenmaal begonnen heeft hij er moeite mee taken af te maken.

TRT NEGATIEVE BEHANDELINGSINDICATOREN

Hoge score

Kandidaat gelooft niet dat de problemen waarmee hij zit op afzienbare termijn kunnen worden opgelost. Hij denkt ook niet dat de hulp van anderen daarin iets zou kunnen veranderen en wil dat ook niet. Hij houdt deze hulpverlening op een afstand, je moet hem niet te dicht op de huid zitten, daar wordt hij onrustig van. Van een therapie of andere vorm van hulpverlening verwacht hij dan ook niets. Hij vindt dat iedereen zich maar met z'n eigen zaken moet bemoeien.

HARRIS LINGOES SCHALEN

D1   SUBJECTIEVE DEPRESSIE

Hoge score

Kandidaat voelt zich neerslachtig, lusteloos en hij merkt dat in zijn dagelijks functioneren. Het gaat allemaal niet zo lekker met hem, hij betrekt zijn klachten veelal op zichzelf. Hij heeft last van negatieve emoties, hij voelt zich ongelukkig. Maar ook heeft hij last van een verminderd fysiek functioneren zonder dat er sprake is van specifieke klachten. Hij heeft de indruk dat hij psychisch achteruitgaat. Dat laatste zou vooral blijken uit zijn geringere vermogen om zich te concentreren en zijn verminderde intellectuele flexibiliteit.

D2   PSYCHOMOTORISCHE RETARDATIE

Hoge score

Kandidaat voelt zich neerslachtig en futloos en heeft zijn belangstelling voor zijn omgeving verloren. Hij onderdrukt daarbij zijn agressie en boosheid voor zover die gericht zijn op zijn omgeving.

D3   SLECHT LICHAMELIJK FUNCTIONEREN

Hoge score

Kandidaat voelt zich niet gezond. Hij heeft last van allerlei fysieke ongemakken, veelal met een psychosomatische achtergrond.

D4   MENTALE VERVLAKKING

Hoge score

Kandidaat heeft nog maar weinig belangstelling voor zijn omgeving. Het kost hem moeite zich te concentreren en het kan dan ook gebeuren dat er een tijdlang weinig uit zijn handen komt. Het lijkt erop dat hij veel dingen niet meer de moeite waard vindt.

D5   PIEKEREN

Hoge score

Kandidaat kan maar moeilijk op gang komen, hij piekert veel en voelt zich vaak hopeloos en hulpeloos. Kleinigheden kunnen hem al van slag brengen.

HY1   ONTKENNEN SOCIALE ANGST

Hoge score
Kandidaat ontkent expliciet gevoelens van verlegenheid. Hij stapt naar zijn zeggen gemakkelijk op mensen af.

HY2   BEHOEFTE AAN AFFECTIE

Hoge score
Kandidaat heeft een optimistisch beeld van anderen, hij gelooft in het goede van de mens. Hij wil niet geconfronteerd worden met de slechte eigenschappen van mensen en ontkent deze liever dan dat hij daarmee rekening houdt. Hij laat liever zaken over z'n kant gaan dan dat hij ten strijde trekt.

HY3   MATHEID, MALAISE

Hoge score
Kandidaat voelt zich niet gelukkig. In zijn dagelijks functioneren voelt hij zich hierdoor gehinderd, vooral ook omdat hij hier fysiek last van heeft.

HY4   SOMATISCHE KLACHTEN

Hoge score
Kandidaat heeft last van allerlei psychosomatische klachten. Dat zijn somatische klachten die optreden als iemand onder spanning staat maar die op zichzelf geen gevaar voor de gezondheid vormen of een indicatie zijn van een verminderde fysieke gezondheid.

HY5   INHIBITIE VAN AGRESSIE

Hoge score
Kandidaat ontkent geneigd te zijn tot of geïnteresseerd te zijn in agressie.

PD1   FAMILIALE ONENIGHEID

Hoge score
Kandidaat geeft aan dat er thuis spanningen waren en dat die er wellicht nog zijn.

PD2   AUTORITEITSPROBLEMEN

Hoge score
Kandidaat geeft aan dat het bij hem, meer dan bij anderen, kan voorkomen dat hij in conflict komt met autoriteiten.

PD3   SOCIALE ONVERSTOORBAARHEID

Hoge score

Kandidaat probeert zich in z'n doen niet zo snel van de wijs te laten brengen. Hij treedt sociale situaties onbevangen tegemoet.

PD4   SOCIALE ALIËNATIE

Hoge score

Kandidaat voelt zich al snel het slachtoffer van een situatie. Hij voelt zich vaak wat achtergesteld, klaagt gemakkelijk en neigt naar zielig doen. Hij kan al met al een wat verongelijkte indruk maken.

PD5   ZELFALIËNATIE

Hoge score

Kandidaat is niet tevreden met zichzelf. Hij zit zichzelf in de weg en maakt zichzelf daarover vaak verwijten.

PA1   ACHTERVOLGINGSIDEEËN

Hoge score

Kandidaat voelt zich belaagd door zijn omgeving. Hij ziet overal mensen om hem heen die tegen hem zijn en hem een loer willen draaien. Hij ziet zichzelf vaak als het slachtoffer en voelt zich dikwijls onbegrepen.

PA2   PRIKKELBAARHEID

Hoge score

Kandidaat voelt zich onrustig en prikkelbaar. Hij is overdreven sensitief ten aanzien van geluiden en meent ook dat hij overal op reageert.

PA3   NAÏVITEIT

Hoge score

Kandidaat gelooft in het goede van de mens. Het komt niet zo snel bij hem op dat mensen zaken anders kunnen voorstellen om hun doelen te bereiken. Hij gelooft dat eerlijkheid en oprechtheid eigenschappen zijn die in het sociale verkeer voorop-staan.

SC1 SOCIALE ALIËNATIE

Hoge score
Kandidaat vindt weinig aansluiting bij zijn omgeving omdat hij denkt niet begrepen te worden. Hij heeft het gevoel er niet bij te horen. Dit geldt zowel voor zijn gezin, familie als zijn bredere sociale omgeving (werk, school, buurt).

SC2 EMOTIONELE ALIËNATIE

Hoge score
Kandidaat heeft de belangstelling in zijn bestaan verloren. Het lijkt erop dat hij niet meer geïnteresseerd is in wat er met hem of anderen in zijn directe omgeving gebeurt.

SC3 GEBREKKIGE ZELFBEHEERSING (COGNITIEF)

Hoge score
Kandidaat heeft het gevoel dat hij de controle over zijn intellectueel en gevoelsmatig functioneren verloren heeft. Dit kan zich uiten in concentratieproblemen maar ook in het hebben van gewaarwordingen die beslist niet normaal zijn.

SC4 GEBREKKIGE ZELFBEHEERSING (CONATIEF)

Hoge score
Kandidaat heeft problemen met het doelgericht bezig zijn. Het kost hem moeite om op gang te komen en zich op een taak te concentreren. Hij neigt tot uitstellen en hij lijdt daaronder.

SC5 GEBREKKIGE ZELFBEHEERSING (ONTREMMING)

Hoge score
Kandidaat heeft zichzelf vaak niet in de hand als hij met voor hem emotionele gebeurtenissen geconfronteerd wordt. Bij deze gebeurtenissen vindt hij het moeilijk zijn gedrag en emoties onder controle te houden. Hij kan zijn emoties heftig uiten, maar ook dingen doen waarvan hij later weer spijt heeft. Ook kan hij in deze gevallen fysiek en emotioneel geblokkeerd raken.

SC6 BIZARRE ZINTUIGLIJKE ERVARINGEN

Hoge score
Kandidaat heeft wel eens zintuiglijke ervaringen gehad die losstonden van wat er werkelijk gebeurde. Dat kan zowel op horen, zien, reuken, proeven als voelen betrekking hebben. Daardoor had hij het gevoel dat dingen niet echt zijn. Ook heeft hij

ervaren dat hij zichzelf fysiek niet in de hand had, alsof hij de controle over zichzelf verloor.

MA1   AMORALITEIT

Hoge score
Kandidaat vindt het te billijken dat mensen het niet zo nauw nemen met maatschappelijke normen, wet- en regelgeving. Hij kan daarom ook wel sympathie opbrengen voor mensen die de wet overtreden.

MA2   PSYCHOMOTORISCHE ACCELERATIE

Hoge score
Kandidaat voelt zich opgeladen met energie en onrustig. Hij wil (snelle) actie en hij bekommert zich er niet zo om wat de gevolgen daarvan (kunnen) zijn.

MA3   ONVERSTOORBAARHEID

Hoge score
Kandidaat maakt zich weinig zorgen over zijn gedrag. Min of meer onverstoorbaar begeeft hij zich in het sociale verkeer en hij is niet snel van zijn stuk te brengen als zaken niet zo lopen als ze horen te lopen.

MA4   EGO-INFLATIE

Hoge score
Kandidaat heeft een hoge dunk van zichzelf en is beslist niet geneigd zijn oor te luisteren te leggen bij een ander. Hij vindt zichzelf belangrijk en vindt dat anderen rekening moeten houden met zijn gevoelens.

SI1   TERUGHOUDENDHEID, VERLEGENHEID

Hoge score
Kandidaat is verlegen. Het kost hem moeite zichzelf in een gezelschap op de voorgrond te plaatsten. Hij wil dat niet en hij kan dat niet. Vooral bij het voeren van een gesprek valt zijn verlegenheid op. Hij vindt het moeilijk om zijn visie in het licht te zetten en in het middelpunt van de belangstelling te staan.

SI2   SOCIALE VERMIJDING

Hoge score
Kandidaat zal uit eigen beweging niet zo snel gezelschap opzoeken. Een feestje is aan hem niet besteed en als hij daarheen gaat zal hij zich niet in het gezelschap mengen. Hij is liever niet onder de mensen.

Hoge score
Kandidaat heeft niet zo veel geloof in het goede in zichzelf of anderen. Hij heeft zich erbij neergelegd dat veel zaken mislukken, omdat hij er niet voldoende achteraan zat. Van anderen gelooft hij niet dat ze veel beter functioneren. Ze stellen hem teleur, maar anderzijds verwacht hij ook niet veel meer van hen.

ZBV: ZELF BEOORDELINGS VRAGENLIJST (VAN DER PLOEG E.A., 1980B)

TOESTANDSANGST

Hoge Score
Kandidaat voelt zich momenteel angstig en onrustig. Hij wordt geplaagd door allerlei op zichzelf zinloze gedachten, kan nauwelijks kleine teleurstellingen van zich afzetten en ervaart over het geheel genomen een gevoel van malaise.

Lage score
Kandidaat voelt zich op dit moment niet bijzonder angstig of onrustig. Hij voelt zich op z'n gemak en kan de wereld aan. Momenteel heeft hij nauwelijks de neiging te piekeren over allerlei zaken.

ANGSTDISPOSITIE

Hoge score
Kandidaat wordt geplaagd door een gevoel van onrust en vage angsten. Teleurstellingen kan hij nauwelijks van zich afzetten. Hij staat daardoor kwetsbaar in het leven. Deze toestand van een permanente angst maakt dat hij niet optimaal kan functioneren in studie en beroep. Ook op de gezondheid kan deze attitude een negatief effect hebben.

Lage score
Kandidaat wordt zelden geplaagd door een gevoel van onrust en vage angsten. Teleurstellingen kan hij gemakkelijk van zich afzetten en over het geheel genomen voelt hij zich geslaagd en gelukkig.

ZAV: ZELF-ANALYSE VRAGENLIJST (VAN DER PLOEG E.A., 1982)

TOESTANDSBOOSHEID

Hoge score

Kandidaat heeft op dit moment flink last van een gevoel van boosheid en woede. Hij voelt zich alsof hij uit z'n vel kan springen. Deze ergernis heeft zich op een of andere manier in hem opgestapeld en zoekt zijn uitweg in een woedeaanval die momenteel gemakkelijk uit te lokken is.

Lage score

Kandidaat heeft op dit moment weinig last van gevoelens van boosheid, kwaadheid, irritatie of ergernis. Hij voelt zich momenteel tamelijk rustig.

BOOSHEIDSDISPOSITIE

Hoge score

Kandidaat voelt zich snel boos, geïrriteerd of anderszins driftig. Hij reageert op te veel zaken te geagiteerd en laat zich uitlokken. Door zijn constitutionele lichtgeraaktheid is hij snel in een toestand van onredelijke woede en agressie te brengen. Dit maakt het voor hem problematisch in sociale situaties te functioneren. Hij dient zo veel als mogelijk buiten potentieel conflictueuze situaties te blijven.

Lage score

Kandidaat voelt zich niet snel boos of geïrriteerd. Hij is wat dit betreft tamelijk gelijkmatig van stemming en is niet snel boos te krijgen.

ETAV: EXAMEN/TOETS ATTITUDE VRAGENLIJST (VAN DER PLOEG, 1988)

TOETSATTITUDE

Hoge score

Kandidaat geeft aan last te hebben van angstgevoel bij het afleggen van examens of andere situaties waarin een prestatie moet worden geleverd die beoordeeld wordt. Zijn niveau van presteren wordt negatief beïnvloed door de druk die op een dergelijke situatie wordt gelegd.

Lage score

Kandidaat geeft aan zelden last te hebben van angstgevoel bij het afleggen van examens of andere situaties waarin een prestatie moet worden geleverd die beoordeeld wordt. Zijn niveau van presteren wordt nauwelijks beïnvloed door de druk die op een situatie wordt gelegd.

Hoge score

Kandidaat geeft aan dat het nogal eens voorkomt dat hij vooraf inzit over het afleggen van examens en soortgelijke situaties, zoals een beoordeling. Hij maakt zich zorgen te mislukken. Zijn eigen intellectuele capaciteiten schat hij te laag in, te vaak denkt hij dat het anderen veel gemakkelijker afgaat goede prestaties neer te zetten. Hij heeft te weinig zelfvertrouwen en kan niet gemakkelijk van zich afzetten dat taken ook wel eens niet gaan zoals hij gehoopt had.

Lage score

Kandidaat geeft aan nauwelijks vooraf in te zitten over het afleggen van examens en soortgelijke situaties waarin een prestatie wordt beoordeeld. Hij maakt zich er geen zorgen over te mislukken. Zijn eigen (intellectuele) capaciteiten schat hij reëel in. Daarbij toont hij een flink vertrouwen in eigen kunnen en kan gemakkelijk van zich afzetten dat taken ook wel eens niet gaan zoals hij gehoopt had.

EMOTIONALITEIT

Hoge score

Kandidaat geeft aan last te hebben van allerlei fysiologische reacties op stress in examensituaties, zoals trillende handen, brok in de keel, en hartkloppingen. Hij ervaart dit als lastig, mogelijkerwijs worden zijn prestaties hierdoor negatief beïnvloed, maar noodzakelijk is dit niet.

Lage score

Kandidaat geeft aan weinig last te hebben van allerlei fysiologische reacties op stress in examensituaties, zoals trillende handen, brok in de keel, en hartkloppingen. Ook situaties die hij op zichzelf als stresserend ervaart hebben niet dit effect op hem.

CISS: COPING INVENTORY OF STRESSFUL SITUATIONS (DE RIDDER & VAN HECK, 1999)

TAAKGERICHTE COPING

Hoge score

Als kandidaat met tegenslag wordt geconfronteerd, kijkt hij rationeel naar de oorzaak van het probleem. Hij stelt orde op zaken en bekijkt het probleem nog eens van alle kanten. Door deze rationele, oplossingsgerichte benadering kan hij ook afstand nemen. Hij zoekt de veroorzakers van een tegenvaller vooral in de situatie en niet in eerste instantie bij zichzelf. Een probleem is dan voor hem ook voornamelijk een uitdaging. Hij probeert de zaken die op zijn weg komen aan te pakken.

Lage score

Kandidaat heeft er moeite mee bij tegenslag afstand te nemen van een probleem. Hij heeft te weinig het besef dat de meeste zaken pas opgelost worden als je daar (ook) op een verstandelijke manier naar kijkt. Hij komt dan ook zelden tot een doelgerichte, systematische aanpak en laat zich door problemen al snel overmannen. Hij weet eigenlijk niet zo goed hoe hij zaken die op zijn weg komen moet aanpakken.

EMOTIEGERICHTE COPING

Hoge score

Kandidaat raakt in geval van tegenslag al snel van streek. Hij richt zijn emoties niet zozeer op de oplossing van het probleem dat hem plaagt maar maakt zichzelf verwijten 'dat het zover gekomen is'. Hierdoor raakt hij gespannen en weet hij vaak niet zo goed wat hij moet doen. Een stressvolle situatie geeft hem dikwijls gevoelens van onmacht.

Lage score

Kandidaat blijft onder stresserende omstandigheden vaak rustig. Hij betrekt een probleem zelden op zichzelf en kan daardoor een laconieke indruk maken. Hij is niet gemakkelijk uit zijn evenwicht te brengen als het tegenzit en kan zelfs onverstoorbaar zijn in situaties waarbij de omgeving zich grote zorgen maakt.

VERMIJDINGSGERICHTE COPING

Hoge score

Kandidaat kan gemakkelijk afleiding vinden in voor hem prettige zaken Als hij in een spanningsvolle situatie komt, 'richt hij zich gewoon op iets anders'.

Lage score

Kandidaat vindt het moeilijk afleiding te vinden als hij onder druk staat.

VERMIJDING: GEZELSCHAP ZOEKEN

Hoge score

Als kandidaat onder druk staat zoekt hij vrienden en bekenden op. Hij kan met hen de problemen doorspreken die hem plagen, maar noodzakelijk is dit niet. Hij vindt het gewoon prettig om anderen te spreken, het ontspant hem.

Lage score

Als kandidaat onder druk staat, zoekt hij geen steun in zijn omgeving. Hij deelt zijn problemen zelden met anderen en de kans dat hij ermee blijft rondlopen is dan ook zeker aanwezig.

Hoge score
Kandidaat zoekt afleiding als hij onder druk staat. Het kan gaan om een hobby, vertier zoeken of eropuit gaan. Op die manier neemt hij afstand van zijn problemen zonder direct aan een oplossing te werken. Door een dergelijke pauze in te lassen schuift hij zaken voor zich uit, maar hij kan daarmee ook een prettige afstand scheppen waardoor zaken weer beter hanteerbaar worden.

Lage score
Kandidaat vindt het moeilijk om ontspannende bezigheden te zoeken als hij onder druk staat. Als hij iets anders gaat doen, maakt dat in zijn ogen voor de oplossing van problemen niets uit. Hij kan zaken moeilijk loslaten.

UBOS: UTRECHTSE BURN-OUT SCHAAL (SCHAUFELI & VAN DIERENDONCK, 2000):

UBOS ALGEMEEN

UITPUTTING

Hoge score
Kandidaats werk hangt als een molensteen om zijn nek. Hij ziet tegen een werkdag op en voelt zich na een dag werken tot niets meer in staat. Hij heeft hier al enige tijd last van, hetgeen bij hem een gevoel van uitputting veroorzaakt. Hij voelt zich 'op en leeg' met betrekking tot z'n werk.

Lage score
Kandidaat heeft zelden het gevoel dat het werk hem te veel wordt. Hij steekt er nog steeds met plezier energie in en kan zich na een werkdag ook nog met andere zaken bezighouden.

DISTANTIE

Hoge score
Kandidaat heeft last van zingevingsproblematiek met betrekking tot zijn werk. Het gevoel overheerst dat hij niet meer nuttig bezig is en hij voelt daardoor ook geen verbondenheid met zijn werkzaamheden. Dit uit zich in een wat cynische houding. Zijn interesse in zijn werk is minimaal en hij laat zich er gemakkelijk negatief over uit.

Lage score
Kandidaat laat zich doorgaans in positieve zin uit over zijn werk. Hij voelt zich betrokken bij zijn werkzaamheden en kan zich er nog steeds met enthousiasme aan wijden.

Hoge score

Kandidaat is van mening dat hij in zijn werk naar behoren functioneert. Zijn prestaties blijven weinig achter bij wat hij zich zou wensen en hij acht zich zeker competent genoeg om tot een goed prestatieniveau te komen. Na een werkdag is hij doorgaans tevreden over zichzelf.

Lage score

Kandidaat is van mening dat hij in zijn werk niet goed functioneert. Zijn prestaties blijven achter bij wat hij zich zou wensen en hij acht zich niet voldoende competent om tot een goed prestatieniveau te komen. Na een werkdag is hij zelden tevreden over zichzelf.

UBOS VERPLEGING

EMOTIONELE UITPUTTING

Hoge score

Kandidaat ziet op tegen een werkdag, het kost hem moeite een werkdag vol te houden en hij voelt zich na een dag werken emotioneel uitgeknepen. Deze klachten heeft hij al een tijd en dit heeft bij hem een gevoel van uitputting veroorzaakt. Hij voelt zich `op en leeg' met betrekking tot z'n werk.

Lage score

Kandidaat heeft niet het gevoel dat zijn werkzaamheden mentaal te veel van hem vragen. Ook na een werkdag voelt hij zich nog energiek en fit genoeg om andere zaken op te pakken.

PERSOONLIJKE BEKWAAMHEID

Hoge score

Kandidaat heeft er geen problemen mee op een adequate manier contacten te leggen met zijn cliënten. Hij heeft ook het gevoel dat dit wederzijds is, en dat hij zo een nuttige bijdrage levert aan het oplossen van de problemen waarmee zijn cliënten kampen.

Lage score

Kandidaat heeft er problemen mee op een adequate manier contacten te leggen met zijn cliënten. Hij heeft niet het gevoel dat hij met zijn werk een nuttige bijdrage levert aan het oplossen van de problemen waarmee zijn cliënten kampen. Het kost hem te veel moeite een band te scheppen met zijn cliënten.

Hoge score

Kandidaat kent nog maar weinig gevoelens van zorgzaamheid en medeleven ten aanzien van zijn cliënten. Het interesseert hem feitelijk niet meer zo veel wat er in hen omgaat, het raakt hem niet meer, hij is onverschillig geworden. Hij voelt zich dan ook min of meer afgesloten van gevoelens ten aanzien van hen.

Lage score

Kandidaat denkt niet dat door zijn werkzaamheden zijn gevoel voor mensen in negatieve zin is veranderd. Nog steeds voelt hij persoonlijke betrokkenheid bij zijn cliënten en is hij geïnteresseerd in hun wel en wee.

UBOS ONDERWIJS

EMOTIONELE UITPUTTING

Hoge score

Kandidaat ziet op tegen een werkdag, het kost hem moeite een werkdag vol te houden en hij voelt zich na een dag werken emotioneel uitgeknepen. Deze klachten heeft hij al een tijd en dit heeft bij hem een gevoel van uitputting veroorzaakt. Hij voelt zich `op en leeg' met betrekking tot z'n werk.

Lage score

Kandidaat heeft niet het gevoel dat zijn werkzaamheden mentaal te veel van hem vragen. Ook na een werkdag voelt hij zich nog energiek en fit genoeg om andere zaken op te pakken.

PERSOONLIJK BEKWAAMHEID

Hoge score

Kandidaat heeft er geen problemen mee op een adequate manier contacten te leggen met zijn leerlingen. Hij heeft ook het gevoel dat dit wederzijds is, en dat hij zo een nuttige bijdrage levert aan het oplossen van de problemen waarmee zijn leerlingen kampen.

Lage score

Kandidaat heeft er problemen mee op een adequate manier contacten te leggen met zijn leerlingen. Hij heeft niet het gevoel dat hij met zijn werk een nuttige bijdrage levert aan het oplossen van de problemen waarmee zijn leerlingen kampen. Het kost hem te veel moeite een band te scheppen met zijn leerlingen.

Hoge score

Kandidaat kent nog maar weinig gevoelens van zorgzaamheid en medeleven ten aanzien van zijn leerlingen. Het interesseert hem feitelijk niet meer zo veel wat er in hen omgaat, het raakt hem niet meer, hij is onverschillig geworden. Hij voelt zich dan ook min of meer afgesloten van gevoelens ten aanzien van hen.

Lage score

Kandidaat denkt niet dat door zijn werkzaamheden zijn gevoel voor mensen in negatieve zin is veranderd. Nog steeds voelt hij persoonlijke betrokkenheid bij zijn leerlingen en is hij geïnteresseerd in hun wel en wee.

UCL: UTRECHTSE COPING LIJST (SCHREURS E.A., 1993)

ACTIEF AANPAKKEN

Hoge score (1)

In geval van stress probeert kandidaat het hoofd koel te houden en doelgericht zijn problematiek aan te pakken. Hij probeert 'alles op een rijtje te zetten'. Hij wil daarbij als het even kan rationeel en oplossingsgericht te werk gaan.

Hoge score (2)

Kandidaat gaat ervan uit dat als hij de zaken rationeel benadert de oplossing nabij is. Een probleem laten liggen is zijn stijl niet, hij is oplossingsgericht en 'hij stapt erop af' indien dit enigszins mogelijk is. Hij ziet een probleem in eerste instantie als een uitdaging. Hij neemt er afstand van en probeert op een verstandelijke manier naar een oplossing te zoeken.

Lage score (1)

In zijn reactie op stressvolle situaties raakt kandidaat al snel de kluts kwijt. Het kost hem moeite een probleem nuchter, oplossingsgericht, rationeel aan te pakken en alles eens rustig op een rijtje te zetten. Hij gaat er dan ook zelden toe over een probleem actief aan te pakken. Hij raakt eerder geblokkeerd en wordt passief.

Lage score (2)

Kandidaat mist het vermogen afstand te nemen van de problematiek die op hem afkomt. Daardoor kan hij moeilijk de veroorzakers van stress herkennen en kan hij zijn problemen niet aanpakken. Hij laat ook liever zaken met rust. Misschien in de hoop dat het vanzelf overgaat, maar vooral omdat hij geen idee heeft hoe hij problemen zou kunnen aanpakken.

Hoge score (1)
Wanneer zich problemen voordoen die kandidaat op één of andere wijze aangrijpen, zoekt hij doorgaans één of andere vorm van ontspanning om deze te vergeten. Een stressvolle gebeurtenis is voor hem aanleiding om eens uit te gaan, vrienden op te zoeken, te sporten of zich een tijdje op een hobby te werpen.

Hoge score (2)
Kandidaat kan een probleem gemakkelijk van zich afzetten door zich (tijdelijk) met iets geheel anders bezig te houden. Hij kan zich dan ook ontspannen door zich te concentreren op zaken die weinig met een oplossing te maken hebben (sport, spel, gezelschap), maar die hem wel een prettig gevoel geven.

Lage score (1)
Kandidaat heeft in geval van stress weinig activiteiten die hem kunnen ontspannen. Hij vindt het moeilijk om in zo'n geval afleiding te zoeken, met iets anders bezig te zijn, en zich zo te ontspannen. Hij kent weinig activiteiten die hem in zo'n geval rust geven en de kans is dan ook groot dat hij met zijn spanning blijft rondlopen.

Lage score (2)
Wanneer zich problemen voordoen die kandidaat op één of andere wijze aangrijpen weet hij geen activiteiten op te zoeken die hem ontspannen. Een stressvolle gebeurtenis is voor hem geen aanleiding om eens uit te gaan, te sporten, vrienden op te zoeken of zich een tijdje op een hobby te werpen.

VERMIJDEN

Hoge score (1)
Wanneer zich problemen voordoen die kandidaat op één of andere wijze aangrijpen vermijdt hij deze. Hij is in zo'n geval geneigd de zaak maar op z'n beloop te laten, problemen te ontkennen of toe te geven indien het probleem in de relationele sfeer ligt. Ingrijpen heeft volgens hem in veel situaties weinig zin, hij rationaliseert dat door te beweren dat problemen zichzelf oplossen. Vaak hoopt hij dat de bui vanzelf overdrijft. Hij loopt daarmee in feite voor zijn problemen weg.

Hoge score (2)
Kandidaat ontloopt de confrontatie met de problemen die op zijn pad komen, hij gaat moeilijkheden uit de weg. Hij legt zich daarom al snel neer bij een voor hem ongunstige situatie en heeft vaak de hoop dat 'het vanzelf wel weer overgaat'.
In zijn reactie op stress blijft kandidaat passief, als zaken spanning bij hem oproepen vermijdt hij deze. Hij probeert een probleem dat op hem afkomt niet op te lossen, maar is meer geneigd de zaken op hun beloop te laten. Hij kiest daarmee voor de weg van de minste weerstand.

Lage score (1)

Kandidaat legt zich niet zomaar neer bij een voor hem ongunstige situatie. Liever bekijkt hij het probleem nog eens om te bezien of er wat aan te doen valt en hij stapt er ook op af als dat in zijn ogen nodig mocht zijn. Hij ziet een probleem dat op zijn weg komt vaak als een uitdaging, hij kan een zaak moeilijk met rust laten. Tegenslag is voor hem een prikkel om tot actie te komen, hij pakt zijn verantwoordelijkheid en gaat de confrontatie aan.

Lage score (2)

Kandidaat houdt er niet van te doen alsof een probleem niet bestaat. Hij zal veel meer proberen een probleem te onderkennen en daaraan zo mogelijk wat doen. Hij reageert niet door de zaak maar op z'n beloop te laten of toe te geven.

SOCIALE STEUN ZOEKEN

Hoge score (1)

Indien zich problemen voordoen die kandidaat op één of andere wijze aangrijpen zoekt hij familie, vrienden en kennissen op. Hij vraagt om hulp en kan z'n emoties uiten. Door anderen te laten merken dat hij ergens mee worstelt, heeft hij ook het gevoel dat hij niet alleen met zijn probleem zit.

Hoge score (2)

Als kandidaat ergens mee zit, merk je dat al snel. Voor de oplossing van zijn problemen doet hij een beroep op zijn sociale omgeving. Hij zoekt hier steun en maakt er beslist geen geheim van dat hem iets dwarszit.

Lage score (1)

Kandidaat schakelt zelden anderen in als hij met problemen wordt geconfronteerd. Daardoor merk je ook niet zo snel dat hij ergens mee zit. Hij vindt het moeilijk om over zijn gevoelens te praten. Een probleem dat hem plaagt houdt hij dan ook lang voor zich.

Lage score (2)

Kandidaat is gesloten, hij kan zijn problemen niet delen met een ander, hij zal zijn omgeving dan ook nauwelijks betrekken bij de zaken die hem dwarszitten. Ook forse problemen die hem flink raken, houdt hij liever voor zich. Hij houdt er niet van om hulp te vragen of z'n emoties te tonen als hij zich in een stressvolle situatie bevindt.

Hoge score (1)

Indien zich problemen voordoen die kandidaat op één of andere wijze aangrijpen, reageert hij door zich ontoegankelijk op te stellen. Hij is dan geneigd tot afzondering, passiviteit en piekeren. Hij geeft aan dat een probleem hem doorgaans overvalt, hij wordt er geheel door in beslag genomen en komt verder dikwijls niet meer aan activiteiten toe. Vaak heeft hij het gevoel vast te lopen in de problematiek die op hem afkomt.

Hoge score (2)

Kandidaat laat zich bij stress al snel helemaal in beslag nemen door zijn problematiek en wordt het liefst met rust gelaten. Hij is vaak van mening dat 'het allemaal slecht zal aflopen'. Door dit someberen komt hij ook niet tot actie en laat hij het probleem liggen.

Zijn reactie op stress kenmerkt zich door gedragsmatige passiviteit. Hij sluit zich in zichzelf op en verdrinkt als het ware in zijn probleem. Hij heeft er weinig geloof in dat zaken zich spoedig ten goede kunnen keren en neigt ook tot afzondering. Dit alles werkt verlammend op zijn handelen.

Lage score (1)

Kandidaat is een optimist en oplossingsgericht als hij door problemen geplaagd wordt. Hij houdt ook bij tegenslag moed en ziet vaak nog wel een mogelijkheid om het tij ten goede te keren. Hij stelt zich weerbaar op. Het zal dan ook niet zo snel gebeuren dat een probleem hem boven het hoofd groeit.

Lage score (2)

Kandidaat probeert de op hem afkomende problematiek niet al te somber in te zien en heeft veelal goede hoop dat hij bijtijds een oplossing vindt. Met deze optimistische houding kan hij ook goed afstand nemen van de veroorzakers van stress. Op die manier is hij ook in staat zaken aan te pakken.

EXPRESSIE VAN EMOTIES

Hoge score (1)

Kandidaats reactie op stress kenmerkt zich door zich sterk te uiten. Als hem iets dwarszit, laat hij dat zijn omgeving duidelijk merken. Dit kan soms in de vorm van een overtrokken reactie zijn. Het is alsof 'het ventiel eraf springt'. Hij kan dan ook gemakkelijk zijn spanningen afreageren op zijn omgeving. Vooral degene die hij verantwoordelijk houdt voor de problemen die hij tegenkomt kan de wind van voren krijgen.

Hoge score (2)

Indien zich problemen voordoen die kandidaat op één of andere wijze aangrijpen, reageert hij door zijn omgeving duidelijk te maken dat hij ergens mee zit. Hij zoekt de oorzaak van het probleem in eerste instantie in z'n omgeving, niet bij zichzelf. Hij heeft er geen probleem mee zijn (negatieve) emoties duidelijk te tonen. Ergernis naar aanleiding van een stressvolle situatie laat hij, ook in gezelschap, duidelijk merken.

Lage score (1)

Kandidaat laat niet zo snel blijken `wat hij ervan vindt'. Hij reageert zijn spanningen zelden op anderen af en maakt aan zijn omgeving nauwelijks kenbaar dat hem iets dwarszit. Hij toont weinig emoties bij tegenslag of teleurstelling.

Lage score (2)

Kandidaat heeft er moeite mee zijn (negatieve) gevoelens te tonen, zodat zijn omgeving het nauwelijks merkt wanneer hem iets aangrijpt. Aan hem is voor buitenstaanders beslist niet te merken dat zaken hem fors kunnen raken.
Hij laat zelden zijn (negatieve) emoties (ergernis, opwinding) zien.

GERUSTSTELLENDE GEDACHTEN

Hoge score (1)

Kandidaat zet zijn problemen graag in een breder perspectief. Door er afstand van te nemen kan hij er beter mee omgaan, hij stelt zichzelf al snel gerust met de gedachte dat er meer op deze wereld is dan de zaak die hem dwarszit. Hij kan relativeren en bagatelliseren. Hij stelt zichzelf gerust met de gedachte dat 'het niet zo'n vaart zal lopen' en dat alles wel weer op z'n pootjes terechtkomt. Hij doet dit soms op zo'n sterke manier dat er ook van het ontkennen van problemen sprake kan zijn.

Hoge score (2)

Indien zich problemen voordoen die kandidaat op één of andere wijze aangrijpen reageert hij door het probleem te bagatelliseren. Hij probeert zichzelf te troosten met de gedachte dat het allemaal veel erger had gekund of dat anderen in soortgelijke situaties nog meer pech hebben dan hijzelf. Op die manier is hij ook in staat problemen niet te willen zien. Hij kan zichzelf gerust stellen met allerlei troostende gedachten die op zichzelf geen concrete oplossing bieden.

Lage score (1)

Kandidaat vindt het moeilijk een probleem tot z'n ware proporties terug te brengen. Hij kan zichzelf niet geruststellen door afstand te nemen en te bedenken dat voor veel zaken wel een oplossing te vinden is.

Lage score (2)

Kandidaat is niet in staat zijn problematiek te relativeren. Hij ziet in een tegenslag een voorbode van allerlei komend onheil zonder dat daar een concrete aanwijzing voor is.

Hij ziet vaak 'beren op de weg' en is niet in staat een probleem wat meer in z'n ware proporties te zien. Afstand nemen kost hem moeite.

AMSTERDAMSE STEMMINGSLIJST (DE SONNEVILLE E.A., 1984)

DEPRESSIEF

Hoge score

Kandidaat geeft aan zich momenteel nogal neerslachtig te voelen. Hij heeft last van een overheersend gevoel van ellendigheid, moedeloosheid en terneergeslagen zijn.

Lage score

Kandidaat geeft aan momenteel geen last te hebben van negatieve gevoelens als somberheid, depressie, neerslachtigheid.

UITGELATEN

Hoge score

Kandidaat geeft aan zich momenteel opgewekt en uitgelaten te voelen. Hij voelt zich plezierig en ziet in ieder geval voor het moment een reden om de zonnige kant van z'n bestaan te benadrukken.

Lage score

Kandidaat geeft aan zich momenteel niet bijzonder vrolijk of uitgelaten te voelen.

SCHUW

Hoge score

Kandidaat geeft aan zich momenteel wat achterdochtig en schuw te voelen. Hij heeft de neiging contact te mijden en kan zijn omgeving met enige argwaan bejegenen.

Lage score

Kandidaat geeft aan zich momenteel niet bijzonder achterdochtig of schuw te voelen. Hij mijdt contact met anderen niet.

Hoge score

Kandidaat geeft aan zich momenteel humeurig of zelfs chagrijnig te voelen. Hij is lichtgeraakt en heeft daarbij sterk de neiging negatief te reageren op allerlei prikkels uit z'n omgeving.

Lage score

Kandidaat geeft aan zich momenteel niet bijzonder mopperig of humeurig te voelen. Hij geeft aan niet al te lichtgeraakt te zijn of al te negatief te reageren op zijn omgeving.

BOOS

Hoge score

Kandidaat geeft aan zich momenteel boos en agressief te voelen. Hij voelt zich onrustig, mogelijk zelfs woedend en ervaart dit als een negatief gevoel.

Lage score

Kandidaat geeft aan zich momenteel niet geagiteerd of boos te voelen. Hij is rustig en heeft geen last van agressieve gevoelens.

MOE

Hoge score

Kandidaat geeft aan zich momenteel niet fit te voelen. Op dit moment heeft hij last van een suffig gevoel, voelt zich lusteloos en hij heeft problemen met de concentratie.

Lage score

Kandidaat geeft aan zich momenteel voldoende fit te voelen. Hij geeft aan weinig last van suffigheid, slaperigheid of op andere wijze problemen te hebben met z'n oplettendheid.

GEWETENSVOL

Hoge score

Kandidaat geeft aan zich momenteel in staat te voelen tot het dragen van verantwoordelijkheid voor een taak. Hij is voldoende in staat de aandacht voor enige tijd bij één onderwerp te houden.

Lage score

Kandidaat geeft aan zich momenteel oppervlakkig te voelen. Hij is wat ongeconcentreerd en heeft weinig zin zich aan een bepaalde taak te wijden.

Hoge score

Kandidaat geeft aan zich momenteel ongeïnteresseerd en onverschillig te voelen. Het kan hem allemaal niet meer zo veel schelen, hij voelt zich nauwelijks nog betrokken bij de zaken om hem heen.

Lage score

Kandidaat geeft aan zich momenteel voldoende betrokken te voelen bij de zaken om hem heen. Hij geeft aan weinig last te hebben van gevoelens van ongeïnteresseerdheid en onverschilligheid.

ARROGANT

Hoge score

Kandidaat geeft aan momenteel een nogal hoge dunk van zichzelf te hebben. Je zou hem verwaand of zelfs arrogant kunnen noemen.

Lage score

Kandidaat geeft aan zich momenteel niet bijzonder verwaand of arrogant te voelen.

ANGSTIG

Hoge score

Kandidaat geeft aan zich momenteel nogal bangelijk en rusteloos te voelen. Hij heeft last van vage angsten die gepaard gaan met een gevoel van gespannenheid en zenuwachtigheid.

Lage score

Kandidaat geeft aan zich momenteel niet bangelijk of rusteloos te voelen. Zijn stemming is vrij van vage angsten.

VIER DIMENSIONALE KLACHTENLIJST (4DKL) (TERLUIN, 2004)

DISTRESS

Hoge score

Kandidaat voelde zich de afgelopen week onrustig en gespannen. Hij heeft last van allerlei klachten die optreden bij mensen die op één of andere wijze onder druk staan. Hij wordt door zijn innerlijke onrust dermate in beslag genomen dat hij het gevoel heeft niet meer goed te functioneren. Hij ziet overal tegenop en heeft nog maar weinig zin om zich ergens aan te wijden.

DEPRESSIE

Hoge score

Kandidaat geeft aan dat hij de afgelopen week het gevoel had volledig vastgelopen te zijn. Hij is uiterst somber, heeft nergens meer plezier in en denkt ook dat zijn bestaan onder de huidige omstandigheden nog maar weinig zin heeft.

ANGST

Hoge score

Kandidaat voelde zich de afgelopen week meerdere malen zeer angstig. Het gaat dan om het gevoel dat hem iets vreselijks kan overkomen zonder dat hij daar nu een concrete, reële reden voor heeft. Door zijn angstgevoelens heeft hij bepaalde situaties, personen of plaatsen vermeden die de angst bij hem oproepen.

SOMATISEREN

Hoge score

Kandidaat geeft aan de afgelopen week last te hebben gehad van allerlei fysieke klachten. Vaak zijn er voor dergelijke klachten geen duidelijk medisch aantoonbare oorzaken te vinden en treden ze vooral op als hij onder spanning staat.

EPPS: EDWARDS PERSONAL PREFERENCE SCHEDULE (TJOA, 1973)

AMBITIE

Hoge score

Kandidaat geeft in de vragenlijst aan ambitieus te zijn. Zowel in zijn werk als daarbuiten wil hij uitblinken, de beste zijn. Hij is voortdurend in competitie met zijn omgeving. Door deze dadendrang is de kans groot dat ook klussen die op zichzelf boven zijn kunnen liggen, opgepakt worden. Op die manier is er een mogelijkheid van zelfoverschatting.

Lage score

Kandidaat geeft aan weinig ambities te hebben. Zijn houding zal over het algemeen gekenmerkt worden als futloos en niet gericht op het leveren van prestaties. Hij ziet werk niet als een mogelijkheid je talenten te laten zien.

RESPECT

Hoge score

Kandidaat kan anderen respecteren en van hen gezag aanvaarden wanneer dat in zijn ogen verdiend is, bijvoorbeeld door bijzondere prestaties of de positie waarin ze verkeren. Door de omgeving kan dit uitgelegd worden als overdreven onderdanigheid of persoonsverheerlijking. Hij kan inderdaad minder kritisch zijn ten opzichte van superieuren, hetgeen hem als 'sparring partner' in een discussie minder aantrekkelijk maakt. Daar staat tegenover dat het accepteren van gezag geen enkel probleem zal zijn en dat hij z'n oor goed te luisteren legt bij bijvoorbeeld het management.

Lage score
Kandidaat zal in de regel weinig respect hebben voor mensen op grond van hun positie of prestaties. Voor zijn omgeving kan dit betekenen dat hij ongeacht de reputatie van leidinggevenden of anderen, discussies aangaat die weinig vruchtbaar zijn. Hij is immers niet in staat om informatie zonder meer op grond van autoriteit te accepteren.

ORDENING

Hoge score
In de vragenlijst geeft kandidaat aan vooral goed te kunnen functioneren in een omgeving waar alles z'n vaste plek heeft. Hij heeft een grote behoefte aan planmatigheid. Punctualiteit is hem op het lijf geschreven. Dit geeft de omgeving de zekerheid dat zaken gebeuren zoals ze moeten gebeuren, maar tegelijkertijd kan het een meer dynamische aanpak van werkzaamheden in de weg staan.

Lage score
In de vragenlijst geeft kandidaat aan zich niet in staat te achten zijn werk ordelijk in te delen. Hij heeft daar ook geen enkele behoefte aan, een rommelige omgeving stoort hem nauwelijks. Dit kan ongewenst zijn in een omgeving waar sterk de nadruk wordt gelegd op punctualiteit, maar is een voorwaarde voor het functioneren in een omgeving waar zelden iets volledig 'uitgeregeld' is.

ZELFVERTOON

Hoge score
Kandidaat geeft aan er plezier in te hebben zichzelf in gezelschap op de voorgrond te zetten. Hij trekt graag de aandacht. In z'n gedrag manifesteert hij zich als iemand die nadrukkelijk aanwezig wil zijn.

Lage score
Kandidaat wil liever niet opvallen. Hij houdt er niet van het middelpunt van de belangstelling te zijn. 'Doe maar gewoon dan doe je al gek genoeg', zou zijn devies kunnen zijn.

Hoge score
Kandidaat hecht grote waarde aan vrijheid, ongebondenheid maar ook aan vrijblijvendheid. Er kan zelfs sprake zijn van een angst zich aan personen of zaken te binden. Hij geeft aan zich ongelukkig te voelen in situaties waarbij hij beperkt is in zijn handelen. Hij hecht beslist niet aan etiquette en vormelijkheid. Enerzijds geeft dit hem de aureool van ongebondenheid, maar in zijn gedrag kan dit vrijheidsstreven ook uitgelegd worden als een onvermogen loyaal te zijn aan personen of organisaties. Hij heeft er problemen mee verantwoording af te leggen, autoriteit te erkennen of op een voorgeschreven wijze te werken.

Lage score
Kandidaat geeft aan het niet zo belangrijk te vinden in zijn doen en laten beperkt te worden door normen en waarden. Hij kan zich daar gemakkelijk naar schikken. In zijn gedrag kost het hem geen moeite zich loyaal op te stellen en volgzaam te zijn. Hij erkent gemakkelijk autoriteit.

VRIENDSCHAP

Hoge score
Kandidaat trekt zich het lot van z'n medemens aan. Hij is zeer hulpvaardig en zegt altijd klaar te staan voor z'n vrienden en familie. Hierdoor geeft hij de indruk in z'n gedrag zich vooral op anderen te richten (waarvan gemakkelijk misbruik gemaakt kan worden).

Lage score
Kandidaat geeft aan niet geïnteresseerd te zijn in het lot van z'n medemens. In z'n gedrag kan hij daardoor de indruk wekken nogal op zichzelf te staan. Dit wordt nog versterkt doordat anderen de indruk hebben dat ze voor hun noden niet bij hem hoeven aan te kloppen.

INLEVING

Hoge score
Kandidaat geeft aan zeer geïnteresseerd te zijn in zijn medemens. Hierdoor wekt hij de indruk altijd zeer belangstellend te zijn in het psychisch wel en wee van collega's, familie en vrienden. Hij heeft daarbij wel de neiging tot psychologiseren.

Lage score
Kandidaat geeft aan weinig geïnteresseerd te zijn in de psychologie van zijn medemens. Daardoor wekt hij veelal de indruk onverschillig te staan ten aanzien van zijn sociale omgeving. Wellicht kan hij zich ook moeilijk inleven in de gevoelens van anderen, in ieder geval sluit hij zich daarvoor af.

Hoge score

In de vragenlijst geeft kandidaat aan moeite te hebben bij het zelf oplossen van z'n problemen. Hij vindt het moeilijk om z'n eigen weg te kiezen en maakt zich daardoor emotioneel afhankelijk van anderen. Door z'n omgeving kan z'n gedrag gemakkelijk als hulpzoekend en zelfs als 'slap' gezien worden. Z'n neiging tot steun zoeken kan echter vele oorzaken hebben, het kan zowel een adequaat copinggedrag bij stress zijn als een overdreven neiging tot affiliatie.

Lage score

In de vragenlijst geeft kandidaat aan weinig steun te zoeken wanneer het wat tegen zit. Dit kan geïnterpreteerd worden als het beschikken over een goed incasserings-vermogen, hij laat zich niet zo snel uit het veld slaan. Maar een lage score houdt ook een risico in. Omdat hij steeds alles zelf opvangt, dient er wel een andere uitlaatklep voor tegenslagen en frustraties te worden gevonden.

DOMINANTIE

Hoge score

Kandidaat ziet zichzelf zeker als iemand met leidinggevende capaciteiten. Hij geeft in de vragenlijst aan gemakkelijk het initiatief te nemen in een groep en heeft er geen probleem mee anderen te vertellen hoe ze hun werk moeten inrichten. In zijn gedrag zal hij zich het liefst prominent en initiatiefrijk opstellen. Anderen zullen hem daar-door als dominant, overheersend zien in sociale situaties.

Lage score

Kandidaat geeft aan zich niet al te prominent te willen opstellen in sociale situaties. Hij heeft er geen enkele behoefte aan situaties naar zijn hand te zetten. Doorgaans zal hij zich daardoor veel meer door de omstandigheden laten sturen dan nodig is. In zijn werk kan hij zelfs geneigd zijn de verantwoordelijkheid van het manager-zijn te ontlopen.

ZELFGERINGACHTING

Hoge score

Kandidaat geeft aan last te hebben van schuldgevoelens en gevoelens van inefficiënt functioneren. In zijn gedrag zal hij veelal onzeker en geremd zijn. Hij heeft last van tobberigheid en vage angsten.

Lage score

Kandidaat geeft aan weinig last te hebben van schuldgevoelens en gevoelens van inefficiënt functioneren.

Hoge score

Kandidaat geeft in de vragenlijst aan grote waarde te hechten aan maatschappelijke rechtvaardigheid en zich te willen inzetten voor een betere samenleving. Hij kenmerkt zich in zijn gedrag door hulpvaardigheid en zelfs een zekere opofferingsgezindheid. Door de omgeving wordt dit gedrag veelal als sympathiek opgevat.

Lage score

Kandidaat geeft aan weinig idealen te hebben met betrekking tot maatschappelijke rechtvaardigheid. Ook in z'n directe gedrag is hij hulpvaardig noch altruïstisch te noemen. Hij laat zich in z'n gedrag niet leiden door mededogen, medelijden of opofferingsbereidheid.

VARIATIE

Hoge score

Kandidaat geeft aan geen probleem te hebben bij het omschakelen van de ene naar de andere werkzaamheid. Integendeel, hij zoekt variatie en avontuur. Hij zal daardoor nogal ongedurig zijn en zich niet al te lang in een taak kunnen vastbijten. Zijn gedrag kan opgevat worden als wispelturig en onberekenbaar maar ook als ondernemend en afwisselend.

Lage score

Kandidaat geeft aan geen behoefte te hebben aan onverwachte wendingen in de loop van de gebeurtenissen. Door zijn omgeving zal dit gedrag opgevat worden als saai en weinig ondernemend maar ook als stabiel en betrouwbaar.

VOLHARDING

Hoge score

Kandidaat geeft aan zich gemakkelijk ergens in te kunnen vastbijten, dat hij aan een klus begint om deze ook onder minder gunstige omstandigheden af te ronden. Zijn gedrag is te zien als vasthoudend, volhardend.

Lage score

Kandidaat geeft aan een klus die langer duurt of minder gemakkelijk is af te ronden, liever op te geven. Dit kan op zuiver pragmatische gronden zijn (kosten-baten, prioriteit), maar ook op grond van een onvermogen zijn aandacht voor langere tijd bij een onderwerp te houden.

Hoge score
Kandidaat heeft veel belangstelling voor de andere sekse.

Lage score
Kandidaat heeft weinig belangstelling voor de andere sekse.

AGRESSIE

Hoge score
Kandidaat geeft in de vragenlijst aan er geen probleem mee te hebben zich agressief op te stellen in sociale situaties. Zijn agressie kan zich verbaal uiten en in een geagiteerd gedrag in het algemeen. In overlegsituaties (werkvergaderingen en allerlei groepsgesprekken) zal dit problematisch zijn. Met deze opstelling zal het moeilijk zijn kandidaat in een groep te plaatsten.

Lage score
Kandidaat geeft in de vragenlijst aan weinig agressief te zijn in sociale situaties. In zijn gedrag is hij zelfs geneigd tot een zekere subassertiviteit. Door een grote omzichtigheid in de omgang zal hij zelden conflicten veroorzaken.

ABV: AMSTERDAMSE BIOGRAFISCHE VRAGENLIJST (WILDE, 1970)

NEUROTISCHE LABILITEIT

Hoge score (1)
Kandidaat geeft aan dat hij zich vaak somber, angstig en gespannen voelt. Hij trekt zich zaken nogal aan. Door deze gevoelens kan hij snel geïrriteerd zijn en is hij ook extra gevoelig voor tegenslag. Deze stemmingen kunnen over de dag nogal fluctueren. Hij heeft het gevoel dat dit zijn concentratievermogen vermindert.

Hoge score (2)
Kandidaat kan moeilijk beslissingen nemen, tobt veel en zijn stemming gaat gedurende één dag op en neer. Hij heeft er problemen mee zich te concentreren, in een gesprek dwalen zijn gedachten gemakkelijk af. Zijn doen en laten wordt vaak beheerst door allerlei futiliteiten, over mogelijke tegenslag maakt hij zich onnodig veel zorgen en een door hem gemaakt foutje ziet hij als een regelrechte mislukking. Wanneer hij onder druk wordt gezet verergeren deze klachten.

Lage score
Kandidaat is doorgaans opgewekt en gelijkmatig van stemming. Hij heeft weinig last van alledaagse spanningen. Tegenslag kan hij op adequate wijze opvangen. Hij

heeft weinig problemen met het nemen van beslissingen en is gelijkmatig van stemming.

SOMATISEREN

Hoge score (1)
Kandidaat voelt zich fysiek niet fit. Hij heeft last van allerlei vage klachten die vaak door psychische spanning verhevigd worden. Omdat hij daar nogal gevoelig voor is, zal hij bij het optreden van stress al snel het risico lopen door deze ziekteverschijnselen geveld te worden.

Hoge score (2)
Wanneer kandidaat onder druk staat, heeft hij last van allerlei vage fysieke klachten en slaapproblemen. Psychische problematiek gaat bij hem vaak gepaard met allerlei fysieke problemen, hij voelt zich dan 'niet gezond'. Uiteraard zal dit zijn functioneren kunnen beïnvloeden. Het risico van ziekteverzuim in geval van verhoogde psychische druk mag daarom niet uitgesloten worden.

Lage score
Kandidaat voelt zich fit. Hij heeft nauwelijks last van vage fysieke klachten, ook niet wanneer hij onder druk gezet wordt.

EXTRAVERSIE

Hoge score (1)
Kandidaat is graag onder de mensen. Hij zoekt gezelschap op en je ziet hem daar niet gemakkelijk over het hoofd. Door veel contacten te leggen, zich gemakkelijk aan de stemming aan te passen en zich duidelijk te uiten, weet hij zich al snel populair te maken. Hij voelt zich in het sociale verkeer dan ook als een vis in het water.

Hoge score (2)
Kandidaat heeft behoefte aan het leggen en onderhouden van sociale contacten. hij zoekt daarom situaties op waar hij veel mensen kan ontmoeten, zoals feestjes en recepties. In een gezelschap valt hij graag op en hij is daarbij dikwijls de gangmaker. Doordat hij spraakzaam is en graag contacten legt, maakt hij gemakkelijk vrienden.

Lage score (1)
Kandidaat is selectief in het leggen van contacten en is vaak liever alleen. In het sociale verkeer houdt hij zich het liefst wat op de achtergrond, en gedraagt hij zich onopvallend. Hij heeft er weinig behoefte aan zijn kennissenkring uit te breiden en zal contacten met anderen daarom tot een minimum beperken.

Lage score (2)
Kandidaat heeft weinig behoefte aan het leggen en onderhouden van sociale contacten. Hij is geneigd situaties te vermijden waarin hij veel mensen kan ontmoeten. Hij is liever alleen of met slechts enkele naaste familieleden of vrienden.

TESTATTITUDE

Hoge score (1)
Kandidaat geeft een naïef maar ook wat onwaarachtig beeld over zijn functioneren. Hij ontkent allerlei menselijke tekortkomingen bij zichzelf en wil het doen voorkomen alsof hij onder alle omstandigheden correct handelt. Daarmee stelt hij irreële eisen aan zichzelf, maar geeft hij ook aan dat zijn zelfinzicht gering is. Hij springt daardoor direct in de verdediging als hij van een onvolkomenheid wordt beticht. Dit maakt dat het bespreekbaar maken van zijn negatieve kenmerken op flinke blokkades kan rekenen, hij ontkent deze en wil er niet van weten.

Hoge score (2)
Kandidaat heeft weinig inzicht in zijn zwakke punten en de zwakheid van de menselijke natuur in het algemeen. Hij is geneigd allerlei algemeen menselijke tekortkomingen te ontkennen. Dit maakt dat het moeilijk is eventueel zwakke punten met hem te bespreken. Voor het testgedrag betekent dit dat allerlei scores op sociaal minder wenselijke gedragingen gedrukt worden.
Hij ontkent in zijn ogen 'afwijkend gedrag'.

Lage score (1)
Kandidaat heeft er weinig problemen mee gewezen te worden op zijn tekortkoningen. Hij weet dat niemand perfect is en hij vormt daar in zijn ogen geen uitzondering op. Het bespreken van zijn tekortkomingen kost hem dan ook weinig moeite.

Lage score (2)
Kandidaat is een open boek, hij is eerlijk ten opzichte van zichzelf. Hij houdt zich niet voor veel beter te zijn dan anderen en vindt het gemakkelijk voor zijn zwakheden en onhebbelijkheden uit te komen. Dit maakt het mogelijk om zijn eventuele tekortkomingen te bespreken. In het testgedrag kan dit betekenen dat hij allerlei sociaal minder wenselijke gedragingen al te ruiterlijk toegeeft en dat hij (bijvoorbeeld als sollicitant) te veel zijn zwakheden laat zien.

SOCIALE WENSELIJKHEID

Hoge score
Kandidaat laat zich in zijn doen en laten sterk beïnvloeden door 'sociaal wenselijk gedrag'. Wanneer hij zijn mening moet geven over een zaak, belangrijk of niet, zal hij proberen een antwoord te geven dat volgens hem past in allerlei sociale con-

venties. Hierdoor zal hij zelden met een eigen, oorspronkelijke mening naar voren durven komen.

Lage score
Kandidaat laat zich in zijn doen en laten weinig beïnvloeden door 'sociaal wenselijk gedrag'. Hij komt recht voor zijn mening uit, ook als dit minder goed uitkomt. Daardoor stelt hij zich nogal kwetsbaar op, het is immers gemakkelijker toe te geven aan allerlei geschreven en ongeschreven sociale conventies dan hier dwars tegenin te gaan.

AVL: ALLPORT VERNON LINDZEY STUDY OF VALUES (WOLF-ALBERS & MELLENBERGH, 1972)[6]

THEORETISCH

Hoge score
Kandidaat heeft een duidelijk natuurkundig-theoretische belangstelling. Hij houdt ervan te onderzoeken hoe allerlei natuurkundige en scheikundige verschijnselen verklaard kunnen worden. Ook in het dagelijks leven zal hij problemen zo rationeel mogelijk benaderen. Dit maakt hem geschikt voor werkzaamheden die een logische mathematische inslag vereisen.

Lage score
Kandidaat heeft weinig belangstelling voor de exacte wetenschappen. Ook voor het dagelijks bestaan ziet hij weinig waarde in de vooruitgang in wetenschappen als wiskunde, natuur- en scheikunde. Exacte wetenschappen interesseren hem niet en hij zal daarom werkzaamheden vermijden waarin hij met deze takken van wetenschap wordt geconfronteerd.

ECONOMISCH

Hoge score
Kandidaat hecht grote waarde aan economische ontwikkeling en wil zich hiervoor ook graag inzetten. Hij is geneigd zaken in eerste instantie op nuttigheid te beoordelen, zowel financieel-economisch als praktisch. Geld is voor hem van belang. Dit maakt hem geschikt voor allerlei commerciële werkzaamheden.

Lage score
Kandidaat hecht weinig waarde aan economische vooruitgang. Hij zal zaken zelden in de eerste plaats vanuit een financieel-economisch motief beoordelen. Evenmin is hij geneigd zaken op hun praktisch nut te beoordelen. Dit maakt hem minder geschikt voor allerlei commerciële werkzaamheden.

---

6 Uit de handel maar een waardevolle vragenlijst. Een van de weinige die nog het begrip 'waarde' in kaart brengt.

Hoge score

Kandidaat hecht grote waarde aan kunst en cultuur. Hij bezoekt graag musea en theatervoorstellingen en houdt zich op de hoogte van allerlei ontwikkelingen op dit gebied. Daarnaast hecht hij waarde aan wat wel 'gevoel voor esthetiek' wordt genoemd. Het beschikken over een goede smaak staat bij hem hoog in het vaandel.

Lage score

Kandidaat hecht weinig waarde aan kunst en cultuur. Hij besteedt liever geen tijd aan het lezen van literatuur, bezoeken van musea of het bijwonen van voorstellingen. Meer in het algemeen gesproken heeft hij weinig oog voor wat wel 'het gevoel voor esthetiek' of 'goede smaak' genoemd wordt.

SOCIAAL

Hoge score

Kandidaat heeft een altruïstische instelling. Hij hecht grote waarde aan persoonlijkheidskenmerken als opofferingsgezindheid, hulpvaardigheid en het opkomen voor de zwakkeren in de samenleving. Daarbij is hij ook geïnteresseerd in de oplossing van allerlei maatschappelijke problemen. Werkzaamheden waarbij mensen geholpen en ondersteund worden zijn voor hem bijzonder aantrekkelijk.

Lage score

Kandidaat hecht weinig waarde aan een altruïstische opstelling bij zichzelf of bij anderen. Hij vindt dat iedereen voor zichzelf moet opkomen en dat liefdadigheid vergeefse moeite is. Werkzaamheden waarbij hij zich onbaatzuchtig-servicegericht moet opstellen zijn voor hem moeilijk op te brengen.

POLITIEK

Hoge score

Kandidaat geeft aan buitengewoon geïnteresseerd te zijn in politieke vraagstukken. Dit geldt zowel voor de politiek zoals die voorkomt in gekozen organen en diplomatie als de politiek in organisaties en groepen. Leiderschapsvraagstukken spreken hem aan, hij zou graag in de top van een bedrijf zitten om de lijnen uit te zetten. Werkzaamheden die een beroep doen op politiek inzicht en leiderschapskwaliteiten interesseren hem in grote mate.

Lage score

Kandidaat hecht weinig waarde aan politiek. Dit geldt zowel voor politiek in de letterlijke zin (parlement, diplomatie) als politiek in het klein (leiderschapsvraagstukken in een bedrijf bijvoorbeeld). Werkzaamheden in de top van een bedrijf spreken hem nauwelijks aan. Maar ook werkzaamheden waarbij 'politiek inzicht' nodig is, zoals veel teamwerk, interesseren hem nauwelijks.

RELIGIEUS

Hoge score
Kandidaat hecht grote waarde aan een religieuze opvatting. Hij vindt het van belang dat religieuze zaken ook in het dagelijks leven alle aandacht krijgen en wil zich hiervoor ook graag sterk maken.

Lage score
Kandidaat interesseert zich nauwelijks voor religieuze vraagstukken. Hij vind het van weinig belang om stil te staan bij problemen die in de sfeer van religie van belang gevonden worden.

DE RAPPORTAGE VAN TESTUITSLAGEN: CAPACITEITEN

8

8.1 ALGEMEEN

De uitslagen van capaciteitentests zijn veelal doorslaggevend bij geschiktheidsuitspraken. De aanname daarbij is (al of niet terecht) dat de capaciteiten 'grensbepalend' zijn voor het leveren van prestaties. Zoals het vermogen van een auto begrenst hoe snel ermee kan worden gereden, zo zouden de intellectuele capaciteiten het (top)niveau van functioneren bepalen.

Er zijn voor veel selecteurs en loopbaanadviseurs genoeg redenen om het voorgaande te relativeren. Het theoretisch topniveau wordt in werk zelden bereikt (noch aangesproken) en in veel functies komen de capaciteiten pas tot hun recht wanneer de persoonlijkheidseigenschappen optimaal zijn.

Geschiktheidsuitspraken kunnen volgens de meeste practici pas worden gedaan wanneer er een juiste afweging plaatsvindt tussen respectievelijk persoonlijkheidseigenschappen, interesses en capaciteiten. Elk van deze is daarbij van belang voor het doen van een geschiktheidsuitspraak.

Toch blijken intelligentietests de beste voorspeller voor succes in het werk (Van der Maesen-de Sombreff, 1992; Van Vianen, 1992). Het is daarom niet terecht dat in de praktijk van personeelsselectie en beroepskeuze te sterk de nadruk wordt gelegd op allerlei persoonlijkheidsfactoren voor het doen van geschiktheidsuitspraken.

Evenals de hiervoor gegeven omschrijving van interesses en persoonlijkheidseigenschappen wordt in het volgende een omschrijving gegeven van een geïsoleerde testuitslag. In de praktijk van het rapporteren zal dit (in de conclusie) gecombineerd worden met de overige uitslagen van capaciteitentests en met uitspraken over interesses en persoonlijkheidseigenschappen.

De capaciteiten zijn daarbij geclusterd en de beschrijving richt zich behalve op de inhoud van het gemeten begrip op de criteria in functie en opleiding. De clustering is gedaan omdat veel door tests onderscheiden eigenschappen binnen een cluster dermate veel op elkaar lijken dat een beschrijving per test te veel herhaling van tekstfragmenten zou betekenen. Voor de beschrijving is gekozen voor de meest kenmerkende criteria en is gepoogd al te veel overlap te vermijden.

8.2 DE BESCHREVEN CAPACITEITENTESTS

Bij de omschrijvingen worden uitsluitend capaciteitentests beschreven die vanaf het begin van de middelbareschooltijd kunnen worden gebruikt. De opsomming is niet volledig. Er zijn ook vele andere capaciteiten die met tests kunnen worden gemeten.

Het hier gegeven overzicht is de 'harde kern' van het intelligentieonderzoek. Zie voor een overzicht van meer beschikbare capaciteitentests de documentatie van tests en testresearch (Evers e.a., 1992). De GATB (General Aptitude Test Battery) (Van der Flier & Boomsma-Suerink, 1994) neemt in het overzicht een aparte positie in. Met deze test kunnen zowel een algemeen intelligentieniveau als enkele specifieke vaardigheden vastgesteld worden. Daarnaast heeft deze testserie enkele handvaardigheidtests die in dit overzicht niet worden beschreven.

ALGEMENE INTELLIGENTIE

Tests: Coloured Progressive Matrices (Bon, 1984), Verkorte Groninger Intelligentie Test (Kooreman & Luteijn, 1987), Groninger Intelligentie Test GIT (Luteijn, 1993), General Aptitude Test Battery GATB, (Van der Flier & Boomsma-Suerink, 1994), Wechsler Adult Intelligence Scale WAIS III (Uiterwijk, 2000).

TECHNISCH INZICHT

Technisch inzicht CC (Fokkema, 1964). Basis Niveau Test (BNT): technisch inzicht (Evers & Weber, 1998). Differentiële Vaardighedentests voor Midden en Hoger niveau (DVMH): Technisch mechanisch inzicht (Dekker & De Zeeuw, 2003). Differentiële Aanleg Test (DAT): praktisch inzicht (De Wit & Compaan , 2005).

REKENVAARDIGHEID

BNT: fietsroutes, rekenen (Evers & Weber, 1998). GATB: elementair cijferwerk (Van der Flier & Boomsma-Suerink, 1994). DTHN: cijferreeksen, rekenvaardigheid (Drenth e.a., 2001). DVMH: rekenbewerkingen, rekenopgaven, cijferreeksen, (Dekker & De Zeeuw, 2003). DAT: denken met getallen (De Wit & Compaan, 2005).

ABSTRACT (NIET-VERBAAL) REDENEREN

BNT: figuren reeksen, (Evers & Weber, 1998). DTHN: test voor niet verbale abstractie (Drenth e.a., 2001). DVMH: figuren reeksen, letterreeksen (Dekker & De Zeeuw, 2003). DAT: denken met figuren (De Wit & Compaan, 2005).

VERBALE CAPACITEITEN (VERBAAL ANALYSEREN)

Applicatie Programmeurs Test: verbale analogieën (Van der Flier e.a., 1976). BNT: overeenkomsten (Evers & Weber, 1998). DTHN: analogieën (Drenth e.a., 2001). DVMH: analogieën, spreekwoorden, woordenreeksen (Dekker & De Zeeuw, 2003). DAT: denken met woorden (De Wit & Compaan, 2005).

VERBALE CAPACITEITEN (GRAMMATICA, TAALGEVOEL)

BNT: lezen, zinnen, luisteren (Evers & Weber, 1998). DTHN: functies van woorden (Drenth e.a., 2001). DVMH: stilleestest, voegwoorden, door elkaar gegooide zinnen, synoniemen – antoniemen (Dekker & De Zeeuw, 2003). DAT: taalgebruik, woordbeeld (de Wit & Compaan (2005).

VERBALE CAPACITEITEN (WOORDENSCHAT)

GATB: woordenschat (Van der Flier, 1994). BNT: woorden (Evers & Weber, 1998). DTHN: woordenschat (Drenth e.a., 2001). DVMH: algemene kennistest, synoniemen – antoniemen (Dekker & De Zeeuw, 2003). DAT: woordenlijst, (De Wit & Compaan, 2005).

RUIMTELIJK VOORSTELLINGSVERMOGEN

GATB: driedimensionale ruimte, figuren opzoeken en vergelijken, gereedschap vergelijken (Van der Flier & Boomsma-Suerink, 1994). BNT: uitslagen, (Evers & Weber, 1998). DVMH: legpuzzel, doorgeknipte figuren, figuren uitslagen, kubus uitslagen,verborgen figuren (Dekker & De Zeeuw, 2003). DAT: ruimtelijk inzicht (De Wit & Compaan, 2005).

SNELHEID VAN INFORMATIEVERWERKING

Administratietest (Both, 1976). GATB: strepen zetten (Van der Flier & Boomsma-Suerink, 1994). BNT: coderen, snelheid en nauwkeurigheid (Evers & Weber, 1998). DVMH: administratieve opdrachtentest, snelheid en nauwkeurigheid, cijferdoorstreeptest, lettercombinatietest (Dekker & De Zeeuw, 2003). DAT: snelheid en nauwkeurigheid (De Wit & Compaan, 2005).

ADMINISTRATIEF INZICHT

Algemene Administratietest (Both, 1980). TAI: Test voor Administratief Inzicht (Van der Flier & Boomsma-Suerink, 1988). GATB: waarneming administratief materiaal, verbaal gestelde rekenproblemen, namen vergelijken (Van der Flier & Boomsma-Suerink, 1994). DVMH: administratie (Dekker & De Zeeuw, 2003).

ANALYSEREN

KRT: Kritisch Redeneren Test: verbaal (analyse, evaluatie en aanname), numeriek. (Graafland e.a., 1999).

Voor de omschrijvingen is gekozen voor de betekenis van de 'hoge score' van voornoemde clusters van tests. Er is afgezien van een onderscheid tussen 'lage' en 'hoge' scores omdat deze altijd elkaars pendanten zullen zijn. Bij hoge (en lage scores) wordt in de praktijk altijd aangegeven welk niveau het betreft (vmbo, havo, enzovoort). In elke beschrijving in een rapport dient immers te worden aangegeven wat het niveau van functioneren is (vergeleken met de normgroep van de cliënt, zie opmerking in par. 8.1). In de gegeven teksten is dit niet gedaan. In de passages wordt enkele malen gesproken over 'het gewenste niveau'.

Omdat de capaciteitentests doorgaans worden afgenomen om te kunnen nagaan of de cliënt voldoet aan bepaalde eisen die een opleiding of beroep stelt, worden bij een aantal capaciteiten voorbeelden van werkzaamheden en beroepen genoemd die illustratief zijn voor de betreffende capaciteit. Geprobeerd is vaardigheden en functies op een brede range van niveaus als voorbeeld te noemen.

Bij de formuleringen is gekozen voor een advisering in een loopbaan- of beroepskeuzesituatie. Uiteraard worden de tests ook gebruikt in andere situaties.

ALGEMENE INTELLIGENTIE

Voor de omschrijving van de intelligentieniveaus wordt aangesloten bij de gangbare zevendeling (De Zeeuw, 1981; Bleichrodt e.a., 1987, Resing & Blok, 2002): IQ > 130 (zeer begaafd), 121-130 (begaafd), 111-120 (bovengemiddeld), 90-110 (gemiddeld), 80-89 (benedengemiddeld), 70-79 (laagbegaafd, moeilijk lerend), < 70 (licht zwakzinnig tot diep zwakzinnig).

Alleen de eerste zes van de indeling worden besproken. De laagste categorie (zwakzinnig) blijft buiten beschouwing, omdat hierover weinig relevante uitspraken te doen zijn voor de geschiktheid voor werk buiten een WSW-situatie. De beschrijvingen van intelligentieniveaus zijn onder meer ontleend aan de beschrijving zoals die wordt gebruikt in een Functie Informatie Systeem (Kooreman, 1996a).

Bij het vaststellen van het intelligentieniveau is het (evenals bij alle andere tests) aan te raden de meetfout in de interpretatie te betrekken. Deze opmerking is vooral bij het 'IQ' van belang, omdat niet-psychologen geneigd zijn hieraan een absolute waarde te hechten (aangemoedigd door ministeriële regelingen, sic). Achter de IQ-niveaus wordt de overeenkomstige stanineverdeling gegeven, die dan te zien is als de stanine voor 'de populatie in z'n geheel' (dus bijvoorbeeld alle inwoners van Nederland).

Niveau 70-79 (t/m stanine 2, laagbegaafd, moeilijk lerend)
De functies en werkzaamheden die verricht kunnen worden door cliënt vereisen doorgaans een (niet-afgeronde) basisopleiding. Het oplossen van vraagstukken boven dit niveau kan voor cliënt problematisch zijn. In zijn werk dienen eventueel voorkomende problemen met de opgedane werkroutine te worden opgelost. De aard van de problemen in het werk dat hij aankan is praktisch en de oplossing ligt

dermate voor de hand, dat deze bijna vanzelfsprekend is. De functies waarvoor hij in aanmerking komt bevatten slechts een beperkt aantal handelingen. Van een persoonlijke invulling van de functie door de cliënt mag niet veel verwacht worden. Zijn functioneren gaat goed zolang hij voor frequentie, duur en volgorde van zijn handelingen afhankelijk is van een machine of procedure. Voorbeelden van werk dat door hem zonder al te veel problemen verricht kan worden, zijn: eenvoudig productiewerk en eenvoudig assemblagewerk.

Met betrekking tot opleiding mogen aan de cliënt nauwelijks eisen worden gesteld aan rekenen, lezen of schrijven. In de functie kan wel tel- en leeswerk voorkomen. Bijvoorbeeld het tellen van een aantal goederen, het lezen van een opschrift/aanduiding.

Niveau 80-89 (stanine 3, benedengemiddeld)
De werkzaamheden waarvoor cliënt wat betreft zijn intellectueel niveau in aanmerking komt vereisen een lees-, schrijf- en rekenvaardigheid op basisniveau.

Cliënt moet in staat worden geacht eenvoudige problemen in zijn werk op te lossen. Doorgaans worden deze via de werkroutine aangepakt en zijn ze praktisch van aard. Bijvoorbeeld: het bijvullen van machines, kassarol inbrengen, smeren op enkele aangegeven smeerpunten, eenvoudig schoonmaakwerk.

De oplossing van deze problemen vereist geen specifieke (vak)kennis. Cliënt moet in staat worden geacht tot een minimale persoonlijke invulling van de functie door invloed op frequentie en/of duur en/of volgorde van de werkzaamheden en door het maken van eenvoudige keuzen. Bijvoorbeeld het beoordelen of een product een bepaalde behandeling moet ondergaan, in een stomerij beoordelen hoe een vlek moet worden behandeld, assemblagewerk waarbij de handelingen niet volledig zijn vastgelegd, het timmeren van betonbekistingen, bedienen van een boormachine.

Niveau 90-110 (stanine 4 t/m 6, gemiddeld)
Cliënt kan een scala van werkzaamheden aan(leren). Een diplomering op mbo- of gelijkwaardig niveau behoort tot de mogelijkheden. Cliënt moet in staat worden geacht allerlei praktische problemen in z'n werk op dit niveau adequaat op te lossen. Daarbij is naast de werkroutine soms enige inventiviteit vereist. Cliënt moet in staat worden geacht de functie waarvoor hij is gekwalificeerd zelfstandig uit te oefenen.

Niveau 111-120 (stanine 7, bovengemiddeld)
Cliënt is op grond van zijn intelligentieniveau in staat een beroepskwalificatie op havo/hbo-niveau te verwerven. Hij kan een brede range van problemen, zowel praktische als meer theoretische, adequaat oplossen. Van hem mag worden verwacht dat hij enige inventiviteit inbrengt.

Cliënt is in staat een aan hem opgedragen taak op dit niveau naar behoren in te vullen. Na het verwerven van een daartoe vereiste kwalificatie is hij in staat zelfstandig de beslissingen over het al of niet uitvoeren van handelingen in de functie te nemen.

Niveau 121-130 (stanine 8, begaafd)

Een opleiding op hbo- of academisch niveau is op grond van zijn intelligentieniveau voor cliënt bereikbaar. Hij moet in staat worden geacht problemen die een flinke mate van inventiviteit vereisen naar behoren op te lossen.

De functie die cliënt na het behalen van de benodigde kwalificaties kan verwerven kan zeer zelfstandig zijn. Hij moet intellectueel gezien in staat worden geacht de functie voor het grootste deel zelf in te vullen.

Niveau 131 en hoger (stanine 9, zeer begaafd)

Cliënt zal wat betreft zijn intelligentie een academische studie kunnen voltooien. Functies waarvoor hij in aanmerking komt, kunnen een hoge mate van inventiviteit en zelfstandigheid vereisen. De problematiek die hij aankan is van een hoog abstractieniveau.

TECHNISCH INZICHT

In deze test staat een aantal opgaven die een beroep doen op het inzicht in de mechanische werking van apparaten en machines. Ook wordt een aantal natuurkundige problemen voorgelegd door middel van afbeeldingen. Hoogscoorders hebben praktische kennis van mechanica en natuurkundige principes (zwaartekracht, snelheid, evenwicht, etc.). Laagscoorders hebben dit inzicht niet.

Cliënt heeft goed inzicht in technische principes zoals die zich in de praktijk voordoen. Hij doorziet op zijn niveau de werking van machines met betrekking tot de mechanische constructies en heeft een goede feeling voor allerlei principes uit de natuurkunde en dynamica. Het gaat daarbij om allerlei situaties waar theoretische en praktische kennis noodzakelijk is. Hij zal de werking van een machine snel kunnen doorzien en weinig problemen hebben met het (leren) hanteren van allerlei gereedschappen.

Werkzaamheden waarin dergelijke capaciteiten zijn vereist zijn bijvoorbeeld: solderen, machine bedienen, boren, timmeren, metselen, machine afstellen, constructiewerk, machineonderhoud, technisch tekenen, storingen opsporen, reviseren, installeren, technische inspectie, mechanisch ontwerpen.

Functies die een beroep doen op deze capaciteit zijn bijvoorbeeld: productiemedewerker, soldeerder, stanser, boorder, timmerman, metselaar, machine-insteller, verkoper technische artikelen, constructiebankwerker, servicemonteur, automonteur, installateur centrale verwarming, tekenaar-constructeur, werktuigkundige bedrijfsingenieur.

Opleidingsprestaties die een beroep doen op deze capaciteit zijn bijvoorbeeld: handvaardigheid, praktisch-technische vakken, technisch tekenen, mechanica.

REKENVAARDIGHEID

In deze test maakt de cliënt een aantal rekenkundige opgaven. Daarin dient hij allerlei basisprincipes in de rekenkunde toe te passen.

Cliënt kan goed rekenen. Het oplossen van allerlei sommen, het (leren) interpreteren van tabellen en grafieken, het schatten van cijfermatige uitkomsten en het toepassen van rekenkundige formules kosten hem op het vereiste niveau geen moeite.

Werkzaamheden waarin deze rekenvaardigheid vereist is, zijn bijvoorbeeld: aftellen, turven, afrekenen, kasverschil uitzoeken, voorraadbeheer, berekeningen maken, begrotingsbeheer, debiteurenbewaking, formules toepassen, loonkosten berekenen, interpretatie cijfermateriaal.

Functies die een beroep doen op deze capaciteit zijn bijvoorbeeld: inpakker, expeditiemedewerker, garderobebediende, verkoper, buffetbediende, kassier, calculator, dieetkok, boekhouder, statistisch analist, assurantieadviseur, econometrist.

Opleidingsprestaties die een beroep doen op deze capaciteit zijn bijvoorbeeld: (handels)rekenen, boekhouden, statistiek.

ABSTRACT (NIET-VERBAAL) REDENEREN

Met deze test wordt het logisch redeneervermogen met op zichzelf betekenisloze figuren en symbolen vastgesteld. Het gaat om exact redeneervermogen, zoals je dat in wiskunde en programmeertalen tegenkomt. Het is een niet-verbale test, hoogscoorders maken zich abstracte begrippen eerder eigen dan laagscoorders. De score houdt verband met het leervermogen in de exacte schoolvakken en computerwerk.

Cliënt beschikt over een goed abstract redeneervermogen. Hij zal op het vereiste niveau weinig problemen hebben met het aanleren van wiskundige en natuurkundige principes, het toepassen van formules en het (leren) programmeren van computerprogramma's.

Werkzaamheden waarbij deze capaciteit van belang is, zijn bijvoorbeeld: computerprogramma's schrijven, werken met formules, ritschema's opstellen, natuurkunde proeven doen.

Functies waarbij deze capaciteit van belang is, zijn bijvoorbeeld: laborant, softwaretester, actuaris, wiskundeleraar, computerprogrammeur, productieplanner, calculator, beleggingsanalist.

Opleidingsprestaties waaruit deze capaciteit blijkt, zijn bijvoorbeeld: wiskunde, natuurkunde, scheikunde, programmeren.

VERBALE CAPACITEITEN (VERBAAL ANALYSEREN)

Met deze test wordt het verbaal inzicht in de betekenis van begrippen vastgesteld. Het is een test voor verbaal denk- en redeneervermogen. Hoogscoorders zien snel verbanden tussen begrippen, laagscoorders hebben hier moeite mee. Deze test is een goede voorspeller van het 'theoretisch leervermogen' (leren aan de hand van teksten, boeken en instructie in woorden).

Werkzaamheden die deze vaardigheid vereisen, zijn bijvoorbeeld: uitleggen, analyseren, enquêteren, informatie verwerven, corrigeren van teksten, voorlichten, instrueren, artikel schrijven, redigeren van teksten.

Functies waarin deze vaardigheid voorkomt, zijn bijvoorbeeld: baliemedewerker, enquêteur, schaderegelaar, telefoonoperator meldkamer, voorlichter, redacteur.

Opleidingsprestaties waaruit de verbale capaciteiten blijken, zijn bijvoorbeeld: tekstanalyse, verslag schrijven, lezing houden.

VERBALE CAPACITEITEN (GRAMMATICA, TAALGEVOEL)

Met deze test(s) wordt het vermogen om grammaticale constructies in zinnen te doorgronden en het spellinggevoel vastgesteld. Dergelijk grammaticaal inzicht maakt het mogelijk teksten te (leren) begrijpen en foutloos te produceren. Hoogscoorders zien snel de betekenis van een zin, laagscoorders hebben wat meer moeite met het doorzien en schrijven van een tekst, omdat ze niet zo snel of minder nauwkeurig kunnen lezen. Omdat het taalbegrip bij hoogscoorders goed is, kunnen zij zich een vreemde taal ook eerder eigen maken dan laagscoorders.

Werkzaamheden die deze vaardigheid vereisen, zijn bijvoorbeeld: toelichten, vastleggen, uitleggen, rapporteren, corrigeren van teksten, tekstschrijven, handleidingen schrijven, voorlichten, instrueren, artikelen schrijven, redigeren van teksten.

Functies waarin deze vaardigheid voorkomt, zijn bijvoorbeeld: telefonist, interviewer, telefoonoperator meldkamer, tekstschrijver, stafmedewerker, public-relationsofficer, instructeur, journalist, redacteur.

Opleidingsprestaties waaruit de verbale capaciteiten blijken, zijn bijvoorbeeld: verslag schrijven, lezing houden.

VERBALE CAPACITEITEN (WOORDENSCHAT)

Met deze test is de woordenschat van cliënt vastgesteld. De test geeft een indruk van het algemeen ontwikkelingsniveau, de belezenheid. Hoogscoorders hebben minder problemen met het begrijpen van teksten dan laagscoorders, omdat ze meer woorden kennen.

Werkzaamheden die deze vaardigheid vereisen, zijn bijvoorbeeld: uitleggen, rapporteren, informatie verwerven, corrigeren van teksten, tekstschrijven, artikel schrijven, redigeren van teksten.

Functies waarin deze vaardigheid voorkomt, zijn bijvoorbeeld: telefonist, baliemedewerker, enquêteur, schaderegelaar, telefoonoperator meldkamer, tekstschrijver, beleidsmedewerker, voorlichter, public-relationsofficer, instructeur, journalist, redacteur.

Opleidingsprestaties waaruit de verbale capaciteiten blijken, zijn bijvoorbeeld: opstel schrijven, dictees, verslagen schrijven, lezing houden.

RUIMTELIJK VOORSTELLINGSVERMOGEN

Cliënt beschikt over een goed ruimtelijk voorstellingsvermogen: de vaardigheid om met denkbeeldige ruimtelijke voorstellingen te werken. Het omgaan met tekeningen/beeldschermen die driedimensionale voorstellingen representeren kost hem geen moeite. Het lezen van patronen, technische en bouwtekeningen, plattegronden of tekeningen waarin vlak/ruimteverdeling wordt gegeven leert hij gemakkelijk aan.

Werkzaamheden waarvoor deze capaciteit vereist is, zijn bijvoorbeeld: kleding knippen, inpakwerk, verhuizen, behangen, werktekening lezen, bouwtekening maken, tegelzetten, betegelen, plaatwerken, kaartlezen, etaleren, tekening maken, mallen maken, kleding ontwerpen.

Functies waarin deze capaciteit van pas komt zijn bijvoorbeeld: parketlegger, modinette, verhuizer, behanger, timmerman, aannemer, tegelzetter, stratenmaker, plaatwerker, etaleur, constructeur werktuigbouw, bouwkundig constructeur, couturier.

Opleidingsprestaties waaruit zijn ruimtelijk voorstellingsvermogen blijkt, zijn bijvoorbeeld: tekenen, meetkunde, stereometrie, technisch tekenen.

SNELHEID VAN INFORMATIEVERWERKING

Cliënt is in staat in een hoog tempo (eenvoudige) informatie te verwerken. Deze eigenschap is vooral van belang bij werkzaamheden waarbij het van belang is attent te zijn op details die voor het functioneren van belang zijn.

Werkzaamheden die deze vaardigheid vereisen, zijn bijvoorbeeld: eindcontrole productie, opletten bij productieprocessen, administratieve controle, foutmelding zien, afwijkingen zien, observeren, zaden selecteren, bewaking, productiebewaking.

Functies die deze vaardigheid vereisen, zijn bijvoorbeeld: controleur, bewakingsbeambte, meet- en regelkamer operator, zaadselecteur, operator, schaderegelaar, veilingmeester.

Opleidingsprestatie waaruit deze capaciteit blijkt, is bijvoorbeeld: snelheid waarmee fouten uit een opdracht worden gehaald.

ADMINISTRATIEF INZICHT

Cliënt heeft een goede feeling voor administratieve taken. Hij is in staat een werkproces te regelen (dan wel snel aan te leren) door de inzet van mensen, middelen en materiaal en daarvan de administratie bij te houden.

Werkzaamheden waarin deze capaciteit tot uitdrukking komt, zijn bijvoorbeeld: schema volgen, ordenen, agenda beheren, vrachtbrief invullen, boekingen verzorgen, documentatie bijhouden, archiveren, route regelen, organiseren, werkplan maken, bedrijf voeren.

Functies waarin deze capaciteit van pas komt, zijn bijvoorbeeld: besteller, secretaresse, doktersassistente, expeditiemedewerker, reisbureaumedewerker, documentalist, archiefmedewerker, projectleider, cursusorganisator, onderzoeker, filiaalhouder.

Opleidingsprestaties waaruit deze capaciteit blijkt, zijn bijvoorbeeld: boekhouden, economie, machineschrijven, talen, statistiek.

KRT Kritisch redeneren test (Graafland e.a., 1999).

Deze test vertoont flinke overlap met de numerieke en verbale tests zoals hiervoor omschreven. Het karakter van de tests is evenwel een praktijkproef, zodat een aparte beschrijving gerechtvaardigd lijkt. Voor de soort werkzaamheden, functies en opleidingsprestaties wordt verwezen naar de betreffende algemene capaciteits-beschrijving.

Numeriek

Cliënt is in staat snel inzicht te verwerven in cijfermateriaal. Uit diagrammen, statistische overzichten en grafieken weet hij nauwkeurig die informatie te verzamelen die hij nodig heeft voor een oordeel over een situatie. Hiermee blijkt hij niet alleen een snelle rekenaar maar ook iemand die samenhang in gegevens kan ontdekken en met die samenhang wat kan doen. Hij kan relevante van irrelevante informatie scheiden en weet wat hij nodig heeft om conclusies te trekken uit cijfermateriaal. Kortom hij heeft een goed gevoel voor getallen en kan snel inschatten of de cijfers en statistieken juist zijn of niet. Het meedoen in een discussie op basis van cijfermateriaal kan hem dan ook goed afgaan. Hij is in staat cijfermateriaal kritisch te bezien en hij laat zich niet met een kluitje in het riet sturen op grond van bijvoorbeeld een foutief statistisch overzicht.

Verbaal

Cliënt is in staat uit een tekst snel die informatie te halen waarmee hij het onderwerp onder de knie heeft. Hij is in staat een document als het ware te scannen en zich op zo'n manier eigen te maken dat hij de meeste vragen over feiten kan beantwoorden. Hij leest niet gemakkelijk ergens overheen. Hierdoor is hij ook, beter dan anderen, in staat de (in)consequenties in een tekst te zien. Voor hem moet een tekst kloppen, als het wringt merkt hij het direct op. Hij is een kritische lezer, omdat hij in staat is een tekst snel tot zich te nemen en daarin de logica te ontdekken. Onlogische, onvolledige en foute redeneringen zal hij snel opmerken. Maar ook is hij in staat juiste gevolgtrekkingen te maken uit een tekst. Hij weet op basis van een tekst goed in te schatten welke conclusies hij wel of niet kan en mag trekken. Hij slaat zelden de plank mis. Met dit alles laat hij zien gemakkelijk hoofd- van bijzaken te kunnen onderscheiden en de grote lijnen van een betoog of redenering te kunnen oppakken.

VOORBEELDEN VAN PSYCHOLOGISCHE RAPPORTAGE | 9

In dit hoofdstuk volgen drie rapportagevoorbeelden (casus) van respectievelijk een klinisch psychodiagnostisch onderzoeksrapport ten behoeve van reïntegratie, een personeelsselectierapport en een beroepskeuzeadviesrapport. De opbouw van de voorbeelden is als volgt: a) de vraagstelling en achtergrondgegevens, b) de onderzoeksresultaten en c) de rapportage.

Voor de opbouw van de rapportages wordt gebruikgemaakt van de handvatten zoals die in de voorgaande hoofdstukken zijn behandeld.

9.1 PSYCHODIAGNOSTISCHE RAPPORTAGE TEN BEHOEVE VAN REÏNTEGRATIE

A VRAAGSTELLING EN ACHTERGRONDGEGEVENS

PRIMAIRE VRAAGSTELLING

Dhr. G is een 51-jarige keukenverkoper. Hij wordt voor het eerst gesproken in de intake. Met de opdrachtgever (een arbodienst) is het volgende telefonisch besproken.

Dhr. G. zit al lang in het vak en werkte tot 2002 voornamelijk als filiaalhouder. Zijn inzet en manier van werken stonden garant voor hoge omzetten. In 2003 werd zijn oude werkgever overgenomen. Daarna begon een proces van ziekteverzuim en disfunctioneren. Hoewel de nieuwe werkgever (naar zijn zeggen) z'n best deed dhr. G. z'n plek te geven in de nieuwe organisatie lukte dat niet. Aanvankelijk kreeg hij de leiding over een filiaal, maar al snel was duidelijk dat dat boven zijn kunnen lag.

Dhr. G. meldde zich ziek en na een halfjaar ging hij op advies van zijn huisarts naar een psycholoog. Hij kreeg daar gesprekstherapie en begon weer voor halve dagen, maar nu als verkoper. De functie van filiaalleiding was naar een jonge kracht uit de sfeer van de nieuwe werkgever gegaan. Dhr. G. kon zijn draai niet vinden. Aanvankelijk probeerde hij het als verkoper, maar in de ogen van de werkgever bevorderde zijn uitstraling de verkoop allerminst. Vervolgens werd hij, na weer een periode van ziekteverzuim, op therapeutische basis geplaatst op de afdeling Calculatie en werkvoorbereiding. De klantcontacten werden tot een minimum beperkt. Het ziekteverzuim van dhr. G. nam hier toe, er speelden nu ook allerlei fysieke klachten. De werkgever ziet hiermee zijn mogelijkheden uitgeput. Meer functies zijn er niet in het bedrijf. Dhr. G. is fysiek niet in staat het zware uitvoerend werk (monteren van keukens) te doen. De werkgever wil nu na twee jaar ziekteverzuim een extern reïntegratietraject opstarten, maar wil ook voorkomen dat UWV achteraf een claim gaat leggen op de werkgever, omdat het mislukken van de reïntegratie in eigen bedrijf de schuld zou zijn van de werkgever.

In overleg met de arbodienst wordt besloten een psycholoog in te schakelen om na te gaan of het werkelijk onmogelijk is dat dhr. G. terugkeert in het eigen bedrijf. En als dat gebeurt, wat de rol van dhr. G. daarin is. De consequentie hiervan kan zijn dat alsnog pogingen in het werk worden gesteld om dhr. G. terug te plaatsen in het bedrijf. Maar liever heeft de werkgever dat het accent gelegd wordt op de reïntegratiemogelijkheden van dhr. G. buiten het eigen bedrijf.

OPDRACHTVRAAGSTELLING

Er vindt vervolgens nader (telefonisch) overleg plaats met de werkgever. De psycholoog vraagt zich af of de optie van 'terugkeer naar eigen bedrijf' werkelijk openstaat. Dit blijkt inderdaad min of meer hypothetisch te zijn. De werkgever laat doorschemeren dat 'we nu wel genoeg gedaan hebben' en dat dhr. G. niet echt meewerkt. Dhr. G. wil eigenlijk weer terug als filiaalhouder. De werkgever sluit dit uit. Ook in de administratieve functies waar hij werkte disfunctioneerde hij, waarbij motivatie-problematiek volgens de werkgever de doorslag gaf. Op de vraag van de psycholoog of dhr. G. niet gewoon weer aan de slag kan als verkoper wordt een ontwijkend antwoord gegeven. Hij zou niet zo goed in het team passen, maar hij zou ook wat aan zijn uitstraling moeten doen.

Verdere mogelijkheden in het bedrijf zijn er nauwelijks. Dit blijkt bij enige door-vraag niet zo scherp te liggen. Voor gemotiveerde werknemers wil men wel wat meer doen. Indien dhr. G. dat zou willen en als hij daarvoor geschikt is, zou de werkgever wel bereid zijn een functie te creëren in de sfeer van aftersales service. De medewerker die dat werk nu doet gaat binnenkort met pensioen.

Het gesprek gaf aanleiding tot het formuleren van de volgende vier opdracht-vraagstellingen:
1 In hoeverre is dhr. G. geschikt voor de functie van werkvoorbereider/calculator?
2 In hoeverre is dhr. G. geschikt voor de functie van verkoper?
3 Rechtvaardigt de werkhouding van dhr. G. een verdere investering van de werkgever?
4 Voor welke functies komt dhr. G. gezien zijn achtergrond, capaciteiten en persoonlijkheidsfactoren in aanmerking als de arbeidsmarkt in zijn geheel in de beschouwing wordt meegenomen?

De eerste vraag dient om alle betrokkenen duidelijkheid te geven over de nu ontstane positie. Dhr. G. functioneerde niet goed in deze functie. Lag dat aan factoren in de persoon of moet de oorzaak (ook) gezocht worden in de werkomgeving?

De tweede vraag is om de mogelijkheid te openen naar een functie die zowel werkgever als werknemer eigenlijk niet ambiëren. Het bevestigen (dhr. G. is geschikt als verkoper) opent mogelijk een nieuwe discussie, de ontkenning (dhr. G. is niet geschikt als verkoper) zet definitief een punt achter deze discussie.

De derde vraag ligt gevoelig. Het is voor een deel een geschiktheidsvraag (namelijk de combinatie van calculator en aftersales medewerker), maar het gaat vooral om de vraag of het gedrag van dhr. G. verwijtbaar is. Zo niet, dan kan de werkgever wellicht nog wat extra's voor hem doen.

Bij de vierde vraag wordt heel breed gekeken naar de mogelijkheden buiten het bedrijf. Hier doet zich wel een praktisch probleem voor. Stel dat dhr. G. zeer geschikt is voor een functie binnen het bedrijf, dan zal de werkgever eerst aan zijn wettelijke verplichting moeten voldoen om dhr. G. te herplaatsen. De vierde vraag is dan niet aan de orde. Deze wordt toch in het onderzoek meegenomen, omdat de huidige situatie van dhr. G. een dergelijk onderzoek nuttig maakt. Ook al zou hij geschikt zijn voor een functie binnen het bedrijf, dan nog zou de vraag gerechtvaardigd zijn om naar de mogelijkheden op de arbeidsmarkt in zijn algemeenheid te kijken.

ONDERZOEKSVRAAGSTELLING

De psycholoog heeft vier vragen waarop hij zijn onderzoek dient in te richten. Maar hij heeft ook extra informatie over het gedrag van dhr. G. Deze informatie wordt nog uitgebreid als de psycholoog dhr. G. in de intake spreekt. Dit leverde de volgende extra informatie op.

In het gesprek blijkt dhr. G. een vermoeid uitziende man die ouder oogt dan zijn kalenderleeftijd. Hij is ruim een halfuur te vroeg. Dhr. G. is onberispelijk in het pak gestoken en heeft in de wachtkamer een hoekje opgezocht, ver weg van de andere cliënten die zich in trainingspak of trui kleden. De kennismaking geeft als eerste indruk een statusgevoelige man. Hij kijkt de psycholoog ernstig aan en benadrukt dat hij het aangenaam vindt om kennis te maken. In de bespreekkamer doet hij zijn armen over elkaar en beantwoordt de vragen zo kort mogelijk, waarbij hij duidelijk laat merken niet gediend te zijn van vragen over zijn persoonlijke levenssfeer. Zijn verhaal over de laatste drie jaar van zijn loopbaan wijkt wat af van wat de werkgever vertelde.

Dhr. G. was filiaalhouder met zo'n tien mensen onder zich. Hij was succesvol en kreeg ook vele bonussen. Hij werkte zo'n zeventig uur per week. Het succes zat in zijn ogen vooral in de logistiek die hij perfect had geregeld. Hij was er ook trots op aan alle normen van de branche te voldoen. Zijn huwelijk leed daar volgens hem niet onder en hij verbaast zich over de vraag die de psycholoog daarover stelde. Toen zijn werkgever besloot het bedrijf (drie vestigingen met in totaal 27 werknemers) over te doen aan de concurrent, ging dhr. G. naar een nieuwe vestiging. De succesvolle vestiging die hij zo'n tien jaar leidde moest hij aan jonger talent overlaten. Hij kreeg de in zijn ogen onmogelijke opdracht van een slechtlopende vestiging iets te maken. Daarbij kreeg hij een 'adjunct filiaalhouder' naast zich. De nieuwe werkgever dacht klaarblijkelijk dat twee managers deze vestiging wel konden vlottrekken. Dhr. G. kreeg nu de ondankbare taak zaken te organiseren waarop hij in zijn ogen slechts gedeeltelijk grip had. Bovendien bleek in deze vestiging (vergelijkbaar met die hij eerder gerund had) wat betreft logistiek niets geregeld. Ook het personeel had weinig oog voor de normen die de branche belangrijk vond. Dhr. G. had al snel het idee dat hij buitengesloten werd en dat de directie mikte 'op de korte termijn' en 'maling had aan kwaliteit'. Aanvankelijk probeerde dhr. G. 'te redden wat te redden viel', maar toen hij op zijn werk om een futiliteit in een huilbui uitbarstte, is hij naar huis gegaan en heeft zich zeker een week in zijn slaapkamer opgesloten. Daarna volgde een periode van *trial and error* om weer aan de slag te komen, maar dhr. G. laat duidelijk merken dat hij daarin geen vertrouwen meer heeft. Hij uit in het gesprek ook persoonlijke wrok ten aanzien van de managers en het personeel om hem heen.

In de loop van het vertellen van zijn verhaal wordt dhr. G. wat losser in zijn gesticulatie. Maar ook laat hij duidelijk merken verbitterd te zijn. Hij ziet nu geen mogelijkheden meer voor werk. Hij acht zich volledig arbeidsongeschikt, wat ook bevestigd zou zijn door het UWV. Het onderzoek is er in zijn ogen slechts op gericht om 'van hem af te komen'. Mocht hij ooit gedwongen worden weer de arbeidsmarkt op te gaan dan zou hij alleen in soortgelijke functies willen werken en desnoods zou hij ook wel weer gewoon als verkoper aan de slag willen. Het maakt hem dan niet uit wat hij gaat verkopen.

Om het beeld van dhr. G. verder uit te werken en de vraagstellingen te beantwoorden wordt aan de hand van de vier vragen het volgende onderzoek ingericht. Daarbij zijn de vragen te clusteren tot drie soorten vragen: de geschiktheidsvraag, de reïntegratie/loopbaanvraag en de vraag naar de aard van de persoonlijkheid en de rol daarvan bij geschiktheid en reïntegratie (dhr. G. is immers om psychische redenen uitgevallen).

GESCHIKTHEIDSONDERZOEKVRAAGSTELLING

Het geschiktheidsonderzoek betreft de eerste twee vragen van de opdrachtvraagstelling: In hoeverre is dhr. G. geschikt voor de functie van werkvoorbereider/calculator? En: In hoeverre is dhr. G. geschikt voor de functie van verkoper?

Voor de geschiktheid van commercieel-administratieve functies op mbo-niveau is een indicatie van het algemeen intelligentieniveau en het niveau van enkele specifieke geschiktheden aan de orde. De algemene intelligentie kan in dit geval ingeschat worden met de verkorte GIT (Kooreman & Luteijn, 1987). De vaardigheden die nodig zijn worden gesteld op: algemene ontwikkeling (vast te stellen met DAT Woordenlijst (De Wit & Compaan, 2005)), verbaal analytisch redeneren (vast te stellen met DAT Denken met woorden), en rekenvaardigheid (vast te stellen met DAT Denken met getallen). Verder gaat het om een specifieke werkomgeving waar veel met bouwtekeningen gewerkt wordt, zodat veel gebruikgemaakt moet worden van het ruimtelijk voorstellingsvermogen. Daartoe wordt de DAT Ruimtelijk inzicht ingezet. Voor de functie van verkoper wordt de VVCOMI (Lievens e.a., 1985) en een proef voor schriftelijk rapporteren ingezet. Dit laatste omdat in dergelijke functies veel korte verslagen worden gemaakt.

Verder wordt verondersteld dat er voor de functie van werkvoorbereider/calculator geen belemmeringen mogen zijn in het sociaal functioneren, maar ook dat de functionaris voldoende stressbestendig dient te zijn. Verder mag weinig aan te merken zijn op zijn werkhouding. Voor deze kenmerken wordt de NEO PI-R (Hoekstra e.a., 2003) ingezet.

Wat betreft de 'aftestgrenzen' wordt gesteld dat het GIT-IQ ten minste 100 dient te zijn en dat de scores op de DAT zich ten minste op stanine 4 bevinden voor de doelgroep.

Bij de 'aftestgrenzen' voor verkoper wordt de lat wat hoger gelegd. De verbale scores dienen ten minste in het zesde stanine te liggen en de VCI op ten minste stanine 7.

PERSOONLIJKHEID

De derde opdrachtvraagstelling betreft de persoonlijkheid: Rechtvaardigt de werkhouding van dhr. G. een verdere investering van de werkgever? Deze vraag is te vertalen in een 'verwijtbaarheidsvraag', maar het is beter dit te zien als een vraag naar de eventuele persoonlijke blokkades die er zijn. Uit de intake blijkt dat er nogal wat mis is met het communiceren van dhr. G. Er lijken hier aspecten als 'krenking' een rol te spelen, maar ook 'niet goed omgaan met eigen emoties' en dwangmatige aspecten, evenals zaken als 'burn-out', werkhouding en 'zingeving'. Om hierop met behulp van tests meer zicht te krijgen, worden een verkorte versie van de VKP (Duijsens e.a., 1999) ingezet alsmede de UBOS (Schaufeli & Dierendonck, 2000) en de Werkattitude Vragenlijst (Kooreman, 2003a). Deze laatste vragenlijst heeft schalen voor zowel 'algemene motivatie' als 'negativisme'. Met de UBOS zou dhr. G. de eventuele zingevingproblematiek kunnen aangeven. Voor al deze vragenlijsten (met name voor de verkorte VKP) geldt dat bovenop het criterium (voor een persoonlijkheidsstoornis of psychopathologie) de vraag naar persoonlijkheidsproblematiek nogmaals gesteld wordt.

REÏNTEGRATIE/LOOPBAAN

De reïntegratie/loopbaan betreft de vierde opdrachtvraagstelling: voor welke functies komt dhr. G. gezien zijn achtergrond, capaciteiten en persoonlijkheidsfactoren in aanmerking als de arbeidsmarkt in zijn geheel in de beschouwing wordt meegenomen? Dhr. G. stelt hier duidelijk grenzen: eigenlijk zou hij alleen maar in dezelfde werksoort aan de slag willen. Dit betekent dat deze vraag een verbijzondering is van de geschiktheidsvraag. De 'aftestgrenzen' kunnen hier niet gemakkelijk worden gegeven, tenzij een bepaald niveau uitgesloten wordt en dat wil de psycholoog niet. Wel wil de psycholoog, om beter inzicht te krijgen in de richtinggevende factoren in de loopbaan van dhr. G., een beter beeld hebben van zijn interessepatroon. Daarvoor wordt de KIT genomen (Compaan & Kooreman, 1994).

Wanneer de tests op een pc zijn gemaakt kan, afhankelijk van het gcbruikte systeem een uitdraai worden gemaakt. In het hier gebruikte voorbeeld werden tests van verschillende uitgevers en zelfs een test van eigen makelij gebruikt. Dit betekent dat de uitslagen op verschillende manieren worden aangeboden. Het is in zo'n geval zaak alle gegevens toch overzichtelijk bij elkaar te zetten, een (zelfgemaakt) overzicht van uitslagen op een formulier is aan te raden.

Dit ziet er dan uit als in het volgende schema.

NEO PI-R (STANINE)

Norm Algemeen	1	2	3	4	5	6	7	8	9
Neuroticisme					x				
Extraversie		x							
Openheid				x					
Altruïsme					x				
Consciëntieusheid						x			
	1	2	3	4	5	6	7	8	9
N1 Angst								x	
N2 Ergernis			x						
N3 Depressie						x			
N4 Schaamte				x					
N5 Impulsiviteit			x						
N6 Kwetsbaarheid					x				
	1	2	3	4	5	6	7	8	9
E1 Hartelijkheid			x						
E2 Sociabiliteit	x								
E3 Dominantie							x		
E4 Energie	x								
E5 Avonturisme			x						
E6 Vrolijkheid		x							
	1	2	3	4	5	6	7	8	9
O1 Fantasie		x							
O2 Esthetiek		x							
O3 Gevoelens		x							
O4 Veranderingen				x					
O5 Ideeën						x			
O6 Waarden					x				

	1	2	3	4	5	6	7	8	9
A1 Vertrouwen					x				
A2 Oprechtheid						x			
A3 Zorgzaamheid			x						
A4 Inschikkelijkheid						x			
A5 Bescheidenheid						x			
A6 Medeleven				x					
	1	2	3	4	5	6	7	8	9
C1 Doelmatigheid		x							
C2 Ordelijkheid					x				
C3 Betrouwbaarheid								x	
C4 Ambitie						x			
C5 Zelfdiscipline							x		
C6 Bedachtzaamheid									x

UCL VIJFDELING

Norm Algemeen	1	2	3	4	5
Actief aanpakken				x	
Palliatief			x		
Vermijden			x		
Sociale steun			x		
Passief reactiepatroon				x	
Expressie emotie			x		
Geruststellende gedachten			x		

WAV (STANINE)

Norm Reïntegratie	1	2	3	4	5	6	7	8	9
Ambitie					x				
Hardheid						x			
Negativisme					x				
Betrokkenheid								x	

UBOS (STANINE)

Norm Algemeen	1	2	3	4	5	6	7	8	9
Uitputting							x		
Distantie								x	
Competitie			x						

CAPACITEITEN (STANINE)

Norm Mbo	1	2	3	4	5	6	7	8	9
DAT									
Woordenlijst							x		
Analogieën					x				
Rekenvaardigheid						x			
Ruimt I/ Uitslagen						x			
vvcomi (norm: percentiel algemeen)									x
GIT-IQ (norm: C-scores algemeen)					103				
Legkaart					x				
Woordmatrijs				x					
Cijferen				x					

KIT (STANINE)

Norm: Reïntegratie	1	2	3	4	5	6	7	8	9
Dieren & Plant		x							
Technisch	x								
Proces						x			
Creatief							x		
Mensen						x			
Handel									x
Administratie						x			

Uitslag verkorte versie van de VKP:
Verhoogde scores op Paranoïde, Schizoïde en Anakastisch.

Verder is er nog een schrijfproef gedaan met als opdracht een briefje naar de gemeente te schrijven met betrekking tot bezwaar tegen aanpassing van een bestemmingsplan. De brief werd beoordeeld op tien punten, waarbij een maximumscore van 20 mogelijk is. Dhr. G. behaalde 18 punten.

Ten slotte is er nog een protocol uit de testzaal. Hierop werd als volgt gescoord:
- Eerste indruk: prima, netjes, verzorgd.
- Pakt instructies vlot op.
- Blijft gehele sessie vriendelijk, werkt zelfstandig, heeft weinig uitleg nodig en verder geen bijzonderheden.

Hierna wordt de rapportagetekst integraal gegeven.

1   AANLEIDING TOT HET ONDERZOEK

Opdrachtnemer (psycholoog) en opdrachtgever kwamen voor cliënt, dhr. G., overeen dat de volgende vragen met behulp van een psychologisch onderzoek worden beantwoord.
- In hoeverre is dhr. G. geschikt voor de functie van werkvoorbereider/calculator?
- In hoeverre is dhr. G. geschikt voor de functie van verkoper?
- Rechtvaardigt de werkhouding van dhr. G. een verdere investering van de werkgever?
- Voor welke functies komt dhr. G. (verder te noemen: cliënt) gezien zijn achtergrond, capaciteiten en persoonlijkheidsfactoren in aanmerking als de arbeidsmarkt in zijn geheel in de beschouwing meegenomen wordt?

Cliënt is op de hoogte van de doelstelling en de vraagstelling van dit onderzoek en zijn rechten en plichten, zoals deze vermeld staan in de informatiefolder die hem is verstrekt.

2   ANAMNESE

2.1   Klachtenbeschrijving en achtergronden

Cliënt is een 51-jarige keukenverkoper die na zijn opleiding ruim dertig jaar werkzaam is geweest in de branche. Laatstelijk als verkoper. Van 1987 tot 2002 had hij in deze branche een managementfunctie (filiaalchef).

Cliënt viel in 2002 uit ten gevolge van klachten van overspannenheid. De klachten omschrijft cliënt als het te veel worden van de veranderende eisen waarmee hij werd geconfronteerd. Hij heeft last van concentratieproblemen maar ook van allerlei vage fysieke klachten, zoals hoofdpijn, nekklachten en een algeheel malaisegevoel.

Na een reorganisatie en een nieuw dienstverband werd hij geplaatst in een rommelige werksituatie die hij niet het hoofd kon bieden. In deze functie kwamen de klachten voor bij vrijwel alle taken die hij had. De klachten bestaan uit onrustgevoelens, concentratieproblemen en burn-outachtige klachten. Cliënt staat onder behandeling van een psycholoog. Hij volgt gesprekstherapie. Hij gebruikt via zijn huisarts ook tranquillizers.

Momenteel klaagt cliënt over aanhoudende onrustgevoelens. Hij heeft enkele solitaire activiteiten waarmee hij zich kan ontspannen (vissen, puzzelen en spelletjes via internet).

Cliënt heeft sinds zijn uitval tot november 2005 op therapeutische basis gewerkt. Omdat de werksituatie (personeel) drastisch was gewijzigd, vond hij hier geen aansluiting. In zijn ogen waren de activiteiten ook beneden zijn niveau.

Er zijn momenteel contacten 'op afstand' met de werkgever, via de arbodienst. Daarbij werden voornoemde activiteiten ondernomen om cliënt bij z'n werkgever weer aan het werk te helpen. De resultaten zijn in de ogen van cliënt teleurstellend.

2.2   Opleiding

Cliënt volgde na het lager onderwijs de havo, waar hij in 1971 zijn diploma behaalde. Hij doubleerde eenmaal en zakte voor zijn examen wegens examenvrees. Hij was geen sterke leerling en besloot de praktijkopleiding in te gaan voor loodgieter. Zijn vader had een bedrijf in deze branche. Hij behaalde daar in 1975 zijn gezel diploma. Na het regulier onderwijs volgde cliënt enkele vakgerichte cursussen en trainingen. Vooral op het gebied van verkoop, marketing en ISO-certificatie. Cliënt heeft verder geen ambities gehad om opleidingen op een hoger niveau volgen.

2.3   Arbeidsgegevens

Cliënts eerste werkgever was een klein installatiebedrijf waaraan hij goede herinneringen heeft, hij volgde hier ook zijn opleiding (1971-1975). Hij deed daar ook de administratie en een deel van de verkoop in een keukenshowroom. Vervolgens was hij werkzaam als keukeninstallateur (1975-1980). Zijn loopbaan kwam in een versnelling toen hij bij een snel opkomende werkgever in de keukenbranche als verkoper aan de slag kon. Zij hart lag daar altijd al, hij zou aanvankelijk zijn vader opvolgen in het installatiebedrijf (met winkel), maar na een familieruzie is dit bedrijf doorverkocht. Aanvankelijk werkte hij als verkoper, maar vanaf 1988 als algemeen verkoopleider en filiaalchef. Een belangrijke taak zag hij hier in het kwaliteitsaspect (ISO-normen). Hij gaf leiding aan ongeveer zes medewerkers. Het aantrekkelijke in dit werk vond hij de verkoop- en de managementaspecten. Rond 2002 kwam het bedrijf in problemen en werd doorverkocht. Hij vond toen een baan bij een ander filiaal, maar in zijn ogen was dit aanmerkelijk minder goed georganiseerd. Gedurende enkele maanden kon hij daar functioneren, maar al snel viel hij wegens psychische klachten uit. De precieze oorzaak van de klachten kon hij niet aangeven, maar deze hadden volgens hem voor een deel te maken met het ad-hockarakter van het bedrijf. Cliënt hecht sterk aan structuur. Nadien volgde hij een reïntegratietraject in het bedrijf, maar dat was zonder resultaat.

2.4   Familiaire achtergrond en privésituatie

Cliënt komt uit een ondernemersgezin, zijn vader was winkelier. Van hem heeft hij meegekregen dat je geen zwakheden mag tonen. Voor hem heeft plichtsgetrouwheid altijd vooropgestaan.

Cliënt is gehuwd, zijn partner heeft een baan in de verzorging, er zijn drie kinderen, allen zelfstandig wonend.

De gezondheid van de familieleden is goed en er zijn naar zijn zeggen geen financiële problemen.

2.5 Vrijetijdsbesteding, dagvulling en sociale contacten

Cliënt vult de dag met huishoudelijke activiteiten. Hij heeft zich na zijn uitval niet toegelegd op speciale activiteiten.

Cliënt heeft geen dagomvattende hobby, hij is veel bezig met internet. Hij is geen lid van een vereniging.

Cliënt heeft verder normale contacten met familie, bekenden, etc.

3   TESTONDERZOEK

Capaciteiten en vaardigheden

Cliënts algemeen niveau van intellectueel functioneren is juist op mbo-niveau. Taken waarbij algemene ontwikkeling een rol speelt worden boven dit niveau uitgevoerd.

Om een beeld te krijgen van de specifieke intellectuele capaciteiten is een aantal capaciteitentests afgenomen. De resultaten zijn vergeleken met mannelijke cliënten die een mbo-opleiding hebben.

Verbale capaciteiten

– Verbaal denk- en redeneervermogen

In deze test wordt het verbaal redeneervermogen gemeten door middel van inzicht van cliënt in de betekenis van begrippen. Hoogscoorders zien snel verbanden (overeenkomsten, verschillen) tussen begrippen, laagscoorders hebben hier moeite mee. Deze test is een goede voorspeller van het 'theoretisch leervermogen' (leren aan de hand van teksten, boeken en verbale instructie).

Zijn vermogen relaties tussen verbale begrippen te zien ligt op een gemiddeld mbo-niveau.

– Woordenschat

Hiermee wordt de kennis van woorden vastgesteld. De test geeft een indruk van het algemeen ontwikkelingsniveau, de belezenheid van cliënt. Hoogscoorders hebben minder problemen met het begrijpen van teksten dan laagscoorders, doordat zij een grotere parate kennis hebben van woorden en begrippen.

Zijn woordenkennis is op een hoog mbo-niveau.

– Schrijfvaardigheid.

Dit betreft een proef waarbij gevraagd wordt een korte, duidelijke tekst te schrijven over een algemeen onderwerp. Hoogscoorders laten zien kort en bondig, zonder taalfouten te kunnen formuleren. Laagscoorders hebben hier problemen mee.

Zijn schrijfvaardigheid is zeker op mbo-niveau. Hij hanteert een wat formele stijl, maar wat betreft redactie en spelling is hij een 'goed correspondent'.

Non-verbale capaciteiten
- Ruimtelijk inzicht
  Deze test brengt het driedimensionaal ruimtelijk voorstellingsvermogen van cliënt in kaart. Hoogscoorders kunnen zich uit een (technische) tekening gemakkelijk voorstellen hoe een voorwerp (gebouw, machine) er werkelijk uitziet. Laagscoorders hebben hier moeite mee.

  Zijn vermogen zich ruimtelijk voorwerpen voor te stellen vanaf een tekening en daarmee te manipuleren, ligt op een bovengemiddeld mbo-niveau.
- Rekenvaardigheid
  Dit betreft een rekentest waarin opgaven met alle gangbare rekenkundige bewerkingen worden gemaakt.

  Zijn rekenvaardigheid is op een bovengemiddeld mbo-niveau.

Commerciële vaardigheden
Cliënt beschikt over een goed commercieel inzicht. Dit uit zich in een gevoel voor tact en marktwerking. Hij voelt goed aan wat je wel en wat je niet kunt doen/zeggen in een commerciële situatie. Hij weet dat het leggen en onderhouden van contacten essentieel is. Luisteren en proactief handelen zijn hiervan een onderdeel. Hij weet dat je pas succes hebt als je bij de presentatie van het product eerlijk, actief en alert bent en zelf de regie houdt over je handelen. Hij weet dat een potentiële klant pas tot kopen overgaat als hij meerwaarde van het product verwacht.

Persoonskenmerken en copingmechanismen
Cliënt geeft in de vragenlijsten aan in de regel voldoende stressbestendig te zijn. Hij heeft echter wel last van gevoelens van onrust en somberte. Hij heeft daardoor ook last van een aanhoudend gevoel van onbehagen. Vaak maakt hij zich zorgen over zaken die anderen van weinig belang vinden.

Cliënt heeft op deze manier last van neerslachtige buien. Hij heeft er moeite mee een positieve betekenis te geven aan de dingen die hij doet. Hij reageert gedragsmatig echter nauwelijks op deze gevoelens. Hij laat veel over zijn kant gaan en neemt weinig het initiatief om een zaak in zijn voordeel te beslechten. Het gebeurt zelden dat hij verbolgen reageert op zijn omgeving of dat hij ingrijpt als een probleem erom vraagt. Tegelijk heeft hij wel het inzicht dat het beter zou zijn 'op een zaak af te stappen', het ontbreekt hem aan de energie om dit te doen.

Cliënt heeft weinig plezier in het leggen en onderhouden van sociale contacten. Er is altijd een forse drempel voordat hij zich onder de mensen beweegt en hij kan zich ook wat stroef gedragen. Dat laatste komt vooral doordat hij de dingen liever in zijn eigen tempo doet en hij ook in zijn sociale contacten enige rust wil hebben. Dit zorgt ervoor dat hij een wat kalme maar ook trage indruk kan maken.

Cliënt vindt het desondanks vanzelfsprekend om in de sociale situaties waarin hij verkeert een dominante positie toebedeeld te krijgen. Vaak voelt hij zich de `natuurlijk leider' van een groep. Hij heeft daartoe ook wel het diplomatieke gevoel en de assertiviteit, maar het is de vraag of hij dit gezien zijn sombere stemming, geringe energie en zijn beperkte interesse voor 'gezelligheidscontacten' in de praktijk kan effectueren.

In zijn houding ten opzichte van zijn sociale tegenspelers is cliënt doorgaans oprecht. Hij heeft er weinig moeite mee om 'recht door zee' te vertellen waar het op staat. De kans dat hij in conflict raakt met zijn omgeving is daarmee aanwezig, maar zelf stuurt hij hier liever niet op aan. Hij is wat dat betreft zelfs wat inschikkelijk en bescheiden en hij kan zijn mening voor een betere geven. Wat het laatste betreft is hij ook wel bereid zich te verdiepen in andermans standpunt zonder daarbij zijn terughoudendheid te verliezen.

Cliënt kent weinig sociale emoties en heeft weinig behoefte emoties met anderen te delen. Hij is liever alleen, zowel thuis als in zijn werk. Hij doet daardoor wat kil, onverschillig en vreugdeloos aan. Daarbij is hij wantrouwig, hij zoekt te veel 'achter de feiten'. Vaak houdt hij er rekening mee dat anderen eropuit zijn hem nadeel te berokkenen en hij meent dat mensen toch al tegen hem samenspannen. In het contact is hij daardoor gevoelig voor kritiek. Van een psychopathologie of persoonlijkheidsstoornis is evenwel geen sprake.

Motivatie en belangstelling

Motivatie
Cliënt is voldoende ambitieus ten aanzien van het verrichten van werkzaamheden. Hij geeft echter aan dat hij naar zijn gevoel minder dan anderen opgewassen is tegen de eisen die aan hem worden gesteld. Hij benadrukt dit door wat negatief te zijn over zijn mogelijkheden.

Cliënt heeft last van zingevingproblematiek ten aanzien van zijn werk. Het gevoel overheerst dat hij niet meer nuttig bezig is en hij voelt daardoor ook geen verbondenheid met zijn werkomgeving. Dit uit zich in een wat cynische houding. Hij laat zich gemakkelijk negatief over werk uit.

Wellicht in reactie hierop is hij overdreven voorzichtig. Hij wil geen fouten maken en zal bij het nemen van beslissingen zo veel als mogelijk alle 'voors en tegens' tegen elkaar afwegen. Daarmee komt zijn besluitvaardigheid onder druk te staan, het valt hem moeilijk intuïtief tot actie te komen. Hij vindt het ook belangrijk zijn afspraken na te komen. Hij is gevoelig voor verplichtingen die het werk hem stelt. In zijn werk is cliënt in staat 'tegen de wind in' taken af te maken. Als hij een taak op zich neemt, kan hij zich daarvan vaak niet meer losmaken. Zijn hele denken en doen is dan gefixeerd op zijn werkzaamheden en hij kan zijn sociale contacten (in het werk en daarbuiten) daardoor verwaarlozen. Hij is vaak gepreoccupeerd met details waardoor het hem moeite kost hoofd- en bijzaken te scheiden, alles is belangrijk voor hem. Daarbij heeft hij het idee dat een taak niet anders kan worden gedaan dan hij in z'n hoofd heeft. Delegeren is voor hem een probleem, hij gelooft niet dat anderen zijn werk goed kunnen doen. Klussen duren op deze manier te lang en zijn werkhouding put hem uit.

Belangstelling
In de beroepeninteressevragenlijst geeft cliënt een grote belangstelling aan voor commercieel werk. Daarnaast heeft hij interesse voor creatief en 'onderzoeks'werk.

Zijn belangstelling voor werkzaamheden in de administratie en service/dienstverlening is neutraal te noemen. Praktisch-technisch werk wijst hij af.

Enkele voorbeelden van beroepen die cliënt noemt waarnaar zijn belangstelling uitgaat zijn: etaleur, journalist, bedrijfsleider, commercieel medewerker, inkoper en filiaalhouder.

4   OBSERVATIE

Cliënt maakt in het contact aanvankelijk een wat afhoudende indruk. Hij legt vooral de nadruk op de onmogelijkheden die er voor hem zijn. Hij lijkt ook weinig geneigd zelf de regie te nemen in zijn loopbaan. In zijn loopbaanverhaal legt hij de nadruk op 'zijn best doen'. Cliënt heeft zich met betrekking tot zijn huidige situatie ingegraven, hij speelt op zeker, legt nadruk op rechten. Hij blijkt verder de inkomensterugval wel verwerkt te hebben. Het probleem lijkt nu meer het statusverlies.

Cliënt zou wel wat anders willen, maar voelt er weinig voor daarvoor zelf de financiële consequenties te dragen.

5   SAMENVATTING

Cliënt is een 51-jarige keukenverkoper die in zijn loopbaan vooral als leidinggevende in deze branche heeft gewerkt. Hij viel uit na psychische klachten die te omschrijven zijn als emotionele uitputting en zingevingproblematiek. Dit werd in de hand gewerkt door zijn karakterstructuur.

Cliënt is een gemotiveerde maar ook wat dwangmatige werker. Hij wil het goed doen en heeft er weinig vertrouwen in dat hij daarbij de steun van anderen zou kunnen gebruiken. Zolang hij 'de zaken onder controle' heeft, kan hij werkdruk aan. Wanneer de omgeving snel verandert, is hij niet goed in staat om voldoende snel mee te veranderen. Hij werkt dit ook in de hand door weinig acht te slaan op de sociale component in werk. Zo pakt hij sociale signalen vanuit zijn omgeving niet bijtijds op. Hij reageert verder met een zeker wantrouwen, waarmee hij de afstand alleen nog maar groter maakt.

Zijn houding maakt het moeilijk om onbevangen een geheel nieuwe werkplek in te vullen. Hij zal eerst iets moeten doen aan zijn gevoel van emotionele uitputting en negatieve, dwangmatige houding. Door zingevingproblematiek in de therapie op de agenda te zetten kan cliënt weer de energie vinden om constructief aan zijn loopbaan te werken. Een korte therapeutische sessie zou dit inzicht al kunnen brengen, cliënt heeft immers een goede sociale intelligentie. Bezien moet worden waarom dit tot dusverre niet gelukt is. Wellicht is de dwangmatige component in zijn problematiek over het hoofd gezien.

Intellectueel functioneert hij ongeveer op zijn opleidingsniveau (mbo). Zijn sterke kant is vooral gelegen in zijn commercieel inzicht en schrijfvaardigheid. Zijn interesses zijn ook vooral commercieel gericht. Met dergelijke vaardigheden zou hij op voornoemd niveau kunnen functioneren als werkvoorbereider, correspondent of in voorlichtende activiteiten.

6 BEANTWOORDING ONDERZOEKSVRAGEN

– In hoeverre is dhr. G. geschikt voor de functie van werkvoorbereider/calculator?

Intellectueel moet dhr. G. in staat worden geacht met zijn werkervaring een functie van werkvoorbereider/calculator op een bevredigende manier in te vullen. Intellectueel functioneert hij op het vereiste mbo-niveau. Hij zou dan wel wat aan zijn houding ten aanzien van anderen moeten doen. Hij is vaak negatief in zijn benadering en kan ook autoritair zijn in de omgang. Dit maakt de samenwerking stroef. Dhr. G. staat momenteel onder druk, maar hij is emotioneel voldoende stabiel om hier ook zelf wat aan zijn gedrag te doen.

– In hoeverre is dhr. G. geschikt voor de functie van verkoper?

Dhr. G. beschikt over een goed inzicht in verkoopsituaties. Hij is ook in intellectueel opzicht in staat om een dergelijke functie in te vullen. Hij heeft een goede algemene ontwikkeling, een goede rapportagevaardigheid en een goed verbaal analytisch vermogen. Hij zal in de omgang evenwel belangrijke blokkades ondervinden. In zijn houding naar anderen toe kan hij wat gevoelloos en zelfs bot overkomen. Hij is een verkoper die procedures belangrijker lijkt te vinden dan de klant. Hij is dan ook momenteel minder geschikt om als verkoper te functioneren. Het is echter mogelijk dat deze houding op termijn bijgestuurd wordt door de therapie die hij volgt.

– Voor welke functies komt dhr. G. gezien zijn achtergrond, capaciteiten en persoonlijkheidsfactoren in aanmerking als de arbeidsmarkt in zijn geheel in het onderzoek wordt meegenomen?

Dhr. G. zal in alle klantcontacten voornoemde blokkade tegenkomen. Voor zover hij moet overtuigen, anderen voor zich moet winnen is zijn geschiktheid voor een functie in de verkoop niet groot te noemen. Hij kan zijn ervaring en capaciteiten wel inzetten in andersoortige functies in de commerciële sfeer. Dit zijn functies waarbij het veel meer aankomt op het uitstralen van soliditeit, van gezag en betrouwbaarheid.

– Rechtvaardigt de werkhouding van dhr. G. een verdere investering van de werkgever?

Belangrijkste probleem van dhr. G. lijkt op dit moment zijn zingevingproblematiek. Er is sprake van een complex aan klachten dat samengevat kan worden onder de noemer 'burn-out'. Dhr. G. verergert zijn klachten door negatief te zijn en zo mogelijkheden uit te sluiten. De therapie zou zich vooral moeten richten op het perspectief dat wordt geboden. Dat kan gelegen zijn bij de werkgever door hem de baan van 'after sales medewerker' op termijn aan te bieden. Hij dient dan eerst te laten zien dat hij gemotiveerd aan de slag kan in de functie van calculator. Dit alles in samenspraak met de therapeut.

Het voorgestelde traject is dat met de behandelend psycholoog contact wordt opgenomen en dat tegelijk een herplaatsingstraject in de functie van calculator/werkvoorbereider start. Voorwaarde is hier dat dhr. G. binnen drie maanden normaal moet functioneren om hem uitzicht te geven op de aftersales functie. Is dit niet het geval dan dient dhr. G. om te zien naar een functie buiten het bedrijf, waarbij hij de meeste kans maakt op een back office functie in een showroom.

drs. psycholoog NIP

9.2 VOORBEELD PERSONEELSSELECTIERAPPORT

A VRAAGSTELLING

PRIMAIRE VRAAGSTELLING

Een zorginstelling zoekt intern naar een manager voor de afdeling Facilitaire zaken. Er meldt zich maar één sollicitant, een oude bekende van de werkgever. Momenteel heeft hij een andere managementfunctie in een zusterorganisatie. De sollicitant wordt gezien als een capabele manager, maar het is de vraag of hij wel in de cultuur van dit organisatieonderdeel past. Een korte typering van deze cultuur is: weinig direct en vooral gericht op consensus. Een psycholoog wordt ingeschakeld om na te gaan waar nu precies de sterke managementkanten liggen van de sollicitant en of hij wel past in het organisatieonderdeel in kwestie.

OPDRACHTVRAAGSTELLING

Met de opdrachtgever vond een gesprek plaats over de sollicitant.

Cliënt komt uit een arbeidersmilieu, dat tekent hem. Hij is een harde werker en heeft weinig gevoel voor de achterblijvers. Volgens de opdrachtgever heeft hij als motief voor de sollicitatie dat hij wil doorgroeien en al zijn mogelijkheden wil benutten. Zijn ambities zijn vooral gelegen in geld en status. Hij is bij toeval in de 'sociale sfeer' terechtkomen. Na een financiële blunder moest hij zijn eigen bedrijf (snackbar) opheffen. Hij heeft zich via ongeschoold werk weer een status weten te verwerven. Hij volgde ook allerlei cursussen die hem tot op hbo-niveau brachten. Binnen de organisatie heeft hij zichzelf bewezen door twee afdelingen met succes bij elkaar te brengen. Hij was een omstreden figuur, maar hij heeft geen echte fouten gemaakt.

Zijn motief voor de functie is in de organisatie omhoog te komen. Hij wil voor zijn vijftigste op een goede plek zitten. Lukt dit niet binnen de huidige organisatie dan zal hij het buiten deze organisatie zoeken.

De opdrachtgever vraagt zich af of dit nu wel de juiste houding is. Ze hebben er meer belang bij dat 'de boel bij elkaar blijft', ook gezien de aard van het werk (gehandicaptenzorg). Maar anderzijds kan een al te zachtzinnige benadering de huidige chaos alleen maar vergroten. De vorige manager is na een jaar disfunctioneren vertrokken uit de organisatie. Van belang zijn ook de technische kanten van het management. De sollicitant dient over het niveau te beschikken om de functie op een juiste manier in te vullen.

Afgesproken wordt een sterkte-zwakteanalyse te maken. Van daaruit kunnen weer nadere stappen gezet worden.

ONDERZOEKSVRAAGSTELLING

Voor een inschatting van de manier waarop cliënt de managementstijl invult, is vooral zicht nodig op de persoonlijkheidsstructuur. Wat is daarin opvallend, vooral wat betreft het sociaal functioneren. Behalve de NEO PI-R (Hoekstra e.a., 2003) kunnen de WIMAS (Altink e.a., 1989) en de UCL (Schreurs e.a., 1993) daarover informatie geven. Deze tests zijn vooral bedoeld om een algemene beschrijving van de persoonlijkheid te geven waaruit kan worden afgeleid of de sollicitant al of niet past bij de geschetste organisatie. Met deze tests kunnen ook opmerkingen over de managementstijl worden gemaakt.

Voor het niveau waarop het management wordt uitgevoerd, kunnen de KRT (Graafland e.a., 1993) en een in-basket assessment opdracht inzicht geven. De laatste opdracht werd door de betreffende psycholoog zelf ontwikkeld. Verder kan het algemeen intelligentieniveau ingeschat worden met de DAT Denken met woorden en DAT Denken met getallen (De Wit & Compaan, 2005) en de GIT VV (Kooreman & Luteijn, 1987). De sollicitant heeft na zijn lbo-opleiding allerlei avondopleidingen tot op hbo-niveau gedaan. Een dergelijk leertraject is lastig in verband met normeringen, maar als vereiste wordt gesteld dat de sollicitant op deze tests ten minste op mbo-niveau functioneert. Een Woordenlijst test kan ook zicht geven op zijn algemene ontwikkeling.

B ONDERZOEKSRESULTATEN

NEO PI-R (STANINE)

Norm: Sollicitanten	1	2	3	4	5	6	7	8	9
Neuroticisme	x								
Extraversie							x		
Openheid			x						
Altruïsme							x		
Consciëntieusheid							x		

	1	2	3	4	5	6	7	8	9
N1 Angst	x							x	
N2 Ergernis	x								
N3 Depressie		x							
N4 Schaamte		x							
N5 Impulsiviteit					x				
N6 Kwetsbaarheid		x							
	1	2	3	4	5	6	7	8	9
E1 Hartelijkheid						x			
E2 Sociabiliteit							x		
E3 Dominantie									x
E4 Energie				x					
E5 Avonturisme							x		
E6 Vrolijkheid							x		
	1	2	3	4	5	6	7	8	9
O1 Fantasie		x							
O2 Esthetiek				x					
O3 Gevoelens			x						
O4 Veranderingen							x		
O5 Ideeën				x					
O6 Waarden						x			
	1	2	3	4	5	6	7	8	9
A1 Vertrouwen							x		
A2 Oprechtheid						x			
A3 Zorgzaamheid						x			
A4 Inschikkelijkheid							x		
A5 Bescheidenheid					x				
A6 Medeleven						x			
	1	2	3	4	5	6	7	8	9
C1 Doelmatigheid							x		
C2 Ordelijkheid						x			
C3 Betrouwbaarheid				x					
C4 Ambitie						x			
C5 Zelfdiscipline								x	
C6 Bedachtzaamheid					x				

UCL VIJFDELING

Norm Algemeen	1	2	3	4	5
Actief aanpakken				x	
Palliatief			x		
Vermijden		x			
Sociale steun			x		
Passief reactie		x			
Expressie emotie		x			
Geruststellende gedachten			x		

WIMAS (STANINE)

Norm: sollicitanten	1	2	3	4	5	6	7	8	9
Manipuleren				x					
Recht door zee				x					
Assertiviteit						x			
Diplomatiek		x							

KRT (STANINE)

Norm: sollicitanten hbo-niveau	1	2	3	4	5	6	7	8	9
Numeriek						x			
Verbaal				x					

DAT/GIT VV (STANINE)

Norm: sollicitanten mbo-niveau	1	2	3	4	5	6	7	8	9
Woordenschat	x								
Analogieën				x					
Rekenvaardigheid							x		
GIT-IQ (norm: C-scores algemeen)							115		
Legkaart							x		
Woordmatrijs						x			
Cijferen							x		

Cliënt solliciteert naar een managementfunctie waarbij een evenwicht moet worden gevonden tussen taakgericht en mensgericht leiderschap in een specifieke zorgomgeving. Waar legt hij accenten bij management?

ANAMNESTISCHE GEGEVENS

Cliënt is een 40-jarige man die na zijn lbo-opleiding vele cursussen volgde tot op hbo-niveau. Zijn loopbaan begon aanvankelijk in de catering. Vanaf 1999 werkt hij in de sfeer van facilitaire dienstverlening in de zorgsector.

Cliënt heeft als motief voor de sollicitatie dat hij wil doorgroeien en zijn mogelijkheden wil benutten. In zijn loopbaan is hij voortdurend op zoek geweest naar verbetering. Zijn ambities waren naar zijn zeggen aanvankelijk gelegen in 'geld en status', maar hij heeft nu het idee dat ook andere zaken van belang zijn. Dienstbaarheid is er daar één van.

Cliënt behaalde op 17-jarige leeftijd het lbo-diploma consumptieve technieken. Daarna combineerde hij werk en studie en behaalde vanaf 1989 kwalificaties in management en beheer.

Cliënt werkt momenteel als manager interne zaken.

Cliënt ziet zichzelf als een natuurlijk leider en neemt al snel het voortouw in werksituaties: 'Ik ben een regelneef'. Hij ziet zichzelf tevens als een teambuilder. Dit is hem naar zijn zeggen ook gelukt in het werk. De contacten met zijn medewerkers zijn naar zijn zeggen goed, problemen doen zich weinig voor.

Cliënt heeft in zijn ogen nooit last van stress op het werk. Stress wordt door hem omschreven als een min of meer technisch probleem. Hij maakt zich bijvoorbeeld geen zorgen als hij bepaalde tijd weg is voor vakantie of vrije dagen. Volgens hem moet je zaken goed regelen, dan is er ook geen reden om je ergens ongerust over te maken.

TESTONDERZOEK

Capaciteiten en vaardigheden
Cliënts algemeen niveau van intellectueel functioneren is ongeveer op hbo-niveau. Zijn algemene ontwikkeling blijft hier evenwel beduidend bij achter. In de tests worden ook fouten door slordigheid gemaakt, wat de totaalscore drukt.

Om een beeld te verkrijgen van enkele specifieke intellectuele capaciteiten is een aantal capaciteitentests afgenomen. De resultaten zijn vergeleken met mannelijke cliënten die een mbo-opleiding hebben.

Verbale capaciteiten
– Verbaal denk- en redeneervermogen
In deze test wordt het verbaal redeneervermogen gemeten door middel van inzicht in de betekenis van begrippen. Hoogscoorders zien snel verbanden (overeenkomsten, verschillen) tussen begrippen, laagscoorders hebben hier moeite mee. Deze test is een goede voorspeller van het `theoretisch leervermogen' (leren aan de hand van teksten, boeken en verbale instructie).
Zijn vermogen relaties tussen verbale begrippen te zien, ligt op een benedengemiddeld mbo-niveau.
– Woordenschat
Hiermee wordt de kennis van woorden vastgesteld. De test geeft een indruk van het algemeen ontwikkelingsniveau, de belezenheid. Hoogscoorders hebben minder problemen met het begrijpen van teksten dan laagscoorders, doordat zij een grotere parate kennis hebben van woorden en begrippen.
Zijn woordenkennis is op een zeer laag mbo-niveau.

Non-verbale capaciteiten
– Rekenvaardigheid
Dit betreft een rekentest waarin snel rekenkundige bewerkingen gemaakt worden. Deze vaardigheid is van belang bij het snel inschatten van maat en getal.
Zijn rekenvaardigheid is op een hoog mbo-niveau.

Managementanalysevaardigheden
– Omgaan met cijfermatige managementinformatie
Cliënt kan zich op hbo-niveau inzicht verwerven in cijfermateriaal. Hij zou zijn prestaties op dit punt echter aanmerkelijk kunnen verbeteren door nauwkeuriger te werken. Te snel trekt hij conclusies uit grafieken, tabellen en statistische overzichten.
– Omgaan met verbale managementinformatie
Cliënt heeft er op hbo-niveau wat moeite mee snel informatie te halen uit teksten. Hierdoor ziet hij niet altijd de (in)consequenties in een tekst. Daardoor maakt hij niet altijd de juiste gevolgtrekkingen en kan hij de grote lijnen van een betoog of redenering missen.

PRAKTISCH MANAGEN

Norm: hbo managers	Zeer laag	Laag	Beneden gemiddeld	Gemiddeld	Boven gemiddeld	Hoog	Zeer hoog
Probleemanalyse	|||||||||||||||||||||||||||||||||||||||||||||||||||||					
Delegeren	||||||||||||||||||||||||||||||||||						
Prioriteit stellen	|||||||||||||||||||||||||||||||||||||||||||					
Uitvoeren	|||||||||||||||||||||||||||||||||||||||||||||||||||||||||||||||||				
Voortgangscontrole	|||||||||||||||||||||||||||||||||||||||						

De praktijkopdracht bestaat uit een postbak met mails die de cliënt schriftelijk afhandelt. De afhandeling is beoordeeld op de punten uit voorgaand schema.

De overall karakterisering van zijn aanpak is dat cliënt houdt van direct aanpakken. Hij onderneemt op elk probleem een aantal concrete, adequate acties.

De probleemanalyse is in de meeste gevallen voldoende. Van de mails wordt niet zonder meer aangenomen dat deze terecht in zijn postbak liggen en dat de achtergronden daarvan kloppen. Hij doet ook zelf onderzoek.

Voor het delegeren van de opdrachten maakt cliënt minder dan anderen gebruik van het personeel dat tot zijn beschikking staat. In de omschreven functie kan ervan worden uitgegaan dat er een secretariaat is en ander ondersteunend personeel.

Bij het stellen van prioriteit sluit hij in grote lijnen aan op wat andere managers belangrijk vinden.

Bij het uitvoeren van de opdrachten is cliënt zeer doelgericht zoals een uitvoerder dat doet. Hij probeert daarbij ook de consequenties van de acties voor de organisatie in te schatten.

Wat betreft de voortgangscontrole (hoe wordt nagegaan dat een actie ook werkelijk uitgevoerd wordt) werden voldoende aanwijzingen gevonden dat hieraan aandacht werd besteed.

PERSOONLIJK FUNCTIONEREN

Cliënt geeft in de vragenlijsten aan stressbestendig te zijn. Hij blijft ook onder moeilijke omstandigheden functioneren zoals hij dat gewoon is. Zo zal het weinig voorkomen dat gebeurtenissen hem ergeren of dat hij door stress het overzicht verliest.

Cliënt kan op die manier de zaken die op hem afkomen nuchter bezien. Daarbij is hij een optimist. Hij vindt dat je er beter van kunt uitgaan dat zaken goed aflopen en maakt zich zelden zorgen over het tegendeel.

Cliënt reageert snel op de problemen die hij tegenkomt. Hij heeft daarbij een aantal soorten reacties ontwikkeld waarmee hij de stressopwekkende situatie kan benaderen (copingmechanismen).

Cliënt zal, in een stressvolle situatie, in ieder geval proberen 'alles op een rijtje te zetten'. Hij gaat ervan uit dat als hij de zaken rationeel benadert de oplossing nabij is. Een probleem laten liggen is zijn stijl niet, hij is oplossingsgericht en 'hij stapt er op af' indien dit enigszins mogelijk is.

Cliënt ziet een probleem dat op zijn weg komt als een uitdaging, hij kan een zaak moeilijk met rust laten. Tegenslag is voor hem vaak een prikkel om tot actie over te gaan, hij pakt zijn verantwoordelijkheid en gaat de confrontatie aan. Zijn emoties laat hij daarbij niet snel blijken. Hij reageert zijn spanningen zelden op zijn omgeving af.

Cliënt heeft veel belangstelling voor het leggen en onderhouden van sociale contacten en is hier ook actief in. Hij is hartelijk in de omgang, hij toont persoonlijke interesse in de mensen met wie hij omgaat. Hij laat dit merken door positief te zijn in zijn benadering. Hij uit daarbij gemakkelijk zijn gevoelens.

Cliënt heeft een behoorlijke geldingsdrang in sociale situaties en neemt in een groep graag het initiatief. Hij wil daarom, als het even kan, dominant en sturend optreden. Een ondergeschikte positie in een groep zal hij niet gemakkelijk accepteren.

Cliënt is echter niet zo gevoelig voor de stemmingen die personen of situaties bij anderen doorgaans oproepen. Daardoor is het voor hem ook wat moeilijk zich in te leven in een ander die deze emoties wel kent. Zijn sensitiviteit voor sociale situaties is niet zo groot en in zijn gedrag kan hij daarom als weinig tactvol ervaren worden.

Cliënt heeft vooral een praktische instelling en houdt zich bij de oplossing van een probleem het liefst zo dicht mogelijk bij het alledaagse, het meest voor de hand liggende. Hij heeft daarbij relatief weinig verbeeldingskracht. Hij beleeft er geen plezier aan om zich een denkbeeldige situatie voor te stellen en deze uit te werken. Voor hem moeten zaken dicht bij de waarneembare realiteit van alledag staan.

Cliënt heeft vertrouwen in zijn medemens. Hij gaat ervan uit dat anderen over het algemeen eerlijk zijn en is dan ook weinig op zijn hoede voor het tegendeel. Daardoor is hij zelf ook oprecht in zijn communiceren. Maar als hij het ergens niet mee eens is, laat hij dat niet direct blijken. Hij is vaak mild in zijn oordeel en vindt het beter zijn emoties in te houden. Hij legt de nadruk op zaken als 'wat bindt ons' en 'hoe kan ik met anderen samenwerken'. Daardoor dekt hij meningsverschillen toe.

MANAGEMENTSTIJL

Cliënt is duidelijk in het communiceren van zijn eigenbelang, daarmee wil hij grip houden op zijn onafhankelijkheid. Het zal hem niet snel overkomen dat hij zich voor andermans karretje laat spannen. Hij geeft daarbij zijn mening zonder veel concessies te doen aan gevoeligheden van anderen. Hij vindt het niet moeilijk stellig te zijn, ook als hij weet (of zou kunnen weten) dat dit verkeerd valt. Hij vindt dat je daar maar tegen moet kunnen. Hij wijst anderen dan ook zonder omhaal op hun verplichtingen jegens hem (en anderen). Hij laat met zijn assertiviteit niet over zich heen lopen.

Cliënt combineert dit met weinig gevoel voor diplomatiek handelen. Hij is meer dan anderen onvoorzichtig. Hij is van mening dat je zaken beter gewoon kunt doen (zeggen) en later wel ziet hoe het uitpakt. Cliënt heeft er geen probleem mee om in de communicatie tegen de haren in te strijken en daarmee mogelijk irritaties op te roepen. Zijn managementstijl is dan ook te kenmerken als 'no nonsens' maar ook als 'rechttoe rechtaan'.

Cliënt heeft met zijn gedrag beslist niet de bedoeling zich van zijn werkomgeving af te wenden. Hij wil zich graag aansluiten bij zijn sociale (werk)omgeving. Hij houdt ervan een scala van contacten te hebben binnen het bedrijf en onderhoudt deze contacten ook. Hij identificeert zich daarmee gemakkelijk met de bedrijfscultuur en weet dan ook wat er op de werkvloer speelt.

Cliënt steekt energie in zijn loopbaan. Maar hij vindt het verdienen van geld niet vooropstaan. Hij vindt dat je prestaties ook in andere termen kunt uitdrukken, zoals inhoud en nuttigheid voor de samenleving. Op die manier kan het voorkomen dat hij niet ten volle gebruikmaakt van de capaciteiten die hij heeft. In die zin is hij weinig ambitieus.

Cliënt vertrouwt wat betreft het leveren van prestaties meer op zijn werkdiscipline. Hij kan zich er gemakkelijk toe zetten aan een klus te beginnen en maakt deze ook af. Het kost hem geen moeite zich geheel te wijden aan een bepaalde opdracht. Ook als het hem tegenzit, kan hij zichzelf motiveren om door te gaan. Het afbreken van zijn werkzaamheden is zijn eer te na.

Cliënt is van mening dat hij met deze houding in zijn werk succesvol is. Hij voelt zich in de regel opgewassen tegen de taken die hij heeft en is ook van mening dat hij deze doelmatig kan aanpakken. Daarmee straalt hij zelfverzekerdheid uit, hij is ervan overtuigd dat wat hij doet, goed doet.

OBSERVATIE

Cliënt maakt in het contact een open, sociaalvaardige indruk. Hij is in staat het gesprek te sturen, maar hij let daarbij ook goed op zijn gesprekspartner. Hij heeft sterk de neiging de regie te houden. In zijn wijze van communiceren is hij zakelijk, maar hij probeert ook een persoonlijk accent aan te brengen. Soms voelt dat aan als gespeeld, alsof hij zich al te bewust is van een beoordelingssituatie.

Cliënt heeft een duidelijk beeld van de mogelijkheden in zijn loopbaan. Hij geeft ook onomwonden aan dat hij voor zijn vijftigste levensjaar op een goede plek wil zitten. Dat kan bij zijn huidige werkgever zijn, maar wat hem betreft ook daarbuiten.

SAMENVATTING

Cliënt werd onderzocht op algemene managementvaardigheden voor het vervullen van een managementfunctie bij zijn huidige werkgever.

Cliënt komt uit het onderzoek naar voren als een emotioneel stabiele man die een 'stresssituatie' vooral ziet als een rationeel te benaderen probleem. Het zal dan ook weinig voorkomen dat hij door werkdruk het overzicht verliest of dat hij in zijn sociaal optreden iets laat blijken van een emotionele stressreactie. Hij is in de regel alert en grijpt in.

Zijn stressbestendigheid heeft ook tot gevolg dat hij weinig invoelend vermogen heeft ten aanzien van degenen die wel nerveus worden als de werkdruk hoog dreigt te worden. Hij kan dan op een weinig diplomatieke manier te kennen geven wat hij van een situatie vindt en dat kan onbedoeld een negatief effect hebben op de samenwerking.

Als manager is cliënt daarom vooral iemand die taakgericht werkt. Met groot optimisme pakt hij taken op en hij zal dat ook van zijn medewerkers vragen. In zijn aanpak is hij echter weinig speels. Hij vindt het moeilijk zich intellectueel in een probleem te verdiepen en is veel meer geneigd in de praktijk te zien hoe iets uitpakt. Dit kan, in combinatie met zijn grote werkdiscipline, leiden tot het te lang doorgaan op gebaande paden. Door zijn geringe sensitiviteit loopt hij meer dan anderen de kans dat hij signalen die daarop wijzen, niet bijtijds oppakt.

Intellectueel functioneert cliënt ongeveer op hbo-niveau, hij maakte echter onnodige fouten in de aangeboden tests. In de praktijkproef laat hij zien over een goed praktisch gevoel voor management te beschikken. Zijn algemene ontwikkeling, zoals ingeschat aan de hand van zijn woordenkennis, is echter beduidend lager dan hbo-niveau.

Al met al is cliënt vooral pragmatisch. Hij beschikt over goede sociale vaardigheden, maar mist de sensitiviteit voor 'people management'. Daarbij heeft hij in zijn werkhouding de neiging 'door te gaan' waar het wellicht verstandiger is 'pas op de plaats te maken'. Intellectueel en praktisch gesproken kan hij een managementfunctie aan. Of hij werkelijk goed zal functioneren, hangt van de bedrijfscultuur af. Een zakelijke maar niet zo veranderlijke omgeving past het beste bij hem.

STERKTE-ZWAKTEVERGELIJKING

Sterke kanten: emotioneel stabiel, alert, taakgericht, optimistisch, praktisch, discipline.

Zwakke kanten: weinig invoelend vermogen, weinig diplomatiek, weinig speels, weinig diepgang, geringe sensitiviteit, slordig in 'bureautaken'.

9.3   VOORBEELD BEROEPSKEUZEADVIESRAPPORT

Een beroepskeuzeadviesrapport is doorgaans gericht aan de persoon zelf. Vaak heeft het de functie van een samenvatting van onderzoeksresultaten en de gesprekken die er gevoerd zijn. Maar het heeft ook de functie van een document dat eventueel met een goede bekende of een (potentiële) werkgever kan worden doorgenomen. Dit laatste maakt dat al te persoonlijke zaken niet aan de orde komen in de rapportage. Het accent in de rapportage ligt op de mogelijkheden in werk. Maar het is altijd een tussenstand, de cliënt zit doorgaans in een proces dat moet leiden naar een (andere) werkkring. Vaak zit daar nog een opleiding of inwerktraject tussen. Het vastzetten op bepaalde functies of een bepaalde opleiding is in de regel dan ook onverstandig (hoe graag cliënt en opdrachtgever dat soms ook willen). De eerste functie van het rapport is te stimuleren werk te maken van de loopbaan. Daar passen voorbeeldfuncties, beroepssferen en beroepsrichtingen beter bij.

PRIMAIRE VRAAGSTELLING

Cliënte is een 20-jarige scholiere die voor de tweede maal gezakt is voor haar havo-examen met een exact vakkenpakket (natuur en techniek). Aanvankelijk was ze een gemiddelde (vwo-)leerling, maar vanaf haar 16e jaar 'had ze wel wat anders aan haar hoofd'. Ze doubleerde en bleef vooral op aandrang van haar ouders de havo-opleiding volgen. Zelf had ze veel meer gevoeld voor een praktisch technisch beroep. Ze sleutelt graag aan motoren. Ook dacht ze ooit aan een militaire opleiding, maar dat plan werd door haar omgeving radicaal afgewezen. Als compensatie mocht ze lid worden van een vereniging voor spelonkologen.

Cliënte denkt er nu over om toch maar haar havo-opleiding af te maken op het volwassenenonderwijs, maar ze heeft er eigenlijk geen zin meer in. Ze vraagt zich af of ze het wel kan en ook wat ze daarna zou kunnen doen. Maar bovenal vraagt ze zich af of er geen alternatief voor haar is. Ze gaat naar de beroepskeuzepsycholoog om haar probleem voor te leggen.

OPDRACHTVRAAGSTELLING

Cliënte blijkt een goed verzorgde, enigszins verlegen vrouw. Haar ouders hebben een bedrijf voor tuinaanleg en op die manier komt ze veel in aanraking met shovels, vrachtwagens en hijskranen. Ze heeft deze apparatuur ook frequent bediend en deed zelfs enige tijd op verzoek van een importeur van deze machines demonstraties op beurzen. Ze deed dit in de vakanties en merkte dat commerciële contacten haar wel bevallen.

Cliënte heeft, afgezien van de teleurstellende resultaten op school geen duidelijke persoonlijkheidsproblematiek. Ze is graag alleen maar heeft ook vriendinnen met wie ze in het weekend uitgaat. Verdere hobby's dan hiervoor vermeld zijn, heeft ze niet. Ze benadrukt dat ze liever niet doorleert. In haar ogen was de havo al een flinke opgave en ze wil nu ergens praktisch mee bezig zijn.

Afgesproken wordt eerst te bezien waar het accent van haar interesses ligt en wat haar capaciteiten zijn. Op die manier kan een terrein van de arbeidsmarkt worden afgebakend waarop ze zich nader kan oriënteren. Maar ook wordt het raadzaam geacht eens goed te kijken naar de persoonlijkheidsstructuur van cliënte. Dit voorkomt dat ze op een arbeidsterrein terechtkomt waar ze zich moeilijk kan ontwikkelen.

ONDERZOEKSVRAAGSTELLING

Omdat cliënte vooral praktisch en snel aan de slag wil, ligt het voor de hand een beroepeninteressetest af te nemen op mbo-niveau: de KIT (Compaan & Kooreman, 1994). Om een profiel van haar capaciteiten te verkrijgen wordt een deel van de DAT (De Wit & Compaan, 2005) afgenomen. De psycholoog verwacht echter meer van het persoonlijkheidsonderzoek. Het is gezien de voorgeschiedenis waarschijnlijk dat er specifieke zaken spelen die ook in een verdere loopbaanontwikkeling van belang kunnen zijn. In eerste instantie is het van belang haar sociaal-emotioneel functioneren onder de loep te nemen. De NPV (Luteijn e.a., 2000) en de GLTS (Akkerman & Buijk, 1994) kunnen hier zicht op geven. Omdat cliënte zelf al aanstipte dat er ook motivatieproblematiek zou kunnen zijn, wordt de MOTOR (Kooreman, 2006) ingezet.

B ONDERZOEKSRESULTATEN

KIT (STANINE)

Norm: Algemeen	1	2	3	4	5	6	7	8	9
Dieren & Planten							x		
Technisch								x	
Proces							x		
Creatief					x				
Mensen		x							
Handel						x			
Administratie	x								

CAPACITEITEN DAT (STANINE)

Norm: havo-5	1	2	3	4	5	6	7	8	9
Woordenlijst						x			
Denken met woorden						x			
Denken met figuren					x				
Denken met getallen						x			
Ruimtelijk inzicht					x				

GLTS (STANINE)

Norm: Algemeen	1	2	3	4	5	6	7	8	9
Extraversie				x					
Gevoeligheid			x						
Reagibiliteit						x			
Autoritair				x					
Oppervlakkig									x
Mannelijkheid				x					

NPV (STANINE)

Norm: Algemeen	1	2	3	4	5	6	7	8	9
Inadequatie			x						
Sociale Inadequatie						x			
Rigiditeit		x							
Verongelijkt				x					
Zelfgenoegzaamheid		x							
Dominantie		x							
Zelfwaardering				x					

MOTOR (STANINE)

Norm: Loopbaan	1	2	3	4	5	6	7	8	9
Energie							x		
Discipline		x							
Planmatigheid			x						
Competitie					x				
Totaal score				x					

C RAPPORTAGE

1   KARAKTERBEELD

Presentatie

Cliënte geeft op een adequate manier een toelichting op de achtergronden van het aangevraagde onderzoek. Zij liep vast op de havo en zou eigenlijk vorig jaar de opleiding al verlaten. Zij blijkt haar gedachten goed te verwoorden. Zo geeft ze aan graag 'buiten' te willen werken, maar voegt eraan toe dat dit vaak 'dom werk' betreft. In haar ogen is het vooral slecht gegaan op school omdat ze geen zin meer had. Haar vriendinnen waren allemaal van school en in het laatste jaar voelde ze zich eigenlijk 'te oud'.

Haar presentatie is over het algemeen goed te noemen. Ze spreekt duidelijk, oogt representatief en formuleert helder.

Testgegevens

Voor het beschrijven van de persoonlijkheid heeft cliënte een aantal vragenlijsten ingevuld. De resultaten daarvan zijn teruggebracht tot de vier aspecten die in het schema zijn vermeld. Hierna volgt een beschrijving van de persoonlijkheidseigenschappen die vooral betrekking hebben op het algemeen functioneren. In de volgende paragraaf (werkinstelling) worden de persoonlijkheidseigenschappen beschreven die vooral betrekking hebben op werksituaties.

Norm: Algemeen	Zeer laag	Laag	Beneden gemiddeld	Gemiddeld	Boven gemiddeld	Hoog	Zeer hoog
Gevoeligheid	||||||||||||||||||||||||||||||						
Extraversie	||||||||||||||||||						
Rigiditeit	||||||||||||||						
Zelfkritisch	||||||||||||||||||||||||||||||||||||||||||||||||||||||||||||				

Gevoeligheid

Cliënte heeft het gevoel dat zij voldoende grip heeft op haar gevoelsleven. Zij laat haar gedrag niet zo sterk beïnvloeden door de stemming die zij heeft. Zij maakt zich weinig zorgen om mogelijke tegenslag en laat zich op die manier ook niet snel uit het veld slaan. Maar zij staat ook weinig stil bij begane fouten. Door deze optimistische houding kan zij in een groep (maar ook bij zichzelf) het moreel hoog houden. Deze houding kan echter ook aanleiding geven tot zorg als van gemaakte fouten niet wordt geleerd of als onnodig risico's worden genomen.

Extraversie

Cliënte houdt niet zo van gezelschap om zich heen. Zij ziet ertegenop om in het middelpunt van de belangstelling te staan en vermijdt ook liever situaties waarin zij veel onbekende mensen zal ontmoeten. Zij is liever bij bekenden of alleen met de tv of een boek.

Cliënte heeft een negatief beeld over haar functioneren. Vaak heeft zij het gevoel dat haar inbreng er niet toe doet. Ook kan zij zich schuldig voelen over zaken waarop zij weinig invloed heeft.

Cliënte houdt zich daarom liever wat op de achtergrond in een gezelschap en zij houdt er zeker niet van verantwoordelijk te zijn voor de gang van zaken in een groep mensen.

Rigiditeit

Cliënte staat open voor nieuwe situaties. Zij heeft een afkeer van voorspelbaarheid, orde en regelmaat. Het liefst zou zij elke zaak op zichzelf willen bezien. Zij houdt ook niet van mensen die hun oordeel al snel klaar hebben. Voor zover zij principes heeft, is zij daar niet vasthoudend in, zij geeft haar mening gemakkelijk voor een betere. Dat maakt haar flexibel, maar ook iemand die weinig principes heeft.

Zelfkritisch

Cliënte laat graag ruimte voor (zelf)kritiek en stelt zich daar ook open voor op. Als een opmerking wordt gemaakt over haar stellingname, zal zij deze niet zonder meer terzijde leggen. Zij is eerder geneigd het tegenargument goed te bekijken en eventueel haar mening voor een betere te geven, als zij vindt dat 'de waarheid' daarmee gediend is. Dat maakt haar vriendelijk en tegemoetkomend, maar ook iemand die gemakkelijk van standpunt verandert. Zij kan dat ook doelbewust doen. Zij weet dat je zaken ook voor elkaar kunt krijgen als je niet al te veel open kaart speelt.

Norm: Loopbaan	Zeer laag	Laag	Beneden gemiddeld	Gemiddeld	Boven gemiddeld	Hoog	Zeer hoog
Energie	|||||||||||||||||||||||||||||||||||||||||||||||||||						
Discipline	||||||||||||						
Planmatigheid	||||||||||||||||||||						
Competitie	||||||||||||||||||||||||||||||||||||||||||||||||||||||||						
Totaal score	||||||||||||||||||||||||||||||||||||						

Cliënte is in de aanpak van haar werk energiek. Zij zoekt uitdagingen en als zij een klus oppakt 'gaat zij ervoor'. Zij toont daarmee inzet en wil laten zien dat ze gemotiveerd is. Daardoor kan zij ook wel ongeduldig en wat al te snel zijn in haar handelen. Zij houdt er niet van om aan de kant te staan.

Toch heeft cliënte er problemen mee eenmaal aangevangen taken te volbrengen, zeker als het tegenzit. Zij mist de discipline om haar afspraken optimaal na te komen en zal opgeven als het haar tegenzit. Ze vindt het ook moeilijk te plannen en een taak systematisch aan te pakken. Zij houdt niet van vooruitdenken, van wikken en wegen. Zij gaat liever direct tot actie over en verliest daarmee wel eens de greep op haar werkzaamheden.

Een meer succesvolle wijze waarop zij tot prestaties aangezet wordt, is in competitief verband. Zij is gevoelig voor het vergelijken van haar prestaties met die van anderen en zij zal haar best doen haar prestaties op of boven een groepsnorm te brengen.

In zijn totaliteit is de score op haar prestatiemotivatie gemiddeld te noemen.

3   VERSTANDELIJKE CAPACITEITEN

Norm: havo klas 5	Zeer laag	Laag	Beneden gemiddeld	Gemiddeld	Boven gemiddeld	Hoog	Zeer hoog
Woordenlijst	|||||||||||||||||||||||||||||||||||||||||||||||||||||||||||						
Denken met woorden	||||||||||||||||||||||||||||||||||||||||||||||||||||||						
Denken met figuren	|||||||||||||||||||||||||||||||||||||||||||||						
Denken met getallen	|||||||||||||||||||||||||||||||||||||||||||||||						
Ruimtelijk inzicht	|||||||||||||||||||||||||||||||||||||||||||						

Het intelligentieniveau van cliënte is zeker op haar opleidingniveau. Zij heeft een gelijkmatig intelligentieprofiel. Met dit intelligentieniveau moet zij zeker op havo-niveau kunnen functioneren.

Woordenlijst

Met de Woordenlijsttest is het algemene kennisniveau van cliënte vastgesteld. Het gaat om de belezenheid. Hoogscoorders hebben minder problemen met het begrijpen van teksten dan laagscoorders, omdat ze meer woorden kennen.

Haar woordenschat ligt op een bovengemiddeld havo-niveau.

Denken met woorden

Denken met woorden is een test voor verbaal denk- en redeneervermogen (denken en redeneren met woorden). Hoogscoorders zien snel verbanden tussen begrippen, laagscoorders hebben hier moeite mee. Deze test is een goede voorspeller van het 'theoretisch leervermogen' (leren aan de hand van teksten, boeken en instructie in woorden).

Haar vermogen verbanden tussen verbale begrippen te zien, ligt op een boven-gemiddeld havo-niveau.

Denken met figuren

Aan de hand van de Denken met figuren-test is het logisch redeneervermogen met op zichzelf betekenisloze figuren en symbolen vastgesteld. Het gaat om exact rede-neervermogen zoals je dat in wiskunde en programmeertalen tegenkomt. Het is een niet-verbale test, hoogscoorders maken zich abstracte begrippen eerder eigen dan laagscoorders. De score houdt verband met het leervermogen in de exacte school-vakken en computerwerk.

Haar vermogen om relaties van niet-verbale aard tussen dingen te ontdekken, het logisch redeneren, ligt op een gemiddeld havo-niveau.

Denken met getallen

Denken met getallen is een rekentest waarin allerlei rekenkundige bewerkingen wor-den gemaakt.

Deze rekenvaardigheid is op een bovengemiddeld havo-niveau.

Ruimtelijk inzicht

De Ruimtelijk inzicht-test meet het ruimtelijk voorstellingsvermogen zoals je dat no-dig hebt bij het praktisch werken in techniek en constructie. Hoogscoorders kunnen zich op basis van een tekening gemakkelijk voorstellen hoe een voorwerp (gebouw, machine) er in werkelijkheid uitziet. Laagscoorders hebben hier moeite mee. De vaardigheid is vooral in technische beroepen van belang, maar speelt ook een rol bij kaartlezen, naaipatronen, metselwerk of interieurinrichting.

Haar vermogen zich ruimtelijk voorwerpen voor te stellen op basis van een tekening en daarmee te werken, ligt op een gemiddeld havo-niveau.

BEROEPENINTERESSES

Norm: mbo	Zeer laag	Laag	Beneden gemiddeld	Gemiddeld	Boven gemiddeld	Hoog	Zeer hoog
Dieren & Planten	||||||||||||||||||||||||||||||||||||||||||||||||||||||||||||||||||					
Technisch	||||||||||||||||||||||||||||||||||||||||||||||||||||||||||||||||||||					
Proces	|||||||||||||||||||||||||||||||||||||||||||||||||||||||					
Creatief	|||||||||||||||||||||||||||||||||||						
Mensen	||||||||						
Handel	|||||||||||||||||||||||||||||||||||||||||||					
Administratie	|||						

Cliënte heeft een uitgesproken voorkeur voor het werken met machines, gereedschappen en materialen. Dergelijke werkzaamheden worden vaak verricht in werkplaatsen, maar er zijn ook vele mogelijkheden in de ambulante sfeer (servicediensten), de bouw en het vervoer. Hiermee spreekt zij ook een voorkeur uit voor praktisch, concreet werk en het behalen van tastbare resultaten in het werk.

Cliënte heeft belangstelling voor het werken met dieren en planten. Hiermee geeft zij ook een voorkeur voor buitenwerk aan. Zij houdt ervan actief bezig te zijn. Dergelijke werkzaamheden worden aangetroffen in bijvoorbeeld de land- en tuinbouw of veeteelt, maar ook bij tuincentra, dierenpensions en fokkerijen.

Cliënte geeft tevens aan geïnteresseerd te zijn in artistiek, creatief werk. Zij doet graag werkzaamheden waarbij het erop aankomt oorspronkelijke en originele oplossingen te vinden. Dergelijke werkzaamheden zijn buiten de sfeer van kunst en cultuur te vinden in ambachtelijk werk, ontwikkelwerk en in het algemeen activiteiten die weinig routine of regelmaat kennen.

Cliënte is ten slotte geïnteresseerd in commerciële werkzaamheden. Zij heeft er plezier in mensen te overtuigen, over te halen bij haar te kopen en daarmee geld te verdienen. Zij geeft daarmee ook aan graag ondernemend, zelfstandig op te treden. Deze werkzaamheden vinden plaats in winkels en andere verkooppunten, maar ook op kantoor en ambulant.

Cliënte is beslist niet geïnteresseerd in administratief werk. Daarmee geeft zij ook aan er niet van te houden op een kantoor te werken. Zij heeft evenmin belangstelling voor werk waarbij zij mensen moet helpen en verzorgen.

5   TESTBEELD EN ADVIES

In de capaciteitentests laat cliënte zien over een goed intelligentieniveau te beschikken. Zij zou zich hiermee ten minste tot op hbo-niveau moeten kunnen ontwikkelen. We bespraken al dat de kans dat zij voor een dergelijke ontwikkeling kiest, (gezien haar wens snel resultaat te boeken) niet groot is. Zij richt zich in haar loopbaanplanning veel meer op snel realiseerbare, tastbare resultaten. Dit betekent dat zij haar capaciteiten vooral moet inzetten in een baan die de mogelijkheid biedt direct te presteren, zonder al te veel inwerktijd of scholing. Afgaande op haar intelligentieniveau kan zij ook snel in de praktijk leren, een aanvullende scholing op mbo-niveau mag voor haar dan ook geen enkel probleem zijn.

Gezien haar scores op de interessetests zouden de mogelijkheden gezocht kunnen worden in de sfeer van praktisch werk waar zij weinig 'service-klantcontacten' heeft (persoonlijke dienstverlening). Cliënte is uiterst praktisch ingesteld en zij voelt zich vooral op haar plek waar zij min of meer solistisch en in ieder geval zelfstandig haar werk kan doen. Maar anderzijds is er geen enkele aanleiding om sociale contacten in het werk te mijden.

Wat betreft haar persoonlijkheid is zij enigszins oppervlakkig. Voordeel is dat zij daardoor flexibel met zaken kan omgaan, maar nadeel is dat zij weinig diepgang zoekt. Zij kan gemakkelijk op besluiten terugkomen en vindt het van weinig belang om haar mening op de voorgrond te zetten. Voor werk betekent dit dat zij zich loyaal aan allerlei werksituaties kan aanpassen, maar ook dat zij snel opgeeft als zij merkt dat zaken niet direct iets opleveren. Cliënte is energiek in aanvang, maar vindt het moeilijk om door te zetten. Omdat zij gevoelig is voor 'competitie' komt zij in een groep waarschijnlijk tot betere resultaten dan in haar eentje.

In een collegiaal overleg zal zij in de regel minder dan anderen inbrengen. Dit is een reden temeer om vooral concreet, uitvoerend werk te zoeken.

Cliënte zou goed passen in een praktisch-commerciële functie gezien haar belangstelling, vaardigheden en direct-resultaatgerichte opstelling. Een dergelijke functie zou echter weinig serviceaspecten of intensieve sociale contacten (relatieopbouw) in zich moeten hebben. Een dergelijke functie zou zij het best kunnen vervullen in een praktisch-technische omgeving.

Functies die passen in dit profiel zijn bijvoorbeeld: showroommedewerker occasions, promotiemedewerker beurs, terreinmeester.

Haar profiel past ook bij functies in de krijgsmacht, justitie, bewaking of de politie. Zij zou zich ook hier op de mogelijkheden moeten oriënteren.

Dr. F. Geregistreerd Beroepskeuze & Loopbaanpsycholoog NIP

DE PSYCHOLOGISCHE RAPPORTAGE, DE NIP-ETHIEK EN HET RECHT[7] | 10

10.1   DE NIP-ETHIEK EN DE ALGEMENE STANDAARD TESTGEBRUIK

Voor psychologen is er geen algemeen geldende gedragscode. Het Nederlands Instituut voor Psychologen (NIP) kent slechts een Beroepscode en een Algemene Standaard Testgebruik (NIP, 2004) voor zijn leden. Deze psychologen zijn te herkennen
aan het dienstmerk Psycholoog NIP. Houders van dit dienstmerk zijn academisch
gevormde psychologen. Wanneer leden van het NIP zich niet aan deze beroepscode
(NIP, 1998) houden, kan er een waarschuwing of een berisping worden gegeven. De
zwaarste straf in dit kader is de schorsing als lid van het NIP. Daarnaast zijn er internationale richtlijnen voor het gebruik van tests (zie ITC, 2001).

PSYCHOLOOG NIP

De rechtpositie van de psycholoog wordt in wet- en regelgeving vaak vastgesteld
in samenhang met die van (ortho)pedagoog, arbeids(des)kundige en arts. Dikwijls
wordt de psycholoog gezien als een ondersteuner van het medisch oordeel.

De Psycholoog NIP wordt enkele malen expliciet genoemd in wet- en regelgeving
(bijvoorbeeld: Naturalisatietoets, Indicatiestelling WSW, No risk polis en premiekor-
ting CWI), maar in omvangrijke wetgeving als de WIA, Jeugdzorg en besluit Psychiatrie wordt slechts gesproken met de algemene term 'psycholoog'. Strikt genomen is
de NIP-ethiek dan ook maar beperkt geldig. Het belang van de ethiek is vooral dat
de rechter bij een eventueel geschil de NIP-ethiek als maatgevend beschouwt. Ook
voor een niet-Psycholoog NIP.

HET DOSSIER

De psycholoog, of diens werkgever, is verantwoordelijk voor het juiste beheer van
het dossier waarvan het psychologisch rapport deel uitmaakt. De cliënt, of diens
vertegenwoordiger, heeft recht op aanvulling, verbetering of verwijdering van gegevens uit het dossier. Wanneer de cliënt het dossier inziet, heeft hij recht op uitleg
van de psycholoog die het dossier beheert. De psycholoog bewaart het dossier niet
langer dan noodzakelijk en de gegevens uit een dossier mogen pas in een algemeen
databestand komen als deze volledig geanonimiseerd zijn. De cliënt kan ook verzoeken tot vernietiging van het dossier en daarmee van de psychologische rapportage.

---

7   Met dank aan mr. H.A.M. Buis

Een psychologisch rapport wordt schriftelijk uitgebracht. Voortvloeiend uit het recht op dossierinzage heeft de cliënt het recht op inzage van het rapport, hij kan zelfs een afschrift van de rapportage krijgen. Bovendien heeft de cliënt het recht op aanvulling en verbetering van de rapportage. Hij dient dit echter wel schriftelijk te doen en de correcties moeten aannemelijk zijn naar het oordeel van de psycholoog. Feitelijke onjuistheden en gezien de vraagstelling irrelevante uitspraken, maken op die grond meer kans om aangepast te worden dan een mening van de cliënt.

Indien de cliënt het absoluut oneens is met de rapportage, of een andere reden heeft de rapportage geen doorgang te laten vinden, dan kan hij de rapportage blokkeren. Van dit recht wordt in de praktijk vooral in geval van personeelsselectie gebruikgemaakt. Indien de opdrachtrelatie een dergelijke blokkade niet verdraagt, vindt de rapportage ook bij protest van de cliënt, gewoon doorgang. Dit is bijvoorbeeld het geval bij gebruik van psychologische rapporten in de rechtspraak en de sociale verzekering. In dergelijke gevallen kan een cliënt wel onderzoek weigeren. Deelname aan het onderzoek betekent dan ook in deze gevallen impliciete toestemming voor rapportage.

Verder dient de rapportage zich te beperken tot de vraagstelling en de doelstelling van het onderzoek. Bovendien moet in de rapportage duidelijk worden gemaakt wat de beperkingen zijn van de gedane uitspraken.

De Psycholoog NIP is verder verplicht op de rapportage te vermelden dat deze vertrouwelijk van aard is en dat de uitspraken die gedaan worden een beperkte geldigheidsduur hebben.

10.2 DE WET

De beroepskeuze- en loopbaanpsycholoog kan in zijn werk met enkele internationale afspraken in aanraking komen. Volgens de Universele Verklaring van de Rechten van de Mens heeft eenieder recht op een vrije keuze van beroep (artikel 23).

Een psychologisch (beroepskeuze)onderzoek zou op deze gronden nooit een dwingend advies mogen geven. In het Europees Sociaal Handvest (artikel 9) wordt zelfs gesteld dat beroepskeuzeadvisering kosteloos dient te zijn:

'Ten einde de onbelemmerde uitoefening van het recht op beroepskeuzevoorlichting te waarborgen verplichten de overeenkomstsluitende partijen zich zo nodig een dienst in het leven te roepen of hieraan medewerking te verlenen die allen met inbegrip van minder validen dient te helpen bij de oplossing van vraagstukken met betrekking tot beroepskeuze en vorderingen in een beroep met inachtneming van hun persoonlijke eigenschappen alsmede van het verband tussen deze en de bestaande werkgelegenheid; deze hulp dient kosteloos te worden gegeven zowel aan jeugdige personen met inbegrip van schoolkinderen als aan volwassenen.'

Wat betreft de Nederlandse wetgeving kan de adviserend psycholoog in aanraking komen met artikel 10 van de Algemene wet gelijke behandeling. Een psycholoog mag bij het aannemen van onderzoeksopdrachten geen onderscheid maken op grond van leeftijd, politieke gezindheid, nationaliteit, seksuele geaardheid, burgerlijke staat, handicap, arbeidstijden, tijdelijke contracten, ras of godsdienst, noch op grond van sekse.

Een religieuze psycholoog mag dus geen atheïstische klanten weigeren op grond van dit levensbeschouwelijk verschil (of andersom). Volgens deze wet is het dus ook niet mogelijk een rapportage te weigeren op grond van een van deze kenmerken. Bijvoorbeeld als blijkt dat de onderzochte voor zijn reïntegratie is aangewezen op arbeidstijden van slechts enkele uren per week.

Deze wet staat op gespannen voet met de praktijk dat vele tests slechts genormeerd zijn op beperkte groepen en zeker geen rekening houden met combinaties van genoemde kenmerken. Zo is aannemelijk dat cultuurverschillen voor een flink deel verantwoordelijk zijn voor scoreverschillen op persoonlijkheidstests. Op grond van de wet zou elke bevolkingsgroep zijn eigen research op tests moeten hebben.

De psychologische rapportage kan zich op verschillende rechtsgebieden bewegen. Koenraadt en Pach (1988) onderscheiden wat dit betreft vier terreinen:
- de krankzinnigenwetgeving: opname, ontslag en verlenging van verblijf in een psychiatrische inrichting;
- de sociale verzekeringsrechtspraak: met name bij de Centrale Raad van Beroep voor de toekenning van uitkering en voorzieningen;
- de civiele rechtspraak: bijvoorbeeld vereisten voor het aangaan van een huwelijk, testament, en curatele;
- overige gebieden als strafrecht, pensioenwetten en arbitragecommissies.

De psycholoog kan bij de toepassing van deze wetten uitgenodigd worden zijn oordeel te geven over personen. Deze oordelen (rapportages) worden dan in een rechtszitting gebruikt. Indien het doen van uitspraken in strijd is met zijn geheimhoudingsplicht kan een Psycholoog NIP zich beroepen op zijn verschoningsrecht (NIP-ethiek, (NIP, 1998)).

Gerechtelijke uitspraken over de kwaliteit van psychologisch onderzoek zijn schaars. Er is een uitspraak van het Centraal Tuchtcollege voor de Gezondheidszorg (Staatscourant, 2003, nr. 86 pag. 19). Daarin wordt een psycholoog gehekeld die in zijn rapportage tekortgeschoten is wat betreft de onderbouwing van zijn uitspraken. Het tuchtcollege stelt bij deze gelegenheid de volgende eisen aan een rapportage:
- Er dient op een inzichtelijke en consistente wijze te worden aangegeven op welke gronden de conclusies uit het rapport gebaseerd zijn.
- Deze gronden dienen op feiten (omstandigheden en bevindingen) gestoeld te zijn.
- Aannemelijk moet zijn dat de gronden de conclusie rechtvaardigen.

De rechter vindt het echter feitelijk al voldoende als de conclusie logischerwijs volgt uit de bevindingen van het onderzoek. In deze zaak werden ook de beoordelingen van de COTAN betrokken van de tests die in dit geval gebruikt werden.

De specifieke rechtspositie van de psycholoog blijkt verder uiterst mager te zijn. Bij een vergelijkbare beroepsgroep, de medici, is dit aanmerkelijk anders geregeld.

Voordat op de mogelijke rechtsgevolgen van een rapportage wordt ingegaan, volgt daarom eerst een vergelijking tussen de psycholoog voor wie wettelijk zeer weinig geregeld is en de arts die door de wetgever veel meer aan banden is gelegd.

10.3 DE PSYCHOLOOG EN DE ARTS

De psycholoog en de arts hebben in hun werk een aantal zaken gemeen. Zij doen onderzoek bij hun cliënten en rapporteren over dat onderzoek. Toch komen beide professies weinig overeen wat betreft de regels en wetten waaraan beide zich dienen te houden. Voor de arts is er een uitgebreide jurisprudentie en wetgeving, de psycholoog heeft alleen met de wet te maken, zoals elke ingezetene van ons land.

Medicus en psycholoog hebben gemeen dat ze een grote verantwoordelijkheid dragen ten opzichte van de cliënt. Zij hebben immers beiden de beschikking over een groot aantal gegevens van zowel individuele cliënten als van groepen van cliënten.

Een arts of een psycholoog die een bekende artiest of sportfiguur heeft behandeld, kan van de roddelbladen forse bedragen verwachten, zeker als de te leveren informatie saillante details bevat.

Het doorspelen van dergelijke informatie door een arts kost hem zijn recht zijn beroep uit te oefenen. De psycholoog kan, ook na een eventuele rechtszaak en zelfs na een schorsing van het NIP zijn beroep in principe blijven uitoefenen.

Het beroep van arts is aanmerkelijk beter beschermd dan dat van psycholoog. De arts betaalt hiervoor de prijs als hij een grote fout maakt, een psycholoog kan ook na grote fouten zijn professie blijven uitoefenen. Hij kan wel zijn NIP-lidmaatschap verliezen, maar dat heeft voor lang niet alle psychologen praktische consequenties. De klinisch psycholoog is wat dat betreft nog het meest kwetsbaar. Deze psycholoog wordt in verschillende wettelijke regelingen en uitspraken aan gedragscodes gebonden.

De toelating tot geneeskundige functies is door allerlei regels beperkt. Als een specialist of een huisarts gedurende een bepaalde periode niet in zijn specialisme heeft gepraktiseerd, vervalt zijn inschrijving en daarmee zijn recht om nog langer in dit specialisme te functioneren. Deze regel wordt strikt gehanteerd, zelfs al heeft de desbetreffende arts nimmer een ernstige fout gemaakt en staan zijn vaardigheden op zichzelf niet ter discussie.

Ook komt de striktere regelgeving ten aanzien van artsen tot uitdrukking in het medisch tuchtrecht, dat zich tot alle artsen uitstrekt, ongeacht het feit of de desbetreffende arts lid is van een beroepsvereniging. Dit tuchtrecht kan het de arts onmogelijk maken om te praktiseren.

Wellicht is deze positie van de psycholoog ten opzichte van de arts er de oorzaak van dat psychologen wat vrijelijker rapporteren en deze rapporten ook gemakkelijker naar buiten brengen. Een arts rapporteert zelden naar buiten toe en als hij dat doet beperkt hij zich veelal tot de diagnose. Een prognose of uitgebreide beschouwing op papier zetten is riskant; het kan consequenties hebben voor de toepassing van het tuchtrecht. Het is ook bij wet verboden om een medische aanstellingkeuring te doen (behoudens uitzonderingen). De psycholoog mag vrijelijk zijn diagnose gebruiken voor het doen van geschiktheidsuitspraken (waaronder het risico op ziekteverzuim) over een sollicitant.

10.4 DE POSITIE VAN DE PSYCHOLOOG IN HET BURGERLIJK RECHT

Als een psycholoog in zijn functie schade berokkent aan een cliënt of aan derden, kan degene die schade lijdt de psycholoog volgens het Burgerlijk Recht aanspreken wegens een onrechtmatige daad. Deze aanspraak kan door de benadeelde aanhangig worden gemaakt bij de rechtbank in het arrondissement waar hij woont. Deze wijze van verhaal zoeken is echter niet specifiek gericht op de behandelaar-psycholoog. Een dergelijke actie kan ook worden ingesteld tegen bijvoorbeeld de slager die bedorven vleeswaren heeft verkocht.

Daden van psychologen die aanleiding kunnen zijn tot een actie wegens onrechtmatige daad zijn bijvoorbeeld het zonder toestemming van de cliënt openbaar maken van gegevens. Wil de rechter de desbetreffende behandelaar echter veroordelen tot het betalen van een schadevergoeding, dan zal er toch schade moeten worden vastgesteld. Ook zal de burgerlijke rechter zich niet zo gauw uitspreken over de inhoudelijke kant van het vak van psycholoog. Als de psycholoog zich zorgvuldig naar de cliënt heeft gedragen, maar de cliënt het gewoon niet eens is met de uitkomst van een psychologisch onderzoek, zal de rechter zich in principe verre houden van het uitspreken van een oordeel.

Het is aannemelijk dat de rechter zich zelfs terughoudend opstelt, wanneer er toch wel enige aanwijzingen zijn dat de psycholoog 'broddelwerk' heeft geleverd. Slechts wanneer de cliënt overduidelijk door slecht functioneren schade heeft geleden zal de rechter een eis tot schadevergoeding ten gevolge van een onrechtmatige daad toekennen.

In de sociale verzekeringen is het mogelijk de conclusies uit een rapportage in een beroepszaak aan te vechten. In zo'n geval kan de uitspraak van een psycholoog van invloed zijn geweest op de hoogte van een uitkering. Het is dan aan de rechter om te beslissen of de uitspraken van de psycholoog al of niet juist zijn.

Ook in strafzaken kan het oordeel van een psycholoog gevraagd worden. En ook hier kan de rechter de conclusies uit een psychologisch onderzoek terzijde leggen. In sommige gevallen zou aantoonbaar kunnen zijn dat er schade wordt geleden na een psychologische rapportage. Bijvoorbeeld bij personeelsselectie wanneer een kandidaat wordt afgewezen voor een functie. Het is vrijwel niet te bewijzen dat dit een onrechtmatige daad zou zijn. De klager zou dan moeten aantonen wel geschikt te zijn voor de functie, hetgeen doorgaans pas later in de praktijk onomstotelijk bewezen kan worden.

10.5 DE PSYCHOLOOG EN HET STRAFRECHT

Ook in het strafrecht zijn er geen specifiek 'psychologische delicten'. Uiteraard kan misbruik van zijn positie in sommige gevallen tot strafrechterlijke vervolging voor de psycholoog leiden, bijvoorbeeld bij geweld, seksueel misbruik of belediging in het kader van het onderzoek. Deze misdrijven zullen evenwel niet in de rapportage beschreven worden. Het gaat hier om reguliere delicten die aan de rapportage kunnen voorafgaan en deze zijn dus niet specifiek voor het psychologisch rapport.

De psychologisch rapporteur zou in aanraking kunnen komen met het strafrecht, wanneer aantoonbaar is dat de gegevens in een rapport op onrechtmatige wijze verkregen zijn. Bijvoorbeeld door intimidatie, diefstal of chantage.

De psycholoog zou ook door overtreding van het merkenrecht of auteursrecht met zijn rapport in de problemen kunnen komen. Dit is het geval wanneer hij een beschermde merknaam voor zijn rapportage gebruikt of als hij een rapport van een andere psycholoog overschrijft. Gezien het beperkte verspreidingsgebied van het psychologisch rapport is het onwaarschijnlijk dat dergelijke delicten ooit aan het licht zullen komen (zie ook par. 2.10).

Verder zou een psycholoog in zijn rapportage mensen kunnen aanzetten tot het plegen van een strafbaar feit, bijvoorbeeld door bij cliënt aan te dringen op geweld of diefstal. Ook hier is sprake van een, hoewel niet volledig onwaarschijnlijke, toch wel hypothetische situatie.

De kans dat een psycholoog door zijn rapportage in aanraking komt met het strafrecht is, dit alles in aanmerking nemend, gering.

Een meer vérstrekkende regeling is vastgelegd in de wet BIG, Beroepen in de Individuele Gezondheidszorg. In deze wet wordt de zorgvuldigheid die functionarissen in de gezondheidszorg in acht moeten nemen, nader geregeld. Deze wet geldt ook voor psychotherapeuten, klinische psychologen en gezondheidspsychologen.

10.6 DE PSYCHOLOOG IN DE SOCIALE ZEKERHEID

Met de inwerkingtreding van de WIA (wet Werk en Inkomen naar Arbeidsvermogen), de nieuwe arbeidsongeschiktheidsregeling, is een aanmerkelijke verharding ingetreden bij de beoordeling van de arbeidsongeschiktheidsclaim. De WIA geldt als opvolger van de WAO voor personen die op 1 januari 2004 en later arbeidsongeschikt zijn geworden. Volledige arbeidsongeschiktheid wordt slechts aangenomen indien de persoon volledig en duurzaam arbeidsongeschikt is. Personen die wel volledig maar niet duurzaam arbeidsongeschikt zijn, worden in de WGA (Werkhervattingsregeling Gedeeltelijk Arbeidsgeschikten) opgenomen, en staan onder grote druk om in ieder geval gedeeltelijk aan het werk te gaan. Deze druk staat op gespannen voet met het feit dat de functies waarop de schatting plaatsvindt, in werkelijkheid slechts zeer spaarzaam voorhanden zijn. De psychologische rapportage met betrekking tot de geschiktheid voor functies dient derhalve een onderscheid te maken tussen de hypothetische geschiktheid (voor de schatting) en de feitelijke (reële) geschiktheid (voor de reïntegratie).

Een psycholoog kan in het kader van de uitvoering van de WIA (of WW) gevraagd worden een oordeel te geven over een uitkeringsgerechtigde. De verzekerde is dan verplicht mee te werken aan een onderzoek naar zijn arbeidsgeschiktheid. Dit houdt in dat NIP-regels met betrekking tot blokkeringsrecht in feite niet meer van kracht zijn. Met het weigeren van onderzoek of rapportage verspeelt de cliënt immers (naar alle waarschijnlijkheid) zijn uitkering. Veelal zal de psycholoog ingeschakeld worden bij de toewijzing van reïntegratiemaatregelen (zie voor een overzicht hiervan Kooreman & Den Bakker, 2006).

10.7 DE WET OP DE GENEESKUNDIGE BEHANDELINGSOVEREENKOMST (WGBO)

De Wet op de geneeskundige behandelingsovereenkomst (WGBO) heeft vooral betrekking op medici. Ook de activiteiten van psychotherapeuten en psychologen vallen echter onder de WGBO, voor zover deze activiteiten als geneeskundige handelingen kunnen worden aangemerkt.

De bemoeienis van de (medisch) behandelaar met de cliënt wordt in de WGBO gezien als een overeenkomst. Vandaar dan ook de plaats waar de WGBO is geregeld, namelijk boek 7 van het Nieuw Burgerlijk Wetboek. Opmerkelijk is dat vooral de rechten van de cliënt worden beschreven. De enige echte plicht voor de cliënt, of voor zijn verzekeraar, is het betalen van het overeengekomen honorarium. Over meewerken aan onderzoeken, het verstrekken van inlichtingen en dergelijke wordt verder niet gesproken. Voor de psycholoog zijn de volgende onderwerpen in de WGBO van belang:
– psychodiagnostische onderzoeken;
– preventieve adviezen gericht op genezing;
– beoordelen van ziekte en verlenen van medische zorg;
– medische experimenten;
– verpleging en verzorging;
– overleg met familie van comateuze en demente cliënten over verdere behandeling.

In de WGBO is ook het recht op informatie van de cliënt vastgelegd. De behandelaar licht de cliënt mondeling in, en als hij dat wil schriftelijk, over alle relevante aspecten. Aan de orde kunnen komen het voorgenomen onderzoek, de aan de orde zijnde behandeling, de gezondheidstoestand van de cliënt. De informatie moet betrekking hebben op feiten, mogelijkheden en verwachtingen, zodat de cliënt zo goed mogelijk een inschatting kan maken van zijn situatie en een beslissing kan nemen over het wel of niet akkoord gaan met het behandelingsplan.

Een belangrijk aspect van de WGBO is het opslaan van gegevens in dossiers. In het kader van de WGBO is het inrichten en bijhouden van een dossier verplicht; hierin moet de behandelaar opnemen:
- informatie die door de cliënt is verstrekt;
- informatie die met toestemming van de cliënt aan derden is verstrekt.

De behandelaar moet in het dossier aantekening maken van de gegevens inzake de situatie van de cliënt en van de uitgevoerde behandelingen.

De cliënt heeft een rechtstreeks recht op inzage; een uitzondering op dit inzage-recht is de bescherming van de privacy van anderen, zoals familieleden of collega's. Indien deze privacy in het geding komt, zal de cliënt van inzage moeten afzien.

Volgens de norm van de Wet Persoonsregistratie (WPR) moet een verzoek om inzage binnen een maand worden gehonoreerd. Het aan de cliënt voor te leggen dossier moet alle voorkomende stukken bevatten, behalve werkaantekeningen van de behandelaar.

Het dossier moet tien jaar worden bewaard of zoveel langer als de zorg van een goed hulpverlener vereist.

Daarnaast kan de cliënt ook vernietiging eisen, tenzij een wettelijk voorschrift of het belang van een derde hier tegenin gaan.

Voor informatieverstrekking uit zijn dossier moet de cliënt toestemming verlenen. Op grond van de WGBO is mondelinge toestemming voldoende. Voor gegevens die onder de WPR vallen is echter schriftelijke toestemming nodig. Geanonimiseerde gegevens kunnen vrij soepel worden verstrekt als de cliënt van tevoren kenbaar heeft gemaakt hiertegen geen bezwaar te hebben.

Het lijkt erop dat in de WGBO veel zaken wettelijk geregeld worden die voorheen slechts in de NIP-ethiek behandeld werden. Op zichzelf is dit een winstpunt voor de psychologen die onder de werking van de WGBO vallen. Het betekent tevens dat praktiserend psychologen in twee groepen verdeeld kunnen worden. Zij die onder een wettelijke regeling vallen (WGBO of Wet BIG) en zij die hier niet onder vallen.

10.8 DE PSYCHOLOOG EN HET AUTEURSRECHT

Het auteursrecht is 'de door wet aan een auteur verleende waarborg van zeggenschap over het door hem gemaakte werk' (Van Lingen, 1998). Vrijwel alle geschriften vallen onder de Auteurswet, ook als de bronnen zelf weer auteursrechtelijk zijn beschermd of als de uitgave zich beperkt tot één exemplaar van het werk.

Een psycholoog schrijft een rapport niet voor zichzelf, hij maakt het openbaar via de opdrachtgever. De vraag kan dus ontstaan of de opdrachtgever na betaling van de onderzoekskosten ook rechthebbende is geworden met betrekking tot het psychologisch rapport in de zin van de Auteurswet. Dit is niet vanzelfsprekend het geval. De opdrachtgever zou dan een overeenkomst met de psycholoog moeten sluiten met betrekking tot de overdracht van de auteursrechten. De psycholoog blijft zonder een dergelijke overeenkomst rechthebbende. Men kan zich overigens afvragen of er bij psychologisch rapporteren wel sprake is van openbaarmaking. Indien daarvan niet wordt uitgegaan, is de wetgeving rond privacy meer van belang, maar ook dan blijven de regels met betrekking tot auteursrechten geldig.

In tegenstelling tot het merkenrecht of octrooirecht is aan het auteursrecht geen enkele formaliteit verbonden. De auteur bevestigt (zekerheidshalve maar niet noodzakelijk) zijn rechten door het gepubliceerde stuk te voorzien van een © met jaar, naam en woonplaats. Door het psychologisch rapport hiervan te voorzien is de psycholoog auteursrechtenhouder geworden. Elke verdere openbaarmaking daarna mag pas na uitdrukkelijke toestemming van de psycholoog. Voor psychologen in dienstverband geldt dat de auteursrechten berusten bij de werkgever (tenzij anders overeengekomen). Wil de psycholoog echt zeker zijn van zijn zaak dan kan hij zijn rechten deponeren bij de Inspectie voor Registratie en Successie. Het rapport wordt dan voorzien van een stempel waarmee de auteursrechten zijn zeker gesteld. Nodig is dit niet, maar het maakt een eventuele rechtsgang wel gemakkelijk.

De auteursrechten gelden overigens niet onverminderd. Het gebruik van een psychologisch rapport (mits geanonimiseerd om de privacywetgeving niet te schenden) voor onderwijsdoeleinden is weer wel toegestaan. Maar dan alleen voor onderwijs dat vanuit overheidswege wordt gegeven. Het fotokopiëren in het onderwijs is weer wel aan voorwaarden gebonden (reprorechten). Het kopiëren van het psychologisch rapport is voor het overige slechts toegestaan voor eigen gebruik (besloten kring); het kan dan gaan om slechts enkele exemplaren. De opdrachtgever van het psychologisch rapport dient de auteur daarvan vooraf op de hoogte te stellen. Deze kan dan al of niet toestemming geven om 'in het vervolg' te laten kopiëren. Het is dus niet (zonder toestemming van de auteur) toegestaan om bijvoorbeeld een psychologisch rapport dat in opdracht van de werkgever werd gemaakt te kopiëren voor bijvoorbeeld de arbodienst.

Het psychologisch rapport dient, om te vallen onder het auteursrecht, wel een persoonlijk karakter te hebben. Op feiten rust geen auteursrecht. Als het rapport bestaat uit alleen maar een zakelijke opsomming van testgegevens en een toelichting die min of meer logisch voortvloeit uit het testmateriaal, zal het moeilijker zijn om daarop auteursrechten te claimen. Dat zou het werk van andere psychologen immers ernstig belemmeren. Maar als een persoonlijke, essayistische stijl wordt gebruikt, zal het auteursrecht zeker gelden. Wat dat betreft is het psychologisch rapport te beschouwen als een brief; daar rust vrijwel altijd een auteursrecht op.

Het auteursrecht beperkt zich tot het feitelijke rapport. Als in het rapport een methode wordt geschetst (bijvoorbeeld voor diagnostiek of loopbaanadvisering) dan riskeert de psycholoog dat een ander er met zijn idee vandoor gaat. Om dat te beschermen zou de psycholoog een octrooi moeten indienen.

Hetzelfde geldt voor de conclusies die de lezer uit het rapport trekt. Deze zijn, mits ze maar anders geformuleerd worden dan in de rapportage, vrijelijk door te geven. Een dergelijk doorgeven is wel weer gebonden aan de privacywetgeving, onrechtmatige daad en de mogelijkheid dat iemand zich beledigd voelt. Deze laatste zaken zijn voor rekening van degene die de conclusies verspreidt en dus niet voor de psycholoog die zijn conclusies in de rapportages heeft vermeld.

Ook de samenstelling van het psychologisch rapport valt onder het auteursrecht. Met betrekking tot het gebruik en de bewerking van bijvoorbeeld macro's (zoals in hoofdstuk 6 t/m 8 in dit boek) geldt dat de bewerker er wel een eigen werk van dient te maken. Met het klakkeloos overnemen van deze tekstfragmenten in een rapportage overtreedt de rapporteur de Auteurswet. De bewerker kan wel gebruikmaken van het recht om te citeren. In dat geval dienen de passages duidelijk herkenbaar (bijvoorbeeld cursief, tussen aanhalingstekens en met een verwijzing naar het originele werk) in een betoog (individuele rapportage) opgenomen te zijn.

LITERATUUR

Akkerman, T. & Buijk, C.A. (1994). *Guilford Temperament Survey*. Lisse: Swets & Zeitlinger.

Algera, J.A. & Wolff, Ch.J. de (1982). GPP/GPI *Gordon Personal Profile and Gordon Personal Inventory* (by L.V. Gordon). Nederlandstalige bewerking. Lisse: Swets & Zeitlinger.

Altink, W.M.M. (1996). Het nemen van de selectiedrempel. In A.M. Breed & A. Kooreman, *Psychologie in arbeid en loopbaan*. Lisse: Swets & Zeitlinger.

Altink-van den Berg, W.M.M. & Akkerman, A.E. (1989). WIMAS, *Een vragenlijst voor de meting van manipulatief gedrag*. Lisse: Swets & Zeitlinger.

Appels, A. (1974). *Delftse Vragenlijst*. Lisse: Swets & Zeitlinger.

Appels, A. (1985). *Handleiding Jenkins Activity Survey*. Lisse: Swets & Zeitlinger.

Arrindell, W.A. & Ettema, J.H.M. (1986). SCL-90, *Handleiding bij een multidimensionele psychopathologie indicator*. Lisse: Swets & Zeitlinger.

Arrindell, W.A., Groot, P.M. de & Walburg, J.A. (1984). *De schaal voor interpersoonlijk gedrag*. Lisse: Swets & Zeitlinger.

Bleichrodt, D., Drenth, P.J.D., Zaal, Jac. N. & Resing, W.C.M. (1987). *Revisie Amsterdamse Kinder Intelligentie Test*. Lisse: Swets & Zeitlinger.

Boer, H. de (1976). *Schriftelijk rapporteren*. Utrecht/Antwerpen: Het Spectrum.

Bokslag, J.G.H., Deen, L., Hekstra, P.A., Hübner, R.A., Kuhlemeier, H., Molenaar, P.L. & Verbrugge, D. (1958). *Mensen testen*. Amsterdam: Querido.

Bon, W.H.J. (1984). *Raven's Coloured Progressive Matrices*. Lisse: Swets & Zeitlinger.

Both, F.J. (1976). *Administratie-test*. Lisse: Swets & Zeitlinger.

Breed, A.M. & Kooreman, A. (1997). *Psychologie in arbeid en loopbaan*. Lisse: Swets & Zeitlinger.

Bullens, T., Evers, A. & Hoof, R. van (1994). *Handleiding BIO, Beroepen Interesses Onderzoek*. Lisse: Swets & Zeitlinger.

Caspers, C. (1992). Informatiebehoefte van werkgevers en privacy van werknemers. *Tijdschrift Sociaal Recht 45*, 320-330.

Chorus, A. (1982). *Capaciteiten en persoonlijke aard. Praktijkvoorbeelden van school-, studie- en beroepskeuze*. Amsterdam: Pogen.

Compaan, E.L. & Kooreman, A. (1994). *Handleiding Korte Interesse Test voor school en beroepskeuze*. Lisse: Swets & Zeitlinger.

Compaan, E.L. (1996). Ontwikkeling en meten van beroepeninteresses. In A.M. Breed & A. Kooreman (red.), *Psychologie in arbeid en loopbaan*. Lisse: Swets & Zeitlinger.

Compaan, E.L. & Kooreman, A. (1998). *Handleiding Hogere Beroepen Interesse Test*. Lisse: Swets & Zeitlinger.

Dam, K. van (1996). Personeelsselectie als informatieverwerkingsproces. In A.M. Breed & A. Kooreman (red.), *Psychologie in arbeid en loopbaan*. Lisse: Swets & Zeitlinger.

Dam-Baggen, C.M.J. van & Kraaimaat, F.W. (2004). IOA. *Inventarisatielijst omgaan met anderen. Zelfbeoordelingsvragenlijst voor het meten van sociale angst en sociale vaardigheden*. Amsterdam: Harcourt Test Publishers.

Dekker, R. & Zeeuw, J. de (2002). *Differentiële vaardighedentests voor midden en hoger niveau*. Leiden: PITS.

Dekkers, A.F.M. (1979). *De patiënt en het recht op informatie*. Dissertatie. Rijksuniversiteit Leiden.

Derksen, J.L.L., Mey, H.R.A. de, Sloore, H. & Hellenbosch, G. (1996). MMPI-2 TM *Handleiding bij afname, scoring en interpretatie*. Nijmegen: PEN Test Publisher.

Dirken, J.M. (1970). *Habituele Actie Bereidheid Vragenlijst*. Nederlands Instituut voor Praeventieve Geneeskunde, TNO. Groningen: Wolters-Noordhoff.

Doddema-Winsemius, M. & Raad, B. de (1997). *Idioticon van de Persoonlijkheid*. Amsterdam: Uitgeverij Nieuwezijds.

Drenth, P.J.D. & Cornelisse-Koksma, H.G.Y. (1973). *Schaal voor Persoonlijke Waarden*. Lisse: Swets & Zeitlinger.

Drenth, P.J.D. & Kranendonk, L.J. (1984). *Schaal voor Interpersoonlijke Waarden*. Lisse: Swets & Zeitlinger.

Drenth, P.J.D. & Sijtsma, K. (1990). *Testtheorie*. Houten/Antwerpen: Bohn Stafleu Van Loghum.

Drenth, P.J.D., Wieringen, P.W.C. van & Hoolwerf, G. (2001). DTHN, *Drenth Testserie hoger niveau*. Lisse: Swets Test Publishers.

Duijker, H.C.J. (1978). Competentie en verantwoordelijkheid van de psycholoog. *Nederlands Tijdschrift voor de Psychologie 33*, 497-511.

Duijsens, I.J., Eurelings-Bontekoe, E.H.M., Diekstra, R.W.F. (1999). *Vragenlijst voor kenmerken van de persoonlijkheid*. Leiderdorp: DATEC.

Eisinga, L.K.A. (1978). *Geschiedenis van de Nederlandse psychologie*. Deventer: Van Loghum Slaterus.

Evers, A., Lucassen, W. & Wiegersma, S. (1987). *Beroepen-Interesse-Test*. Groningen: Wolters-Noordhoff.

Evers, A. & Weber, M. (1998). *Basis Niveau Test*. BNT. Lisse: Swets & Zeitlinger.

Evers, A., Vliet-Mulder, J.C., Groot, C.J. (2000). *Documentatie van tests en testresearch in Nederland*. Amsterdam: NIP Dienstencentrum. Assen: Van Gorcum.

Feij, J.A. & Kuiper, C.M. (1984). *Adolescenten Temperamenten Lijst*. Lisse: Swets & Zeitlinger.

Feij, J.A. & Zuilen, R.W. van (1984). *Spanningsbehoeftelijst*. Lisse: Swets & Zeitlinger.

Flier, H. van der, Keers, W. & Drenth, P.J.D. (1976). *Applicatie Programmeurs Test*. Lisse: Swets & Zeitlinger.

Flier, H. van der & Boomsma-Suerink, L. (1988). *Test voor Administratief Inzicht*. Lisse: Swets & Zeitlinger.

Flier, H. van der, Boomsma-Suerink, J.L. (1994). GATB-*Handboek*. Amsterdam/ Utrecht: Stichting GATB research.

Fokkema, S.D. (1964). *Technisch Inzicht CC*. Lisse: Swets & Zeitlinger.

Graafland, J., Dekker, R., Zanten, D.L. van & Verbree, A. (1999). KRT. *Kritisch redeneren test*. Lisse: Swets & Zeitlinger.

Groot, A.D. de (1961). *Methodologie, Grondslagen van onderzoek en denken in de gedragswetenschappen*. 's-Gravenhage: Mouton & Co.

Hermans, H.J.M. (1976). *Prestatie Motivatie Test*. Lisse: Swets & Zeitlinger.

Hoekstra, H.A., Fruyt, F. de & Ormel, J. (2003). NEO-*persoonlijkheidsvragenlijsten* NEO-PI-R NEO-FFI. *Handleiding*. Lisse: Swets & Zeitlinger.

Hofstee, W.K.B. (1974). *Psychologische uitspraken over personen*. Deventer: Van Loghum Slaterus.

Hofstee, W.K.B. (1996). Psychologische test bij personeelsselectie. *De Psycholoog* 31, 378-382.

Hofstee, W.K.B. (1999). *Principes van beoordeling. Methodiek en ethiek van selectie, examinering en evaluatie*. Lisse: Swets & Zeitlinger.

Hogerheijde, R. (1981). BZO *Handleiding bij het beroepskeuze zelf-onderzoek*. Lisse: Swets & Zeitlinger.

Hogerheijde, R.P. (1996). SIW & SPW. *Normen voor selectie & beroepskeuzepraktijk. Handleiding*. Lisse: Swets & Zeitlinger.

ITC (2001). *Internationale richtlijnen voor het gebruik van tests*. Vertaling: K. Glabeke & A. Evers. Internationale testcommissie, Belgische federatie van Psychologen, Nederlands Instituut van Psychologen.

Jansen, A. (1979). *Ethiek en praktijk van personeelsselectie*. Assen: Van Gorcum.

Klopfer, W.G. (1960). *The psychological report*. Orlando, Florida: Grune & Stratton.

Koenraadt, F. & Pach, M. (1988). Plaatsbepaling. In: E. Hoencamp, *Rapportage en sociale wetgeving. De niet-strafrechtelijke forensisch psychiatrische en psychologische beoordeling*. Arnhem: Gouda Quint bv.

Kooreman, A. (1982). *Beroepskeuze voor volwassenen*. Den Haag: VUGA.

Kooreman, A. & Luteijn, F. (1987). *Handleiding Groninger Intelligentie Test, schriftelijke verkorte vorm*. Lisse: Swets & Zeitlinger.

Kooreman, A. (1994). Het nut van psychologisch onderzoek met schriftelijke tests. *Tijdschrift voor Bedrijfs- en Verzekeringsgeneeskunde 2*, 184-185.

Kooreman, A. (1996a). *Psychologische kenmerken in een functieanalysesysteem. Handboek studie- en beroepskeuzebegeleiding*. Alphen aan den Rijn: Samsom H.D. Tjeenk Willink.

Kooreman, A. (1996b). MoRiNi toets. In A.M. Breed & A. Kooreman (red.), *Psychologie in arbeid en loopbaan*. Lisse: Swets & Zeitlinger.

Kooreman, A. (2003a). *Motivatie in de reïntegratie. Praktijkboek Reïntegratie*. Elsevier Bedrijfsinformatie.

Kooreman, A. (2003b). *Arbeidsongeschiktheid & Loopbaanpsychologie. Praktijkboek Reïntegratie*. Elsevier Bedrijfsinformatie.

Kooreman, A. (2006). *Motivatie Oriëntatie Test* MOTOR. Amsterdam: Boom Test Uitgevers.

Kooreman, A. & Den Bakker, A.C. (2006). *Praktijkinfo Reïntegratie.* 's-Gravenhage: Reed Business Information.

Kouwer, B.J. (1957). *Tests in de psychologische practijk.* Utrecht: Erven J. Bijleveld.

Laak, J.J.F. ter & Goede, M. de (3e druk, 2005). *Psychologische diagnostiek.* Amsterdam: Harcourt Book Publishers

Lennep, D.J. van (1949). *Het onstaan en de functie van het psychologisch rapport. No. 5.* Den Haag: Nederlandse vereniging voor bedrijfspsychologie.

Levy, S.T. (1990). *Principles of interpretation.* London/Northvale N.J.: Jason Aranson.

Lievens, S., Steverlinck, H., Tjoa, A. & Verhoeven, C. (1985). *Vragenlijst voor Commercieel Inzicht.* Lisse: Swets & Zeitlinger.

Lingen, N. van (1998). *Auteursrecht in hoofdlijnen.* Alphen aan den Rijn: Samsom.

Luning Prak, J. (1932). *School, beroep en aanleg.* Groningen: J.B.Wolters' Uitgevers maatschappij nv.

Luteijn, F., Hamel, L.F., Bouwman, T.K & Kok, A.R. (1984). *Hopkins Symptom Checklist.* Lisse: Swets & Zeitlinger.

Luteijn, F. & Kok, A.R. (1985). Nederlandse Verkorte MMPI. Lisse: Swets & Zeitlinger.

Luteijn, F., Deelman, B.G. & Emmelkamp, P.M.G. (1990). *Diagnostiek in de klinische psychologie.* Houten/Diegem: Bohn Stafleu Van Loghum.

Luteijn, F., Starren, J. & Dijk, H. van (2000). *Nederlandse Persoonlijkheids Vragenlijst (NPV).* Lisse: Swets & Zeitlinger.

Luteijn, F. & Barelds, D.P.H. (2003). NPST. *Negativisme, Ernstige psychopathologie en Somatisering Test.* Amsterdam: Harcourt Test Publishers.

Maesen-de Sombreff, P.E.A.M. van der (1992). *Het rendement van personeelsselectie.* Dissertatie. Groningen: Rijksuniversiteit Groningen.

Meijman, Th. & Veeren, N. (1975). *Rapportering. Syllabus doctoraal programma psychologie.* Amsterdam: Universiteit van Amsterdam.

Nederhoed, P. (1993). *Helder rapporteren.* Houten/Zaventem: Bohn Stafleu Van Loghum.

NIP (1998). *Nieuwe beroepscode. 1998. Beroepsethiek voor psychologen.* Amsterdam: Nederlands Instituut van Psychologen.

NIP (2004). *Algemene Standaard Testgebruik.* Amsterdam: Nederlands Instituut van Psychologen.

Nuttin, J. & Beuten, B. (1969). *Minnesota Multiphasic Personality Inventory (MMPI).* Lisse: Swets & Zeitlinger.

Ploeg, H.M. van der, Defares, P.B. & Spielberger, C.D. (1980a). *Zelf Analyse Vragenlijst.* Lisse: Swets & Zeitlinger.

Ploeg, H.M. van der, Defares, P.B. & Spielberger, C.D. (1980b). *Zelf Beoordelings Vragenlijst.* Lisse: Swets & Zeitlinger.

Ploeg, H.M.van der (1988). *Examen/Toets Attitude Vragenlijst*. Lisse: Swets & Zeitlinger.

Reber, A.S. (1985). *Dictionary of psychology*. London: Penguin Books.

Reber, A.S. (1994). *Woordenboek van de psychologie*. Amsterdam: Uitgeverij Bert Bakker

Renkema, A. (2002). *Schrijfwijzer*. Den Haag: SDU Uitgevers.

Resing, W.C.M. & Blok, J.B. (2002). De classificatie van intelligentiescores. Voorstel voor een eenduidig systeem. *De Psycholoog 37*, 244-249.

Ridder, D.T.D. de & Heck, G.L. van (1999). CISS *Handleiding Nederlandse versie*. (Norman S. Endler, James D.A. Parker, CISS *Coping Inventory of Stressful Situations*.) Lisse: Swets Testpublishers.

Roe, R.A. (1983). *Grondslagen der personeelsselektie*. Assen: Van Gorcum.

Schaufeli, W.B. & Dierendonck, D. van (2000). UBOS: *Utrechtse Burn-out Schaal*. Amsterdam: Harcourt Test Publishers.

Schreurs, P.J.G., Willege, G. van de, Brosschot, J.F., Tellegen, B. & Graus, G.M.H. (1993). *Utrechtse Coping Lijst*. Lisse: Swets & Zeitlinger.

SDU (2005). *Woordenlijst der Nederlandse Taal*. Den Haag: SDU.

Snijders, J.Th. (1965). Het rapport van de psycholoog. *Nederlands Tijdschrift voor de Psychologie 20*, 554-573.

Sonneville, L.M.J. de, Schaap, Th. & Elshout, J.J. (1984). *Amsterdamse Stemmingslijst*. Lisse: Swets & Zeitlinger.

Steehouder, M. (1999). *Leren communiceren, handboek voor mondelinge en schriftelijke communicatie*. Groningen: Wolters-Noordhoff.

Strien, P.J. van (1964). *Problemen van de bedrijfspsychologische rapportering*. Assen: Van Gorcum.

Strien, P.J. van (1965). De toekomst van de bedrijfspsychologische rapportering. *Nederlands Tijdschrift voor de Psychologie 20*, 487-496.

Strien, P.J. van (1966). *Kennis en communicatie in de psychologische praktijk*. Utrecht: Erven J. Bijleveld.

Strien, P.J. van (1993). *Nederlandse psychologen en hun publiek*. Assen: Van Gorcum.

Strien, P.J. van & Dane, J. (2001). *Driekwart eeuw psychotechniek in Nederland*. Assen: Koninklijke Van Gorcum.

Sutherland, S. (1995). *The Macmillan Dictionary of Psychology*. Basingstroke (England): The MacMillan Press.

Tallent, N. (1993). *Psychological report writing*. 4th edition. Englewood Cliffs (New Jersey): Prentice Hall.

Taylor, J.L. & Teicher, A.A. (1946). A clinical approach to reporting psychological test data. *Journal of Clinical Psychology 2*, 323-332.

Terluin, B. (2004). *Vier dimensionale klachtenlijst*. Leiderdorp: DATEC.

Tjoa, A.S.H. (1973). *Edwards Personal Preference Schedule*. Nederlandse Bewerking. Lisse: Swets & Zeitlinger.

Uiterwijk, J. (2000). WAIS III. *Nederlandstalige bewerking van de Wechsler Adult Intelligence Scale*. Lisse: Swets & Zeitlinger.

Verhage, F. (1978). De competentie van de psycholoog in de medische situatie. *Nederlands Tijdschrift voor de Psychologie 33, 523-534.*

Vianen, A.E.M. van (1992). Beter selecteren: meer kansen voor vrouwen. In: M.I. Demenint & C.E. Disselen, *Vrouwen, leiderschap en management.* Utrecht: Lemma.

Wiggens, J.S. (1973). *Personality and prediction, principles of personality assessment.* Reading (Mass): Addison-Wesley.

Wilde, G.J.S. (1970). *Neurotische labiliteit gemeten volgens de vragenlijstmethode (Amsterdamse Biografische Vragenlijst, ABV).* Amsterdam: Uitgeverij F. van Rossen.

Wit, J. de & Compaan, E.L. (2005). *Differentiële Aanleg Test.* DAT NL. Amsterdam: Harcourt Test Publishers.

Wolf-Albers, A.D. & Mellenbergh, G.J. (1972). *Allport Vernon Lindzey Study of Values, AVL Waardentest.* Groningen: H.D. Tjeenk Willink.

Zeeuw, J. de (1996). *Inleiding tot de psychodiagnostiek.* Lisse: Swets & Zeitlinger.

AUTEURSREGISTER

REGISTER

ergernis, (NEO-PI-R)   163, 199

erkenning, (SIW)   162, 184

ernstige psychopathologie, (NPST, NVM)
    163, 229, 231

ervaring zoeken, (SBL)   194

esthetiek, (NEO-PI-R)   163, 207

esthetisch, (AVL)   164, 268

experience seeking, (SBL)   163, 193, 194

expressie van emoties, (UCL)   164, 254

extraversie, (ABV, ATL, NEO-PI-R, NEO-
    FFI, NVM)   163, 164, 193, 202, 230,
    265

familiale onenigheid, (MMPI)   238, 240

fantasie, (NEO-PI-R)   163, 207

gebrekkige zelfbeheersing (cognitief), (MMPI)
    242

gebrekkige zelfbeheersing (conatief), (MMPI)
    242

gebrekkige zelfbeheersing (ontremming),
    (MMPI)   242

geruststellende gedachten, (UCL)   164, 255

gevoelens, (NEO-PI-R)   163, 208

gevoelsmatigheid, (GLTS'94)   162, 166

gewetensvol, (Amsterdamse Stemmingslijst)
    164, 257

gezelschap zoeken (sociability), (CISS, GPP)
    162, 164, 171, 247

goedmoedigheid, (GPI)   170

habituele actie bereidheid, (HAB)   162, 182

hardheid, (WAV)   287

hartelijkheid, (NEO-PI-R)   163, 203

heteroseks, (EPPS)   164, 264

hostiliteit, (Symptom Checklist-90)   162, 178

humeurig, (Amsterdamse Stemmingslijst)
    164, 257

hypochondrie, (MMPI)   163, 233

hypomanie, (MMPI)   163, 235

hysterie, (MMPI)   163, 233

ideeën, (NEO-PI-R)   163, 209

impulsief (borderline), (VKP)   163, 191

impulsiviteit, (ATL, NEO-PI-R)   163, 194,
    201

inadequatie, (NPV)   163, 223

inhibitie van agressie , (MMPI)   240

initiatief nemen tot contact, (IOA)   162, 182

inleving, (EPPS)   164, 261

inschikkelijkheid, (NEO-PI-R)   163, 213

insufficiëntie van denken en handelen,
    (Symptom Checklist-90)   162, 177,
    238

intellectuele uitdaging, (GPI)   170

jezelf waarderen, (IOA)   162, 182

kenbaar maken, (SIG)   162, 179

kritiek geven, (SIG)   162, 178, 181

kwetsbaarheid, (NEO-PI-R)   163, 202

leiderschap, (SIW)   162, 186

liefderijke zorg, (EPPS)   164, 263

malaise, (MMPI)   240

man-vrouw, (MMPI)   163, 234

manipuleren, (WIMAS)   162, 171

masculiniteit, (GLTS'94)   162, 168

matheid, (MMPI)   240

medeleven, (NEO-PI-R)   163, 214

mentale distantie, (UBOS)   164

mentale vervlakking, (MMPI)   239

moe, (Amsterdamse Stemmingslijst)   164,
    257

motivatie, (MOTOR)   163, 205, 220, 221,
    307

naïviteit, (MMPI)   241

narcistisch DSM-IV, (VKP)   162, 190

negatieve faalangst, (PMT)   163, 196

negativisme, (NPST, NVM, WAV)   163, 228,
    230, 238, 287

neuroticisme, (Delftse Vragenlijst, NEO-PI-R,
    NEO-FFI)   162, 163, 175, 198

neurotische labiliteit, (ABV)   164, 264

obsessief-compulsief DSM-IV, (VKP)   162,
    191, 236

onafhankelijkheid, (SIW)   162, 185

onbezorgdheid, (GLTS'94)   162, 168

ontkennen sociale angst, (MMPI)   240

ontremming, (SBL)   195

ontwijkend DSM-IV, (VKP)   162, 190

onverschillig, (Amsterdamse Stemmingslijst)
    164, 258